全国高等学校心理学系列教材
乐国安　总主编

社会心理学

管　健　主编

南开大学出版社
天　津

图书在版编目(CIP)数据

社会心理学 / 管健主编. —天津:南开大学出版社,2011.11(2018.12重印)
全国高等学校心理学系列教材
ISBN 978-7-310-03795-7

Ⅰ.①社… Ⅱ.①管… Ⅲ.①社会心理学－高等学校－教材 Ⅳ.①C912.6

中国版本图书馆 CIP 数据核字(2011)第 214052 号

版权所有　侵权必究

南开大学出版社出版发行
出版人:刘运峰
地址:天津市南开区卫津路 94 号　邮政编码:300071
营销部电话:(022)23508339　23500755
营销部传真:(022)23508542　邮购部电话:(022)23502200
＊
天津泰宇印务有限公司印刷
全国各地新华书店经销
＊
2011 年 11 月第 1 版　2018 年 12 月第 2 次印刷
787×960 毫米　16 开本　23.625 印张　420 千字
定价:48.00元

如遇图书印装质量问题,请与本社营销部联系调换,电话:(022)23507125

序　言

　　由于社会的迫切需要，近 20 年我国心理学专业的学生和从业人员数量急剧增长，设有心理学专业的教学、科研单位从 20 世纪 80 年代末的 4 个发展到当前的 200 多个。心理学科不论在政治、经济、文化、教育、体育、管理、健康服务、社区服务、危机处理等领域，还是在学校、企业、医院、行政、司法、军队等部门都发挥着越来越重要的作用。而从学科内部来看，当前不论国外还是国内的心理学研究均在迅速发展，各种新的理论和思想此起彼伏，各种新的研究方法和技术手段不断涌现，使心理学各个领域在宏观的行为层面以及微观的脑基础层面都取得了丰富的新成果与长足进步，从而使心理学的面貌发生了极大的改变。

　　因此，为了反映当前国内外心理学各个领域的变化与发展，进一步深化高等院校心理学教学改革，加强心理学专业学生的理论素养以及能更好地培养适应新时期社会需要的专业技能，促进我国心理学学科建设和发展，我们组织了目前活跃在心理学教学、科研和实践工作第一线的中青年专家、学者编写了这套反映当前心理学科发展和成果的"全国高等学校心理学系列教材"。

　　本套系列教材包括《普通心理学》、《实验心理学》、《认知心理学》、《心理统计学》、《心理测量学》、《教育心理学》、《发展心理学》、《社会心理学》、《管理心理学》、《咨询心理学》、《人格心理学》、《西方心理学史》、《中国心理思想史》共 13 部，其内容选择和结构编排本着专业课程细化兼顾学科交叉的原则，切合当前心理学研究发展的主流方向。

　　我们在编写本套教材时力图体现以下特色：

　　第一，科学性与实用性的结合。一方面，在内容的选择上，既确保知识的科学性、正确性，注重科学研究、科学数据对心理现象的说明作用，强调理性对感性的超越，同时，也注重科学原理对日常经验、生活事实的解释作用，体现教材内容对"活生生"社会、生活实际的实用性。另一方面，在材料的组织上，注意处理好学科科学性和教材科学性的关系，既强调学科体系的科学性、系统性、完整性，同时也从有利于学生学习的角度出发，注重学科的基本结构，注意把握学科体系与教材体系的关系，突出有利于学生学习与掌握的实用性。

第二，前沿性与经典性的结合。虽然科学的心理学至今不过只有一百二十余年的历史，但在这短短的一百二十余年中，心理学家们已从事过数不胜数的研究，获得了无法计量的数据和结果。因此，作为主要面向大学生的教材，需要在科学性、系统性的原则指导下，突出各领域的经典性研究、经典性方法与核心概念和原理，用经典或权威的研究、数据阐述学者们的核心思想与代表性研究。而由于最近十余年心理学界的研究和思想都正在和已经发生了巨大的变化，因此，本套教材在继承历史的基础上，更希望面向现在和未来，强调尽可能多地吸收和反映当前各学科领域的最新成果和进展，力图做到前沿与经典、历史与现在甚至未来相结合。

第三，国际化与本土化的结合。科学的心理学起源于欧洲，成长和壮大于北美，直到今天，欧美心理学仍在当今国际心理学界占据着主导地位。但中国国内外的华人心理学工作者在过去的近百年中，也在学习和借鉴西方心理学研究成果的基础上探索着自己的生存和发展之路，取得了不少重要和有影响的成果。因此，本套教材一方面注重较全面反映国际心理学各领域研究和发展的轨迹、前沿，同时也尽可能结合中国（华人）心理学界的研究与成果，注意反映中国及华人社会特有的心理现象与特点。

第四，学术性与可读性的结合。作为主要面向 21 世纪新时代大学生的教材，在编写过程中，我们既注重专业教材的学术性和科学性，同时也尽量顾及当代大学生学习和阅读的心理特点，不论在内容编选还是在写作风格、编排体例上，均强调教材的易读性、生动性和形象性，力图做到学术性与易读性的结合，希望使这套教材能成为一套教师认为好用、学生认为好学的专业教材。

本系列教材汇集了集体的智慧，是大家精诚合作的产物。虽然在写作过程中我们尽心尽力，力求完善，但由于时间和学识的限制，书中难免存在这样或那样的缺陷和不足，敬请广大读者指正。

本系列教材编写过程中，参考和引用了国内外大量的研究资料，在此向这些作者表达诚挚的谢意！同时，也要感谢南开大学出版社有关领导的大力支持和诸位编辑的精心工作，尤其要衷心感谢策划编辑莫建来同志长期以来对出版心理学专著与教材的热忱和远见卓识。

乐国安　谨识
2010 年 11 月 3 日于南开园

目 录

第一章　社会心理学的历史与发展 ……………………………………………… 1
　　第一节　社会心理学的界定 ………………………………………………… 1
　　第二节　社会心理学的发展历程 …………………………………………… 3
　　第三节　两种取向的社会心理学 …………………………………………… 10
　　第四节　社会心理学的当代发展 …………………………………………… 15

第二章　社会心理学研究方法 …………………………………………………… 21
　　第一节　社会心理学的研究目标和研究过程 ……………………………… 21
　　第二节　具体研究方法 ……………………………………………………… 25
　　第三节　社会心理学研究中潜在问题 ……………………………………… 31

第三章　社会化 …………………………………………………………………… 36
　　第一节　社会化的含义 ……………………………………………………… 37
　　第二节　社会化的因素 ……………………………………………………… 47
　　第三节　社会化理论 ………………………………………………………… 54
　　第四节　社会角色 …………………………………………………………… 61

第四章　社会领域中的自我 ……………………………………………………… 71
　　第一节　自我概念 …………………………………………………………… 71
　　第二节　自我评价 …………………………………………………………… 77
　　第三节　自我服务偏差 ……………………………………………………… 80
　　第四节　自我呈现 …………………………………………………………… 83

第五章　态度与行为 ······87

第一节　态度本质 ······87
第二节　态度理论 ······91
第三节　态度测量 ······98
第四节　态度与行为的交互作用 ······103
第五节　态度形成与改变 ······113
第六节　态度与偏见 ······123

第六章　刻板印象与归因 ······127

第一节　印象 ······127
第二节　刻板印象 ······132
第三节　归因与归因理论 ······141
第四节　归因应用与归因偏差 ······147

第七章　社会认知 ······154

第一节　社会认知 ······154
第二节　社会信念 ······161
第三节　社会判断 ······164
第四节　自我实现诺言 ······172

第八章　人际沟通 ······176

第一节　沟通的本质 ······176
第二节　非言语沟通 ······183
第三节　沟通的改善 ······186

第九章　人际关系 ······190

第一节　人际关系的本质 ······190
第二节　人际吸引 ······200
第三节　友谊与亲密关系 ······204

第十章　利他与侵犯 ······210

第一节　利他行为 ······210

第二节　侵犯行为 …………………………………………… 224

第十一章　社会影响 ……………………………………………… 247
　　第一节　社会影响 …………………………………………… 247
　　第二节　从众 ………………………………………………… 262
　　第三节　服从 ………………………………………………… 272
　　第四节　众从 ………………………………………………… 277
　　第五节　去个性化 …………………………………………… 280

第十二章　群体心理 ……………………………………………… 282
　　第一节　群体心理的本质 …………………………………… 282
　　第二节　群体的动力性特征 ………………………………… 296
　　第三节　群体领导 …………………………………………… 315

参考文献 …………………………………………………………… 332

后　　记 …………………………………………………………… 368

第一章　社会心理学的历史与发展

社会心理学研究常常与我们的日常生活密切相关，比之普通心理学、发展心理学、生理心理学而言，它可能是心理学领域中与人们日常生活关系最为密切的领域。

那么，了解社会心理学对我们而言有何具体作用呢？首先，社会心理学通过考察个人与社会的关系来解释人的心理与行为。了解和学习社会心理学，有助于更好地了解自己，提高行为能动性，增强社会适应能力，同时我们也可以更好地了解自我心态形成和行为发生的机制，更好地了解自己同别人及整个周围世界的关系，使自己在不断变化的客观环境中有更好的行为定向能力，使自己在完成良好社会适应的同时，更充分发挥自己的心理潜能，更有效地履行自己的社会角色，执行自己所担负的社会职能。

其次，对于社会心理学中人际和群际内容的学习和了解，可以帮助人们从更多社会途径来了解自己、确立自己的价值，可以让人们直接用来拓展认识自我的视野，提高自我意识水平，提高心理健康水平。

另外，社会心理学的知识积累，可以有效地帮助人们从新角度、用新方法观察人、理解人，从而更准确地认识人们行为的意义，更好地解释和预测人的行为，提高人们实际工作的针对性与科学性。

当然，作为一种知识背景，社会心理学还可以帮助人们用新的思维方法理解范围广大的社会生活，使人们思考问题的方法和行为视角更符合社会生活现实，并使这种知识不断延伸到生活中的各个领域。

第一节　社会心理学的界定

了解一门学科，首先要了解它的历史和研究对象，学科的研究对象以及与之相关的学科性质、学科任务、学科意义等，共同规定了本学科的整体面貌和内容。

为了界定社会心理学的研究对象,心理学家和社会学家们"仁者见仁,智者见智",提出许多不同观点。西方社会学家主张,社会心理学研究社会生活或群体中人际互动的心理共相,而相当多西方心理学家则一致主张社会心理学研究个体怎样在社会情境或因素影响下产生各种心理及行为。例如,S. E. 泰勒等人(Taylor et al., 2006)认为社会心理学是研究人们如何认识自己,如何影响他人并与他人相处的学问;戴维·迈尔斯(David Mayers)认为社会心理学是一门就人们如何看待他人,如何影响他人,又如何相互关联的种种问题进行科学研究的学科;胡寄南(1995)从三个方面界定了社会心理学研究对象,即强调社会与个体之间的相互作用,重视个体所处的社会情境和重视个体内在的心理因素。对此,美国社会心理学家 E. 阿伦森(Aronson, 1980)说,社会心理学的定义之多,几乎如同社会心理学家的人数一样。其中,心理学的社会心理学采用心理学方法,了解和解释个人的思想、情感、行为怎样受到他人存在的影响(Allport, 1924);社会学的社会心理学采用社会学方法,研究不同水平的交往,即个人与个人之间、组织机构与个人之间、正式组织与非正式组织之间的交往(Kotsmin, 1981);文化人类学的社会心理学侧重以文化作为一种因素,研究它对人们行为的影响和调节作用(Aronson, 1980)。由此可见,对社会心理学理解不同,定义也会有所差异。

一般而言,要为学科下一个科学的定义,需要考虑以下几个方面:第一,学科定义必须能正确描述该学科在整个科学体系中的位置,能勾画该学科的体系,促进本学科的研究和人们对该学科的注意,能与该学科已经积累的知识本体和所讨论的问题相对应;第二,学科的界定是相对的,一门学科的界定具有相对性和时代特征,而学科的对象范围会随学科自身及有关学科的发展而变化;第三,学科定义的真正意义不在于为本学科确定绝然的界限,而在于勾画学科中心和轮廓。那么,我们如何对社会心理学下定义呢?事实上,社会心理学的对象范围是由它在科学体系中所占位置客观决定的。在整个研究人的心理与行为的科学体系中,不同学科具有明显不同的分工,分析层次也有明显差异。生理学着眼于从生理状态解释人的经验与行为,普通心理学的兴趣集中于人的心理活动过程与心理状态,社会学、人类学则侧重于从群体角度,从人的社会与文化属性解释人的社会行为,社会心理学则试图从人与人之间的相互作用来解释人的社会心理与行为。

因而,事实上社会心理学是研究人们如何看待彼此,如何互相影响、互相联系的科学,它关注的核心问题是我们如何构建社会世界,我们的社会直觉是如何指引我们，甚至有可能是误导我们的，以及我们的社会行为如何受他人、我们自己的态度和生物性的影响等。

第二节　社会心理学的发展历程

作为一门科学，社会心理学的产生、发展，也经历了从哲学思辨到经验描述，再到科学实验的过程。其发展经过以下几个阶段。

一、社会心理学的孕育时期

这一阶段属于社会心理学发展的"哲学思辨"（Philosophical Thought）阶段，是社会心理学思想产生的阶段，也是社会心理学的"史前思想积累阶段"。这一阶段的时间上起古希腊时期，下讫19世纪上半叶，其特点是用权威思想解释人的社会行为。社会心理学作为一门业已成形的学科，一个长足发展、硕果累累的独立领域，在其诞生之前经过了一段长时期的准备阶段。美国当代社会心理学家霍夫兰德（E. P. Hollander）所著的《社会心理学的原则与方法》（*Principles and Methods of Social Psychology*，1976）将其称为"社会哲学阶段"（Stage of social philosophy），这是社会心理学形成前的一个准备时期，它的发展是从古希腊开始的，并一直延续到19世纪上半叶的西欧思辨哲学。这一时期与其后的几个时期相比，时间跨度较长，而且由于这一时期中社会心理学思想同一般的心理学思想的见解紧密相连，因而很难把纯粹社会心理学的观点划分出来，但这一时期理论的系统化和条理化直接为后来社会心理学的各个理论流派的形成提供了理论基础。

从总体上看，有两条基本线索论及社会心理学思想。其一是源于古希腊的苏格拉底和柏拉图。他们认为人性虽然不能完全摆脱生物遗传的影响，但是却可以受到环境和教育的深刻影响。苏格拉底说过："如果善不是由于本性就是善的，岂不是由于教育而成的么？"从这一观点来看，人性是由社会决定的，因此，柏拉图在《理想国》中主张设计一种社会，使其中的孩子能够由适当的教育加以适当的塑造。他的观点在后来的社会哲学家康德、歌德和卢梭等人的学说中继承了下来，并得到了进一步的发展。他们相信，人是具有潜在的善性的，使人趋向邪恶的是邪恶的社会，因此，改变人性的前提在于改变社会。这种改变社会、改变人性的方案体现在卢梭的《爱弥尔》中，并一直延续至今，构成了当代美国新行为主义心理学家斯金纳（B. F. Skinner）的《超越自由与尊严》

(*Beyond Freedom and Dignity*，1971)、《沃登第二》(*Walden Two*，1948)等一系列著作的母体。其二是来源于古希腊的亚里士多德(Aristotle)。他认为社会来源于人的自然本性，而人性又是由生物或本能的力量所决定的，因此改变人的本性、建立理想国的主张是无法实现的。亚里士多德的思想对后来社会心理学中的一些领域产生了一定的影响。作为古希腊哲学的集大成者，他的许多著述为当代心理学直接开辟了许多研究领域："现代社会心理学许多有关态度或劝说的研究是与亚里士多德直接联系着的,他将这些内容归入了修辞学"；他在《诗学》中提出的"宣泄说"孕育了弗洛伊德(S. Freud)的"心理动力学"(psychodynamic)，并进而影响到当代社会心理学对人类侵犯行为的研究；他在《尼考马可伦理学》(*The Nicomachean Ethics*)中阐明的人类行为的交换理论观点是当代交换理论的滥觞；而他关于社会和人性的学说则经奥古斯丁(St. Augustinus)和托马斯·阿奎那(Thomas Aquinas)，由马基雅维利(N. Machiavelli)和霍布斯(T. Hobbes)给予了进一步的发扬光大。美国早期社会心理学家G. W. 奥尔波特(Allport，1967)认为柏拉图和亚里士多德都是在哲学知识内部建立了社会心理学的主题思想的创始人，但是，社会哲学的致命弱点在于，它无法借用经验的方法来证明自己的假设，这导致了社会心理学和社会哲学不可避免地受到了批评。

综上所述，史前思想的积累对社会心理学的产生具有准备作用，只不过这种准备经历了较长的时间。

二、社会心理学的形成时期

社会心理学经历了漫长的思想积累以后，经过从19世纪中叶到20世纪20年代的各种努力，先作为学科宣布独立，后终于产生出以实证方法为主流研究范式的科学。

(一)社会心理学的初创阶段

这一初创时期属于"经验描述"阶段(Stage of description and experience)，强调根据经验来描述社会行为。事实上，19世纪下半叶到20世纪初是人类社会发生重大历史变化的时期，伴随着整个资本主义世界的相对稳定的发展，许多学科都取得了很大的发展和进步，其中包括那些同社会生活的各个过程有直接关系的学科。社会学、心理学、文化人类学及其与社会相关的邻近学科都取得了长足的发展。社会心理学是在社会学和心理学分别脱离哲学母体之后，又从这两门学科的发展中应运而生的一门边缘学科。社会心理学学科的出现来自社会发展的需要和相关学科的理论准备。美国社会心理学家希布塔尼(T.

Shibutani）指出，社会心理学之所以能在19世纪末至20世纪初成为独立的学科，其部分原因在于当时已有的学科（主要是社会学和心理学）无法解决某些特定的问题，也就是说，在社会学和心理学的发展过程中，也直接产生了建立新学科的需要。当时，资本主义的经济变革所导致的大动荡促使人们用已经出现的"政治数学"和人口统计来考察人口、死亡率、家庭收入、生活状况、犯罪类型等社会问题，在这些社会调查中，有不少问题已涉及社会心理学的研究课题，如1834年两卷本的《关于巴黎城里的卖淫》（*Prostitution in France*）中就使用了警方记录和私人访谈法来了解有关这些妇女的社会出身、对宗教和婚姻的态度、堕落的原因等问题。虽然作者并不是社会心理学研究者，也没有意识到他们所从事的研究是关于社会心理学方面的，但在后人看来，他们提供了"社会心理学研究的第一批样板"。

社会学对社会心理学的兴趣与社会学中的心理学派有着密切的联系。自从1838年法国实证主义哲学家孔德（A. Comte）的三大卷《实证哲学教程》（*General View of Positivism*）宣布了作为独立学科的社会学的诞生之日起，社会学就力图从其他知识领域吸收现有的规律解释一系列社会事实，这种社会学的还原主义在历史上的第一种形式是"生物还原主义"（Biological Reductionism）。这种"生物还原主义"在斯宾塞（H. Spencer）的著作中发挥得淋漓尽致，成为社会学历史中的"有机学派"（Organic School）。然而，由于生物还原论的失败迫使他们运用心理学的规律解释社会，这种心理规律决定社会过程的构思注定还是行不通的，但社会学中的这种心理学倾向为社会心理学的诞生打下了基础。尽管心理学对社会心理学的兴趣丝毫不亚于社会学，但这种兴趣最初却形成于精神病学和变态心理学。精神病学实践的发展，特别是作为特殊暗示形式的催眠术的应用，揭示了个体的心理调节依赖于另一个体的操纵作用这一事实，从而推动了社会心理学的研究。早在1824年，由布雷德（J. Braid）进行的催眠术实验成为解释社会心理现象的基础。1890年前后，人们又开始将精神分裂归因于社会行为。这些触及社会心理学的思想都产生在冯特（W. Wundt）的"民族心理学"（Folk Psychology）之前。这一切都说明社会心理学在形成过程的一开始就受到两种不同的学科的影响，这一影响一直持续到现在也没有完全消失。这就是说，社会心理学中的理论一直带有社会学或心理学的取向问题，而缺乏这一学科的"中性"理论。前苏联社会心理学家安德列耶娃（G. M. Andreeva）将社会学和心理学比作社会心理学的"双亲"是恰如其分的。

在整个社会经验论阶段，以下几大事件成为社会心理学形成的主要标志：这一阶段始于19世纪下半叶，以1859年德国的拉扎勒斯（Moritz Lazarus）和斯坦达尔（Heyman Steinthal）创办《民族心理学和语言学》（*National Journal of Psychology and Linguistics*）杂志揭开序幕，社会心理学由此进入社会经验论阶段。1875年，德国学者舍夫勒（A. E. Schaffle）首先在现代意义上使用了"社会心理学"一词，在《社会躯体的结构及其生活》一书中，论述了社会生活中的心理状况或民族意识的一般现象。1894年，斯莫尔（A. W. Small）和文森特（G. E. Vincent）也在美国率先使用"社会心理学"一词，并将"社会心理学"列为《社会研究导论》一书的主要章节。1897年，美国人鲍德温（J. M. Baldwin）以"一种社会心理学研究"为《心理发展的社会和伦理解释》（*Social and Ethical Interpretations in Mental Development*）一书的副题，描述了个人是个体化了的社会我，是社会的一部分，也是社会的结果。同年，特里普利特（N. Triplett）在《美国心理学杂志》（*American Journal of Psychology*）上首次发表了一份社会心理学的实验报告，对骑自行车人的单独行驶、陪伴行驶以及竞赛的速度进行了测量和对比研究。由此，这一年被称为美国社会心理学的诞生之年。1898年，法国人塔尔德（G. Tarde）写出了《社会心理学研究》一书。社会心理学作为一个学科的起点，一般认为是1908年，这一年美国社会学家罗斯（E. Ross）和英国心理学家麦独孤（W. McDougall）分别出版了《社会心理学》（*Social psychology*）和《社会心理学引论》（*Introduction Social Psychology*）这两本社会心理学著作，其象征意义在于社会心理学由此终于从促使其诞生的社会学和心理学土壤中脱生出来，并走向独立。

在社会心理学的初创时期表现出四种主要的理论形态：德国的民族心理学、法国的群众心理学、英国的本能心理学理论和美国的社会心理学。其中，民族心理学是社会心理学理论的最初形态之一，是19世纪中叶在德国形成的，属于心理学的社会心理学理论发展线索。早在1807年，黑格尔（G. W. F. Hegel）在《精神现象学》（*The Phenomenology of Spirit*）一书中论及过不同于个体精神的绝对精神。在近一个世纪后，现代心理学之父冯特通过拉扎勒斯和斯坦达尔的杂志深受黑格尔影响，当他完成了"生理心理学"和"实验心理学"的有关大量著作后，在其生命的最后20年中开始写作他的《民族心理学》。虽然这部多达10卷本的著作在影响方面远不如他的个体心理学体系那么深远，但它却成为社会心理学的来源之一。法国群众心理学的代表人物是塔尔德、迪尔凯姆和勒庞。塔尔德主要是从事法理学和犯罪学的研究，他在社会心理学方面值得一提的是他在其所著的《模仿律》（*Laws of Imitation*）中创设了模仿理论。在他看来，模仿不但是犯罪的根本规律，而且可以用来解释一切社会现象。一个人发明创造，其他人跟着模仿，这样就有了风俗和时尚。由于他将模仿看成是最简化的个人活动，因此，团体行为也被解释为是个体心理学的，而不是社会心理学的。迪尔凯姆的理论观点正好同塔尔德的相反，作为早期最杰出的社会学家之一，迪尔凯姆始终从集体的方面论及人的行为，诸如集体中的自杀问题、宗教问题和公德问题。他认为集体意识决不是个体意识的相加之和，前者大于后者并决定后者。在《社会劳动分工论》中，他写道："集体意识是独立于个人置身其间的特殊情况的；个人消逝了，它仍旧存在。"因此，社会心理学开始于群体并终结于群体。勒庞对群众心理学的观点和迪尔凯姆的理论有点相似，"他的群众心理统一律并不意味着一群人仅仅是其成员的平均数或集合体"，而"有某种新的东西出现"。但他对感染、暗示的论述又受到塔尔德的影响。迪尔凯姆和勒庞的理论都在美国社会学家罗斯（E. Ross）那里得到继承与发展，他的《社会心理学》一书标志着当时社会学家对社会心理学的最系统的论述。1908年麦独孤在《社会心理学导论》一书中，沿着达尔文的进化论的线索，探讨了个体行为的动力问题，他认为本能是一切社会行为的基础，而作为人类社会行为的基础，本能又有相应的情绪和后天形成的情操相伴随。情操对本能和情绪起控制作用。他提出了诸如求食、拒绝、求新、逃避、斗争、性及生殖、母爱、合群、支配、服从、创造、建设等十八种本能，并认为从这些本能中可以衍生出全部社会生活和社会现象。另外，此时的工业心理学对社会心理学的形成也具有推动作用。工业心理学是现在的管理心理学的前身，在美国一般被称为工业社会心理学。虽然它可以被视为社会心理学的应用学科，但无论从时间的先后，还是从起初研究的内容来看，它都对社会心理学的产生和发展产生过影响。在美国社会心理学理论这一阶段，社会学家罗斯"开始"了美国的社会心理研究。罗斯在《社会心理学》一书中，主张社会心理学要研究人们的相互作用对其行为的影响。他认为社会就是模仿、效法，模仿是人类行为形成的基本方式。模仿遍布于整个社会之中，渗透到人类生活的各个领域。罗斯甚至把模仿说扩展到解释时髦、习惯和舆论等社会现象。罗斯的思想不仅深受塔尔德的影响，而且还深受勒庞的影响。在罗斯看来，群众受到暗示后就会发生相互影响，这样相互影响就变成群众力量。因此，群众经过相互影响后，一些荒诞的暗示就更可能吸引群众，以致引起骚动之后，群众也就更加相信他们所受到的暗示，因而也就更加狂热。

在初创时期，社会心理学这门新的学科诞生了，但是它仍然不能被称为"科学"，因为作为科学，它应该可以验证，所以学者们在经验基础上进一步做出了努力。

（二）实证社会心理学的产生

一般认为，科学实验是"科学"社会心理学建立的重要标志，就正如冯特建立世界上第一个心理学实验室是科学心理学建立的标志一样。实验使社会心理学发展出现质的飞跃。社会心理学在其形成的初期，还缺乏导致它不断繁荣的任何一种实验作为理论基础，因此在社会经验论阶段尽管已经宣告了作为一门独立学科的社会心理学的诞生，但它毕竟还带有明显的思辨和抽象性质，是一门描述性较强的科学。从 20 世纪 20 年代起，伴随着实验手段的运用，社会心理学完成了在其整个历史上最具革命意义的转折，大踏步地走向科学。这是社会心理学的确立时期，即社会心理学的社会分析学阶段。其具体特征为：社会心理学已经从描述转变为实验，从定性转变为定量，从理论转变为应用，并从普遍论转变为特殊论。从那以后，社会心理学便得到了空前的发展。由于上述转变，社会心理学从欧洲传统向美国传统转变。年轻、富有开拓精神和实用主义倾向的美国为同样年轻的社会心理学提供了最为适宜发展的土壤。爱搞实验是美国人性格中根深蒂固的特点，而美国的经验又进一步加深了这一特点，美国本身就是一个最大的实验场……这一精神和文化氛围既能说明社会心理学从描述向实验的转变，同样也能说明这一时期在同社会心理学的发展有着密切联系的相关学科中出现的各种转变，心理学从强调本能发展到强调习得，行为主义迅速统治了整个美国，社会学中也同时出现和牢固确立了经验的倾向，"社会理论家"开始让位于用录音机和计算尺武装起来的"社会工程师"或"社会技术师"，文化人类学家也从"安乐椅"走向考察现场，有关非西方民族的现场研究报告一时间风涌迭出。这种朝向美国传统的改变，使此时的社会心理学同其他学科一样表现出了极端的实用倾向，明确地指向实际的社会需要。这体现在奥尔波特综合了前人的成果所创立的社会心理学中，其实验方法及有关实验成果都具有划时代的意义。奥尔波特的研究主要受到特里普利特 1897 年发表的关于他人在场和竞争对个人行为影响的实验报告，以及德国的莫德在 1913 年进行的有关群体对个人行为影响的实验的启发和影响。在 1916~1919 年间，他进行了一系列有关"社会促进"的实验，富有成效地观察到合作群体中存在的社会刺激，会使个人工作在速度和数量方面有所增加。这一增进在涉及外部物理运动的工作中要比纯智力工作中表现得更为突出。他将这些实验成果写进了他于 1924 年出版的《社会心理学》一书。这被人们公认为实验社会心理学诞生的标志。除了社会促进以外，他还研究了从众、态度和人格等，这些研究课题一直受到社会心理学家的关注，其中有些已成为社会心理学的经典实验。

（三）社会心理学迅速发展阶段

社会心理学在 20 世纪 20 年代产生后，在随后的年代里获得了迅速发展，而且研究课题也愈来愈广泛。20 世纪 30 年代，面对世界经济萧条和社会动荡不安，社会心理学家重点研究的是领导、舆论、谣言、种族关系和价值冲突问题。20 世纪 40 年代，受第二次世界大战影响，社会心理学研究课题倾向于信仰、偏见、劝导和宣传等问题。20 世纪 50 年代，社会心理学研究范围扩展到社会交际形式和各种人格特征对社会行为的影响。20 世纪 60 年代以后，社会心理学获得充分发展，研究范围几乎涉及人们社会行为的各个方面，形成比较完整的科学体系和众多分支学科，并在学术界占据一定地位。社会心理学的发展受到整个心理学发展趋势的影响。在心理学的行为主义统治心理学半个世纪后，20 世纪 60 年代后的认知心理学浪潮，使社会心理学的研究产生了相应的变化。认知社会心理学在原来基础上得到发展。

（四）认知社会心理学阶段

认知社会心理学从 20 世纪八九十年代一直到 21 世纪的今天，受到了第二次认知革命的影响。第二次认知革命导致社会建构论产生。社会建构论视认知过程为人使用语言和话语的结果，认为语言并不是中性的工具和媒介，它为我们认识世界和自己提供了范畴和方式，它不是表达思维，而是规定思维。社会建构论强调心理学家应该关注话语（discourse）的作用，并应该以话语分析作为心理学的基本方法。因为语言通过一定的结构化方式组织成各种话语，任一语词的意义，都依赖于它所处的话语背景，所以心理学家应该分析话语对心理学知识的影响，并以话语分析作为心理学的研究方法，揭示语言在认识自我过程中的作用。心理学就是对特定文化历史条件下的话语分析，找出特定心理形式产生的社会原因，并进行历史的和跨文化的分析。社会建构论的观点意味着传统心理学的一切研究成果都要重新审视，这对心理学家产生了巨大冲击。另一方面，第二次认知革命促使了话语心理学（discourse psychology）的出现，为社会心理学解释人和世界提供了新的视角。话语心理学是广义的话语分析（discourse analysis），它力图研究文本（text）和话语是如何建构的，研究文本和话语本身的心理意义。话语心理学不仅使用认知过程的术语解释话语和文本的建构及其作用，还采用建构的观点，强调对行为的描述方式以及重视事件如何在话语中建构起来。话语心理学把建构的关于现实世界和精神生活的版本作为行为的表现要素，分析的焦点在于如何使建构与特定行为相配合。

认知社会心理学（Cognitive Social Psychology）正是源于格式塔心理学（Gestalt Psychology）和勒温（K. Lewin）的场论（Field Theory），此后出现

了许多认知社会心理学理论。1955年奥斯古德（C. E. Osgood）提出一致性理论，20世纪50年代美国心理学家麦奎尔（W. J. McGuire）提出认知相符概念，1957年费斯廷格（L. Festinger）提出认知失调理论，1958年、1961年海德尔（F. Haider）和纽科姆（T. Newcomb）提出平衡理论，1967年海德尔和凯利（H. H. Kelley）提出并发展了归因理论。认知派理论强调认知活动或认知过程在社会心理与社会行为中的作用，极少涉及情感、意向和动机因素。

第三节　两种取向的社会心理学

在社会学和心理学的发展中，出现了一种彼此接近的运动。与其说这种运动首先形成的是社会心理学这门边缘学科，不如说它首先形成的是"真正的边缘问题"。这就能够从一种新的角度说明为什么"当社会心理学形成之时，它趋向于分为两支，一支是心理学家的社会心理学……一支是社会学家的社会心理学……"（Murphy，1982）所以，社会心理学学科在20世纪初问世，除了当时社会实践的需要外，更直接的动因在于社会学与心理学之间的交互作用。诚然，许多与人类社会生活关系密切的学科，如语言学、犯罪学、民族学、考古学、文化人类学、社会生物学等，都对社会心理学的产生和成长起了各种促进作用，但是对社会心理学起直接孕育作用的则是社会学和心理学这两个"母体"学科，社会心理学从一诞生起便一直带着它的"胎迹"——包含着与生俱来的两种取向：社会学取向和心理学取向。

社会心理学家与社会学家对人类在社会中表现出的各种行为具有同样的兴趣。一般来讲，社会学家研究团体发展趋势，而社会心理学家研究的是个体，尤其是个体在某个特定时间对他人的看法，个体之间的相互影响以及相关关系。社会心理学所以能从社会学和心理学这两门学科中独立出来，是因为无论是社会学家还是心理学家都在自己的学科中面临着这类"边缘问题"。如果说当心理学家注意到个人行为受他人存在影响时，使心理学家触及了社会学，那么，当社会学家开始研究个体和群体间的互动时，则社会学家们便涉足了心理学领域。

一、心理学取向的社会心理学

1908年以后，心理学取向的社会心理学在整个社会心理学发展的总体格局中占据了优势地位。这种情形的出现，在20年代前要得益于达尔文进化论所取得的全面胜利，正是在这种时代背景下，麦独孤自然成为社会心理学的"宠儿"。

在从 1908 年到 1921 年的短短 13 年中，他的《社会心理学导论》就连续印刷了 14 版之多。而在 20 年代以后，随着行为主义的兴起而产生的实验社会心理学虽然抛弃了对本能的研究，但却继承了麦独孤注重个体的研究取向，从而把心理学取向的社会心理学推进到更崭新的阶段。奥尔波特在一系列实验研究基础上，于 1924 年出版的《社会心理学》及其提出的"社会促进论"，被公认为实验社会心理学诞生的标志。从他开始，直至 20 世纪 70 年代之前，心理学取向的社会心理学一直处于发展的高峰状态，其主要表现为经典研究不断涌现、理论观点纷呈林立以及应用研究在局部的出现等。1929 年瑟斯顿（L. L. Thurstone）和蔡夫（E. J. Chave）首创态度测量；1932 年李科特（R. A. Likert）对前二人的态度量表进行了改进，提出一套现今已在舆论调查中广为运用的测量方法；1935 年谢里夫（M. Sherif）进行了有关社会规范形成的实验研究；1939 年勒温在早期提出的场论基础上开展了群体动力学研究；1951 年阿希（S. E. Asch）作了遵从行为的实验研究；1963 年米尔格拉姆（S. Milgram）进行了引起广泛争议的服从权威的实验研究等都成为当时被多次引用的经典范例。

但是，在心理学取向的社会心理学中，因其理论观点较为复杂，很少形成有统一理论基础的完整流派，而更多是属于在方法原则上方向大致相同。它们主要可划分为三大派别，即精神分析派别、行为主义派别和认知主义派别。此外，心理学取向的社会心理学在 20 世纪 40 年代以前的工作主要是致力于实验室研究，到了 40 年代以后，一些局部性的应用研究开始出现，这主要是因为第二次世界大战的爆发使社会心理学不得不在一定程度上趋向现实社会生活，其中围绕信仰、偏见、说服、宣传以及态度的形成与改变等问题的研究开始展开。在战后的五六十年代，应用研究主要涉及提高劳动生产率、发展大众传播媒介、改进组织管理方法等具有实用性的领域，但对于与社会宏观结构紧密相关的社会问题则采取回避态度。

二、社会学取向的社会心理学

美国社会心理学家埃尔伍德（C. A. Ellwood）的关于社会心理学的定义，典型地阐述了社会学取向的社会心理学的研究宗旨。他认为，社会心理学是关于社会互动的研究，它立足于群体生活的心理学，以对于群体所产生的人类反应类型、沟通类型和各种行动的解释为出发点。从罗斯开始发端的社会学取向的社会心理学，其发展的势态尽管不如心理学取向的社会心理学那样显赫，但它还是形成了社会心理学学科体系的另一条大动脉。

自 20 世纪 20 年代开始，当心理学取向的社会心理学通过一系列实验研究而蓬勃发展的时候，理论研究的兴趣却主要在社会学取向的社会心理学家们身上表现出来，产生了影响巨大的符号互动理论学派和社会交换理论学派。从20世纪初期开始，社会学取向的社会心理学所进行的经验研究或应用研究一直持续不断，比较有影响的如20世纪三四十年代对社区心理和社会流动方面的调查研究，其代表作有林德等人的《中镇》和沃纳的《杨基城》；20世纪30年代由于世界经济萧条和社会动荡所引起的对公众舆论、恐慌、流言和谣言等方面的研究；1935年美国社会学家盖洛姆（G. H. Gallup）运用分层抽样方法进行了科学的民意测验；斯托弗等人（Stopher et al., 1949）根据对美军人员素质和心理状况的调查并出版的《美国士兵》一书提出了"相对剥夺"（Relative Deprivation）的重要概念。在这个方面，代表著作在不断地问世。自罗斯的《社会心理学》发表以来，社会学取向的社会心理学教材尽管在数量上不如心理学取向的社会心理学教材那么多，但是也仍在陆续出版，较著名的有埃尔伍德的《社会心理学导论》（1919）、兰德·史密斯（A. Lind Smith）的《社会心理学读本》（1949）、罗森伯格（M. Rosenberg）和特纳（R. Turner）的《社会心理学——一个社会学的透视》（1981）以及麦考尔（G. J. Mccall）和西蒙斯（J. L. Simmons）的《社会心理学——一种社会学的研究》（1982）等。

三、两种取向社会心理学的比较

人的心理与行为同社会、人格之间存在着制约与被制约的关系，这种关系不仅决定了作为研究人类心理与行为的学科——社会心理学的边缘学科地位，同时也决定了社会心理学的研究对象原本就是可以从不同的方向进行探索的。迄今为止，无论是理论观点、经典研究还是应用研究，心理学取向的社会心理学在整个社会心理学发展的总体格局中一直占据着优势地位，而社会学取向的社会心理学则显得势单力薄，双方力量的不均衡更加重了原本就存在于其间的差异和分歧。历经近100年的发展，两种取向的社会心理学之间的关系由原来的敌对逐步演变为互补和合作。尽管如此，从某种意义上来讲，这也是一种进步，两者之间的互动正好指明了社会心理学的未来之路。

（一）两种取向社会心理学的差异

从社会心理学学科体系结构的角度来看，两种取向的社会心理学之间的差异性主要表现在研究对象、研究范围和研究方法上的差异。

在研究对象上，心理学取向的社会心理学强调个体变量的重要性，而社会学取向的社会心理学则注重群体变量的意义。这种研究对象上侧重点的不同，是导致两种取向的社会心理学在研究范围、研究方法及其成果应用等一系列方面存在着差异的基本原因。

在研究范围上，心理学取向的社会心理学主要是通过了解个体在学习过程中所形成的个人特质以及特定社会情境中他人对个体的影响来解释人的社会行为，而社会学取向的社会心理学主要是通过考察人们在社会化过程中所获得的社会角色以及人们的社会互动作用来说明人的社会行为。

在研究方法上，心理学取向的社会心理学倾向于把实验法作为主要的研究方法，在一个时期甚至主张，不使用实验室方法的社会心理学都不具有科学性质，后来态度有所改变，在使用实验室实验法的同时，也采用现场实验、自然实验及其他方法；而社会学取向的社会心理学采用的研究方法主要是社会学的基本调查方法，如问卷法、访谈法，等等。

以上方面仅仅是从社会心理学学科体系的角度，对两种取向的社会心理学之间在结构上的差异进行了静态的分析比较。然而，要想对两种取向的社会心理学在整个社会心理学学科中的地位与作用做出比较完整的评价，还必须从社会心理学的发展历程方面，对两种取向各自所表现出的功能状况进行动态的考察和认识。

（二）两种取向社会心理学的学科地位

在社会心理学的发展中，社会学取向的社会心理学和心理学取向的社会心理学构成了社会心理学学科的两大动脉和基本框架，而社会心理学的基本理论问题无不与这两种取向的发展相联系。社会心理学中占据主导地位的理论流派主要来自两种取向，由社会学家所创立的主要有符号互动论（包括进一步演化出的社会角色理论、参照群体理论、戏剧理论、标签理论）和社会交换理论；由心理学家所创立的主要有精神分析理论、社会学习理论、社会认知理论、人本主义心理学理论等。其次，由于社会学取向注重群体变量的研究，心理学取向注重个体变量的分析，从而使社会心理学在理论特征上表现出一种集体主义研究视角与个体主义研究视角之间的鲜明差异。社会学的社会心理学理论更多地体现了集体主义的研究策略，而心理学的社会心理学理论则主要贯穿着个体主义的研究策略。另外，社会学和心理学所遵从的方法论不同，导致了两种社会心理学所采用的具体研究方法以及作为对研究结果的总结而建构的理论规模或层次不尽相同：社会学取向的研究比较注意使用经验研究的方法，建构的理论多属于中层理论范畴；心理学取向的研究则偏重于实验研究方法，建构的理论多处在微观理论层次上。

关于心理学取向的社会心理学，它对于促进整个社会心理学学科的进步做出了重要贡献，同时，它还体现了社会学取向的社会心理学所不能取代的独特优势。首先，作为心理学取向的社会心理学重要代表的实验社会心理学的兴起与发展，加速了刚刚诞生不久的社会心理学彻底摆脱思辨研究、经验描述的初级阶段而步入精确测试、定量分析的高级阶段进程。心理学取向的小群体实验研究之所以具有以往思辨探讨和经验描述所不可比拟的先进性，就在于实验法能对影响行为的因素进行严格控制与量化分析，易于找出精确的行为机制和规律，因此有利于建立假设、实施研究、检验理论、推出成果。其次，与社会学取向的社会心理学相比，心理学取向的社会心理学所具有的特殊优势表现在：由于它注重个体变量的研究，以个体特质作为解释社会行为的基本依据；而为了把握这种依据，势必深入探讨个体的生理和经验因素、社会学习过程、环境或他人的影响等细微方面对人的作用。因此，心理学取向的社会心理学长于对微观社会心理层面和深层社会心理机制做出透视，以便于建构各种小理论乃至中程理论。如社会促进理论、挫折—攻击理论、竞争与合作理论、认知一致性理论等，都是这方面的典型代表。

但是，不可否认的是，心理学取向的社会心理学仍然存在着很多不足之处，这表现在：第一，研究对象方面的问题。心理学取向的社会心理学以个体为研究重点，从而不可避免地在很大程度上忽视了对群体特别是大群体层面的注意，忽视了对根本上决定社会心理的宏观社会结构的分析。与此相应的情况是，"社会心理学中大多数理论是关于个体行为或个体间行为的理论，各种例证可以归结为，社会行为是一般行为机制对如下条件的适应，即对行为在他人当中实现的条件的适应"。所以，如果以这种研究传统所得到的成果或理论来解释群体行为或社会行为，必然会遭到失败。第二，研究方法方面的问题。20 世纪 20 年代以后，心理学取向的社会心理学在研究方法论上主要接受新实证主义哲学的指导，把可证明性或可操作性原则当作检验知识真伪的唯一标准，由此导致了两个方面的偏向：一是使社会心理学研究与社会哲学、价值理论相脱离，即保持研究上的价值中立性；二是具体研究方法层次上的独尊实验法倾向，把实验法尤其是实验室实验法视为衡量社会心理学是否属于一门科学的绝对标准。作为这两种倾向的结果是，社会心理学研究远离真实的社会背景而成为一种"真空中的实验"，即一种对人为社会情境甚至是非社会情境中的"社会行为"所作的研究。尽管这种研究也产生出一批精致的小理论，但是，它们从根本上就不具备干预现实社会问题的能力。正如 G. 墨菲（Murphy, 1982）所言："从实验室中'社会助长'问题研究到理解校园内的动乱或国际间的仇恨还有很长一段距离。"第三，研究取向方面的问题。出于对新实证主义的科学研究准则的尊崇，心理学取向的社会心理学要求严格地建立假设与检验，注重完善的数学程序，讲究精确地收集资料，这种"方法崇拜"倾向不免产生两种结果：一是对理论研究的极端轻视，二是对应用研究的兴趣淡薄。

与此相对立的社会学取向的社会心理学的突出特征在于，它以群体变量为研究重点，以社会互动为主要研究内容，多采用能在较大范围内实施的研究方法，如观察法、问卷法、跨文化研究法，等等。因而其优势是便于把握宏观的社会心理层面，灵敏反映现实生活中的心理问题，而研究成果干预社会实际领域的能力较强。因此，加强社会学取向的研究无疑是使社会心理学面向社会的合理策略。但是，强调加强社会学取向的社会心理学研究，并不是要用社会学取代社会心理学。固然社会心理学只有在更多地参与研究社会问题的条件下才能获得进一步的发展，但是，在说明这个观点时，重要的是保持社会心理学和社会学之间的差别。社会心理学对社会问题的兴趣增长，并不意味着它变成社会学，很明显，应该保持这两门学科对于社会问题的态度上的特点。因为正像社会心理学的"心理学化"使社会心理学蒙受严重损失一样，社会心理学的"社会学化"也是没有任何前途的。庸俗的社会学化也是社会心理学前进道路上的重大障碍。此外，强调加强社会学取向的社会心理学研究，也决不意味着心理学取向的社会心理学研究可以被偏废或放弃，因为社会学取向的社会心理学也存在自己的短处，表现为对个体内在的心理机制或较微观层次的社会心理因素缺少更深的把握，所以，它只有与心理学取向的社会心理学有机地结合，才能达到全方位、多维度地透视复杂社会心理现象的目的。

第四节　社会心理学的当代发展

了解当前社会心理学的现状和今后的发展趋势，可以让我们在宏观上掌握社会心理学的全局，并尽快走到本学科发展的最前沿。唯有如此，才算真正掌握和了解了本学科的知识和现状，并对今后的研修和深造打下良好基础。

（一）美国社会心理学的发展

美国和欧洲是科学社会心理学产生与发展的两大基地。美国不仅是社会心理学发源地，而且一直占据本学科发展的领先位置，直至当前，美国仍然是社会心理学知识积累的主要来源国家。在美国，心理学是一个高度发达的科学领域。美国每年授予的数万个博士学位中，心理学达三千个以上。在心理学内部，心理学家公认的许多心理学的重要发展，都直接与社会心理学相联系。美国心理学会中，从事社会心理学或其他相关学科的会员占有相当大的比例，而"人格与社会心理学"分会一直是美国心理学会最大的分会之一,另外还有"社会问题心理学研究"、"消费心理学"、"社区心理学"、"心理学与法律"、"妇女心理学"、"公共服务心理学"等应用社会心理学分会,实际从事社会心理学研究的会员人数超过一万人。在实际研究、教材出版、教学及博士学位授予方面,社会心理学在美国都是最重要也是最引人注目的心理学分支。美国社会心理学家除注重社会认知、社会影响、人际交往、合作等基本问题的研究外,还直接注重吸引与交往、助人行为、态度改变、法律与犯罪心理问题等应用性问题的研究。近年来,有关自我概念、家庭背景对儿童的影响、教养方式、环境设计、成就动机、价值观等一系列应用性问题,受到社会心理学家愈来愈多的注意。相应地,人们原来对于行为归因的关注则开始相对减少。目前美国在社会心理学占主导地位的仍然是实验社会心理学,研究者栖身于美国大学的心理学系或相关机构,属于美国心理学会(APA)会员,权威期刊是《人格和社会心理学杂志》(Journal of Personality and Social Psychology),年刊是《实验社会心理学进展》(Advances in Experimental Social Psychology)。另外两股社会心理学力量分别是符号互动论学者群和心理社会学学者群,二者都主要栖身于大学社会学系或相关机构,属于美国社会学会成员,权威期刊是《社会心理学季刊》(Social Psychology Quarterly)和《美国社会学评论》(American Sociological Review)。然而从趋势上看,美国社会心理学仍然过分注重认知,忽视人与人的互动,三个社会心理学群体在学术上仍然相互漠视和孤立,所以,要在美国建立统一的社会心理学尚需时日。

(二)欧洲社会心理学的发展

欧洲原本是现代社会心理学的策源地,无论是"社会心理学"这一术语在现代学科分类意义上的最早使用,还是作为这门学科三大直接来源的民族心理学、群众心理学和本能心理学的研究都发生在欧洲。但是,像其他许多门类的社会科学一样,随着美国成为世界经济、政治的中心,社会心理学研究的大本营也逐渐地转移到美国。经过20世纪初期和三四十年代社会心理学的思想中心两次从欧洲向美国迁移,社会心理学在它的诞生之地反而趋于式微了。特别是在第二次转移中,由于欧洲的许多社会心理学家为逃避纳粹德国的迫害而纷纷逃亡美国,因而事实上它是包括思想和产生这种思想的思想家在内的一次彻底的"搬迁"。欧洲老家的所有家底一下子成为了美国的特产(周晓虹,1994:97)。因此,当第二次世界大战结束之后,欧洲的社会心理学因美国的影响而重新建立时,从研究选题、内容直到具体方法基本上都是美国社会心理学的复制品。这种情况一直持续到20世纪60年代。不过,也就是在当时,欧洲社会心理学家中开始酝酿起对于统治着欧洲学界的"美国式样的社会心理学"的不满情绪。1965年欧洲社会心理学会的成立则标志着开始努力改变的新起点,之后发生在美国的社会心理学的危机则进一步刺激了欧洲社会心理学家的神经。在很大程度上,正是美国社会心理学危机显示出来的"美国式样的社会心理学"的种种弊端进一步激发了欧洲社会心理学家对"美国式样的社会心理学"的声势浩大的反叛,并进而在这块社会心理学的萌生地掀起了一场社会心理学的本土化运动。莫斯科维奇和泰弗尔集中地批判了美国式样的社会心理学中的实证主义、实验主义和个体主义。总之,欧洲本土的社会心理学今日或许尚有这样那样的不尽如人意之处,还不是很成熟,但是,自从那场批判和反省运动以来,它基本上可以说是在一条务实的路子上稳健地发展着。有人称社会心理学在20世纪90年代已进入"后现代"或"后实验"的发展,这或许会给欧洲学者们带来更多的建功立业的机会,而欧洲本土的社会心理学的发展则必将丰富整个现代社会心理学的知识体系,推动社会心理学事业的发展繁荣。

1945年之前是欧洲社会心理学思想的美国化阶段。由于批判史学家的影响,孕育社会心理学思想的社会文化脉络被揭示出来,其结果是"亲社会心理学"(proto-social psychologies)的思想在19世纪的欧洲得以孕育和成长(Lubek,2000:319~328)。这些在欧洲孕育和发展的理智线索,以确定的方式和美国本土的观念,如实用主义和个体主义融合,导致个体主义、实验主义和功能主义的独特研究精神在美国学界尤其是心理学界的确立。就社会心理学而言,美国本土化的最初成果,就是奥尔波特(Allport,1924)现代意义上的《社会心理学》教科书的出版。20世纪30年代前期,是美国社会心理学的学科制度化和学科合法性的建构时期。而在1933年以后的欧洲,随着纳粹德国的兴起和随后的欧洲动乱,欧洲大批的天才学者和专家,被迫移民美国。这是一次被迫的文化融合和互动过程,它对社会心理学的发展尤其具有特殊的意义。1945年至1966年是欧洲社会心理学的美国殖民化阶段,虽然在欧洲一些大学中,有少数的学者和群体在进行有关社会心理学的研究和教学,但他们都没有意识到对方的存在,也没有直接沟通。而在战后东西方意识形态的冲突即冷战的国际社会背景下,美国开始资助西欧的社会科学和行为科学研究,社会心理学是庞大的资助计划的一部分(Hogg,1998;Moscovici,1996)。这一系列的资助、沟通和合作,于1966年终于实现制度化,即创立欧洲实验社会心理学会(European Association of Experimental Social Psychology,EAESP)。这一段时期,在欧洲大陆和英国,就社会心理学的研究而言,它还是由美国的观念所主宰。大多数欧洲社会心理学家,都是在美国接受教育和训练;在种种会议场合,美国的来访者被赋予最高的地位等级；而费斯廷格则被认为是社会心理学的教皇（Pope of Social Psychology）（Jaspars，1986：3～15）。之后则是欧洲社会心理学学科制度化阶段的发展，欧洲社会心理学的学科制度化（Institutionalisation of European Social Psychology）的标志，是1966年欧洲实验社会心理学会的创立。它开始成为没有校舍的、流动的社会心理学的欧洲大学（European University）（Doise，1982；Tajfel，1972）。在20世纪的60年代初期，欧洲国家的社会心理学研究机构仍然处于彼此隔绝的局面，类似一盘散沙。各国的研究机构规模很小，既缺少必要的研究经费，相互之间也很少交流。因此，欧洲的社会心理学家们决心要联合起来，建立一个欧洲"科学共同体"，使社会心理学这门学科在欧洲重新活跃起来。1963年，在美国社会科学研究理事会的赞助和支持下，数十名来自欧洲不同国家的社会心理学家在索伦托召开会议；1964年底，又在离罗马不远的弗拉斯卡托蒂召开了一个类似的会议。两次会议旨在开展共同的研究，以促进思想和研究计划的交流。在弗拉斯卡托蒂会议上，选举了一个规划委员会，规划如何进一步开展社会心理学界的国际性活动并为开展这些活动筹措资金。欧洲社会心理学学会则是在这两次会议的基础上，于1965年正式成立的。从1966年开始，欧洲实验社会心理学学会每三年召开一次大会，随着学会工作的开展，出席大会的人数也越来越多，向大会提交的论文也大为增加。另外，欧洲实验社会心理学学会还举行过多次专题会议，以发展与一些迄今仍然彼此在学术上互相隔绝的国家（如东欧国家）的社会心理学界的联系，比如与捷克斯洛伐克、匈牙利、波兰和意大利等，加强了相互间的了解。为了推动研究工作，欧洲实验社会心理学学会还组织了各国社会心理学界之间的交换访问，召开专题讨论活动。

欧洲实验社会心理学会于1971年正式创刊其权威英文学术期刊《欧洲社会心理学杂志》（*European Journal of Social Psychology*，EJSP）。而在1990年，与美国的《实验社会心理学进展》（*Advances in Experimental Social Psychology*，AESP）相类似的出版物，即《欧洲社会心理学评论》（*European Review of Social Psychology*，ERSP），由欧洲实验社会心理学会组织编辑，以年刊形式出版。欧洲实验社会心理学会于1971年开始组织编辑用英文撰写或翻译的《欧洲社会心理学专著丛书》（*European Monographs in Social Psychology*）不定期出版，它们是具有欧洲特色的社会心理学即社会关怀（social concern or relevance）的欧洲社会心理学的主要载体之一。其中，《社会心理学的脉络：一种激进评价》、《社会影响和社会变迁》、《社会心理学中的解释水平》和《论说和思考：社会心理学的修辞学路径》（Isreal & Tajfel，1972；Moscovici，1976；Doise，1986；Billig，

1996）等，已经成为表征欧洲社会心理学的理智成长的经典文献。从 1979 年开始，欧洲实验社会心理学会和欧洲社会心理学实验室合作，开始组织编辑出版另一套英文专著系列丛书，即《欧洲社会心理学研究丛书》（*European Studies in Social Psychology*）。这一套丛书，在建构欧洲社会心理学的国际学术声誉方面，具有不可估量的地位和价值。其中，《社会维度：社会心理学的欧洲发展》、《社会认同和群际关系》、《社会表征》、《少数人的影响》（Tajfel，1984；1982；Farr & Moscovici，1984；Moscovici，2000）等，已经成为国际社会心理学的经典著作，也是欧洲社会心理学的理智复兴的主要标志。直至 20 世纪 80 年代中期，尽管欧洲社会心理学在理论建构和经验研究方面获得巨大进展，或者说是"欧洲社会心理学时代的来临"（Jaspars，1980），但其本科教育还是主要依赖美国的权威教科书。经过几年的精心努力和合作，汇集欧洲一流社会心理学家集体智慧的教科书终于在 1988 年率先编著出版。从 1954 年到 1998 年，4 个版本的美国社会心理学手册，成为形塑美国社会心理学的世界学术权威的主要载体之一（方文，2002）。与之对应，四卷本的欧洲社会心理学手册在 2001 年也已出版。它们是《个体内过程》（*Intra-individual Processes*）、《人际过程》（*Interpersonal Processes*）、《群体过程》（*Group Processes*）和《群际过程》（*Inter-group Processes*）（Tesser & Schwarz，2001；Flecher & Clark，2001；Hogg，2001；Brown，2000）。

（三）中国社会心理学的发展

中国社会心理学在 1949 年之前曾有一部分针对中国特定问题的研究，但不够系统化。1949 年以后，由于前苏联学术观点的影响和"文化大革命"的干扰，社会心理学在中国内地一直没有得到应有重视。这一时期正好是西方社会心理学发展尤为迅速的时代。不过，在中国的台湾和香港地区，特别是有美欧教育背景的两地学者，并没有受大陆政治气候影响，他们开始重视社会心理学研究。香港中文大学心理学系课程始于 1963 年，首个课程即为社会心理学。1967 年，香港大学成立了心理学系，该系第一任系主任是澳大利亚人道森（J. L. M. Dawson）。他为学生开设了他所善长的《生物社会心理学》课程。同时，他把香港看做是开展跨文化心理学研究的自然实验室。受这一观点的影响，一些香港社会心理学家开展了殖民地、文化交叉与文化认同等因素的心理后果和文化集体主义与个人主义等课题的研究。在 1997 年前后，一些香港社会心理学家围绕着香港回归大陆开展了文化认同等课题的研究，引起了国际社会心理学界的关注。由于香港独特的文化地理优势，香港社会心理学界与美国、英国等国家以及大陆和台湾等地区的学者保持着密切的学术联系。

1982 年春，大陆中国社会心理学研究会（后更名为中国社会心理学会）成立,中国社会心理学研究进入新时期。同年,南开大学开设社会心理学研究生班,北京师范大学心理学系、广州师范学院等院校也相继开展同样的工作。在这一时期,北京、上海、天津、广州等地有一批新老结合的研究群体出现,一部分译介著作陆续出版,使中国社会心理学研究者可以在较短时间内,完成了社会心理学的重建。

中国内地目前的社会心理学研究,主要集中在社会心理学理论体系建立、社会心理学基本理论探索、人际交往理论研究及教育社会心理学理论探讨几个方面。受港台两地强调心理学本土化的心理学家影响,中国的社会心理学研究者也开始注重中国人独特社会心理问题的研究。从 20 世纪 80 年代后期到 90 年代中期,对各种社会心理学问题的研究取得了令人瞩目的成就,而且他们在这一时期开办研究班培养的一批中国青年社会心理学工作者,已经成为中国社会心理学研究队伍的重要力量。近年来,中国内地在社会心理学教学、论文与著作发表、人才培养方面的发展尤其迅速。目前全国高等院校心理学系科、专业、综合性大学的社会学系科、哲学专业等广泛开设社会心理学课程,政法、商业乃至财会类院校也愈来愈重视社会心理学课程。近年来社会心理学研究者不仅陆续出版了一批以西方社会心理学素材和体系为主的著作,一批以教育社会心理学、社会化等课题为核心的著作也陆续发表。其中,有些著作以研究者自己的系统实证研究为根据。在具体研究课题上,民众的价值取向研究,民众对重要社会事件的态度,传播媒介,读者、听众、观众情况的调查,家庭问题研究,教育社会心理学问题研究,司法社会心理问题研究及民俗社会心理问题研究等,也受到较多研究者重视。今后,社会心理学将会受到更多的重视并发挥更大的社会影响。

第二章 社会心理学研究方法

社会心理学研究社会生活中极其广泛的社会行为,从我们的知觉到判断,从我们对现象的认知与所持情感,从个体间的亲密关系和交互作用到群体间的合作与冲突,社会心理学工作者需要不断地进行从实践到理论,再从理论到实践的探索。社会心理学的大厦一直建立在实证研究的基础之上,只有对方法的不断探索和发展才能促进社会心理学工作者获得真实可靠的资料,进而深入研究广泛而多样的社会心理现象。

第一节 社会心理学的研究目标和研究过程

社会心理学的目标在于描述、解释、预测和控制。所谓描述是指从仔细观察开始,去描述行为;所谓解释在于为行为的发生提供实证知识的解释;所谓预测是对尚未发生的事件所做的预见;所谓控制则致力于改变行为。社会心理学的目标需要科学而严谨的方法才可以达成。

一、研究目标

社会心理学研究需要有明确的目标,它包括描述行为、探求因果关系、理论建构和应用研究。

(一)描述行为

社会心理学家从事研究的一个目标是对各种社会现象进行详尽的系统的描述与说明。例如,经常玩暴力游戏会增加儿童的攻击性行为吗?如果是的话,其影响的具体方面如何?又例如,物理外表会影响我们对他人的判断吗?它究竟是积极的还是消极的?怎样具体描述其细节?所有这些细节需从观察与描述开始。描述是科学研究的基石,它可以为进一步的深入研究奠定基础。

（二）探求因果关系

社会心理学家从事研究的第二个目标是致力于对各种社会现象做出因果解释。例如，在探讨电视暴力与儿童攻击行为的关系时，即便我们知道电视暴力是儿童攻击行为的起因之一，我们也需要解释这种关系，是由于模仿还是对它的崇拜？是暴力导致的信念改变还是潜意识的正常反应？所以进一步研究是必要的，必须加以清楚解释。社会心理学研究不能只停留在描述层面，对人类社会心理与社会行为的理解在很大程度上取决于我们对其因果关系的解释。

（三）理论建构

社会心理学研究的第三个目标是形成和发展有关特定社会现象的理论。所谓理论，是指一组相互关联的概念和命题，它通过对有关现象相互关系的系统和具体的说明，来描述、解释和预测各种现象。例如，电视暴力与儿童攻击的形成是否有理论可以说明？偏见与歧视的社会性行为仅仅是现象的表征还是背后蕴涵了一定的理论建构？我们在以后单元中会了解到，在社会心理学各个领域中，有各种不同的理论。社会心理学的奠基人勒温有一句至理名言："好的理论是最实务的。"（There is nothing so practical as a good theory.）的确，理论可以把我们对社会心理现象的理解有机地组织起来，做出新的预测，并在进一步的研究中接受检验。

（四）应用研究

社会心理学研究的第四个目标是应用社会心理学知识来解决现实问题。社会心理学不仅可以使我们认识自己、了解他人和理解自己与社会的联系，而且有助于解决社会生活中的各种实际问题。在社会心理学的研究中，很多是围绕着解决实际问题而展开的，这些问题的解决既具有实际应用的价值，又能对理论有所建树。现今，社会心理学对解决生态环境、健康生活方式、儿童教育、大众传媒、政治选举和司法公正等全球性社会问题正在发挥日益重要的作用。

当然，一项具体的社会心理学研究项目不可能同时涉及这四个目标。通常一项研究只关注一两个目标。在选取研究目标时，既要考虑到个人的研究兴趣，也要考虑到拟研究问题的目前进展。如果所要的研究问题是一个新的领域，那么，研究目标就要从描述开始，如果所要的研究问题已经有较为成熟的理论，那么，研究目标可能就是应用已有的理论来解决现实问题。

二、研究程序

从研究过程的角度讲，一项社会心理学的研究通常包含六个具体的研究步骤：提出问题、文献研究、研究设计、研究实施、数据分析和研究报告。

（一）提出问题

进行社会心理学研究首先要提出问题，也就是确定所要研究的具体对象和问题是什么。问题越具体、越明确越好。提出问题的时候一定要考虑研究的理论意义和现实意义。在社会心理学研究中，研究课题可以有各种不同的来源。我们常常从三个方面提出拟研究的问题。第一，从已有的理论或文献中演绎出要研究的问题，通常这种研究的主要目的在于评价和发展已有的理论。例如，马尔库斯（H. R. Markus）和北山筱夫（S. Kitayama）根据自我与他人的关系，提出两种自我观来说明东西方人在自我上的不同。其中，独立自我观（independent view of self）以个人的身体为边界，自我与他人之间的界限很清楚，并以个人内在属性与特质来定义自我，如"我很内向"；互依自我观（interdependent view of self）中常包括他人，人我之间的界限比较模糊，并强调外在的角色、地位、关系等内容，比如"我是经理"。按照他们的观念，不同的文化有不同的自我构念，如西方文化崇尚个人主义，是独立自我；东方文化是集体主义，是互依性自我。按照这一假设，我们推断，中国人更重视他人对自己的评价，那么现实是这样吗？这就是我们提出的问题。第二，从实践中针对现实生活的问题来选择并确定研究课题。例如，社会生活的各个组织中，员工对组织的认同感是不同的，那么可以根据这一现实问题提出自己的假设，如哪些因素影响员工的组织认同，以及如何提高组织认同等。纵观社会心理学的历史，大部分社会心理学项目都是针对现实生活问题的研究，这也是社会心理学为社会生活服务的例证。第三，也可以结合个人的生活经历来选择并确定研究课题。例如，当前的大学生大多是独生子女，许多人认为独生子女过于自我中心，也可以围绕这一问题研究独生子女的成就动机、自尊、自我意识等内容，这就是来自现实的观察而确定的主题。

（二）文献检索与阅读

在进行任何项目研究之前，研究者有必要对前人的研究结果进行文献查阅和梳理，对过去研究的回顾将有助于研究者去阐明研究思想和进行研究设计。所以，重要的是要知道怎样去收集与课题有关的文献，怎样去阅读相关的研究报告。

（三）研究设计

在研究题目选定后，通过文献研究，基本上确定了所要研究的内容，为了保证研究的完成，在实施正式研究之前，有必要对整个研究进行设计，研究设计包括提出研究假设和选择研究策略。

所谓研究假设（hypothesis）是指对有关变量（variable）之间相互关系的

所作的推测性判断或设想，它是对所研究问题的尝试性解答。例如，"观看暴力电视节目会提高观众的攻击性行为"就是一个研究假设。这个研究假设是针对"观看暴力电视节目"与"攻击性行为"之间的相互关系的一种尝试性的理论解答。这个研究假设还有待通过研究来加以检验。研究假设虽然是由研究者提出的，但它不是凭空臆造的。一个好的研究假设往往是在前人的理论与文献基础上，研究者结合个人的实践经验，并经过了初步观察与思考所得出的。一旦形成了明确的研究假设，就要考虑研究是在实验室里进行还是在现场进行？是采用相关设计还是实验设计？这些问题就是研究策略的选择。

（四）研究实施

研究实施是研究的正式部分，它主要包括选取被试和收集数据。在心理学中，被试（subject）就是心理研究中被观察、调查或实验的对象，选取被试的过程中还要考虑被试的代表性，不适当的取样会对结果产生影响。

在选取了被试后，就要按照研究计划收集数据。通常，收集数据的方式有三种：自我报告法、观察法和档案分析法。

（五）数据分析

在收集到数据之后，通常需要采用描述统计和推理统计来对数据进行分析。这是对已经得到的数据和资料进行数据加工的过程，因此使用什么样的数据统计分析方法对于从所得数据中得出有价值的研究结果至关重要，使用不同的研究方法决定着对数据发掘的深度。对于同样的数据，不同的研究者由于使用统计分析方法的不同，其研究价值可能差异很大。在统计分析的基础上，研究者可以从心理与行为的角度对实验和调查结果进行解释和分析。

（六）研究报告

一项研究在完成实验和统计分析后，要以研究报告或论文的形式将研究的过程和结果整理记载下来。社会心理学研究是一项极富有挑战性的工作，研究成果需要按照一定的形式来表达。研究报告是重要表达手段之一。研究报告只有在学术期刊上发表或者在学术会议上交流，才有可能使研究工作在更大的范围内被人们所了解和利用。研究报告的写作应该遵循一定的规范。如果每个人都熟悉并严格按照一定的规范来写作，那么研究者撰写论文的难度就会降低，读者也能够更方便地判断论文的完整性、创造性和清晰性，同行之间也可以更便捷地进行交流。社会心理学研究报告的写作形式与一般的心理学研究报告的撰写格式基本一样，主要由标题、摘要、引言、研究方法、结果与分析、讨论和参考文献七个部分组成，其中研究报告的标题应该简单明了地指出研究的主要问题，尽量让读者能够从中看出你要研究什么问题；摘要部分是对研究的主要内容与结果的简短总结；引言部分应该阐明研究的理论框架以及同一课题以前的研究文献，引言部分应该使读者了解研究的目的，说明先前研究已经解决了哪些问题，哪些问题还有待解决，提出本研究的假设；研究方法部分应该详细地说明用以检验假设的设计和程序，使读者获得足够的信息，可以重复这个研究；结果与分析是利用有关的统计分析对研究数据所做的总结，它应该简明地说明每一个研究结果与研究假设的关系；讨论部分的内容是对研究结果的含义和意义的评价，应该说明结果是否支持研究假设，并讨论研究的效度以及本研究的理论及实际意义，讨论部分还要指出本研究的局限和需要进一步研究的问题；在研究报告的末尾，应该列出报告中所引用的资料的来源。

第二节 具体研究方法

社会心理学家在确定了选用的研究策略之后，他们通常用什么样的手段来收集数据呢，这就会涉及具体的研究方法的问题。

一、观察法

研究者直接观察和记录个体或群体在自然状态下的活动，从而分析其与有关因素之间关系的方法称为观察法（observational method）。如果我们对某一特定的社会行为感兴趣，最显而易见的数据收集方法是观察。在观察中，为了更详细和客观，可以利用录像、照相、录音作为辅助手段，以期得到更为客观而准确的数据。观察法是描述心理与行为的一种古老的方法，它是对心理与行为过程质的研究，它可以分为自然观察法（naturalistic observational method）和实验室观察法（laboratory observational method）。

自然观察法是现场式的观察方法，使研究者在一种完全自然的状态下对被试的观察，这种方法的优点是找到被试在完全自然的状态下的心理与行为。自然观察法又可以分为"参与式观察"和"隐蔽式观察"。所谓参与式观察是研究者参与到被观察者的活动中去，在与他们一起生活、活动中成为他们活动的一个角色。而隐蔽式观察是为了不让被观察者发现有人在观察他们而使用的方法。研究者隐蔽自己作为研究者的真实身份，装扮成被研究的靶团体的成员，从靶团体内部对与研究问题相关的社会行为进行系统的观察和记录，常常可以获得更好的效果。费斯廷格等人（Festinger et al., 1956, 1964）的《当预言破灭的时候》研究中，研究者研究了一个自称为"探索者"的神秘教派组织。这个神秘教派信仰飞碟，预言在1955年12月25日，地球的北半部将会被一场特大的洪水所毁灭。只有对飞碟坚信不移的人才可能乘坐飞碟逃离到另一个星球上，从而躲避这场灾难。为了对这个秘教团体进行研究，研究者假装对他们的信仰和预言深信不疑，从而混入到这个团体中。对这个团体，以及当这个团体的预言破灭的时候的各种行为表现进行了系统的观察。要知道，如果研究者暴露了他们的真实身份，当这个神秘教派的任何成员对研究者的忠诚表示怀疑，研究就不可能继续下去。

实验室观察法也叫做系统观察法，是将被观察者集中在一种特定实验室中让他们自由活动，或规定一些任务让他们去完成，对一些行为进行仔细而系统的观察。在实验室观察法中，有许多不同的种类，既有非正式的无结构性的观察，也有正式的结构性观察。最正式的结构性观察法根据一套事先编制的分类系统对所观察到的社会行为进行编码和记分。这类观察的经典研究是贝尔斯（Bales，1950）所进行的团体互动过程分析。他把被试划分为小组，通过单向玻璃来观察他们之间的交往，通过麦克风和录音机来记录。把小团体成员之间的言语交流按照事先编制的12个种类进行编码和记分。这12类互动范畴涉及取向问题、评价问题、控制问题、决定问题、紧张问题和整合问题六项功能性问题。他运用这一方法研究了小团体的角色区分、领袖人物的作用、交往的发展阶段和影响因素。

观察法有许多优点。通常我们可以在不被觉察的情况下观察被试的行为，即使被试意识到被研究，也会因为他们往往是全神贯注地从事自己的行为活动，所以对自己行为作出修正的机会要比填写问卷或测验时有意误报的机会要小。它的局限性是，有些社会行为不可能直接观察，例如，过去的行为或很难在非公共场所直接观察到的行为，以及许多社会心理学家感兴趣的问题，如人的社会认知、态度、信念等不可能直接观察。对这类问题，我们还得依靠其他方法。

二、实验法

在控制的情境下，系统地操纵自变量，观察和记录因变量的变化，从而验证预见性假设的过程，称为实验（experiment）。这种受到控制的研究方法就是实验法。实验法是一种有控制的观察，是实验者人为地使心理与行为发生，对产生心理与行为的情境或影响因素加以操纵、变化与控制的观察。

实验研究是通过操纵一个或多个因素同时控制其他因素进而确定变量之间的因果关系的研究工作。实验的目的就是要发现自变量和因变量之间的因果联系。在实验中，研究者要明确地区分三类不同的变量：自变量、因变量和额外变量。由研究者有意加以操纵的条件或因素是自变量；研究者要观察和记录的，随自变量的变化而变化的因素或条件是因变量。例如，我们想研究儿童观看暴力电视节目对其攻击性行为的影响，即确定"暴力性电视节目"与"攻击性行为"之间的因果关系，"暴力性电视节目"是自变量，"而攻击性行为"是因变量。在具体研究中，实验者还需要把对自变量和因变量的一般性定义转化为操作性定义。所谓操作性定义（Operational Definition），是指根据可观察、测量和操作研究变量的程序和活动。例如，我们可以把"暴力性电视节目"操作性界定为"表现青少年斗殴的镜头"或者"含有谋杀的血腥镜头"；把"攻击性行为"操作性界定为"对同伴实施电击的强度"（通常，电击是假的，但被试不知道）或者"毁坏公共财物的程度"。可见，操作性定义是拟研究变量与实际观察或活动之间的桥梁，它把变量的抽象化形式转化为可观察、测量和操作的具体形式。

除了自变量和因变量，在实验研究中还需要对额外变量（Extraneous Variable）进行控制。所谓额外变量是指，除了自变量之外的能对因变量产生影响的条件和因素。这些条件和因素是研究者不打算研究的变量。因此，需要对它们进行控制。设想一下，如果你计划研究儿童观看暴力电视节目对其攻击性行为的影响，那么你需要控制哪些条件和因素？是的，需要控制的条件和因素有很多。既有被试本身的特征，例如儿童的性别和年龄、观看暴力电视的历史、智商、人格特征以及亲子关系等，甚至这些被试在实验前的夜晚睡眠是否充足；也有实验情境的社会特征（例如，是否有他人在场）和物理特征（天气如何，是风和日丽还是乌云密布）。这些条件和因素可能会影响到被试的攻击性行为，所以必须进行控制。实验的另一个关键特征是被试必须随机分配到不同实验条件中去。例如，我们要研究儿童观看暴力电视节目对其攻击性行为的影响，就可以把被试随机分配到两种不同的实验条件下：实验组和控制组。让实验组被试观看暴力电视节目，让控制组被试观看十分刺激但没有任何暴力的体育节目。最后，我们考察这两组被试在攻击性行为上的差异。如果那些看了暴力电视节目的儿童比观看体育节目的儿童更具有攻击性，我们就可以认为，电视中的暴力镜头是导致攻击性行为的一个原因。随机分配被试可以通过掷硬币来决定，也可以通过随机数字表来决定。随机分配被试对于实验研究非常重要，因为这意味着各个实验条件下被试的差异仅仅是由随机误差引起的。如果实验之前各组被试之间就存在系统差异，研究者就不能认为被试在因变量上的差异仅仅是由实验条件所导致的。这时，行为的差异可能是由于事先存在的因素所导致，而不是由自变量所引起。例如，当我们研究儿童观看暴力电视节目对其攻击性行为的影响时，实验组主要由喜欢暴力电视节目的儿童构成，而控制组主要由喜欢体育电视节目的儿童构成，当研究结果发现那些看了暴力节目的儿童比观看体育节目的儿童更具有攻击性，我们不能认为电视中的暴力镜头导致了攻击性行为，因为喜欢暴力电视节目的儿童可能比喜欢体育电视节目的儿童具有更强的攻击性。

进行实验研究时，一个需要考虑的问题是把实验安排在哪里进行，在实验室里进行试验还是在现场进行实验。这就涉及实验的两种不同亚类：真实验与准实验。真实验（Real Experiment）通常是在实验室里进行的。在真实验中，研究者完全随机地把被试分配到不同的实验条件下，从而对自变量进行操纵，能够对除自变量以外的条件进行严格的控制。准实验（Quasi-Experiment）通常是在自然、真实的现场中进行的。例如，实验可以在学校、工厂、机场等真实的情景中进行，考察自然条件下发生的行为。在准实验中，研究者根据被试现有的状态把他们分配到不同的实验条件下，而不是随机地把被试分配到不同的实验条件下。可见，与真实验相比，准实验的情景真实性较高，但控制性较低。

典型的真实验设计如利波特和拜伦（Liebert & Baron, 1972）的实验，他们把5～9岁儿童随机的分为两组：实验组和控制组。实验组观看一段有3.5分钟暴力镜头的电视节目片段，其中出现了一次追杀、一次刀袭、两次拳殴和两次枪击；控制组观看同样长度的体育比赛的电视节目，其内容是运动员在田径比赛中角逐。之后，这些儿童逐个被带入另一个房间，房间里的仪器上有两个按钮："帮助"和"破坏"。他们被告知，隔壁房间里另一儿童正在设法赢取一场游戏，如果按"帮助"按钮，他们就能够帮助那个孩子更轻易地转动一个能使游戏致胜的关键操纵杆，如果按下"破坏"按钮，操纵杆将变得烫手难触，并最终破坏那个孩子的游戏进程。结果发现，观看有暴力镜头的电视节目的孩子比观看体育比赛的电视节目的孩子更倾向于伤害他人。因为被试是随机的分组的，因此所观察到的两组儿童在侵犯性行为上的差异是由他们观看不同类型的电视节目所导致的。

典型的准实验设计如布拉克和伯芬（Black & Bevan, 1992）的研究，他们在电影院门口这一自然、真实的情景中进行了研究。他们要求四种不同类型的观众分别填写同样一份"攻击性行为倾向问卷"。这四种不同类型的观众是：（1）在电影院门口排队等待观看一部暴力电影的观众；（2）在电影院门口排队等待观看一部非暴力电影的观众；（3）刚刚看完一部暴力电影，走出电影院大门的观众；（4）刚刚看完一部非暴力电影，走出电影院大门的观众。也就是说，被试在自然状态下被分配到四种不同的实验条件。结果发现，刚刚看完一部暴力电影的观众在"攻击性行为倾向"问卷的得分最高；等待观看一部暴力电影的观众问卷的得分高于等待观看一部非暴力电影的观众；刚刚看完一部非暴力电影的观众与等待观看一部非暴力电影的观众之间"攻击性行为倾向"没有差异。这一发现与其他关于媒体暴力增加攻击性行为倾向的研究结论是一致的。但是，由于这一研究没有对被试进行随机分组，不能排除其他解释。例如，对暴力电影感兴趣的人本身的攻击性强，观看暴力电影可能只是增加对暴力电影感兴趣的人的攻击性等。

真实实验设计的优点在于它很好地控制了实验条件，我们可以有十分把握地从观察到的自变量和因变量之间关系中做出因果关系推论。因此，我们可以认为，真实验的内部效度较高。但是，由于真实验通常不是在自然、真实的现场中进行的，而是在对实验条件进行了控制的实验室中进行的。因此，它的外部效度较低。

准实验设计的最大优点是，它通常不是在人为的实验室中进行的，而是在街头巷尾、商店、地铁、法庭等真实的社会情境中进行。被试是在这些场所随机抽取的，他们一般不会意识到是在进行实验或者充当被试。尽管实验者对实验场所和进行实验的被试的身份、种族、年龄等是有意选择的，其实验的设计是按预定的方案来进行的，其结果也要经过统计学的处理，但由于它摆脱了实验室实验的人为性，通常不会引起被试的怀疑。被试的反应更加自然，更少遇到实验室实验中常见的被试对实验猜疑、故意地取悦实验者或者有意的表现自己。因此，它的研究结果可以被推广到其他情境和人群中。因此，准实验设计具有较高的外部效度。准实验设计第二个优点是它有时可以处理一些实验室中无法研究的真实问题。在现实生活中，有许多社会心理现象不允许我们对被试进行随机分组。例如，丧失配偶对反社会行为的影响、高温与侵犯行为的关系、新的教学方法或新的管理方法的效果等。对于这类问题，我们便可以采用准实验设计进行研究。但是，准实验设计也有局限性。由于它没有很好地控制实验条件，被试也没有随机分组，因此，所测量到的因变量不能肯定一定是由实验中所操纵的自变量所引起，有时可能会受到其他未控制的因素的影响，这样就难以避免对因果关系的混淆。因此，我们说，准实验设计通常内部效度较低。

三、自我报告法

自我报告法（Self-report Method）是社会心理学最为常用的收集数据的方法。自我报告法通过被试的言语报告来收集数据，通常包括几种不同的形式：问卷调查、心理测验、访谈。实验研究中也经常依赖于被试的自我报告。

问卷调查是采用书面问答形式来测量人们的行为和态度的一种测量方法。通过问卷调查，可以了解其社会行为与心理的状况和特点。人们熟知的民意测验，就是典型的问卷调查。这种方法使我们可以迅速了解人们特定时期的社会心态和对某种特定社会事件的反应。问卷调查不受时间地点的限制，能在较大范围内进行，简便易行，在很短时间内收集到很多数据。但被试可能出于各种考虑，不愿如实回答。

　　心理测验是社会心理学研究的重要工具，与问卷调查相比，心理测验的主要特点就是标准化程度高。测验法是以心理测验为主要工具，测量个体的能力、人格方面的特征，从而分析它们与其他变量之间关系的方法。例如，研究智力与学习成绩之间的关系，智力可以由智力测验来测量，学习成绩可以由学校记录来获得，从而求出两者之间的关系。在社会心理学研究中，通常使用心理测验中的自陈量表作为测量工具。例如亨德里克（Hendrick，1986）编制了爱情观的自陈量表，旨在测量人们的爱情方式。自陈量表是主要通过对自我的实际情况进行分析回答的测验方法，它操作较为简单、易标准化，但受文化程度、文化背景等的影响。与问卷调查一样，心理测验简便易行，可以在很短时间内收集到很多数据。

　　访谈也是社会心理学研究的重要手段。访谈是指在特定时间、地点所进行的，通过研究者与被试面对面以双向沟通形式来收集数据的研究方法。这种方法不受固定标准答题的限制，给研究者与被试充分的自由。访谈的内容可以是人们对一些事物的看法、态度和观念以及有关行为、态度和观点的理由。在访谈前，需要制定具体的访谈提纲。在访谈过程中，需要被访谈者充分合作，建立相互信任的关系。访谈的优点是灵活机动，可以收集到有关研究课题的具体而深入的信息。但是，相对于问卷和测验而言，访谈耗时、经济成本高，需要对访谈者进行有关访谈技巧的训练。

四、档案法

　　档案法（Archival Method）是指依据一定目的，收集大量现有文献资料，通过分析找出某些社会事实与社会心理之间关系的方法。可用于档案分析的资料包括个人作品、报刊、广播电视节目、电影、书籍、统计资料、法律法规以及各种事件记录及文献等。

　　在社会心理学领域，有不少基于档案法进行的研究。最有影响的档案分析是托马斯等人于1918～1920年陆续推出的《在欧洲和美洲的波兰农民——一项关于移民历史的经典研究》（*The Polish Peasant in Europe and America: A Classic*

Work in Immigration History）。在这部五卷本的著作中，他们通过分析个人传记和书信等个人文献资料，研究了移居他乡的波兰农民的社会适应问题。据此，他们提出了个体对社会组织和社会组织对个体的两种依附性，并使用社会态度和社会价值来阐述这一问题。从而把"态度"这一术语引入了社会心理学。劳和卢塞尔（Lau & Russell, 1980）分析有关 1977 年美国垒球和足球赛事的报纸新闻报道，发现获胜队和失败队对结果的归因不同。安德森（Anderson, 1984）收集了有关暴力犯罪和气温记录的档案材料，经过分析发现炎热的夏季是犯罪的高发期，而寒冷的冬季，暴力犯罪最低。

档案法的优点是，它使用的是一种非反应性测量。因此不存在被试因意识到自己被研究而产生的心理干扰，也没有主试被试之间的交互作用而产生的误差；它可以对不同社会历史时期的社会心理现象变化趋势进行系统的研究和跨文化比较。其弱点是，只能进行描述性研究和相关研究，不能做出因果关系的推断；工作量大，耗时耗资多。

第三节 社会心理学研究中潜在问题

以上提及的社会心理学的研究方法，为开展社会心理学领域的研究提供了有利条件，推动了该学科向前发展。然而，任何事物都有其两面性，发展的背后也存在着某些潜在的问题。

一、研究偏向问题

研究偏向（Research Bias）是指在具体的研究工作中，研究者和被试某些有意或无意的期望，而这些期望可能会导致实验结果产生偏差。研究偏向分为研究者的偏向和被试的偏向两方面。

1. 研究者偏向（Researcher Bias）。一般的研究工作中，研究者与被试之间需要互动，但是在互动过程中，研究者可能有意或无意地通过面部表情、身体姿势、语音语调等流露出了某些"线索"，影响了被试按照这些"线索"来表现自己的行为，使被试的行为与实际事实之间产生偏差。为了克服这种倾向，一方面可以在选择研究方法的时候采取参与观察法，或者把实验指令写下来或是用录音设备录下来的方法减少这种偏向。另一方面也可以利用助手帮助研究，事先不告诉助手研究的目的是什么，然后让他操控实验过程，这样就不会影响被试的行为了。

2. 被试偏向（Subject Bias）。被试偏向主要是当被试知道了自己正在被研究之后，担心自己在研究中表现不好，不符合研究者的要求，因此尽量迎合研究者，结果反而表现失常；或是当他们知道自己将要扮演的角色以后，就尽量按照自己理想中这个角色应有的行为来表现自己，导致行为失真。减小被试偏向的方法也有两个方面：一方面应该尽量减小被试的心理压力；另一方面可以采取比较隐蔽的测量方法，使被试在没有察觉的情况下接受测量。

二、伦理道德问题

学术界从20世纪50年代后期就开始关注对人类被试进行研究的伦理道德问题（Ethical Issues）。这种关注部分地起因于对"二战"期间纳粹暴行的揭露。当时，纳粹医生对集中营里的被关押者进行了一系列危险甚至是致命的医学实验。这引起了人们对使用人类作为研究被试所涉及的伦理问题的忧虑。在社会心理学界，米尔格拉姆（Milgram，1963）在其权威服从研究中，使用了一系列"欺骗"措施，其中包括使充当"教师"角色的真被试确信，自己对所谓"学生"实施"高达450伏的致命电击"。虽然电击惩罚是假的，但是被试却确信电击是真实的和致命的。米尔格拉姆的这个研究在社会心理学界引发了很多伦理争论。基于这些原因，许多大学和研究机构逐渐设立了"伦理委员会"，负责监督检查使用人类被试的研究。美国心理学会和英国心理学会等学术组织分别制定了心理学家伦理道德守则，规定了使用人类被试研究时必须遵守的伦理道德原则。

（一）潜在的危害源

在社会心理学的研究过程中，存在许多伦理方面的麻烦。这些麻烦主要是指实验研究对被研究者可能造成的、潜在的危害。这些危害主要包括：

1. 身体上的危害。例如不让被试吃饭、喝水，剥夺他们睡眠的权利或是使用电击、噪声刺激等。

2. 心理上的危害。如研究者使被试接受了关于自身的负面信息，如果研究者在研究结束后没有立即详细地解释清楚他们给被试的信息是完全错误的，则被试可能承受巨大的心理压力并影响到之后的正常生活。

3. 泄露机密。对于越轨或犯罪等敏感性的研究，如果研究者与被试间有其他的社会关系，则可能泄露重要的机密。

（二）基本原则

处理伦理问题的基本原则主要有三条：

1. 自愿参加原则。实验研究可能会干扰被试的正常学习、工作和生活。有时因研究内容涉及个人及各方面的利害关系，使被试受到某种程度的伤害。所以，必须采取被试自愿参加的原则，这样做会使被试对研究课题形成正确的认识，进而也会大大提高研究效率。

2．匿名和保密原则。一方面，为了使被试不会因为披露某些资料而受到来自各方面的压力，研究者应当使用匿名原则来开展调查和研究工作。针对那些不暴露姓名、不提供基本资料就无法开展的研究活动，则应该严格执行保密原则，从而保护被试的利益不受侵害。另一方面，应当避免研究者与被试间有其他的社会关系，以免泄露机密。另外，应该将被试的身份信息同其他信息和记录相分离。在观察特殊组织时可以使用假名，组织的成员只使用角色/职务来代替姓名，做好保密工作。

3．风险最小化原则。为了使被试免于遭受不必要的痛苦、恐惧和压力的困扰，研究者在设计研究过程的时候应该尽量避免让被试冒险。

（四）制度上的保障

除了让研究者自觉遵循基本的研究原则以外，还应该为被试提供制度上的保障。这些保障包括：

1．风险—利益分析

"风险—利益分析"是指在研究过程中,研究者和研究机构都对参与者负责,有义务将风险最小化。具体做法一般是由一个评估委员会进行风险分析，衡量被试可能的风险和利益，以及研究结果的重要性，使风险和利益保持利弊平衡状态。

2．获得正式的许可

研究者应征得所有参与研究的人、团体或组织的许可，这些许可大致包括七个主要方面：（1）向被试说明研究或调查的情况，提供研究的简单介绍、采取的步骤、调查研究的程序等方面的资料，同时也应该向被试说明研究者本人的基本情况。需要注意的是，虽然可以提供给被试上述内容的资料，但是不需要告诉被试研究的目的和假设，否则会影响被试的正常行为，进而影响了研究结果。（2）说明研究可能给被试造成的不适、风险及后果；同时说明对被试可能带来的好处和准备给予的报酬，保证被试自愿加入实验研究。（3）说明若研究计划、研究内容等发生变化，必须及时同被试协商并征得同意后方可继续进行研究。（4）通知被试他们的信息会被匿名或保密，可能的话给被试提供一份保证书。（5）允诺给予被试提供医疗和心理咨询。如果导致了对被试的伤害，必须提供医疗条件。（6）研究者应保证随时随地向被试解答各种与研究有关的问题。（7）通知被试有随时中止研究行为的权利。

结合我国现实的社会心理学研究情况，我们更需要注重的是提高研究者的素质和水平。加强研究工作的执法力度，一方面要保证客观公正、实事求是地搜集资料，另一方面也要保护被试的利益不受侵害，使社会心理学的研究工作能够顺利开展。

（五）知情同意

知情同意（Informed Consent）有两层涵义：知情和在知情基础上的同意。所谓知情，就是在被试参加实验之前，研究者有义务尽可能多地把有关研究的信息告诉被试，让被试了解研究的目的，知道研究的步骤、潜在的风险或利益。所谓知情基础上的同意，就是研究必须遵守被试自愿参加的原则，允许被试在得到足够信息的基础上为自己做出决定，他们有权同意或拒绝参加研究，这种决定类似于人们在选择是否进行外科手术时所面临的问题，最终的决定权在病人手中。同时，研究必须遵守自由终止原则。当被试对研究出现不良反应，意识到研究对自己不利，或对研究不再有兴趣时，被试有权在任何时间退出实验而不受任何惩罚。总之，在任何情况下，被试都不应该在被迫的条件下参加研究。在知情同意的前提下，研究者需要与被试签署"知情同意书"。

知情同意是一项基本的伦理道德准则。但是，它有时会给社会心理学研究带来麻烦。为了避免被试偏差，我们有时需要向被试隐瞒研究的真正目的。设想一下，在米尔格拉姆（Milgram, 1963）的权威服从研究中，如果研究者事先告诉被试，研究的真实目的是对权威的服从，所谓的"学生"是由研究助理充当的，电击是虚拟的，对"学生"没有任何伤害。那么将会发生什么事呢?人们很难相信这样的研究还会是有效的。的确，一方面，社会心理学家应该对被试诚实，另一方面，实验者必须保证被试不会因为了解到实验的真实目的和性质而影响他们在实验中的表现，这是一个两难问题。这个两难问题应该如何解决呢？这就涉及我们下面即将讨论的事后说明。

（六）最小风险

最小风险（Minimal Risk），是指在研究设计和研究过程中，研究者必须评估研究本身对被试的可能伤害，并且把这种潜在伤害降至最低，进而保护被试不受心理和生理的伤害。最小风险意味着参与研究可能会遇到的风险不能比日常生活中遇到的风险更大。只有在最大限度地考虑到了被试个人利益时，一项研究才可以付诸实施。

在社会心理学研究中，被试的隐私权必须受到尊重和保护，保证被试匿名参与研究。在出版或发表研究成果时，不能透露任何被试的个人身份和个人资料。在研究一些敏感问题，例如性、犯罪行为或宗教信仰等问题时，研究者必须保证被试有保留这些信息的权利，如果被试自愿透露这些信息，研究者必须严格为其保密。

（七）事后说明

事后说明（Debriefing），是指在研究结束时，研究者有义务向被试解释和说明研究目的和研究步骤的一些细节，必须给予被试提出问题并表达情感的机会。我们前面一再提到，在米尔格拉姆（Milgram，1963）的权威服从研究中，不得不使用一些"欺骗"手段。在这类研究结束时，研究者必须向被试说明研究的真实目的，解释为什么采取了一些"欺骗"手段，求得被试的谅解。这样做，可以在一定程度上弥补知情同意的不足。如果因"欺骗"手段而对被试产生不利影响，例如被试因被欺骗而感觉受到侮辱、感到身心不适或者被激怒，研究者必须本着维护被试个人权利和彻底消除不良影响的原则，对受影响者作充分的心理补救，直到他们恢复到研究前的状况。

近40年来，社会心理学家对在研究中使用"欺骗"措施的态度发生了一些变化。与以前相比，人们更倾向对有意误导被试持批评和否定的态度。这种批评和否定的态度一方面是基于伦理道德的考虑，另一方面是基于实际的考虑。从伦理道德的角度上看，我们无论是在实验中，还是在现实生活中，都不应该欺骗他人。从实际的角度上看，如果被试在实验中经常被有意误导，那么以后被试参与其他社会心理学实验，他们就会认为自己又会被欺骗，这样就会影响他们在实验中的表现。同时，许多社会心理学家支持更为温和的看法，即如果有可能就尽量不要欺骗，只有确定研究的利益超过了任何可能的伤害影响时才可以使用欺骗。但至少被试应该知道他们正在参与研究，并且可以自由选择是否参与研究。

第三章　社会化

1920年，印度辛格（J. A. Singh）博士在加尔各答的东北山地的狼窝里发现了同狼崽在一起的两个小女孩，小的约一岁半，大的约八岁，这两个小女孩被送到米德纳波尔的孤儿院去抚养，还被取名为阿玛拉（Amala）和卡玛拉（Kamala）。医生检查结果显示她们身体的生物系统是正常的，虽然营养不良。但人们发现她们的行为举止却完全和狼一样。她们用四肢走路，如果快走时，便弯曲着腿，用手掌和脚掌着地。吃东西时喜欢舔食流质的食物。白天一动也不动，一到夜间就到处乱窜，像狼那样嚎叫。怕光、怕火、怕水，拒绝洗澡，即使天气寒冷，也把加在身上的衣服、毛毯撕掉，不接近人，有人靠近就咆哮。然而，不久阿玛拉不幸死亡，卡玛拉也仅活到十六七岁。研究人员就在人类的正常社会环境里对其进行训练，教她识字，并学习人类的基本行为方式和生活技能。刚被发现时卡玛拉的智力水平只相当于一个6个月的婴儿，2年后她才学会直立，6年以后才勉强会独立行走，但快跑的时候还是得手脚并用。卡玛拉在死前还不会说话，智力水平只相当于三四岁的孩子。同在20世纪20年代，美国社会学家曾报告，有一个与社会隔离的孩子——安娜（Anna），在被外祖父惨无人道地关在顶楼的一间房里长达5年，没有接触任何社会文化信息后，即使再对她进行各种训练，她的进步也很缓慢，心理和智能的发展仍然不能达到正常的水平。她在死前仅学会很少词语，但却从来未说出一个完整的句子，更谈不上有正常人的意识。这些事实向人们表明，人类的意识、语言、规范、行为等并不是与生俱来的，而是个体在后天生活中习得的。任何人都必须通过学习和文化的熏染，参与社会生活，适应社会文化，才能成为一个符合要求的社会成员。的确，任何人从出生开始就处于一个组织化的社会中，人在不断地学习和内化现存价值观、期望、行为模式和文化的同时，也在与他人形成相应的关系，且在不同时期扮演不同的角色。

第一节 社会化的含义

在西方社会心理学中,早就有人提出存在两种不同研究倾向的社会心理学,即心理学家的社会心理学和社会学家的社会心理学,这种提法缘起于不同学科间存在的某些研究对象的一致性。其中,社会化就属于"心理学的社会心理学"和"社会学的社会心理学"共同研究的课题。不同的是,由于研究者知识背景和研究角度的差异,社会学家多倾向于进行经验性分析,研究社会是怎样将个体培养成为社会成员的,而心理学家多倾向于采用实证的方法,从个体的角度对社会化予以定义和研究。

一、社会化定义

对于社会化(socialization)的涵义,社会心理学家们曾从不同的角度进行了界定。西方著名社会心理学家 E. 弗洛姆(Fromm,1949)把社会化定义为:"社会化诱导社会成员去做那些要想使社会正常延续就必须做的事",是"使社会和文化得到延续的手段"。维特根斯坦(Wittgenstein,1947)指出:"没有任何一个儿童是在完全的真空状态中成长起来的。从婴儿出生起,他就被各式各样的人物和事件所包围,而这些人和事可以塑造他对世界的认知。个体意识到他所属的社会的各种价值并把它们都吸收进去的过程,一般就称为社会化。"前苏联社会心理学家安德列耶娃(1984)认为,社会化是一个两方面的过程:一方面是个体通过加入社会环境和社会关系进而系统掌握社会经验的过程,另一方面是个体对社会关系系统的积极再现过程。而目前被广泛采用的是 E. 霍夫兰德(Hollander,1988)在其《社会心理学:原理和方法》一书中的解释:"一个婴儿是带着繁多的行为潜能来到人世间的,这些行为的发展有赖于各种复杂因素的相互联系,包括与他人的相互作用。儿童在人类社会成长的过程中,学会了抑制某些冲动,并被鼓励获得在特定社会环境中的人所具有的一切特征和价值。这个过程叫做社会化。"因此,霍夫兰德认为,社会化是作为获得特有的人类特征的手段而开始的,而这些特征的获得,仅仅产生于我们与他人的接触之中。因而,实际上人类社会化的过程,也是人们适应社会生活,成为社会人的过程。

对此,我国社会心理学家也提出了自己的看法。一般认为,社会化是人在主客观因素相互作用中形成自己个性的过程,是人们能动地参与社会生活,吸收社会价值文化和发展、丰富自己个性的过程。还有一些社会心理学家从两种不同的角度对社会化进行了讨论。沈德灿等人（2005）从个体发展的角度指出，社会化是自然人变成社会人的过程；时蓉华（1984）从社会文化传承角度来看社会化，把社会化看成是"文化的继承"，是使社会发挥维持与继承的作用；陈元晖（1990）所提出的"濡化"（enculturation）即社会化的观点也是从这一角度出发的，认为社会化起的作用不是直接的，而是以人类长期所积累下来的文化为中介而起作用的。

从上述观点可以看出：第一，社会化是个体学习技能、知识、价值、动机以及在社会群体中应该扮演的角色的过程，它使个体知道社会或群体对个人有哪些期待，规定了哪些行为规范；第二，社会化是使个体逐步具备实现这些期待的条件，并自觉地以社会或群体的行为规范来指导和约束自己的行为，让自然人变为一个社会人；第三，社会化是使社会和文化得以继承的手段。通过以上的分析，我们把社会化定义为：社会化是个体通过与社会的交互作用，适应并吸收社会文化，成为一个合格的社会成员的过程。

二、社会化内容

社会化包括的内容相当广泛，主要包括道德社会化、政治社会化、法律社会化和性别角色社会化等。

（一）道德社会化

道德是社会调整人们之间以及个人与社会之间关系和行为规范的总和，将特定社会所肯定的道德规范逐渐内化的过程就是道德社会化（moral socialization）。

在国外，关于道德社会化的研究，皮亚杰（J. Piaget）和科尔伯格（L. Kohlberg）可以说是集大成者。总的说来，国外学者提出了道德社会化发展的六种模式，这六种模式均与道德教育有关：

1. 建立理论基础模式。该模式的目标是使教师理解教学的道德基础，认识到自己担负着向学生传授价值标准的责任，知道什么是道德标准，如何帮助学生更好地处理道德问题。

2. 思考模式。该模式强调关心和体贴他人，注重让学生学会如何了解他人的需要，而不强调当这些需要之间有矛盾时如何进行权衡。

3. 明确价值标准。该模式认为道德教育的主要目的不是解决道德问题，而是帮助学生认识自己，明确自己的价值准则是什么。

4. 价值分析模式。该模式帮助学生了解如何系统地、渐进地在道德问题上做出决定,其中包括如何解释特殊事件、一般事件和认清在一定情况下发生的事件之间的区别。

5. 社会行动模式。该模式强调不仅要重视对儿童的道德教育,更重要的是把道德理想付诸实践。

6. 认识的道德发展模式。该模式注重做出道德判断的问题,它的主要目的是不仅要教会学生处理有关道德问题的信息,而且要促使学生提高自己做出道德判断的水平。

西方社会心理学中有关道德社会化的理论研究很多,其中最广为人接受的是由瑞士心理学家皮亚杰提出,并由美国社会心理学家科尔伯格进一步发展的认知发展理论。皮亚杰是瑞士心理学家,发生认识论创始人。他先是一位生物学家,而后成为发生认识论的哲学家,当然更是一位以儿童心理学研究著名的发展心理学家。皮亚杰的道德认知发展理论采用了谈话法,在观察和实验过程中向儿童提出一些事先设计好的问题,然后分析儿童所作的回答,尤其是错误的回答,从中找出规律性内容。皮亚杰着重从儿童对规则的理解和使用,依据儿童对关于过失、偷盗、谎言等假设的实例所作的道德判断,来解释儿童道德判断的发展。皮亚杰通常的做法是,向孩子提出一对实例,询问这个人的行为好与坏。结果显示,3岁以前的儿童,对问题的考虑多以自我为中心,即他们不顾规则,而按照自己的想象去对待规则,这一阶段称为前道德阶段。3~7岁的儿童多是从行为的效果作判断,主要由于儿童自认为主观的东西有客观性,在道德的判断上,也认为道德是绝对的、固定的,且道德是从外部强加给儿童的,其价值存在于外界。在善恶的价值判断上,因为很少考虑种种条件,所以,判断是以外在的、客观的效果为标准而进行的,并不探求其动机。这一阶段被称为他律道德阶段。可是,过了七八岁接近9岁或10岁的时候,儿童开始认识到道德已经不是外在的东西,规则是人为制定的,是可以随着条件而变化的,并进一步理解到在道德的背后有更大的根本原则,那才是道德的标准。从这时开始,儿童判断行为的是非,与其说是看其表面的效果,不如说是根据其背后的动机来判断。到10岁前后,儿童便不认为善恶是绝对的东西,儿童已经在与人们的互动中发现伦理的价值。因此,皮亚杰认为儿童大约在7~12岁期间进入了道德主观论阶段。

美国心理学家科尔伯格在皮亚杰道德理论的基础上提出了"道德发展阶段论",他把儿童道德发展划为三个水平六个阶段。(1)前习俗水平,又分为两阶段。第一阶段:惩罚与服从的定向阶段,这一阶段的儿童认为规则是权威制定的,对规则无条件地服从,认为受到赞扬的行为就是好的,受惩罚的行为就是坏的。第二阶段：朴素的工具享乐主义阶段，意识到规则不是绝对的，在具体的个人主义意义上，所谓对错是相对的，正确的行为应该是满足自我需要和进而满足他人需要的行为。（2）习俗水平，这一水平上的道德价值存在于扮演一定的社会角色，顺从现有的社会秩序，并且实现他人对自己的角色期望。与前习俗水平的不同在于，习俗水平的儿童更加关心社会赞许，关心对人、团体和权威的忠诚，关心他人和社会的福利。习俗水平可分为第三阶段和第四阶段，第三阶段是好孩子定向阶段，第四阶段是维护权威和社会秩序定向阶段。大多数青少年和成人处于第四阶段。（3）后习俗水平，又可分为社会契约的定向阶段和普遍性的道德原则定向阶段。达到社会契约的定向阶段后，个体看待法律更加灵活，认为法律如果不符合人们的需求，可以通过共同协商的方法加以改变。而进入普遍性的道德原则定向阶段不仅倾向于实际上已经颁布的社会规则，而且涉及诉诸逻辑的普遍性和一致性的选择原则，即倾向于以良心作为一种评判力量，并相互尊重和信任。科尔伯格的道德发展阶段模型反映的是个体道德认知由低级阶段向高级阶段发展的一般趋势。就具体个人来说，个体在一定的发展阶段上往往不是使用单一的阶段，通常是使用几个阶段的推理。也就是说，个体道德发展的阶段是交叉和混合使用的。同时，由于个体道德发展受到其逻辑认知发展和社会认知发展的条件制约，每个人的道德发展速度都不是同步的，因此个体的年龄阶段与其道德阶段并不是绝对对应的。

在中国，传统道德社会化的主要途径是"家教"和"尚贤"。在传统社会中，家教既为个人一生的道德社会化打下了良好的基础，又贯穿在道德社会化的整个过程中。它的内容主要是以"孝"为核心，包括尚勤俭、戒奢侈、尚谦逊、戒浮躁。家教从小就开始实施，注重习惯的培养，利用亲子关系加深道德情感，始于家庭，移于社会。"尚贤"是中国古代社会从春秋时期就开始倡导和实施的一项整治措施，是指国家提倡尊重贤人，推举、选拔、任用贤人，实行贤人治国，它对中国传统道德社会化有着不可忽视的影响。它对于明确社会成员的角色及其相应的权利义务和道德要求，利用社会舆论和奖惩措施实现社会尊师重教起着重要的作用。

对于现代社会的道德社会化，我国社会心理学家作了诸多的研究，如罗毅（1992）研究了中国人道德感情的基本特点和道德社会化的主要途径；章志光等人（1990）通过实验研究，提出了"品德形成三维结构"的设想；郑晨（1996）分析了时代变迁导致的中国人的道德观念的变化，还有许多学者对于当代中国人或当代中国青少年的道德观念及道德判断等问题也作了多方面的研究（陈会昌、李伯黍，1982）。

(二)政治社会化

政治社会化(political socialization)是个体逐步接受与获取被现有政治制度所肯定和实行的政治行为取向与行为模式的发展过程,或者说是个体的政治态度和政治信念形成的过程。政治社会化是使自然人变成政治人的过程,其目的是将个人培养和训练成为遵守政府规定、服从国家法律、行使正当权利、承担应尽的义务、促进政治稳定的合格公民。

政治社会化是一般社会化的核心。任何一个社会或政府都非常关注其成员政治社会化的程度,这关系到该社会或政府的稳定、巩固与发展。因此,社会心理学、社会学、政治学均对此十分关注,其中心理学家比较注重人的政治意识形成的心理过程,人的发展与政治行为之间的重要联系等。

国家意识或爱国情操的培养是公民的政治态度与政治意识发展的重要部分。心理学家赫斯和托尼(Hess & Torney,1967)对1.2万个美国小学生进行调查研究,发现儿童的国家意识依三个连续阶段逐渐发展。第一个阶段是国家象征期。这一时期儿童以国旗、国歌或国家领袖为具体的国家象征,升国旗、唱国歌与悬挂领袖肖像是培养儿童国家意识的途径。第二个阶段是抽象国家观念期。这一时期儿童以有关国家、政治群体的抽象观念作为爱国的根据。儿童通过他们自己或家庭所享有的公民权利、履行的社会责任、参加的各种社会活动来培养国家意识。第三个阶段是国际组织系统期。随着年龄增长,儿童逐渐知道世界由许多国家所组成,他们所在的国家是国际关系中的一员,其爱国观念扩展到他们自己所在国家在国际上所承担的职责等方面,不再局限于自己所在的国家了。

当然,政治社会化的过程并不是单向的,而是双向的。个体在政治社会化的过程中会通过自己的主观能动作用,整合社会的各种政治观点,接受社会的政治改造,同时反作用于社会政治,这也是政治社会的实质所在。

(三)法律社会化

法律社会化(Legal Socialization)是关于法律信仰的形成、法律准则规范的内部化及法律遵从行为等方面问题的社会化过程。

关于法律社会化的研究最初是在政治社会化和道德社会化的研究领域里进行的。从20世纪60年代末开始,法律社会化的研究才逐渐从这两个领域里分化出来。对法律社会化研究最具代表性的人物要首推美国心理学家塔普(J. Tapp),他最先提出了"法律社会化"这一术语,从70年代初期开始,他通过提出一组关于规则本质(Nature of Rules)的开放式问题,对儿童和青少年的法律推理能力发展作了大量的研究,并得出了法律社会化发展的三阶段结论。

第一阶段为先习俗（preconventional）阶段，这个阶段关键在于服从，其特征为法律防止具体的身体伤害并被看做限制行动的要求；遵从避免惩罚的原则，权力被看做最终的指针，法律被视为一成不变的。

第二阶段为习俗（conventional）阶段，这个阶段关键在于维持规则，其特征为法律限制坏的，保护弱者，维持社会秩序；规则被视为促进社会秩序的整体系统，是行动的指南；与法律制定者所想吻合的就是好的行为，法律只是在极端情况下才会被打破。

第三阶段为后习俗（post-conventional）阶段，这个阶段关键在于制造规则，其特征为人们被看做是自我调节和管理的，法律不同于道德原则，法律的功能是达到社会福利的理性目的，服从是基于理性决定，并达到功利目的，行动由正义感引导，法律可以因为使用目的或不公正而被改变。

继塔普之后，霍根（R. Hogan）也根据自己的研究得出了与塔普相似的结论，认为法律社会化包括了对规则的遵从（attunement to rule），对社会期望的敏感和他人生活的关心（sensitivity to social expectations and concern for the well-being of others），观念的成熟（ideological maturity）。

我国学者李伟民（1988）应用自编的关于法律的态度量表及关于法律的两难问卷这两种手段，考察了自小学到大学的不同年龄阶段学生的法律观念的发展，得出了和塔普相类似的发展模型。此外，张积家、王惠萍（1996）做了相关青少年法律社会化问题的研究，将青少年法律意识的发展大体上分为两个阶段：道德—情感定向阶段，这一阶段儿童法律观念还很模糊，法律判断受道德观念和个人情感影响较大；法律—理智定向阶段，这一时期的青少年（十六七岁）已经对法律知识有了较多的了解，法律意识基本形成。

（四）性别角色社会化

社会角色是指社会群体对处于某一特定地位上的个人所规定的一套行为模式。众所周知，男女两性的差异不仅表现为不同的生理特征，而且还表现为不同的社会特征。在不同的社会和文化背景中，人们对不同性别的人有着不同的角色期待，而个人学习自己所属文化所规定的性别角色的过程即为性别角色的社会化（gender socialization）。例如女孩子在分清了什么是女人做的事，而什么是男人做的事之后，就会穿上妈妈的衣服，带上妈妈的首饰，并学着用妈妈的化妆品模仿化妆行为。

对于性别角色及其差异，精神分析大师弗洛伊德的理论核心是无意识和本能过程，或者说是由于男女两性所具有的不同生理解剖结构而决定的心理成熟过程。他认为："女性的人格发展只是男性人格发展的一种不成熟的变种。"对此，文化人类学家米德（M. Mead）提出了质疑，认为性别角色社会化基本是随文化而异的。20世纪30年代米德对新几内亚的三个部落进行观察，写成了《三个原始部落的性别与气质》（Sex and Temperament in Three Primitive Societies）一书。她发现在阿沛什的部落中，男女都有一种一般人看来是属于女性特征的个性，他们性格温和，待人热情，强烈反对侵犯、竞争和占有欲，男女都照看孩子。与此相反，邻近的一个部落是一个有吃人肉习性的部落，部落里的男女凶暴，并富有攻击性，女人们很少表现出母亲的特征，她们害怕怀孕，不喜欢带孩子。第三个部落与前两个部落不同，这个部落里的男女性别角色差异明显，但与通常的性别角色行为截然相反。女人专横跋扈，不戴饰物，精力旺盛，是家庭经济的主要支柱；男人却喜爱艺术，喜欢饶舌，富于情感和具有依赖性。由此米德指出："两性人格的许多方面极少与性的差异本身有关，就像社会在一定时期内所规定的男女的服饰、举止等与生理性别无关一样。"认为所谓男性气质（masculinity）与女性气质（femininity）的观念是非常依赖文化取向的，通过各种文化中的性别行为模式的学习、模仿和认同后形成的。

总的说来，文化人类学家一般是用功能主义的观点来解释性别角色社会化，他们认为，性别角色的社会化是为了保持某种特定的生活方式所不可缺少的。心理学家们提出以"能动性"和"合群性"来解释性别角色社会化，认为"能动性"和"合群性"这两种基本形式能代表所有的生存形态。"能动性"将有机体描述为一个在自我保护、自作主张和自我扩张中表现自己的个体。"合群性"则指在与更大的集团关系中，在与别人的合作产生的感情中表现自己的单个有机体。"合群性"是女性的特征，"能动性"则成了男性的特征。性别角色的分化就是迫使男孩子培养能动性品质，鼓励女孩子培养合群性品质。当然这种角色分化不是水火不容的，一个全面发展、成熟的个体应同时具备这两方面的品质。

以行为主义为基础的"性别定型说"（sex typing theory）和以发生认识论为基础的"自我归类说"（self categorizational theory）则认为，对男女两性的差异对待以及个体本身对符合自己的性别角色模式的归类认同是性别角色社会化的关键所在。有趣的是，一项综合资料显示，尝试以无性别化的方式养育子女并没有降低他们在行为与态度方面的性别类型特征。为此，J. R. 哈里斯（Harris, 1995）提出的群体社会化理论（group socialization）认为，自我归类成为两个二分群体，使得男女两性在生物学上的差异进一步扩大，男孩与女孩发展了对比的群体基本框架与对比的同辈文化，性别分隔群体在性别角色社会化中发挥着至关重要的作用。

20世纪80年代以来，我国的心理学者余维真对中小学生关于人格特质、职业及家务的性别定见知识及性别角色的灵活性进行研究，指出每个人从出生之日起便被社会上已有的种种性别定见（sex-stereotypes）所包围、塑造。

三、生命历程中的社会化

个体的社会化并不会在某个特定的年龄结束，它在人的整个一生中都在进行，是一个持续终生的过程。在丰富的社会生活中，生命展现为一个不断变化的系列。根据人的发展周期以及各个发展阶段的特点，可把这一历程分为儿童期、青春期与青年期和成年期。

（一）儿童期社会化

儿童期社会化也被学者们称为基本社会化，是指个体在儿童期学习生活知识、语言，培养认识能力、掌握行为规范，建立感情联系，确立道德及价值判断标准的过程。

个体的社会化从出生就已经开始了。新生的婴儿生理机能（特别是高级神经系统组织）很不完备，心理活动处于萌芽阶段，但在最初几个月里父母对他基本生物需要的满足已经响应了婴儿的情感需求。大约三个月左右，婴儿就能辨认出人的面貌，此阶段他必须开始发出和接受强烈的情感信息，到12～18个月时，儿童对外部世界产生兴趣。随着语言的发展和对符号的理解，儿童的自我概念开始逐步发展，从此时开始的社会化过程对个体意义重大。3～6岁期间，儿童开始形成最初的人格倾向，这一时期的儿童心理活动带有明显的具体形象性，抽象概括能力还比较差。而到了学龄初期，儿童社会化发生了质的转变，学校使儿童的身心得到了家庭之外的集体锻炼，儿童社会化有更强的目的性和系统性，儿童的心理向更加抽象的逻辑思维过渡。

（二）青春期与青年期社会化

大量青少年期的社会化是以预期社会化（anticipatory socialization）的形式出现的，预期社会化是为未来角色及未来的社会生活做准备的社会学习过程。尽管预期社会化跨越了整个生命周期，但"预演"未来的成人角色在青少年身上表现得特别明显。

青春期是一个敏感期，处于该阶段的个体在身体与思想方面都会发生戏剧般的变化，同时他们的社会地位和角色等也会有新的变化，个体需要努力地学习以适应这些变化。在现代社会中，这个时期的个体不仅受到家庭的影响，更多的影响是来自学校与同辈群体。与儿童期相比，个体的抽象思维能力得到了充分的发展，同时个体也能在更大程度上采纳别人的意见，逐渐学会自觉地评价自己的人格,其自我意识得到进一步的发展。但是个体的世界观依然是高度可变的,他们常常过分在意他人对自己的评价,容易在唯我主义和自卑之间徘徊。

尽管青年期属于青春期与成人期之间一个不明朗的时期,但此阶段的个体在生理上已经成熟,世界观初步形成,人格发展也接近定型,各方面的知识技能日趋完善,个体生活的范围更加扩大。不过有研究表明,现代社会的青年期个体越来越推迟了在心理上与经济上独立的时间。

(三) 成年期的社会化

进入成年期以后,所谓的初级社会化(primary socialization)——在一个人的早期阶段为各种成人生活角色所作的基本准备(包括基本社会化和预期社会化)——已经完成,个体的自我已经发展起来,但是个体的人格依然在成长变化。社会生活是不断发展变化的,个体将随环境和自身状况的变化继续学习社会知识、价值观念与行为规范,接受新的期待和要求,承担新的责任、义务和角色,以适应这些新的挑战。这一过程我们称之为继续社会化或发展社会化。

在这个过程中,个体不断地选择、学习与尝试各种社会角色,对现行角色进行重新定义与再创造,其生活与事业将趋于稳定,心理上也更加成熟。而到了成人晚期或老年期,个体必须调整自己,以面对声望的降低、身体的衰老以及死亡等。这一时期,个体将不断调适自己与他人的关系、完善自己的人格、适应新的社会角色,力求达到一个平和的心境,正确地面对自己的过去和将来,度过生命的维持期。

(四) 再社会化

尽管社会化在整个生命周期都在进行,但我们所形成的人格大部分是建立在初级社会化过程中所习得的未发生变化的价值观基础上,建立在当时确立的自我认同上。但是在某些情况下,青少年和成人经历着一种特殊的社会化形式——再社会化(resocialization)。它使个体的生活环境或所担任的社会角色发生急剧变化。为了适应这种新的情况,个体有意将旧的价值观和行为模式等做重大的调整甚至忘记,接受新的价值观与行为。

一般来讲,再社会化有两种不同性质的基本形式:一是强制性的,发生在全面控制机构(total institutions)中,即为了基本改造一个人的人格、价值观与自我认同,把个人置于管理人员的完全控制之下的地方,如监狱中对罪犯的全面改造;二是非强制性的,是个体为适应社会文化与生活方式的急剧变迁而主动进行的,如新兵入伍、移民国外等。

四、社会化的方式

社会化的方式可以分为有意识与无意识两种。有意识的社会化是指成年人为使儿童或青年接受某些规范与价值，依照预定的计划，采取适宜的步骤，直接教导他们，这种有意识安排的方式，通常是家长和老师分别在家庭、学校中来实现。而无意识的社会化是指在自然的人际互动中进行的社会化，即父母、教师以及社会文化环境等对儿童或青少年潜移默化的影响。这种影响普遍存在于生活的各个方面，每时每刻都在发生，它对于儿童或青少年的社会化来说是必不可少的。关于社会化的方式，我们可以借用社会交互作用中的三种主要机制来说明。

（一）奖励与惩罚

对于人类的学习过程，心理学家桑代克（E. L. Thorndike）和斯金纳（B. F. Skinner）分别提出了效果律和强化理论来进行解释。桑代克认为，当某一刺激所引起的反应得到满足时，则这种感应联结便由此加强。如果今后遇到类似的情景，容易再次出现这种反应。反之，如果遇到的是阻挠，那么这种联结就会减弱，以后遇到相似的情境，便不容易再次出现或中止这种反应。斯金纳也认为，无论人的反应还是动物的反应，如果给予正面的强化，即某反应产生后给以奖励，则这种反应就会加强或多次出现；如果给予反面的强化，即反应产生后给予惩罚，则这种反应就会大大减弱以至停止反应。

在社会化过程中，教师、家长确实是经常用奖励（正面强化）来肯定儿童和青少年的某些行为表现，而用惩罚（负面强化）来否定儿童和青少年的另一些行为表现的。例如：当孩子的学习成绩有了进步以后，得到老师、家长和同学的重视和赞赏，则以后孩子会更加努力，希望能不断得到肯定。相反，如果孩子学习不努力，成绩下降，老师和家长就会对之加以斥责，那么孩子贪玩的行为就会受到限制和约束。

当然，除了有外在环境施加的奖励和惩罚，还有来自社会化对象自身的内部的奖励和惩罚，也叫自我奖励和惩罚。这是个体根据在某项活动中是否达到了自定的标准而给自己的奖励或惩罚，这同样是社会化的重要方式之一。例如，上述例子中的儿童，当学习成绩达到了自己预定的目标时，孩子可能会给自己买一把心仪已久的口琴，当作对自己的奖励；而当学习成绩下降，没有达到自己的预期目标时，他可能会缩短自己下一阶段的玩耍时间来作为一种惩罚，给自己施加压力，以求得改善和进步。一般而言，自我的奖励和惩罚机制会成为一种自我监督机制，对个体的成长和进步有着积极的促进作用。

（二）模仿

模仿是依据模式的示范而产生具体的行为反应。法国社会学家塔尔德（G. Tarde）提出社会模仿论，认为社会的过程不外有两方面，即个人创造与个人同化。前者为发明，后者为模仿。塔尔德认为，社会就是由善于相互模仿的一群人组成的。而班杜拉（A. Bandura）把模仿视为人类彼此间相互影响的重要方式，认为它是个体行为社会化的基本历程之一。对于模仿作用的大小我们暂且不谈，模仿在社会生活中的必要性是毋庸置疑的。在我们的日常生活中，孩子们总是在刻意地模仿大人来说话、穿着打扮或行动。当然，被模仿人和模仿人的特点以及模仿的模式等因素都会影响到模仿行为的发生和效果。

（三）认同

认同和模仿较为相似，但是认同还包含了对于实在或象征对象的一种"视为一体"的感觉，它不受时间的限制。一般来说，认同是为了补偿心理上的不足。在生长过程中，个体发现自己在人格方面有某些欠缺，就会把他周围或自己虚拟出来的人物形象作为自己的崇拜对象，在行为和思想上去模仿和趋近，并将这个人的人格特点加以吸收，成为自己的一部分。

可以看出，认同是将自己与另一个人或群体在感情上融为一体，它是人们社会交往活动中一种重要的心理历程。个人凭借这种心理状态和社会上的其他人发生相互感应而享有更多的经验，同时也借此分享了电影、电视、广播和伟人故事中英雄的情节和动人的场面。事实上，认同是一个扩展自我范围的历程，由于这种历程，我们可以在心理上将身外的人物看成是自我的一部分。

第二节　社会化的因素

长期以来，究竟是人类的天生本性还是后天所处的社会文化环境对于个体发展起决定性作用的争论一直备受人们的关注。尽管这场争论至今尚无定论，但是人们已经开始意识到，支配和影响个体行为发展的因素很多，而生物遗传因素以及社会文化环境因素是必不可少的。社会心理学就是从个人与社会的相互作用来研究个体行为发展的。

一、遗传因素

社会化为人类所独有，动物是谈不上社会化的。为什么人能社会化，而动物却不能呢？这是因为人类有社会化的基础，其中生物遗传是我们能成为社会人的基本前提。

遗传是父母的生理、心理特征经过受精作用传递给子女的一种生理变化的过程。它对个体的发展决定了以下三件事：（1）基本特征，即在生理方面，遗传决定个体的身高、体型、肤色、血型等，而在心理方面，遗传的决定作用不如生理那样明显，但一般认为个人的智力、知觉、动作等行为特征均与遗传有密切关系，人格中也具有伴随个体终生的遗传部分；（2）男女性别；（3）单胎还是复胎。

具备人的遗传素质、人的生理结构、人的神经系统尤其是人脑，这是人之称其为人的一个基本条件。没有这些因素，无论什么环境也不能培养出一个真正的社会人、文化人。克拉格（W. N. Kellogg）夫妇在20世纪30年代年代使一只七个半月的黑猩猩同他们九个月的儿子生活在一起，使两者生活学习环境完全相同，同样穿衣、喂食，同样练习站立、行走、开门、用杯、用匙、坐便盆，并给以同样的关心和爱护。历时八个月，当孩子一岁半已经学会说20多个单词的时候，黑猩猩只能听懂指示命令做出喝水、坐下、开门等70多个动作，却说不出话来。20世纪60年代加德纳（R. A. Gardner）夫妇教一岁黑猩猩学习美国聋哑人所用手势语，三年学会85个手势符号，然而始终未能学会像人那样用连贯的手势表达完整的意思。黑猩猩始终未能学会使用人类抽象语言符号的事实表明，无论什么样的环境教育也不能超出种族遗传所提供的范围。

尽管很少有科学家认为人类的行为完全由遗传基因单独决定，但是许多社会生物学家却坚信，大量的人类行为是有机体的后果，人类基因包含了大量的信息，这些信息就是一种程式，它同时也规定了人类的社会行为。

相对于动物而言，人类具有较强的学习能力、逻辑推理能力和语言能力，这些因素使人类文化的传承和创新成为可能。同时人类还有较长的依赖期，这是人类能够接受广泛而深入的社会化的重要条件，同时也是个体与他人和社会总体建立终生的社会和情感联系的重要时期。

毋庸置疑，遗传因素是人社会化的潜在基础和自然前提。从生物学的意义上讲，正是由于有一种由上代为下代提供的有利于人类从事社会活动的特殊遗传素质，才为人的社会化奠定了生物学上的基础。但是，只有这种生物学的基础，人是不能完成社会化的，人类社会化还受到社会环境因素的影响。

二、社会环境因素

国内外的很多研究都不同程度地说明了遗传因素对行为的作用，然而即使是遗传基因完全相同的同卵双生子间也存在行为差异，可见文化及环境因素对个体行为的影响也是不容置疑的事实。近现代以来，无数人类学家、社会学家、社会心理学家的研究都证明了社会文化和社会环境因素对个人成长的不可或缺性。

（一）社会文化

"文化"（Culture）这个概念从拉丁文 Cultus 而来，后由 Cultus 产生出 Cultura 一词。Cultura 便是现代意义上的"文化"一词的起源。因此，在西方，对文化的解释最早是从人类学开始的，后来，社会学和社会心理学也有解释。在人类学界，对文化最早的定义，是 19 世纪末英国人类学家泰勒（E. B. Tylor）所下的。他说："文化或文明，从一般民族学的意义上看，是一个复合的整体，包括知识、信仰、艺术、道德、法律、风俗，以及社会成员的每一分子所获得的一切技能和习性。"在泰勒之后，文化人类学家林顿（B. Linton）在 1936 年《文化人类学入门》（*Introduction of Cultural Anthropology*）一书中把文化概括为"社会的全部生活方式"，还指出："一种文化是习得的行为和各种行为结果的综合体，构成文化的各种要素是为一定社会成员所共有的。"林顿认为文化既是行为模式，又通过行为结果表现在文化遗产中。而英国的文化人类学家马林诺夫斯基（B. K. Malinowski）在《文化的科学理论》（*The Scientific Theory of Culture*，1944）中认为，文化是完整的全部，其中包括具体物（使用的器皿和生活消费品）和无形的思想（信仰、习惯、制度等）。本尼迪克特（R. E. Benedict）在《文化的类型》中则直接把文化规定为"类型"，他认为一种文化正如一个人一样，是一种思想与行为都一致的类型或整体。通过以上的论述，我们可以看出，文化人类学把文化规定为人类行为的一种模式，一个思想与行为相一致的完整的综合体。而在社会心理学中，我们所说的文化是一个广义的概念，它不仅包括文学、艺术、教育、科学等精神财富，而且包括社会的政治、经济、宗教、风俗、习惯、传统及生产力水平等，它是人们在长期的社会生活中凝聚起来的生活方式和行为方式的总体。

各个社会的文化是社会整体性的产物。其特点是：第一，文化具有普遍性和共享性，它一经产生就陶冶每一个社会成员，渗透在人们的日常生活中，成为社会环境背后的一种深层力量，深刻地影响着该文化模式中的个人和群体，使人们的思想、观念、心理、行为与生活实践自然地符合它的要求与准则。第二，文化是后天习得的。婴儿在出生时，并不具备社会行动所要求的文化价值、信仰和规范。这些东西，均是在孩子的成长过程中，经过不同方式的教与学才具备的。一个人生长在群体里，并从其中学习自己群体的文化。第三，文化是以象征符号为基础的。文化的传播需要一种浓缩了的表达方式，使之更容易为人们记忆和学习。这种表达方式被人类学家称为"象征",文字就是这些象征符号中最典型的一种。象征是一种语言,也是一种浓缩了的历史和知识。E. 萨皮尔(Sapir, 1921)认为,语言是纯粹属于人类的非本能的交流观念、情感、期望的方式,这种方式通过受意志控制而产生的符号体系表现出来,因而人类能够把文化一代代传递下去。第四,文化具有整合性,它是一个民族的历史产物,是联结民族群体的社会纽带。文化带着它对一个民族的生存发展所做贡献而激发的情感因素,以价值观念形态积淀于民族心理意识之中,得以世代相传,并在实际生活中发挥程度不同、功能不一的社会效应。例如,注重个人主义价值观的西方文化和注重群体协调的东亚文化就造成了两种文化中儿童的社会化与行为模式的差别。

(二)家庭

自有人类历史以来,最重要的社会化群体就是家庭。这主要是因为:第一,儿童期是人一生社会化的关键期。儿童时期的智力水平、个性特征、社会品质的形成和发展对后来的社会化有着举足轻重的影响。我国著名心理学家陈鹤琴早就指出:"从出生到七岁,是人生最重要的一个时期,什么习惯、言语、技能、思想、态度、情绪都在此打下一个基础。若基础打得不稳固,那么健全的人格就不容易建构了。"第二,儿童时期在生理和心理上对家庭的依赖是一生中最强烈的时期。父母是孩子的第一任老师,对儿童有着足够的权威和支配作用。这一时期儿童的绝大部分时间是在家庭中度过的。第三,家庭是社会结构中的一个基本单位,各种社会关系通过家庭这个中介反射到儿童身上。因为家庭是一个小的初级群体,其成员之间有大量面对面接触的机会,父母的生活态度、行为方式及其他可能存在的与家庭相关的社会关系等,都会在潜移默化中传授给孩子,构成孩子社会化内容的一部分。

家庭中影响个体社会化的因素很多。由于父母与子女的关系是一种以抚养为纽带的情感关系,家庭及父母在促使儿童社会化中发挥一种巨大的权威性影响作用,因此各种家庭因素,诸如父母的文化素养、家庭教养方式、家庭气氛、父母的表率等都不同程度地影响着儿童的社会化。其中,家庭教养方式、态度和家庭氛围由于具有明显的奠基性、针对性或感染性、长期性和社会性等特点,对儿童社会化成败起着举足轻重的作用。

根据勒温(Lewin, 1939)的领导风格理论探讨家长的四种教养方式对儿童的人格、行为发展的影响,发现有四种风格:(1)宠爱型。这种教养方式下的孩子长大后在人格上多表现为依赖性强、遇事退缩、缺乏同情、情绪不稳定、自制能力和自信心差,易受别人意见的左右。(2)放任型。采取这种方式不能使子女养成是非观念，子女缺乏教养，因而以后很难适应集体生活。（3）专制型。这类家庭出身的儿童在性格上多表现为诚实、礼貌、细心、负责任，但在其他方面却表现羞怯、自卑、敏感、对人趋从的性格。（4）民主型。这类家庭出身的孩子表现为自立、自信，能主动解决自己的困难，情绪稳定，易理解他人。可以讲，作为家庭中占优势态度和情绪的家庭气氛，对儿童个性的形成具有重要影响。气氛宁静和谐的家庭，其成员之间互敬互爱、和睦相处，会使孩子感到安全愉快、生活乐观、信心十足、情绪安宁、待人和善，这是儿童顺利实现其社会化的最好条件。而气氛紧张的家庭，则使孩子经常在激烈地冲突、无休止的争吵中生活，长期处于提心吊胆、极度不安的状态，容易形成忧郁、不信任感和情绪不安的个性特征。

虽然家庭在个体最初社会化过程中占据着主导地位，然而并不是所有的家庭都是有效的社会化主体。由于父母很少经过明确训练对孩子进行社会化，再加上现代社会的父母工作繁忙，与孩子之间面对面的接触大为减少，因此家庭以外的社会化主体已经变得非常有影响了。

（三）学校

学校是家庭以外的最主要的儿童社会化主体。学校是有计划、有组织、有目的地向社会成员传授知识、技能、价值标准、社会规范的专门机构。当儿童进入学龄期以后，学校的影响逐渐上升到首要地位，成为最重要的社会化因素。首先，学校作为一个重要的社会化机构，其首要作用是进行系统教育。除了传播各种知识、技能外，学校提供的信息、概念和各种活动对培养学生的政治意识、政治态度也起着相当重要的作用。通过正规的学校教育，儿童获得在社会和文化传统中生活所需要的技能和态度。其次，学校的重要作用还表现在它具有独特的结构。儿童在入学以前，主要是与家人交往。步入学校后，儿童才真正初步接触到社会。因为每个学校实际上是一个小社会，有其独立的地位、亚文化、价值标准和规范。儿童在学校里扮演着学生、同学、朋友等社会角色，接受学校纪律的约束，学习各种规范，参加学习上的竞争，所有这些都为他们将来进入成人世界奠定基础。此外，在大多数的学校中，定期的测评成绩报告单就不只是学生学习成绩的报告，而且也是其在课堂学习中、集体生活中的进展情况。它反映了这样一些标准，如"遵守规章制度"、"表现出自我控制"、"与他人友好相处"，以及"服从指导"。这种教育的非学业维度被称为"隐课程"（hidden curriculum）。而且，学生在课堂上及学校生活中会受到各种形式的评价，如老师的评分和评语、自己的判断、同学的评价等，他们在这里首次接受与他人相比较的系统评价，学会服从非个人化的规则和权威，这些对儿童的自我发展以及社会行为模式的塑造起着潜移默化的作用。

（四）同辈群体

当儿童进入学校以后，他们就全面地暴露在另一个社会化主体——同辈群体（peer group）面前了。同辈群体是一个由地位、年龄、兴趣、爱好、价值观等大体相同或相近的人组成的关系亲密的非正式群体。同辈群体的成员不一定是朋友。例如编班为三年级的儿童，尽管他们在情感上彼此并不亲密，但这就是一个同辈群体。在儿童时代，同辈群体的形成大部分是出于偶然，而在今后的生活中，个体将会有选择的空间。例如：在七岁的时候，个体的同辈群体，一般就是他在学校里的同班同学（或者班上的亚群体）及他邻近的同龄群体；而在成年以后，他们的同辈群体一般以共同的兴趣、活动、相似收入、职业或社会地位为基础，而且此时同辈群体的年龄局限更有伸缩性。

同辈群体是一个独特的、极其重要的社会化因素，尤其在个体进入青春期后，同辈群体的影响日趋重要，甚至在某些方面远远超过父母和家庭其他成员的影响，因为家庭里的成员资格是被归属的，而同辈群体的互动是自愿的。同辈群体给儿童提供了一个新的活动天地和适合他们心理适应及发展的小环境，对儿童身份多样化的发展贡献很大。儿童通过与同辈群体的互动学习到朋友的角色，这与自我有很大差别。同辈群体以及其他家庭以外的人际关系帮助儿童建立独立性。这都是由同辈群体和这一时期个体身心变化的特点所决定的。

同辈群体作为一种特殊的社会化因素，具有以下几个特点：首先，同辈群体是一种非正式群体，它为儿童提供了一个他们可以自由选择互动对象的场所。个体可以自由组合和自由选择，并在平等的基础上与同伴交往。这使其成员产生较高的心理认同感。其次，同辈群体成员之间在兴趣、爱好上相近，并根据自己的意愿来安排活动内容，极少带有强制的性质。再次，同辈群体有自己的一套行为规范、价值准则，群体成员有自己心目中的英雄、榜样，甚至在发式、服装上都有一致或相近的要求。由于同辈群体成员的年龄、兴趣、爱好相近，成员间的地位平等，他们可以相互倾吐不愿向成年人暴露的思想、看法、情感和观念。同时，每个成员在群体中可自由充分地表现自己。这些都使儿童在心理上得到极大的满足。

对于青春期的个体，他们在身体和心理上都发生着急剧的变化。首先，他们的自我意识不断增强，有了想独立行事和摆脱成年人控制和支配的强烈愿望，但是他们又缺乏对社会和人生的实际了解，缺少良好的自我评价能力。其次，他们的情感日益丰富，渴望友谊和理解。他们不再像幼年一样对父母完全表露自己的情感，他们自我意识的发展使他们羞于向父母撒娇耍赖，向家长吐露心声，内心有了封闭性。他们有强烈的自尊心，但是却又害怕遭到外界的拒绝和伤害，他们渴望向他人倾诉，但却欲言又止。这些复杂矛盾的情绪使他们常常会莫名地感到孤独、忧伤。再次，他们的性意识萌发，却又缺乏必要的理智上的准备。他们渴望与异性交往，得到异性的关注，但是又无法理智地面对和承担感情的责任和义务，而且也无法处理感情和学业的矛盾。通过以上的分析，我们可以看到同辈群体的特征与青春期的身心发展特点的契合，这种契合是同辈群体在社会化因素举足轻重的原因。

（五）大众传媒

大众传媒（mass media）指的是传达广大人群之中并对他们产生影响的传播方式，尤其是指报纸、杂志、电视和广播。在现代社会，大众传媒在社会化中起到了极其重要的作用。在大众传媒出现之前，信息传递缓慢，主要靠口头传达。现在的信息，几秒钟之内就传遍了全世界。大众传媒迅速地向人们提供有关社会事件和社会变革的信息，还向人们提供各种不同的角色模式、角色评价、价值标准和行为规范，对个体社会化起着潜移默化的作用。大众传媒尤其是电视对个体的社会化有着积极作用。首先，它使个体有效地了解社会，增长知识，开阔视野，丰富了个体的想象。其次，丰富多彩的电视节目向儿童灌输了各种道德观念，强化了其他社会化主题所倡导的价值，提高了儿童辨别是非的能力。再次，大众传媒已成为全体社会成员（特别是儿童）的"第二学校"，可以有效促进儿童智力的发展，是一种十分重要的教育途径。

但是，社会心理学家也注意到了大众传媒在社会化中的消极作用。大多数研究者之间都形成一种共识——电视暴力直接影响到青少年的侵犯行为与侵犯倾向。电视机为儿童提供了现实的世界与行为的消息，又提供了想象的世界和行为的信息。现在的电视电影倡导"人性化"，剧中的人物常常是亦正亦邪，对于影片思想的取舍，孩子们并不能很好地把握。儿童不是成年人，他们容易误解其中的内容，容易盲目地崇拜和模仿。其次，电子媒介的娱乐性暗示使得公众的生活庸俗化和琐碎化，大众传媒在传递信息的同时也会削弱个体心目中的权威形象，冲击传统社会化执行者的地位，对个体的实际生活产生误导。

当今社会是一个高度信息化的时代，网络作为一种特殊的大众传媒，以其特有的方式与丰富的内容向人们展示出一个全新的虚拟世界。网络所特有的广泛性、开放性与即时性对人们的教育、生活方式与价值观念产生了深刻影响，迅速拓展了原有社会化的环境空间。网络对个体社会化（主要是青少年社会化）的影响主要表现在：第一，个体可通过网络学习文化知识，掌握生活技能，尤其是网校的开设更加促进了个体知识技能的提高；第二，网络所创设的虚拟世界为青少年提供了扮演多种社会角色的实践空间，有助于其对不同角色的领悟与理解；第三，网络的匿名性提高了个体接受社会化的自主性，有助于个体个性的培养以及独立自主意识的提高。但是，网络同样是一把双刃剑，它在给社会化过程带来无数便利的同时，也给青少年的社会化带来了无数的隐患。首先，网络中充斥着暴力与色情的垃圾信息，对青少年社会化产生极大威胁；其次，网络世界的非现实性会让某些青少年沉迷在这个虚拟的世界中，弥补自己在现实生活中的失落而远离了现实世界，造成青少年对现实社会的认同危机；再者，网络传播信息的异质性容易导致他们的认知偏差，不利于青少年健康人格的培养。

第三节 社会化理论

社会化是社会学家和社会心理学家共同关注的课题，在关于社会化的理论构建中，社会学家和社会心理学家都做出了很大的贡献。就社会心理学的领域来讲，我们把众多理论分为五大派别：一是从本能与动机的取向着手，即精神分析学说，由弗洛伊德（S. Freud）首创，当代以埃里克森（E. H. Erikson）为代表；二是从认知取向着手，即认识发展论，以皮亚杰为首，当代以科尔伯格为代表；三是强调环境作用的行为主义观点，以华生（J. B. Watson）为首，当代以班杜拉为代表；四是强调互动本身的符号互动论观点，以米德为首，当代以科赛洛（W. A. Corsaro）为代表；五是强调先天遗传的生物因素的影响，其中主要包括正常成熟论以及群体社会化理论。

一、精神分析学说的观点

（一）弗洛伊德的观点

弗洛伊德是心理分析的奠基人，是人类行为研究领域的一个关键人物。他强调个体与社会之间的冲突，强调生理基础与情感在个体社会化过程中的作用。弗洛伊德认为，我们大量的心理活动产生于无意识领域，这是我们的意识与理性难以进入的区域。按照弗洛伊德的观点，人格是由称为本我（id）、自我（ego）、超我（superego）三个部分组成的整体。人的社会化过程就是由这三部分的交互作用所决定的。

本我是人格结构中最原始的部分，其成分是与生俱来的，自我与超我是由本我逐渐分化来的。本我包括一些本能性的冲动，其中又以性冲动和侵犯冲动为主。本我受"唯乐原则"支配，它所支配的行为不受道德规范的约束，甚至是在潜意识之中进行的。自我是在本我发展过程中与周围的现实世界相互接触，从而在适应现实环境过程中形成的。它受"现实原则"支配。自我介于本我与超我之间，其主要功能有四点：获得基本需要的满足，以维持个体的生命；调节本我的需要，以符合现实环境的条件；管理不为超我所接受的冲动；调节本我与超我的冲突。正是在这个意义上，弗洛伊德说自我是"心理过程的连贯组织"，它整合了人格的三大系统。超我是个人在社会化的过程中将社会规范、道德标准、价值判断，即"应该如何"、"必须如何"等内化的结果，即平常所说的"良心"、"理性"。它遵循"道德原则"，评价是非善恶。其主要功能有三点：第一，管制社会所不容的原始冲动；第二，诱导自我，使其能以合乎社会规范的目标代替较低的现实目标；第三，使个人向理想人格发展。弗洛伊德认为，如果一个人要达到心理健康，那么人格的这三个部分必须是和谐的，而社会化过程就是促使人格的三个部分平衡发展。他认为，婴幼儿期的生活经验是构成个体人格的主要因素，也是社会化的最重要的阶段。童年期的社会化奠定了个人一生发展的基础。

从理论的观点来看，精神分析论比较完整地解释了人格结构和人格发展。一般认为精神分析论在心理学上有两大贡献。第一，确认以往生活经验对以后行为的影响，因而重视行为的历史原因；第二，重视潜意识的过程，加深了对人类行为深层原因的探讨，扩大了心理学研究的范围。不过该理论也受到不少批判，其中最为集中的是立论多以心理失常者的行为为基础，难以用来解释一般人的行为；资料多根据个人的观察经验，缺乏实验性的量化研究；过分强调人类本能对行为的支配，忽视社会文化对个体发展的影响；强调儿童在早年社会化过程中形成的人格终其一生而不变，这一观点过于教条化；理论中浸透了对女性的性别歧视。

（二）埃里克森的观点

埃里克森深受弗洛伊德的影响，但是他修正了弗洛伊德的理论。弗洛伊德强调本我的冲动，而埃里克森主要关心的则是更为理性的"自我"的世界。他把自我的发展分为八个阶段，每一个阶段是由"认同危机"（identity crisis）来定义的。一个稳定的自我认同源自对这些认同危机的积极解决。埃里克森认为自我发展有如下八个阶段：（1）婴儿期（1～1.5岁）。此阶段的危机是信任与不信任。婴儿的需要如果得到充分的满足，就会产生信任，即产生世界是安全的感受。但是如果对婴儿的照料不稳定或不充分，或者婴儿感到被拒绝，就孕育了一种基本的不信任，而这将在以后的人生发展阶段起作用。（2）儿童早期

（1.5～3岁）。此阶段要面临的是自主、怀疑和羞怯。自主意识是儿童运动技能和大脑智能发展的结果。如果父母认识到他们的孩子需要做自己力所能及的事，就让孩子去做，这样孩子就会感到他们能够控制自己的肌肉、冲动、他们的自我和周围的环境。另一方面，儿童有时会感到怀疑甚至害羞，当父母没有耐心而代替儿童去做那些他们自己能做的事情的时候，儿童就会强化这种怀疑意识，并且影响到他们在青春期与成人期的自主意识的获得。（3）学龄前期（4～6岁），这时的儿童面临的是主动性与内疚性。此阶段儿童开始对发展其想象力与自由地参加活动感兴趣。儿童在这个时期能否发展主动首创性，克服内疚感，在很大程度上取决于他的父母对其首创性作出什么反应。如果父母对儿童提出的问题耐心听取并做出回答，对他的建议给予适当的鼓励和妥善处理，儿童的首创性可得到加强。反之，如果父母对儿童提出的问题感到厌烦，或是禁止、讽刺，儿童则发展拘谨被动或内疚的人格。（4）学龄期（6～12岁）。这时的儿童需要解决的是勤奋与自卑感。这个阶段包括整个小学阶段，在这个时期儿童追求各种活动成就感及由此得到的认可与赞扬。如果成年人对儿童的努力给予鼓励，儿童也从教师那里学会学习的技巧，并经常获得成功，受到赞扬、鼓励，则有助于培养儿童进取与奋发的人格。（5）青春期（12～18岁）。这一阶段面临的是认同与角色混淆。如何形成统一的自我、克服自我角色的混乱是这一时期所面临的任务。个体进入青春期以后，他们生理发生了很大变化，性特征更加明显。他们看待世界和思考问题有了新的方法。他们的角色种类增加，这些新角色必须平缓地与原来的角色结合成新的角色丛，以促进强烈的自我认同。但在这一时期他们还缺乏对世界的实际了解和自立能力，思想、情感常处于一种冲突和混乱之中。如果学校或家庭给予正确的引导，提供适当的工作或锻炼的机会，将有助于他们建立稳定的角色。反之，如果引导不当，锻炼不够，提供活动的内容和形式不当，则导致个体的自我混淆。（6）青年时期（18～30岁）。主要要解决的是亲密与孤独。这个阶段包括求爱和建立家庭。埃里克森指出，亲密是指个体在无需顾虑自我认同丧失的情况下去爱另一个人和关心另一个人的能力。如果一个人不能与他人亲近，他就会生活在孤独之中。（7）中年期（30～60岁）。这一时期主要面临的是代际关怀与自我沉浸。中年期的人已有了丰富的人生阅历，他们的关怀开始超出自己的家庭，更加关心未来一代的成长，关心下一代将要生活于其中的社会状况。埃里克森把这种关怀称为代际关怀。那些没有形成代际关怀的人，则会陷入一种自我专注的状态，以利己为荣。（8）老年期（60岁至生命终止）。这一时期的主要危机是完美与绝望。在这个最后阶段，个人的主要活动接近尾声，他们已有了更多的时间来思考。完美的感觉来自一个人对自己一生的满足；而另一个极端是认为自己的过去失去了一系列机会或走错了路，那么就会陷入一种悲观和失望感中，甚至感到绝望。

在弗洛伊德理论的基础上，埃里克森的理论主要有如下发展：第一，埃里克森认为人格的发展持续于人的一生，而不是弗洛伊德所认为的童年期的经验就决定了人的一生；第二，注意了主体的自我作用与社会文化的影响；第三，对人格发展的每一阶段都提出了一个具体的心理社会问题，对学校教育中人格培养、对精神病的预防与治疗都有很大的现实意义。然而，埃里克森的发展模型是建立在对中产阶级的研究的基础上，虽研究了人格的一般发展，但没有去考虑社会阶级、种族群体或可能性机会的影响，而且其立论多从经验观察而得，缺乏客观的科学实验根据，因而其模型很难进行经验研究。

二、认知发展论的观点

（一）皮亚杰的道德发展理论

瑞士心理学家皮亚杰提出的认知发展论关心的是人格发展的局部，即主要从认知的发展角度研究人的社会化。他的贡献在于描述了儿童在不同发展阶段是如何思考的。他强调个体在认知过程中具有一定的认知结构，在认知活动中表现出同化和顺应两种功能。同化是把环境因素加以过滤和改变而纳入现有的认知结构之中；顺应则是在现有认知结构不能同化客体时，改变或调整原有的结构而去吸收、掌握新的经验。这样，认识的发展就表现为主体和环境积极互动的过程。因此，社会不能理解为规范和价值从上一代向下一代简单地传递，个体本身也是他所在社会的道德法则的积极加工者。皮亚杰特别强调儿童的道德发展。他认为儿童的道德发展和认知发展水平是平行的，即儿童的道德判断能力随着其认知结构的变化和认知水平的提高而提高。皮亚杰把人的认知发展水平划分为四个阶段，在感知运动阶段（1.5~2岁），孩子对世界的了解是完全通过他们的感觉器官完成的；在前操作阶段（2~7岁）中，孩子学会使用和理解符号，并且第一次有了描摹客体的企图；在具体操作阶段（7~11岁）中，儿童懂得如何去构想一个具体的客体，或者以不只一种方式来认识客体的类属，他们能够形成关于事物之间联系的概念，也开始发展起了从他人的位置来想象自我的能力；在形式操作阶段（12~15岁）中，这时的青少年发展起了高度抽象思考的能力，他们可以对现实的可能性进行思考，建构理想，以及对未来进行实际的推理。

在认知发展水平研究的基础上，皮亚杰认为儿童的道德判断要经历两个发展阶段。在第一个阶段，儿童根据行为的现实后果来判断是非，道德判断服从权威，以成年人的观点为标准；在第二阶段，儿童根据行为者的意图来判断行为的是非，并且以自己的观点为道德判断的标准。举个例子来说，处于第一阶段的儿童，看到一个男孩子为了帮助妈妈清理厨房打破了 5 个盘子而另一个男孩子企图偷吃蛋糕时打破了 1 个盘子的时候，他会认为第一个孩子更坏，即他们判断是非只考虑后果；而处于第二阶段的儿童则会结合行为者的意图，认为第二个孩子更坏。皮亚杰的研究在发展心理学领域中形成了一个主要的思想流派，但也有人批评他的研究不系统、不科学，人们很难重复他的研究过程并得出相同的结论来。

（二）科尔伯格的道德发展理论

科尔伯格关于人的道德发展的学说是当前最有影响的学说之一。他设计了一些两难故事来测定儿童的道德判断水平。在科尔伯格设计的两难故事中最为典型的就是"海因茨偷药"的故事：海因茨的妻子患了癌症，生命垂危，医生认为只有一种药能救她，那就是城里一位药剂师新发明的镭。但制造这种药要花很多钱，并且药剂师索价还要高出成本的十倍。病人的丈夫海因茨四处借钱，才只够药费的一半。他恳求药剂师便宜一点卖给他，或者允许赊账，但药剂师都不同意。海因茨走投无路，不得已只能去撬开了店门，为妻子偷来了药。由此，询问儿童海因茨是否应该这么做？为什么说应该，为什么不应该？在这些两难故事的测试中，科尔伯格真正关心的不是对这个故事的回答，而是支持回答的推理或理由。科尔伯格认为皮亚杰道德发展的阶段划分过于笼统、简单，他在皮亚杰研究成果的基础上，把人的道德发展过程分为前习俗、习俗、后习俗三个水平和六个阶段。这些内容我们在前面已经介绍过了，这里不再赘述。科尔伯格指出，这六个阶段依照次序进展，不能超越，但也并不是所有的人都能达到最高水平。他认为道德判断能力的发展除成熟因素外，还依赖于智力的发展和社会经验的获得。后来有人重复了科尔伯格的研究，发现各个阶段之间的先后不是必然的。在前三个阶段是按顺序的，但后面三个阶段可能是平行的。科尔伯格也同意有此可能性。

三、社会学习理论

1913 年，华生《行为主义者心目中的心理学》一文开辟了心理学研究的新纪元。心理学研究开始将注重人的内在心理的传统转到研究外显行为的新航道上来。而社会学习理论就是在行为主义的直接影响下形成的一种社会心理学理论。班杜拉是当代社会学习理论最著名的代表人物。他认为儿童学会的许多行为模式都不是按照早期行为主义提出的强化—惩罚方式学到的，而是通过观察

—模仿学会的。有一项著名的玩偶娃娃实验便是由班杜拉及其助手于 1961 年在斯坦福大学完成的,它阐述了儿童是怎样习得攻击行为的。观察学习是班杜拉理论的核心部分,观察学习是通过观察他人(榜样)的行为而进行的简单学习。观察观察学习有四个过程,即注意过程、保持过程、行为再现过程和强化与动机过程。人们能够通过观察获得新知识,但不一定对这些模式进行操作,操作是由奖励和惩罚控制的。同时,对模仿的操作除了受到强化的影响,还受到个体的自我调整的控制,即人们为了达到目的,还有一种内在的自我激励机制。社会学习论者把模仿的概念引进社会化研究中。他们强调强化和惩罚对儿童再现某种模仿行为的影响,而不是对儿童学习某种行为的影响,把社会化的过程看做是有机体和环境的"交互作用"的过程。

四、解释理论

符号互动论是社会学家在社会心理学领域中进行的理论研究,其创立者是乔治·米德(G. Mead)。米德主要是通过"角色借用"(role taking)的概念分析个体自我概念的发展,并进而来论述个体的社会化过程的。而在米德之后,科塞洛运用符号互动论来说明个体的社会化过程。科塞洛的解释理论(Interpretive Perspective)着眼于互动本身,认为儿童的任务就是发现社会群体(如家庭等)的共同意义。这一发现过程需要与父母、其他成人以及儿童进行交流,尤其重要的是让儿童参与到社会文化常规(culture routines)中去。因为这些文化常规是反复发生并且可以预测的,是日常社会生活的基础。例如:打招呼的礼节、常规游戏、用餐时的礼仪等。这些社会日常惯例是我们生活的细枝末节,但是这些惯例却必不可少,它们为个体提供了安全保障感以及群体归属感。根据解释理论,个体的社会化或发展是一个再生过程,儿童不仅仅学习文化,而且还在日常互动中使用着他们学习或发现到的语言和解释技巧。当他们更熟练地进行交流并且对家庭等社会群体的共同意义理解得更多以后,他们就更深入地理解了文化。儿童就是通过互动来获得和再生文化的。因为当儿童在学校游戏或与他人交流时,他们不仅仅模仿习得的文化,并且运用已有的知识创造属于他们自己的独特的同辈群体文化。

五、正常成熟论

该理论是由美国心理学家格塞尔(B. Gessell)等人提出来的,他们认为人的社会化并不单纯是由社会规范、社会压力等外部力量塑造的,而是一个相对独立的自然成熟过程。所谓成熟指由基因引起并指导器官形成与动作模式有序扩展的过程。人类的生命从单个的极小细胞开始,细胞集中起来形成有机体的不同部分,它们遵循一种规则有秩序的发展。例如,心脏总是第一个发展和发生机能的器官,随后是中枢神经系统——脑和脊髓,脑和头的发展在臂和腿之前。当然,格塞尔并未完全否定环境的作用。他提出儿童需要一个好的环境以保证其天赋的顺利实现,不过,当"环境因素支持、改变和控制"成长时,"它并不导致发展的根本进步",这些进步来自内部。格塞尔(Gessell,1999)认为儿童的发展是"按阶段和自然的程序成熟的。坐先于站;喃喃自语先于说话;先说假话,后说真话;先画圆圈,后画方形;先利己然后利他;先依靠别人然后依靠自己。他的所有能力包括道德都受成长规律支配"。正常成熟论过分推崇遗传因素而受到人们的批评,提出的批评主要集中于格塞尔提出的年龄常模的方式,认为他的常模包含太多的一致性,人们无法知道在任何特定年龄到底可以期待有多少差异。他的常模又是根据美国中产阶级儿童为基础的,不能适应于其他文化背景。

六、群体社会化理论

在儿童社会化研究领域中,人们一向认为,家庭是儿童社会化的重要动因。但是,20世纪80年代初,美国心理学家麦科比(E. Maccoby)等以翔实的研究资料为依据,提出"父母对孩子的影响可能很小",但这一观点当时并未引起人们的注意。1995年,美国心理学家哈里斯(J. R. Harris)在美国颇具影响的杂志《心理学评论》(*Psychological Review*)上发表论文,首次提出了一个"群体社会化发展理论",并否定家庭环境影响的重要性,而主要描述家庭外的社会化过程。哈里斯提出的群体社会化理论同样也受到了行为遗传的影响,甚至可以说是自然天性论的代表。正如大部分心理学家一样,他也认为影响个体发展的因素可以简化为:遗传+环境,只不过这里的遗传因素可以解释成人之间人格差异的50%左右的原因,剩下可以由社会环境,即哈里斯所特指的儿童期与青春期的同辈群体来解释。群体社会化理论强调,儿童与青少年强烈地认同于他们的同辈群体。比起家庭内获得而言,孩子更倾向于偏爱家庭外的行为体系。哈里斯将此归结于人类长期群居的进化史,孩子可能从生理上就倾向于抛弃在生命早期习得的东西。儿童之间结成联盟,同辈之间彼此相似是一种对自然选择的适应。哈里斯的群体社会化理论的一个中心假设是:社会化是一种高度依赖背景的学习形式,儿童分别学习如何在家庭内与家庭外行为表现。家庭外社会化主要是一种群体过程,发生于儿童与青春期的同辈群体中。群体内的同化作用传递了文化规范,使孩子与他们的同辈更加相似。同时,群体内的分化作用又使得个体间的差异增长。他还认为不仅孩子之间互相影响,成人之间也互相影响,文化传递的模式不是个人对个人,而是群体对群体——从父母的群体到孩子的群体。哈里斯提出的群体社会化理论无疑为人类的认知与社会发展提供了一种崭新的审视角度。然而,由于他的理论在很大程度上与后天教育论针锋相对,且其理论尚处于被证实之中,因而受到了来自各方的批驳。

第四节 社会角色

伟大的英国戏剧家威廉·莎士比亚(William Shakespeare)曾在他的戏剧名篇《请君入瓮》(《莎士比亚选集》,1978)中这样写道:"全世界是一个舞台,所有的男男女女不过是一些演员;他们都有下场的时候,也都有上场的时候,一个人一生中扮演着好几个角色。"

人们很早就发现了社会与戏剧舞台之间的内在联系,即舞台上演出的戏剧正是人类社会的缩影,或者说社会就是大舞台。而且人们发现,把社会比作舞台,把社会中的人比作舞台上的演员,不仅生动形象,而且为研究和解释人类的行为,分析社会关系和解剖社会结构提供了一种独具风格的研究方法。它使纷繁复杂、不可捉摸的社会在人们的心目中豁然清晰起来。1936年,林顿等学者将"角色"(role)概念从戏剧舞台用语中借用过来,引入社会心理学研究,社会角色理论于是成为了社会心理学理论中的一个重要组成部分。

一、社会角色的含义

什么是社会角色(social role)?这个问题看似简单,但是从社会角色理论产生之日起却一直困扰着人们。很多社会学家和社会心理学家对此都进行过专门研究,并提出了自己的看法。林顿认为"角色——这是地位的动力方面,个体在社会中占有与他人地位相联系的一定地位,当个体根据他在社会中所处的地位而实现自己的权利和义务时,他就扮演着相应的角色";李长贵(1973)则把社会角色定义为"个人行动的规范、自我意识、认知世界、责任和义务等的社会行为";安德列耶娃(1987)把角色要素分为下面这样三个方面:社会角色是社会中存在的对个体行为的期待系统,这个个体在与其他个体的相互作用中占有一定的地位;角色是占有一定地位的个体对自身的特殊期待系统,也就是说,角色是个体与其他个体相互作用的一种特殊的行为方式;角色是占有一定地位的个体的外显行为。而我国的学者奚从清、俞国良(1991)指出,社会角色包含了角色扮演者、社会关系体系、社会地位、社会期望和行为模式五种要素,他们把社会角色定义为"个人在社会关系体系中处于特定社会地位、并符合社会要素的一套个人行为模式";森冈清美(青井和夫,2002)把角色分为两种,把地位分为"群体性角色"与"关系性角色",以家庭为例,所谓"群体性角色"是观察家庭内的各个位置与家庭群体的整体关系时的概念,如户主、主妇、户成员的区别那样;所谓"关系性角色"是从家庭关系角色来观察各个位置时的概念,如妻子对于丈夫、儿子对于母亲那样。这样,如把家庭成员数作为 n 的话,一个位置就会伴随(n-1)个关系性角色。

综上所述,社会角色主要包括了三重含义:第一,社会角色是一套社会行为模式;第二,社会角色是由人的社会地位和身份所决定,而非自定的;第三,社会角色是符合社会期望(社会规范、责任、义务等)的。因此,对于任何一种角色行为,只要符合上述三点特征,都可以被认为是社会角色。

二、社会角色的分类

社会上的角色是多种多样、千万变化的,有的人在某一时期内可能同时扮演着许多角色。怎样对如此纷繁复杂的社会角色进行分类呢?国内外许多社会学家、社会心理学家从不同的角度,根据不同的标准对社会角色进行了各种各样的划分。下面,我们就简要地介绍几种。

(一)理想角色、领悟角色和实践角色

根据角色存在形态的不同,可把角色分为理想角色、领悟角色和实践角色。理想角色,也叫期望角色,是指社会或团体对某一特定社会角色所设定的理想的规范和公认的行为模式。理想角色总是尽善尽美的,它是一种"应该如何"的观点。如做教师就应该为人师表,身教重于言教;做医生就应该救死扶伤,具有人道主义精神,等等。理想角色可以是明文规定的,许多规章制度都体现了理想角色的本质及其要求;理想角色也可以是不成文的、约定俗成的,表现于社会公德、社会习俗和社会传统等对人的各种要求和期待之中。理想角色属于社会观念的形态。

领悟角色,是指个体对其所扮演的社会角色的行为模式的理解。理解角色是领悟角色的基础,但是,由于个体所处的环境不同、认识水平不同、价值观念不同、思想方法不同等因素,不同的人对同一个角色的规范、行为模式的理解是不完全相同的。如对学生这个角色的理解,有的人认为学生以学习为主,要做个好学生就要好好念书,因此整天扎在书堆里;有的学生则认为学习的目的是为以后参加社会工作打好基础,认识社会,因此把主要精力放在了参加社

会实践活动上。所以，领悟角色属于个体观念形态。

实践角色，是指个体根据他自己对角色的理解而在执行角色规范的过程中所表现出来的实际行为。领悟角色是实践角色的前提和基础。但是，由于每个人的自身条件和环境条件不尽相同，因而，即使对角色有相同的理解，落实到行为时也未必相同。因此，实践角色属于客观现实形态。

（二）先赋角色和自致角色

凯利（H. Kelley）根据角色所占据的社会地位的取得是否经过角色扮演者主观的努力，把角色分为先赋角色（congenital role）和自致角色（acquired role）。先赋角色，指个人与生俱来或在成长过程中自然获得的角色，它通常建立在遗传、血缘等先天的或生物的基础之上，如性别角色以及由父子关系产生的父亲角色或儿子角色等；还有一些角色是由社会规定的，如封建社会中通过世袭制继承所形成的皇帝、公爵等角色，也属先赋角色之类。它们一般不经过角色扮演者的努力而由先天因素决定或由社会决定。

自致角色，指个人通过自己的努力和活动而获得的角色。自致角色体现了个人的自主选择性。在现代社会中，一个人一生中扮演的多数角色都是自致角色，包括个人职业的选择、婚姻家庭的缔结、事业的成就等方面的角色，这些都是个人凭借自己的努力而达到的。如学生、战士、教师等都属于自致角色。自致角色的获得需要具备独特的素质、才能、技巧和特殊的训练。

（三）规定性角色和开放性角色

根据角色扮演者受角色规范的制约程度的不同，又可将角色分为规定性角色和开放性角色。规定性角色，也称正式角色，是指角色扮演者的行为方式和规范都有明确的规定，角色不能按照自己的理解自行其是。他们在正式场合下的言谈举止、责任、权利、义务以及办事的程序都有明确的规定，应该做什么和不应该做什么都必须按照规定办，如政府外交官、法官、议员即属此类。规定性角色要求理想角色和实践角色是高度一致的。开放性角色，也称非正式角色，是指个人可以根据对自己地位和社会期望的理解，自由地履行角色行为。如父亲、朋友、非正式群体的自然领袖等都属于开放性角色。这类角色的角色行为者有很大的行为自由，有利于适应不断变化发展的社会生活。无论是正式角色还是非正式角色都可以测量，大多数研究者侧重于研究表现更为主观的非正式角色，他们一般采取三种研究方法：观察群体成员；要求群体成员描述他们在群体中的角色和确认谁会和他们扮演相应的角色；研究者要求每一个群体成员概括出自己所扮演的角色（乐国安，2004：110）。

（四）支配角色和受支配角色

根据角色和角色之间的权力和地位关系，可把角色分为支配角色和受支配角色。具有支配他人的权力的就是支配角色，而受他人支配的即是受支配角色。在现实社会中，这两种角色具有下列特征：第一，在每一个受权力关系支配的群体内，作为支配角色的人和作为被支配角色的人必将形成针锋相对的非正式阵营。一般地说，作为支配角色的人总是极力维持现状以维护其既得的权力，而作为受支配角色的人必将设法改善受人约束和限制的现状以获得自己的权力。第二，这两种角色必然要建立符合自己利益的群体，各有自己的方针、计划和目标。总之，这两种角色始终处于动态变化发展的关系之中。

（五）功利性角色和表现性角色

根据角色扮演者的最终意图，可把角色分为功利性角色和表现性角色。功利性角色，是指该角色行为是计算成本、讲究报酬、注重实际效益的。这种角色的价值在于利益的获得，在于行为的经济效果。生产行为和商业行为就属于此类。一个公司经理的角色行为，在于能为这个公司带来经济效益。功利性角色对社会的发展有重要的意义。

表现性角色，是指该角色行为是不计报酬的，或虽有报酬，但不是从获得报酬出发而采取的行为模式。表现性角色，其目的不是报酬的获得，而是个人表现的满足。如艺术家表演、医生看病、教师教学等，都是强烈的"自我实现"的愿望所驱使的角色行为，是对个人地位的责任感、义务感的实现。很显然，对于真正的艺术家来说，观众的掌声比票房收入更能使他获得满足感。

（六）角色的参与程度分类法

处于相同的社会地位、扮演同样社会角色的个体，有的人全力以赴，竭尽全力扮演好自己的角色，例如诸葛亮为了扮演好蜀国丞相这一角色"鞠躬尽瘁，死而后已"；有的人则尸位素餐，名不副实。戈夫曼用"角色投入"，萨宾用"角色参与"来表示个体为扮演好角色所做出努力的程度（Turner，1987）。他们认为母亲为照顾孩子所表现出的献身精神令人吃惊，即便是再软弱无能的妇女，一旦她扮演母亲角色时，都会表现出不同寻常的能力。所谓"女性柔弱，为母则强"就是这个意思。戈夫曼把这种情况称为角色的"全盘投入"，即母亲为了扮演好这个角色，全力照顾好自己的孩子；萨宾则称为"生物性参与"，意思是说，像母亲全心全意抚育子女这样的行为是生物本能使然。他们认为，除了母亲角色以外，"全盘投入"或"生物性参与"还在诸如献身事业的学者、虔诚的教徒、着迷的恋人、沉迷的赌徒身上出现。根据角色参与的程度，萨宾把角色分为七个等级，也就是七种类型的角色。0 度参与的角色只是被看做是某一角色的体现者,实际上并没有扮演这种角色,而最大参与的第七级角色则是一种在超自然力作用下的参与(见表3-1)。

表 3-1　萨宾的角色参与分类

参与程度与角色类型	角色实例
1. 0度参与	街上行人、电影院观众
2. 漫不经心地参与	浏览商品的顾客
3. 传统仪式性参与	婚丧仪式中参与的亲友
4. 生物性参与	母亲对子女、专心致志的科学家、虔诚的教徒
5. 神经质型深度参与	职业赌徒(倾家荡产都在所不惜)
6. 情迷意乱地参与	深恋的情侣
7. 精神与外物合一地参与	神灵附体的道士

资料来源:全国13所高等院校《社会心理学》编写组,2003。

三、角色学习、角色扮演与角色冲突

角色是处于一定社会地位的个体,依据社会的客观期望,借助自己的主观能力适应社会环境所表现出来的行为模式。从这样的角度出发能够想见,这种行为模式一方面取决于个体所处的社会地位的性质,另一方面又受到个体的心理特征和主观表演能力的影响。我们仔细探讨这种行为模式的形成能够发现,个体进入或占据一定的社会位置的过程,其实就是相应的社会角色学习、扮演和冲突的过程。

(一)角色学习

角色学习是角色扮演的基础和前提,它包括两个方面:一是形成角色观念,二是学习角色技能。

角色观念是指个体在特定的社会关系中对自己所扮演的角色的认识、态度和情感的总和。角色观念的内容包括四个方面:第一,角色地位观念。这是指个体对自己所处地位的认识。第二,角色义务观念。这是指个体对自己所应履行的角色义务职责的认识。每个人扮演一种角色,就要履行一定的权利和义务,角色义务观念集中地体现了角色的社会价值。一般来说,谁能履行自己的角色义务,谁就是合格的角色;谁能履行自己的义务角色,谁就是优秀的角色。第三,角色行为观念。这是指个体对自己所扮演的角色的行为模式的认识。任何角色都是按照不同的行为模式去行动的,如教师的行为应端庄而有教养,法官的行为应严肃公正等。角色应按某一行为模式行动而角色扮演者却错误地按另一模式行动,就会发生角色混乱。第四,角色形象观念。这是指个人对自己所

扮演的角色所应具有的思想、品格和风格方面的认识,也就是说在与别人的互动中,应以什么样的形象出现。

关于角色观念的形成过程,有人借用纽科姆关于自我概念形成的自闭阶段、绝对观念阶段和相互并存阶段这三个阶段划分的观点,把角色观念形成过程分为拒绝角色阶段、承认角色阶段和接受角色阶段三个阶段(奚从清、俞国良,1991)。事实上个人形成角色观念的过程也是个人角色学习的过程。在多数情形下,这是一个主动的过程,而不是被动的被迫的过程。只是个人的角色学习除了形成角色观念之外,还包括学习角色技能,即学习顺利完成角色扮演任务,履行角色义务和权利,塑造良好角色形象所必备的知识、智慧、能力和经验等。事实上,对于角色学习,可以这样从总体上来理解,首先,角色学习是综合性学习,而不是零碎片段的学习,因为角色是根据它所处的地位而由各种行为方式组合起来的一个整体,任何零碎的、片段的角色学习都可能导致角色错位、角色混乱和角色冲突。其次,角色学习是在互动中进行的学习。没有相应的角色伴侣,没有参照个体或参照群体作为角色学习的榜样和楷模,也就很难体会角色的权利、义务和情感。因此,角色学习是在社会交往活动中实现的。最后,角色学习是随着个人的角色的改变而进行的学习。在一个人的一生中,会不断地随着自己本身和社会环境的变化而变换着自己的角色,这就需要不断地学习,以适应新的角色的要求。

(二)角色扮演

这里讲的角色扮演,是指人们按照其特定的地位和所处的情境而表现出来的行为。从社会学和社会心理学的历史来看,许多著名的角色理论家都曾把角色作为一个十分重要的内容进行过深入的探讨和研究。

米德(Mead,1992)认为,角色扮演是互动得以进行的基本条件。人与人之间之所以能够进行互动,就是因为人们能够辨认和理解他人所使用的交往符号的意义并通过角色而预知对方的反应。米德把这些基本能力称为"扮演他人角色"的能力,这是一种能够洞悉他人态度和行为意向的能力。在米德的理论体系中,这种角色扮演能力称为"心灵",它包括理解常规姿态的能力、运用这一姿态去扮演他人角色的能力和想象演习各种行动方案的能力。这种被称为"心灵"的东西是在"社会过程之中、在社会互动的经验母体之中产生和发展的"。如果个体具备了这些能力,他便具备了与他人进行互动的基本条件。

紧接此后,在心灵基础上发展起来的自我,是能否成功地进行角色扮演的关键条件,因为自我能够传递对角色期望的认识以及角色扮演的方式。在一定程度上说,角色扮演的技巧取决于人们在互动中的自我形象。这种自我形象就是通常所说的角色意识。古德（Good，1955）强调指出，正如人们能够用符号标示环境中的其他成员一样，他们也能够像对待客体一样用符号标示自己。个体在与他人的具体互动中产生的是一种暂时的自我形象，这种自我形象不断发展，最后进入将自己确定为某一类客体的"自我观念"阶段。这时便意味着"自我"的真正形成。正是这种自我，左右着个体的角色扮演。

社会心理学中的一个经典性实验，即"斯坦福监狱实验"，让人看到了角色扮演力量带来的惊人后果（Haney & Zimbardo，1977）。心理学家从加州的学生志愿者中抽取 16 人，利用抽签决定他们将在模拟监狱中扮演的角色，一方为囚犯，另一方为看守，他们将在模拟监狱中度过为期两周的时间。作为囚犯的一方被蒙上眼睛，送入监狱，脱光衣服，喷洒消毒剂，穿上囚徒制服。而看守一方则 8 小时轮流值班。这些学生一旦接受了随机分配给他们的角色之后，处于看守角色的人，原本温文尔雅的大学生变得盛气凌人——有时甚至残酷成性。看守们要求囚犯无条件的遵守规则，否则剥夺其看书、写字或交谈的权利。后来他们甚至要求囚犯们即使错误微小，也要关禁闭或用手清洁厕所等，看守总是构思新花招使囚犯感到自己的卑微无力，这样几天后，囚犯们明显感到情绪抑郁，思维混乱。到了第六天，心理学家被迫终止了原本预期两周的实验。由这个实验可知，角色创造了在监狱情境中行之有效的地位和权利的差别，没有人告诉他们应该如何扮演角色，所有参与者都没有参观过真实的监狱，他们完全凭借自己的想象在扮演着角色，并进行角色之间的互动（见图 3-1）。

古德（Good，1955）的论述是有关角色扮演的较早阐释，但他只是抽象地论述了角色的扮演，而未触及角色扮演的具体情形。古德之后，虽然一些学者沿着古德的方向也进行了一系列深入的研究，但是，有关角色扮演的具体而完整的论述直到戈夫曼的《日常生活中的自我表演》一书出版才真正出现。

戈夫曼对角色扮演进行了非常具体的研究，他的理论特色就是从角色概念出发，将社会与舞台进行了广泛的比较，从而提出了他的"戏剧理论"。他几乎把现实生活的情境完全比作戏剧表演，把社会成员看做是演员，着重研究角色行为的符号形式。他的研究中引入了"观众"、"门面"、"前台"、"后台"等一系列舞台术语。"观众"是对角色扮演发生影响的其他人，"门面"由周围环境、角色扮演者的个人外貌以及行为方式组成，"前台"与"后台"是根据角色在与"观众"互动中所处的位置而区分的，在"前台"，角色与"观众"发生直接互动，而在"后台"，角色所表现出来的行为虽然可能与角色的扮演有关，但通常不为"观众"所直接感知，因而可以看成是角色与"观众"进行的间接互动。对于角色扮演者来说，在"前台"要求他严格按照角色要求行动，而在"后台"则没有这种要求（安德列耶娃，1987）。戈夫曼的这种分析对于角色扮演显然具有较大的操作价值，但是将丰富多彩的社会生活还原为舞台上的表演，过于重视了个体的主观能力在角色扮演中的作用，而且有可能造成对社会生活本质的歪曲。从这样的意义上来说，现有的社会学或社会心理学理论对"角色扮演"的论述离真实的社会生活情形仍有相当的距离。

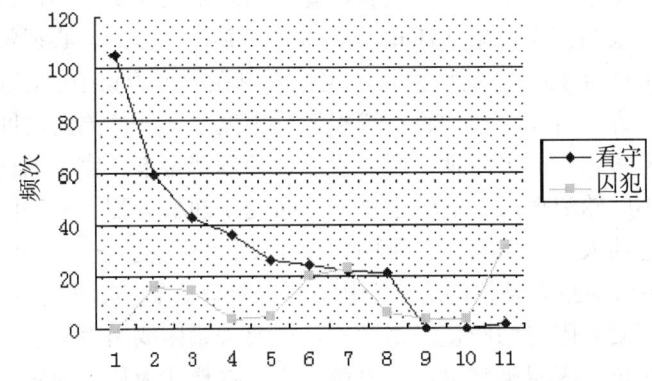

在斯坦福监狱实验中，随机分派的囚犯和看守角色彻底影响了参与者的行为。6天的互动观察记录表明，在25个观察记录阶段中，囚犯多表现出被动抵抗，而看守则变得比较专横，支配一切和充满敌意。

图 3-1　看守与囚犯行为

（资料来源：理查德·格里格、菲利普·津巴多，2003）

（三）角色冲突

1. 角色丛与角色紧张

在现代社会中，一个人的角色行为不仅与他自己的社会地位或由此决定的身份相关，而且也与和他互动的他人的社会地位或社会身份相关，这种相关造成了角色的多重性和复杂性。这种多重性和复杂性使得在现实的社会生活中，处于一定社会地位上的个体通常不只是扮演一种角色，而是要同时扮演好几个角色。众多角色集中在一个人身上，我们称这种情况为角色丛（role-set），也就是说处于某一特定社会地位的人们相互之间所形成的各种角色关系的总和。例如，一个妇女，在家中是妻子、母亲，在医院对于病人是医生，对于其他医生和护士是同事，在工会还是成员，这样，这五个角色就集中在她一个人身上，构成了一个角色丛。

在角色丛中，每个角色都有自己的一套行为规范，要求角色者去履行，这样就可能出现顾此失彼的现象。如一个教师既要教好学生，又要在家中做好父亲，教育好自己的子女，这样他就会在时间和精力上感到紧张，这就是所谓的角色紧张（role strain）。角色紧张是由许多角色同时对一个人提出各自的角色要求造成的。在一般情况下，角色紧张是不会发生的，一方面是因为多种角色不可能同时对一个人提出各自的要求，它们的不同要求在时间上是可以被划分出来的。如白天当教师给学生上课，晚上和假日再教育和辅导孩子学习。只要妥善安排，就可以消除角色紧张。另一方面是因为每个人都有一些生活经验，学习和训练了角色技巧，很多人都能同时或先后成功地扮演多种角色。当然，如果一个人参与的社会活动太多，超过了自己的精力和时间限度，那么角色紧张的状况就是不可避免的了。

一个人应当建立一套什么规模的角色丛，取决于社会地位、交往范围和个人能力等多种因素。角色丛过于简单，则不利于适应社会生活，也不利于个人的充分发展；角色丛过于庞大，则势必造成角色紧张。

2. 角色冲突

角色冲突（role conflict），是指占有一定地位的个体与不相符的角色期望发生冲突的情境，也就是个体不能执行对角色提出的要求就会引起冲突的情境（安德列耶娃，1987）。也可以说，所谓角色冲突，是指角色扮演者在角色扮演中出现的心理上、行为上的不适应、不协调的状态。青井和夫则将地位与角色合起来考虑冲突的问题，即，由于个人同时与很多人建立社会关系，因而具有由各种角色所构成的"角色丛"，即一组角色群。并且，由于按照许多标准实行地位评价，因而也具有由各种地位所构成的"地位集"，即一组地位群。因此，假如在个人所具有的"角色丛（群）"和"地位集（群）"中存在矛盾的话，那就必将会为"角色冲突"或"地位的不一致性"所困扰（青井和夫，2002：68）。

角色冲突有两种表现形式，即角色内冲突和角色间冲突。角色内冲突是指由于角色互动对象对同一角色抱有矛盾的角色期望而引起的冲突。角色内冲突既可来自不同类型的角色互动对象矛盾的角色期望，也可出自同一类型的角色互动对象矛盾的角色期望。例如对于教师这个角色，不同类型的学生就有不同的期望，好学生希望老师对他们严格要求，而差学生则希望老师对他们放任自流。同一类型甚至同一角色互动对象也可能对某一角色提出相互矛盾的角色期望，如有的丈夫既希望妻子温柔体贴、操持家务，又希望她在事业上出人头地。角色间冲突是由角色紧张造成的，有两方面的表现。第一，一个角色丛中的几个角色如果同时对其提出履行角色行为的要求时，就会发生角色间冲突。如一个学生，同时又是学生会主席，这两个角色同时向他提出履行该角色行为，如在同一个时间,他既要上课,又要去学生会主持会议,这就发生了角色冲突,结果只能择其一。第二,当两个角色同时对一个人提出两种相反的角色行为要求时,也会引起角色间的冲突,这需要角色扮演者在这两种相反的角色行为之间做出痛苦的选择。京剧《赤桑镇》中的包拯,作为法官他要执法如山,要斩包冕,而作为包冕的长者,他又要保持叔侄的亲情,赦免侄子,在这两种角色的激烈冲突中,包拯最终选择了前者,成为传颂千古的佳话。

不论是哪一类型的角色冲突,都会妨碍人们的正常生活。虽然我们不能完全消除角色冲突,但是我们可以通过角色协调而使角色冲突降至最低限度。不少心理学家研究了缓解角色冲突的方法,下面简单介绍几种:

第一,角色规范化。不同社会群体和组织对不同地位的角色的权利和义务都有较明确的规定,这是现代社会体系中保护角色和避免角色冲突的有效手段。当社会体系中的角色权利和义务清楚地划分时,角色冲突就会减少到最低程度,这种对角色权利、义务的明确划分就是角色的规范化。经过规范化的角色,就会要求角色按照如此规范去履行社会的角色期待。

第二,角色合并法。当一个人同时担当两个以上角色并发生冲突时,在有些情况下,此人可以将两个相矛盾的角度合二为一,发展为一个具有新观念的新角色。例如当一中年妇女发生职业妇女和家庭主妇的角色冲突时,她可以加上一个经济因素的新观念,弥合这两个角色间的冲突,发展为一个既参加社会工作、获得经济收益又兼顾家庭生活的新型妇女角色。

第三,角色层次法。此方法是要求角色担当者将两个以上相互冲突的角色的"价值"进行分层,也就是将这些角色按其重要程度进行排列,将最有价值的角色排在首位,第二次之……依次做角色重要性的心理分类,然后选择对自己来讲是最重要的角色。此分类依据是按个人需要的结构和他人期待的重要程度而定的。这种方法类似于社会心理学家古德提出的角色选择法。古德认为,个体首先应该从许多角色中挣脱出来,把时间和精力用到那些对其更有价值的角色上。取舍角色的标准有三个方面:一是该角色对个体的意义;二是不扮演某些角色可能产生的积极的或消极的后果;三是周围的人对拒绝某些角色的反应。

第四章 社会领域中的自我

对自己的思考是一种不可避免的人类行为，自我也是每个人在社会领域中思考的核心内容。传说，当古希腊哲学家苏格拉底看到雅典德尔斐神庙金顶上刻着的"认识你自己"的格言后，顿生灵感。他说，这才是人生的至理名言。我国古代思想家庄周在两千多年前就提出了"我是谁？谁是我？"这个让人一直迷惑至今的问题。可见，自我是人类社会的一个永恒的问题。对于自我这一问题，不仅哲学家、文学家、艺术家感兴趣，当代心理学家也同样对之兴趣盎然。这表明对自我的研究是社会心理学的中心议题之一。

第一节 自我概念

如果用一些词语来描绘自己的话，那么那些所选择的词语就表达了对自己的了解和认识，所以自我概念就是这种对自身的信念和自我的感知的结合。

一、什么是自我概念

自我概念（Self-Concept）是我们关于自己的知识。换句话说，自我概念就是我们对于"自己是谁"这个问题的认识。它既涉及个体关于自己的体重和身高等个人生理属性的知识，也涉及对自己的能力、性格、态度和情感等心理属性的知识，还涉及对自己的身份和社会关系等社会属性的认识。可见，自我概念是一个人对自己的各种不同属性的综合性知识，是一个多维度和多层次的有组织结构。作为自我的一个认知分量，自我概念可以把自己与他人区分开来。

对自我概念的研究最早可以追溯到美国心理学的创始人威廉·詹姆斯（William James）。詹姆斯（James，1890）把自我区分为"主体我"（I）和"客体我"（me）。"主体我"是人们是以自我为对象的思考活动，又称自我觉知（Self-Awareness）。而"客体我"则是人们关于自己的各种各样的认识和知识，又称自我概念。当你在思考"我是谁"这一问题的过程中,就是自我觉知;而你对"我是谁"这一问题的思考结果,就是自我概念。詹姆斯这一"我是谁"或"谁是我"的概念已经被追问了一百多年。

自我概念的基础是自我图式,因为自我是每一个人的社会世界的中心,同时关于自我的图式又是在此基础上发展的,因此两者之间是有高度关联性的。这里,所谓图式(schemas)是个体关于客体、事件、人物和行为的知识结构,它是通过先前经验而建立起来的,能够帮助我们理解所遇到的新的社会信息。图式具有对信息起选择机制的作用,它影响到人们对信息的输入和输出,决定了个体是否关注信息和如何建构信息,影响到所赋予信息的重要性程度以及随后对信息的处理。图式有利于人们在信息不足时做出推论或者快速简化并解释复杂的事件序列。一个人能看到什么和看不到什么,相信什么和不相信什么,理解什么和不理解什么,归根结底是由其图式决定的。由此我们可以知道图式是有关某一概念或刺激的一组有组织、有结构的认知,它可以是对特定的人、社会角色、自我,也可以是对特定客体的态度,对群体的印象或对事件的知觉。

所谓自我图式(self schemas)是人们对自己的看法,是人们关于自己是什么样的人的图式。自我图式这一概念是由马尔库斯(H. Markus)在 1977 年提出的,他认为,自我图式是个体源于过去经验而形成的对自我的认知类化,它能够组织和引导个体对其社会经验中与自我有关的信息加工过程。自我图式包含着某些特定的维度,例如独立性—依赖性,这些维度具有跨情境的一致性。所谓跨情境的一致性,就是在不同的情境下,例如在工作中,在家里以及在人际交往过程中等,都表现出了某一种比较一致的特点。比如我们关于人的图式可以包括"聪明的"、"独立的"、"外向的"等,如果一个人把自己的行为归入某一类别之后,他也可能按照图式去生活。如一个人认为自己很有男子气概,他会要求自己的一言一行都尽量向男子气概靠拢。

为了考察自我图式对与自我有关的信息选择和加工的影响,马尔库斯(Markus,1977)进行了实验研究。实验以具有独立性图式(independent schema)、依赖性图式(Dependent schema)和非图式化(Non-schema,指既不具有独立性也不具有依赖性)的三组女大学生为被试,通过计算机屏幕向她们呈现许多与独立性和依赖性有关的特质形容词,例如自负或顺从,让每个被试在键盘上迅速做出反应,指出这些形容词是否分别符合自己的特征。然后,呈现给被试关于独立性行为和依赖性行为的一系列描述,让她们判断自己以这些方式行为的可能性。结果发现,自我图式有助于对与自我有关的信息的加工,帮助个体做出与自我有关的判断和决策,使个体能够很容易地回忆起与自我图式相一致的行为证据，对自己的行为做出更为自信的预测，并使个体拒绝与自我图式相冲突的信息。

美国心理学家詹姆斯（James，1950）认为："自我是个人心理世界的中心。"的确，现代西方社会心理学的研究表明，人们往往会把自己看做是一切的中心。这种"自我中心"（self-centeredness）表现在以下三个方面：自我参照效应、聚光灯效应和透明度错觉。第一，自我参照效应（self-reference effect）。这一效应有两个方面。第一，当信息与我们的自我概念有关时，我们会对它进行快速的加工和很好的回忆。例如，在课堂上，我们无意听到邻桌有同学在谈论某件事情，我们的注意力会马上转移到他们的讨论上，并且能够很轻易地记住他们说了些什么。第二，人们倾向于把自我作为评判他人的标准或规范。此时人们常常以自己为参照标准来评价他人的思想与行为，我们评价他人"懦弱"、"疯狂"或"自卑"的标准也是以自我的想象和规范为标准的。

第二，聚光灯效应（spotlight effect）。这一效应是指，人们通常直觉地高估他人对自我外表和行为的注意度；而事实上，注意到我们外表和行为的人要比我们认为的少得多。这种聚光灯效应在现实生活中很常见。例如，有一位大学男生回忆道，他自己在上中学时学习成绩在班里是一流的。当时隔壁班有一个女孩长得很清纯，也不知是什么时候，他开始注意这个女孩，觉得女孩也注意自己。他觉得，两人彼此有了好感。后来，他就给这个女孩写了情书，可是女孩却表示从来不认识他。

第三，透明度错觉（illusion of transparency）。因为人们总能敏锐地觉察到自我的情绪（焦虑、愤怒和厌恶），于是会认为自己刻意隐藏的情绪会不经意地流露出来，被他人所觉察。例如，上述这个男同学求爱被拒绝后，非常苦恼。他会认为，这种苦恼可能通过面部表情表现出来，从而使他人注意到。但是，研究发现，类似这个男同学所受的折磨，别人根本不太可能注意到。

二、自我概念的形成与发展

在现实社会生活中，有许许多多因素对自我概念的形成与发展起着重要的作用。这些因素主要包括：社会比较、社会认同、成功与失败的经历以及他人评价等。

"社会比较"（social comparison）这一概念是由美国社会心理学家费斯廷格（F. Festinger）在1954年提出的。他认为，人有一种准确地评价自己观点和能力的内驱力，然而不存在着可以对观点和能力等进行评价的客观标准，因此我们需要把自己的观点和能力与他人的观点和能力等进行比较。这种把自己与他人进行比较的过程,即为社会比较。事实上,人们在现实生活中定义自己的社会特征时,往往是通过与周围他人的比较,在一种比较的社会环境中获得意义的,而不是根据纯粹客观的标准来定义。人们常常把自己的处境和地位(包括能力、观点、身体健康等)与他人进行社会比较。社会比较在现实生活中很普遍,因为虽然人的身高和体重有客观的标准,但是外貌和智力水平没有外在的客观标准。我们要想了解自己长像如何或者是否聪明,就需要与他人进行社会比较。当比较的对象比较丑时我们就觉得自己漂亮,当别人迟钝时就觉得自己聪明,当别人无情时就觉得自己有同情心。社会比较可以分为上行比较(upward social comparison)和下行比较(downward social comparison)。当比较的对象比自己强时,就是上行比较。通过上行比较,既可能寻找出与他人的差距,达到自我进步的目的,也可能会萌生一种自卑感,产生消极的自我评价。当比较的对象不如自己时,就是下行比较。当个体遭遇失败时,会倾向于进行下行比较,从而维持其自尊。

社会认同(social identity)是指自我通过对自己的社会属性或社会身份的类别化,而把自己在心理上归属于特定的群体。这些群体包括我们的家庭、学校、民族、信仰、性别、政党和其他社会关系。社会认同源自于人们的这些群体成员身份以及与此身份相关联的价值观和情感。社会认同强调通过社会分类,对本群体产生认同,个体通过这种分类来识别环境,并通过分类来建立认同。个体认识到他属于特定社会群体的时候,他也会同时认识到作为群体成员的价值和意义,并让个人产生归属感,进而在行为、符号和模式加以规范和统一。当我们把自己分类到一定的群体中时,例如,"我是南方人"或者"我是北方人"就是一种社会认同。一旦有了这种社会认同,个体就会遵从相应的规范和价值观,会按照相应的期待来评价自己的态度和行为,并且主动地接受外在相应的改变的影响。因此,社会认同影响到自我概念的形成和发展。

自我概念不仅仅受到社会比较和社会认同的影响,而且也取决于我们在日常生活中体验到的成功和失败。如果个体勇敢地向困难挑战并取得了成功,他就会感到自己很能干。研究表明,学业上成功的学生会对自己的学术能力做出更高的评价,从而激发其更加努力地学习并取得更大的成就。相反,如果一个人总是遭遇挫折和失败,那么他就会在困难面前退缩,从而认为自己很无能,形成了消极的自我概念。例如一个自我概念良好的学生能较多地把学习作为自己可以控制的因素,成功了就进一步认为自己具有相应才能,并进而更加付出努力,因此越发能感到满足感、自信感,抱负水平也会更高、更强烈,相应也会对自己的积极性自我概念也越加巩固和强化了。

个人的自我概念也来自对他人眼中自我的感知。美国社会学家 C. H. 库利（Cooley，1902）用镜像自我（looking-glass self）来说明他人的评价对塑造自我概念的作用。他认为，在社会互动过程中，他人对自己的态度反应就像一面镜子，我们通过这面镜子了解和界定自己，从而塑造自我概念。换句话说，我们需要通过他人的眼睛来了解自己和完善自己。镜中我表达的就是通过观察别人对自己行为的反应而形成自我意识，完成自我评价的。这样说来，每个人都是另一个人的一面镜子，通过他人对自己的意见和态度，可以反观自身，形成自我观念。中国很早也在用"镜中我"来了解自己并指导自己的行为，如中国人讲"以人为镜，可以知得失"，就是通过别人的眼睛看自己，不仅可以弥补自己的不足，同时也能更好地了解自己。美国社会心理学家米德（Mead，1934）进一步发展了这个观点。他指出，自我概念形成的基础并不是别人实际上如何评价我们，而是我们自己觉得他人如何评价我们。M. W. 巴德文等人（Baldwin et al.，1990）做过这样一个有趣的实验，他们以信奉天主教的学生为被试，把这些学生随机地分为两组，向一组被试呈现皱着眉头的教皇照片，而向另一组被试呈现皱着眉头的普通人照片。随后，让这两组被试对自己的人格特征进行评价。结果发现，第一组被试比第二组被试对自己的评价更为苛刻。这表明，教皇皱着眉头的形象影响了这些信奉天主教学生的自我概念。也就是说，他人评价固然重要，但更重要的是我们是如何理解和感知别人对我们的评价。我们头脑中关于别人对我们的估计和评价会直接影响我们的行为，我们将不断指导自己的行为以期达到与别人的评价保持一致。

三、跨文化的自我透视

如果每个人仅以个性化的个人来行动，那么社会就不成其为社会；如果每个人的行动与他人完全相同，那么人类与蜂类就没有差异。自我系统常常根植于其所属的文化系统之中，自我总是与社会系统密切相连。康莹仪（Hong, 2001）比较了香港人和美国人的自我概念。研究发现，香港人比美国人更多地提及自我的责任与义务，而美国人比香港人更多地提及个人的权利与自由。那么，为什么会存在着这种文化的差异呢？这一区别可以归结于在以个人主义倾向为主的西方文化和以集体主义倾向为主的东方文化之间存在着巨大差异。这种差异主要表现在以下四个方面：

第一，在自我的边界问题上，个人主义强调的是个体，认为个体是社会的基础和出发点。每一个人都是一个独立的个体，无论是父母子女，还是亲戚朋友，都是独立的个体。因此，自我与他人之间的边界是非常清楚的。集体主义强调的是集体，这个集体可以是家庭或家族，也可以是村庄或单位，乃至国家和民族。对于集体主义来说，集体是社会的基本结构和功能单位，每一个人都是以血缘、人情或义务为纽带的特定集体的一个组成部分。换句话说，"小我"是包容在"大我"之中的，是"大我"不可分割的一个部分。个人的身份只有在集体中的社会关系中才能界定。因此，人与人之间的边界是模糊的，是可以相互渗透的。E. E. 山姆森（Sampson，1988）对于"自足性自我"和"包容性自我"的区分以及杨中芳（1991）关于"个己"与"自己"的区分。在一定意义上可以认为，所谓"自足性自我"和"个己"类似于个人主义文化下的自我，而"包容性自我"和"自己"类似于集体主义文化下的自我。

第二，在权利与义务问题上，个人主义强调个体的权利，认为这种权利是一种自然权利，是与生俱来的。由于每一个人都是一个独立的实体，每一个个体具有同等的权利。因此，个体在追求自己的权利的时候，不可以侵犯他人的权利。集体主义强调个人对他所属的群体的义务。一个婴儿在从母体分离出来后的第一天开始，他就是一个"负债者"。在人的一生中，他都有义务不断地还债，还父母的债，还祖辈的债。因此，为了集体的利益，为了家族的利益，个人有义务做出自我牺牲，包括献出自己的生命。

第三，在社会关系问题上，个人主义强调平等原则，认为每一个人生来就是平等的。特别是，机会对每个人都是平等的，社会是自由竞争的。例如，美国《独立宣言》中明确指出："人人生而平等"。一个人的社会经济和政治地位是流动的，完全取决于个人的勤奋和努力。集体主义强调世袭等级制度。在这种等级制度下，每一个人生来就是不平等的。一个人的社会经济和政治地位，是以血统为基础的，因而是相对固定的。

第四，在行为责任问题上，个人主义强调每一个个体都必须对自己的行为后果负责。当一个人成功的时候，荣誉是个人的；当一个人失败的时候，责任也是个人的。集体主义强调个人行为后果的集体连带责任，例如，"一人得道，鸡犬升天"。在中国传统社会，"面子"不仅仅涉及个人的得与失，更重要的是关系到一个家族的得与失。

R. E. 尼斯伯特等人（Nisbertt *et al.*，2001）系统地分析了个人主义与集体主义的渊源。他们认为，个人主义的文化源头可以追溯到古希腊文明。古希腊人的日常生活渗透着个体自主选择意识，每一个人只对上帝负责，不受他人的约束。雅典城邦只是一些个体的联合体，权力在于个体，而不在于城邦。人们自由地发展和行使自己的权力，按照自己选择的方式生活，人们只服从他们自己制定和通过的法律，而不需要服从权威。这些个人主义的思想观念与行为方式奠定了现代西方文化的基础。与古希腊文明不同，古中华文明强调集体主义。中国古人认为，个体只是紧密结合的集体的一分子，集体既可以是家庭也可以是村庄。在一个集体中，人们之间具有不可推卸的相互社会义务，个人行为受到集体期望的制约与引导。个人权利只是集体权利的一部分，而一个人在集体等级系统中的角色与地位规定了这个人对集体的责任与义务。这些集体主义的思想观念与行为方式系统地反映在传统儒家文化中，并对几千年的中华文明产生了深远的影响。例如在中国传统文化背景下，学生不把学习看做是自己的权利，而是作为自己对老师和家长的责任与义务，甚至是家族的责任和义务。

独立性自我（independent self）和互赖性自我（interdependent self）能够很好地说明个人主义和集体主义这两种不同文化背景下自我概念的差异（Markus & Kitayama, 1991）。我们在此强调以下几点：第一，独立性自我强调个人的独特性，强调每一个人都是界限分明、独一无二的；互赖性自我强调个人只是镶嵌于社会关系中的一部分，人在本质上是相互联系的。第二，独立性自我重视个人的选择和自由；互赖性自我强调做决定时要尊重父母亲或者朋友的意见。第三，独立性自我和互赖性自我的区分并不是绝对的，在我们每一个人的自我概念中，既可能包含有独立性自我的成分，也可能包含有互赖性自我的成分；但是，独立性自我在西方文化中占主导地位，互赖性自我在东方文化中占主导地位。

第二节 自我评价

自我评价是人的自我概念的重要内容之一，它是对自己的身心状况、能力和特点，以及自己所处的地位，与他人及社会关系的认识和评价。自我评价对人的自我发展、自我完善和自我实现具有积极的意义。自我评价并不是天生的，它是个体在自己的实践中伴随着角色化的过程逐渐形成的。当个体能够把自己从周围环境中分化出来以后，个体就在与周围人们的相互作用中接受着人们的评价，观察着自己的行为，并懂得哪些是对的，哪些是错的，对的在实践中不断地得到了强化，错的也在与人们的相互作用中得到纠正，于是个体在实践中也学会了积极而正确的自我评价。

社会心理学认为，自我评价一般具有以下几种核心要素，如自尊、自我效能和控制点等。

一、自尊

在日常生活中,你可能听到别人说"某某的自尊心很强"、"做人一定要有自尊"等,那么,什么是自尊呢?自尊是个体对自己的总体态度,作为自我的核心成分之一,早在1890年,詹姆斯就在其名著《心理学原理》中论述了"自尊"的含义和重要性。

所谓自尊(self-esteem)是一个人的自我评价,或者说是人们对自己的态度。自尊是一种相对稳定的人格特质,它形成于青少年的后期且不容易改变。如果说"自我"概念是自我的认知分量,那么自尊就是自我的情感分量或评价分量。这种评价既可能是总体或全面的,也可能是针对某一个特定方面的。因此,自尊从结构上可分为整体自尊(global self-esteem)和具体自尊(specific self-esteem)。整体自尊是对自我的总体态度,而具体自尊则是整体自尊的局部表现,如学业自尊、容貌自尊、社交自尊等。一般来说,整体自尊比较稳定,不会随情境而轻易改变,而具体自尊针对具体情境,易随情境变化而变化。

个体的自我评价既可以是积极的,也可以是消极的。因此,自尊有高低之分。高自尊是对自己的积极和肯定的评价,来自对自我的正确信念;低自尊是对自己的消极和否定的评价,来自对自我的扭曲信念。如果你认为自己是有魅力的、强壮的、聪明的、富有的和令人喜爱的,那么你一定具有高自尊。反之,就会导致低自尊。一般来说,绝大多数人都具有比较高的自尊,虽然这种高自尊可能在不同情境中有一定的波动。普遍来讲,高自尊与高绩效之间存在着正相关。也就是说,具有高自尊的人往往在他所从事的领域取得比较高的成就,或者说,在自己工作领域中有所成就的人往往具有高自尊。高自尊与高绩效之间的相关就是一个佐证。目前,社会心理学家还不能确定,到底是高自尊导致高绩效,还是高绩效导致高自尊。当然,高自尊不同于自大,高自尊是对自己恰如其分的评价,通常表现为为人谦和;而自大则是过分抬举自己并贬低他人,往往表现为目中无人、唯我独尊和狂妄至极。但是,高自尊与自大常常只有一步之差,如果一个人的自尊极度膨胀,就会导致自大。

只有极少数人才有真正的、长期性的低自尊。而低自尊本身可能会形成一种恶性循环:如果一个人具有低自尊,那么,他就会认为自己的学习或工作不太可能取得太大的成就,这种消极期待进而使他不努力地去学习或工作并产生高焦虑,低努力和高焦虑使他不能在自己学习工作上取得应有的成就,这种失败进而导致他自我谴责。而自我谴责反过来又进一步降低了他的自尊,从而形成一种恶性循环。如果你正在处在这种低自尊的恶性循环中,你应该设法从某一环节入手，让自己重新树立起自尊。高自尊有利于培养主动、乐观和愉快的感觉，并且与高绩效存在着正相关。

也就是说，自尊作为一种高级心理需要，不具有文化普遍性。追求高自尊只是西方个体主义文化下特定的现象，集体主义文化下的个体需要的不是高自尊，而是谦虚和自我批评。例如，Schmitt 和 Allik（2005）采用罗森伯格自尊量表对 53 个国家人群的整体自尊进行了跨文化比较研究。他们发现，东方人的整体自尊低于西方人的整体自尊。等人（Cai *et al.*，2007）采用同样方法发现，中国大学生的整体自尊低于美国大学生的整体自尊。同时，Cai 等人（Cai *et al.*，2007）进一步探讨了导致这种文化差异的原因。他们发现，中国大学生比美国大学生更为谦逊，因此，中国大学生在自陈式量表上反映出较低的整体自尊。

社会比较对自尊有微妙的影响。这种影响取决于比较的对象以及所采纳的上行比较或下行比较策略，具体表现为：第一，如果我们比较的对象是与自己没有任何关系的陌生人，当这个陌生人不如自己时，我们就会有优越感，提升自己自尊；当这个陌生人比自己优秀时，对自尊几乎没有影响。第二，如果人们比较的对象是本群体的成员，例如同学、同事或朋友，当这个比较对象不如自己时，人们也会有优越感，从而提升自己的自尊；当这个比较对象比自己优秀时，人们就会觉得自愧不如或充满嫉妒。例如，朋友的成功可能比陌生人的成功更有威胁，使他们感到自己缺乏魅力或能力不足，从而降低人们自己的自尊。第三，如果比较的对象是亲近的人或有密切关系的人，例如，恋人、父母、子女或亲密朋友，由于我们与他们有着共同的利益，当这个比较对象不如自己时，我们就会产生挫折感，从而降低自己的自尊；当这个比较对象比自己优秀时，人们就会为他的成就感到高兴，从而提高自己的自尊。

另一方面，人们对头脑中不同的自我图式的比较也会影响到自尊。E. T. 希金斯（Higgins，1987）提出了自我差异理论（self-discrepancy theory）。该理论认为，人有三类自我图式：现实自我（actual self）、理想自我（ideal self）、应该自我（ought self）。现实自我指个体认为自己目前是一个什么样的人，它由一个人实际拥有的特征所构成，相当于自我概念。理想自我指个体希望自己成为一个什么样的人，它由一个人对自己的期望、愿望和梦想所构成。应该自我是指个体认为自己应该成为一个什么样的人，它由一个人责任和义务所构成。理想自我和应该自我起着一种自我导向的作用，这种自我导向代表着一个人想要达到的目标。这三类自我图式之间的关系可以影响到一个人的自尊。当现实自我、理想自我和应该自我三者之间相互一致、相互匹配时，个体就会觉得生活是美好的，这样他的自尊就会得以提升。当现实自我和理想自我之间出现差距时，个体就会产生抑郁和气愤等负面情绪，从而导致自尊的降低。

第三节 自我服务偏差

假如你正在一个新年晚会上与人交流，周围的环境很嘈杂，这时有人好像在提及你的名字，虽然他们谈论声音很小，但是你却可以毫不费力地捕捉到，这是为什么呢？社会心理学认为，人们一般会对与自己有关的信息非常敏感。事实上，这是一种对有关自己信息的认知偏好，而且这种信息一般在加工过程中具有自我服务的偏好。

一、自我服务偏差的含义

生活中，你有没有这样的体会：当自己测验好时会认为这个测验是对知识的有效测量，而当成绩不好时，你会强调测验题目跑偏，出题者能力不强呢？这就是自我服务的偏好，是以一种对自我有利的方式来进行的判断和解释。

所谓自我服务偏差（self-serving bias，也有译为"自我服务偏见"的），是指人们往往以一种有利于自己的方式判断和理解自己与别人的行为。自我服务偏差使我们一边欣然接受成功的荣耀，一边轻易地为自己的失败开脱。我们倾向于把积极的行为结果归因于自我，而把消极的行为结果归因于外部环境。例如，在那些既靠能力又凭运气的游戏和应聘情景中，这种现象尤其明显。又例如，每个人都力求认可自己在成功中的作用而极力避开在失败中的责任，比如当恋人关系发展顺利的时候，人们就会充分肯定自己所做的努力，而当关系恶化的时候，人们往往都在强调对方应当承担的责任。又比如人们往往认为成功源于自己的能力，而把失败归因于坏运气。研究发现，当得知自己成功后，人们乐于接受成功的荣誉。他们把成功归结为自己的才能和努力，却把失败归咎于诸如"运气不佳"、"问题本身就无法解决"这样的外部因素。同样地，在解释比赛胜利时，运动员一般会将其归因于自我本身，对于失败则推脱给其他因素，诸如错误的暂停、不公平的判罚、对手过于强大或是"黑哨"。换句话说，人们有一种居功自赏同时又避免对失败负责的倾向。因此，自我服务偏差不仅有助于保护和提升我们的自尊，而且可以帮助我们抵制焦虑和抑郁。罗斯和司考林（Ross & Sicoly, 1979）在一系列的实验中发现，在一般的小组中，人们都认为自己在积极事件中比其他人的贡献更大，而他人在消极事件中的责任比自己更大，从而表现出自我服务偏差。例如，在其中的一个实验中，研究者请成对的夫妻分别在一份清单上指出他们各自做了哪些与家庭事务有关的事情。结果发现，在准备早餐、清理房间或照顾孩子等积极事务方面，夫妻双方都认为自己比配偶的贡献大；而在引起家庭争吵或弄乱房间等消极事物方面，夫妻双方都认为是对方的过错。肯顿（Kingdon，1967）对竞选州长的候选人进行了访谈研究。结果发现，那些竞选获胜者倾向于把自己胜利归功于自己的勤奋工作、为选民服务、自己声誉和竞选策略；而那些竞选失败者则倾向于把自己的失败归结于外界不可控的因素，例如本选区政党的组织问题、对手的强大和国家的总体政治趋势等。

总之，人们常常高估自己的积极作用，而低估自己的不足之处，因此会在成功时一味归功于自己，而在失败时极力推卸责任或掩饰过失。

二、自我服务偏差的产生

当我们对与自我有关的信息进行加工时，往往出现一种有利于自我的认知偏差。

对自我服务偏差的成因有多种不同的解释。一种从认知角度进行解释，即将自我服务偏差看做是人们处理和记忆有关自己个人信息的副产品。另一种解释从动机和认知交互作用的角度来说明自我服务偏差的成因。这种解释认为，在现实生活中，人们都是期望成功的，成功是符合人们的预期的，而失败是不符合人们的预期的。当个体事先对结果的预期与结果符合时，它就和个体的认识处于协调一致状态，易为个体认知系统所接受。相反，当结果不符合个体的预期时，它就和个体的认识处于不协调的状态，不易为个体认知系统所接受。人们为了增加成功带来的欢乐或减少失败引起的痛苦，才将成功的原因内投于己，而将失败的原因推之于外。动机是伴随认知过程而产生的，反过来它也必然影响信息加工过程。这两种原因交互作用，导致了自我服务偏差。

总之，这些自我服务的偏差体现出三个方面的内容，即不切实际的自我积极看法，夸大自我对现实的控制感和对未来的盲目乐观等。但是这种偏差如果加以利用，也可以调节心理资源发挥卓越的积极功效。

三、自我服务偏差的表现形式

个体在自我的知觉和评价中的确存在积极性偏好，那么它的表现形式有哪些呢？

首先，自我提升形式，实则也是一种自我防御性策略。约翰和罗宾（John & Robine，1994）要求被试评价其任务的成绩，并请其他 5 名群体成员和 11 名评委来对成绩进行评价。结果发现,被试对自己的评价并没有评价他人时准确,平均而言,他们对自己的评价都比他人对自己的评价要积极些,而卓菲默等人(Trafimov et al., 2004)发现,无论是归因还是行为都比对他人的行为给予更积极的评价。

其次,存在非现实乐观主义(unrealistic optimism),这是自我服务偏差的一种表现形式。所谓非现实乐观主义,是指在事件发生概率相同的条件下,人们倾向于相信自己比他人更可能遇到好运,而他人比自己更易遭遇厄运。泰勒和布朗(Taylor & Brown, 1994)指出,非现实乐观主义是普遍存在的,95%以上人群对各种不同风险事件的判断是盲目乐观的。例如,大多数吸烟者知道吸烟人群中患肺癌的比率远远高于非吸烟者,但是很多吸烟者相信自己不会因吸烟而得肺癌。研究发现,大学生们往往认为自己远比其他同学更可能找到好工作、得到意外之财、长寿和拥有自己的房子。同时,对于那些消极的事件,例如,酗酒成瘾、在40岁以前突发心脏病或遭遇枪击,则被认为更可能发生在别人身上而不是自己身上。又例如,伯格和伯恩斯(Burger & Burns, 1988)发现,性活动频繁而不愿采取避孕措施的女大学生们认为,和学校里其他同学相比,自己不大可能意外怀孕。

事实上,在对自我的看法中,这个世界的大多数人在日常生活中都有主动偏向积极的倾向,他们都会认为自己比其他人更幸福、更健康,并相信自己未来会更好。

事实上,对未来的盲目乐观也是一种普遍现象。马尔库斯和纽瑞斯(Markus & Nurius, 1986)的研究发现,当被试被问及在未来可能会遇到些什么时,这些大学生被试报告的积极反应是消极反应的4倍还多,但却又不能为这些乐观主张提供足够的证据支持。相反,如果让被试选择自己将来可能会面临的各种消极事件(包括遭遇车祸、成为了犯罪受害者、找工作遇到了困难、生病或发生抑郁)时,绝大部分被试却认为自己不太会经历这些消极事件(Taylor & Brown, 1988)。在另一项由106位父母参加的研究中,让这些父母评估风险问卷中所涉及的每件事情(其中积极、消极事件各半)发生在自己孩子身上的可能性(与其他孩子对比)。结果显示,父母认为自己的孩子更可能达到积极的结果和更可能避免消极的结果(Lench, Quas & Edelstein, 2006)。温格和弗尔斯(Wenger & Fowers, 2008)在一个大样本的调查中也发现,绝大多数父母对孩子的未来都表现出明显的盲目乐观。

自我服务偏差还表现为虚假普遍性效应(false consensus effect)和虚假独特性效应(false uniqueness effect)。为了进一步增强我们的自我形象,人们常常表现出这样一种奇怪的倾向,即过分高估或低估他人会像我们一样思考和行事。在观点方面,我们过高地估计别人对我们观点的赞成度以支持自己的立场,这种现象被称为虚假普遍性效应。因此,人们并不是客观地看待事物,而总是从他们自己的角度出发来看待事物。所谓虚假普遍性效应,是指人们往往过高地估计自己的信念、观点和态度的普遍性。美国人还有一种被称为虚假独特性效应的增强自尊的方法。人们发现美国成人大都认为自己比一般人更聪明、更有吸引力,而且该现象在男人身上表现得更为突出一些。其他相关的研究也都揭示了这样一种普遍的趋势:人们在与他人进行社会比较时,往往对自己的能力与特征的评价更为积极。所谓虚假独特性效应是指,人们往往过高地估计自己的能力的独特性。无论是虚假普遍性效应还是虚假独特性效应,都是旨在提升我们自己自我形象的认知偏差。

事实上,早在1924年,美国社会心理学的奠基者奥尔波特(F. Allport)就指出,人们总是认为他人也会和自己一样,对相同的事件有相同的反应,他把这种现象称为"普遍性幻觉"(universality illusion),罗斯等(Ross, Greene & House, 1977)询问斯坦福大学校园中的行人,他们是否愿意穿着一件为某餐厅作广告的服装或写有"后悔"字样的服装在校园里走动一个半小时。随后,让所有受访者估计人们做出与自己相同决策的百分比。结果发现,那些表示愿意的受访者认为,有三分之二的人会同意穿着这样的服装;而那些表示拒绝的受访者认为,有三分之二的人会拒绝穿着这样的服装。可见,这些受访者以自己的态度或观点来推论其他人的态度或观点。另一方面,在对自己能力判断方面,我们也往往高估其独特性而低估其共同性。例如,有研究表明,大部分汽车驾驶员认为自己比别人安全和有更高的驾车技巧,这就表现出虚假独特性效应,即把自己的才智看成是与众不同的,从而达到自我提升的目的。

在自我服务的偏向中,我们发现人类总是生活在希望之中,相信现在比过去好,未来比现在好,自己比他人好,这种积极思维虽然有些偏差,但也不失为一种客观的自我认定。

第四节 自我呈现

自我呈现对现实的日常问题有很强的解释力,社会对每个地位或位置都有一套相应的指标,期望占据这个位置和地位的个人去遵守。人们在社会上的正常相处也有个体要遵守的标准,自我呈现是人之本能,是需要学习的交往手段,但是它绝对不是圆通之术，它是需要人们培养的能力，是人际的润滑剂。

一、自我呈现概念

人类不仅以自我美化的方式来认识自己，也同样以受赞许的方式来向他人展示自己。在日常生活中，我们总是希望获得别人和社会的赞许，并试图控制社会交往的结果，所以，每个人都非常注意自己在他人面前和社交场合中的形象。这种形象包括语言、仪态、穿着、动作等。"自我呈现"这个概念最早是由美国社会学家戈夫曼（E. Goffman）在其《日常生活的自我呈现》（1959）一书中提出的。戈夫曼把社会交往类比为戏剧舞台，把社会交往中的主体类比为舞台上的演员。因此，生活就是演戏，人们运用各种技巧对自己进行包装和整饰，从而在对方心目中创造自己所期待的印象。

所谓自我呈现（self-presentation），是指人们在社会交往中以一定的方式去控制他人对自己的印象，使他人所形成的印象符合自己期望的过程。自我呈现，这一睿智的提法提醒我们，我们生活在后台，表演在前台。事实上，我们生在前台，死在前台，从出生直至死亡我们都在以剧目的形式演出自己，呈现自己，这是一种生活必不可少的模式。

为什么人们要进行自我呈现呢？传统的观点认为自我呈现是职业政治家、商人等惯用的伎俩，并将其与假装和欺诈等划等号。社会心理学的研究揭示，自我呈现是社会交往的基本组成部分。其实自我呈现本身并无好坏，在人际交往中，自我呈现扮演了一个重要角色。因为人们并不是被动地对外界社会环境做出反应的，而往往根据情境、交往对象的特点，有意无意地选择适当的言辞、表情或动作，从而达到控制他人对自己形成某种印象的目的。通过自我呈现，我们可以获得和占有资源。在他人心目中创造一个良好的印象，有助于得到更广泛的社会关系和社会支持，有助于提高我们的社会地位。恰当的自我呈现，是人际交往的润滑剂，可以使交往顺利进行。事实上，在生活中要想得到别人的肯定，适当的自我呈现是十分必要的，这是增进个人形象的重要内容，只要善于挖掘自己的优势，呈现出自己最好的一面，不仅使个人更自信，也使他人更愿意接近自己。

那么，人们通常在什么情况下需要进行自我呈现呢？一般而言，在以下三种情形下，人们更可能进行自我呈现：第一，当他人对我们格外注意时。例如，某人在课堂上发言，老师和全班同学都会特别地关注他的一言一行，因此，他一定会采取一定的自我呈现的策略，以便给大家留下一个好印象。第二，当他人能够影响到人们所要得到目标的过程，特别是当该目标对人们特别重要时。

例如，当某人应聘某个职位时，考官的决策无疑会对未来职业生涯有重要影响，这时，应聘者就一定会进行自我呈现，从而影响考官的决策。第三，当认为他人对自己已经有某种消极印象时，我们就会采取一定的自我呈现策略，试图改变他人的印象。

二、自我呈现策略

在现实生活的人际交往程中，人们经常有意识地使用某些特殊的方法向别人表现自己，给别人留下各种好印象，以达到不同的目的。这些自我呈现的策略主要包括：迎合行为、威慑和自我设限等。

迎合行为（ingratiation behaviour）是最为常用的自我呈现技术。它是用一定的策略性行为来影响他人，从而增加自己的吸引力，使自己看起来令人喜欢。琼斯（1965）就提出这一类型，将迎合行为认为是表演者藉由迎合的举动或帮助目标观众，让目标观众对表演者好感度上升。这是最普遍的策略之一，也是被研究最多的技术之一。此种自我呈现又可以分为四种不同的实际战略，分别为：第一，强化他人（complimentary other-enhancement），这种行为通常是特意去夸大他人正面的地方而刻意忽视负面的地方。例如，下属向自己的上司表明，对他的新主意同样感到兴奋，即使实际上下属并不喜欢他。下属也可以夸大上司的那些令人钦佩的品质，以传达这样一种信息，即上司在下属心目中很受尊敬。第二，同意他人意见、判断与行为（conformity in opinion, judgement and behavior），这种行为是指表演者表现出自己和目标观众有很多共同点，这种假设是基于和与自己有相同价值观的人相处，此种行为范围可能从简单的意见一致到模仿都有可能。例如，下属可以通过告诉上司自己从他的经验中学到了很多东西，其中仅在微不足道的事情上表示异议，但在那些上司渴望得到支持的问题上赞同他，以此来提升自己在上司心目中的正面形象。第三，自我表演（self-presentation），即是对目标观众表现出自己拥有对方也喜欢的那些特质。从事迎合的表演者可以把焦点放在本身的长处和优点上，或是目标观众的长处与优点上。例如下属可以寻求机会让上司知道自己的优势，努力让上司知道自己有着受人欢迎的声誉，并努力确保上司了解自己取得的成功。第四，恩惠行为（rendering favors），这种不怀抱着任何回报的心理也会是非常成功的一种策略。例如下属自愿帮助上司做一些事，如提出一些有益于公司的意见或通过个人关系网为公司提供帮助等。

威慑（intimidation）在于给别人造成一个恐怖的印象，使对方由于害怕而完全接受控制，由此达到自己的目的。威慑是表演者通过树立一种令人畏惧的形象来获取社会权力和影响力。在某种程度上,这种行为和迎合行为是对立的,它一般由上位群体发出,目的在于使人服从和跟随他的意见。在人际交往中,有些人常常一开始就造成一种声势,先声夺人。在组织中,威慑可能是一种自上而下的影响,是由权力高的人对权利低的人施加的影响;也可能是一种自下而上的影响,是由权力低的人通过某种特殊的方式对权利高的人施加的影响。

另外的策略是自我设限(self-handicapping),它是指人们针对可能到来的失败威胁事先设置障碍,为失败创造一个合理的借口,从而达到保护自我价值、维护自我形象和操纵他人对自己看法的目的。当个体预期事情可能会失败时,就故意在其前进的道路上寻找、声称或制造某种看起来有说服力的障碍。若结果是失败,个体可将其归因于自设的障碍,而不是归因于自己的能力不足,从而达到自我保护的目的。另一方面,自我设限并不意味着结果注定要失败。若取得成功,又可将成功归因于自身的能力,从而达到自我提升的目的。自我设限主要有以下三种不同的类型:行为的自我设限(behavioural self-handicapping)、声称的自我设限(claimed self-handicapping)和抬举他人(other-enhancement)。行为的自我设限是指个体以实际行为来阻碍成功结果的出现,从而把可能的失败归结为外部环境。例如,一个学生如果估计自己考试及格的可能性不大,那么他就会故意减少自己努力,有意地减少自己的复习时间,花过多时间做一些与考试无关的事情上,甚至通过生病、酗酒逃避或放弃考试。声称的自我设限是指个体用难辨真伪的借口公开表示自己处于不利的竞争情境,但并不一定减少实际的努力,失败时以此来博取他人的谅解和同情。例如,一个运动员如果估计自己在某场比赛中难以取得优异成绩,他就会声称自己患有各种疾病或心情不佳,强调自己最近训练不足,抱怨环境和他人干扰等。抬举他人则是指为竞争者提供额外的信息或者帮助使其有更好的表现,而自己同样尽力以求最佳表现。若结果为失败,则可将之归因于竞争者所获得的额外帮助,从而避免他人对自己能力的怀疑,同时还可博取不自私和有爱心的美名。

第五章 态度与行为

社会心理学的目的是描述、解释、预测和控制人们的社会行为，而社会心理学家一直认为，态度是行为的决定因素，也是预测行为的最好途径。因此，社会心理学很关注态度问题的研究。早期的著名学者托马斯（R. U. Thomas）认为"社会心理学就是态度的科学"。在 20 世纪初期，美国社会心理学的奠基人奥尔波特（G. W. Allport）就断言，态度是社会心理学中最不可缺少的概念。在过去的几十年中，社会心理学家对态度进行了广泛而深入的研究。有关态度的理论和研究已经非常丰富，在诸如态度结构、态度改变、态度测量、态度与行为一致性等方面得到了许多对我们生活有指导意义的结论。态度之所以成为社会心理学的核心问题，有理论方面的原因，也有现实方面的原因。从理论上讲，心理学家对预测和控制人的行为非常感兴趣，而态度被认为是行为的预测源，通过改变态度可以矫正行为。在现实生活中，态度也扮演着非常重要的角色。例如，在西方社会，政治家为了选举的需要，为了推行他们的政治主张，通常设法唤起选民对自己的积极态度和对竞争对手的消极态度，从而赢得选票。1936 年美国人盖洛普（G. H. Gallup）运用抽样调查法，以预测投票率与实际投票率相差不到 1% 的准确性，成功地预测了罗斯福总统的当选。这使许多人相信态度能预测行为。那么，到底什么是态度，态度与行为之间到底存在着什么关系？在本章中，我们将集中讨论态度的概念及其结构、态度的测量方法、态度对行为的影响以及行为对态度的影响。

第一节 态度本质

为什么有些人喜欢购物，而另一些却不喜欢？为什么受某部分人欢迎的人却受到另外一部分人的排挤呢？这都涉及态度的问题。

一、态度的定义与特性

在现代语言词汇中,"态度"(attitude)被用来指示一种社会生活中最常见的社会心理现象,但在19世纪中叶以前这一词汇的概念涵义是多重的。英语中的 attitude 源于拉丁语 Aptus,其含义一般包含两种:一是"适合"或"适应",指行为的主观的或心理的准备状态;二是指在艺术领域中,雕塑或绘画里人物的外在和可见的姿态。前一种具有心理学上的涵义,而在现代意义上使用态度涵义的是赫伯特·斯宾塞(H. Spencer),他在《第一原理》中提出在有争议的问题上的判断依赖于所具有的态度和保持正确的态度。在心理学中,涉及态度最早的实验是朗格(J. S. Lange)的有关反应时的实验。20世纪初,伴随着托马斯等人的移民研究和实验社会心理学的兴起,态度的研究也迅速发展起来,并成为社会心理学中重要的研究领域。

尽管态度的研究在社会心理学的诸多研究领域中有着很长的历史,但态度的概念依然是众说纷纭。在社会心理学中有关态度的定义不下几十种,总的来说可分为这样几类。第一类将态度视为认知和评价组织或倾向,如罗佩奇(M. Rokeach)认为"态度是个人对于同一对象数个相关联的信念的组织"。第二类偏重于情绪情感的态度定义,如爱德华(A. L. Edwards)将态度视为"与某个心理对象有联系的肯定或否定感情的程度",把态度看做是情感的标志,衡量态度就是衡量赞成与不赞成、好与恶。第三类把态度看做是行为反应的准备状态,强调的是态度的行为意向方面,如奥尔波特、格根(K. Gergen)等人。奥尔波特认为,态度是这样一种心理的神经准备状态,它由经验予以体制化,并对个人心理的所有反应过程起指导性的或动力性的影响作用。第四类把认知、情感和行为都平行地纳入态度中,试图包容上述三类定义的内容,如弗瑞德曼(G. Fridman)、安德鲁(H. Anderw)等人指出,态度对任何给定的客观对象、思想或人,都是具有认识的成分、表达成分和行为倾向的持久体系。第五类偏向社会学的定义,即强调组成群体的每一位成员所采取的普遍态度,这是为社会群体成员所普遍接受的一种看法,对社会生活作用越大,个人在社会生活中越会发展和体现这一态度。

对于什么是态度(Attitude),不同立场的学者有不同的理解。这里我们把态度定义为,态度是对某物或某人的一种喜欢或不喜欢的评价性反应,它表现在人们的信念、情感和行为倾向中。那么,我们应该如何理解态度的定义呢?任何一种态度都由两个基本要素构成:一是态度对象,二是评价的心理过程。所谓态度对象(attitudinal object),是指态度所指向的客体。任何态度都具有明确的指向对象，例如对父母的态度、对工作的态度等。态度对象可以是具体的客体，也可以是抽象的客体。态度对象可以以无生命的客体为对象，也可以以有生命的动物为对象，也可以以某一个人为对象，还可以以某一个群体为对象。所谓评价的心理过程（mental process of evaluation），指态度是一种喜欢或不喜欢的情感性评价。这种情感性评价介于态度对象与外部反应之间，是一种假设的结构，它无法被直接观察到。

由此我们认为，第一，态度的对象是社会存在，是与个体有关联的他人、他事、他物以及个体自身等具有社会意义的存在物；第二，态度的构成具有一定结构，它作为一种心理状态不仅由多种成分组成，而且呈一定的结构，正因为如此，态度才具有一定的职能，对人的内潜心理和外显行为起着动力作用；第三，态度具有比较持久的稳定性，能够持续一定的时间而不发生改变，态度的这种稳定性是相对而言的，在一定的时间内和在一定的程度上态度是稳定的；第四，作为态度的心理状态是内在的，是存在于个体自身内部的，是难以直接观察到的，人们通常所表露于外的意见、看法、观点、主张等，虽然反映和体现了个体所持有的对某事物的内在态度，但这只是态度的表达或态度外化的产物，而不是态度本身。

这样看来，作为一种重要的社会心理现象，态度具有如下几种特性。首先，态度具有社会性。态度不是生来就有的，而是个体在后天的社会生活中通过学习而获得的。个体在其后天长期的社会生活中，通过与他人的交往和相互作用，通过接受周围生活环境和社会文化的不断影响和习染而逐渐形成其对他人、他事、他物的一定态度。态度本身所包含的内容及其变化充分体现了态度的社会特性。其次，态度具有主观经验性。个体的意识世界可分为两种：一种是观念的世界，它是在后天社会生活中不断积累各种经验的基础上形成的，其中包括以一定的观念形态而存在的信仰、价值观、人生观及其他各种思想观念；另一种则是经验的世界，它是在个体与周围环境的直接相互作用中形成的，其中包括以一定的经验形态而存在的认识、判断、评价及各种体验和感受。态度介于这两者之间，一方面它与个体的观念世界尤其是其中的信仰和价值观保持着密不可分的联系，常常反映个人所持有的各种思想观念；另一方面它又包含了相当大的经验成分。因此，态度本身就具有了主观经验性。再次，态度具有动力性。态度对个体自身内潜的心理活动和外显的行为表现都具有一种动力性的影响，同时对个体与他人的相互作用和个体对社会生活环境的适应也具有这种影响，表现为一种激发、始动和调整、协调的作用。

二、态度的维度

在社会心理学中,对于态度的维度通常有两种不同的理论模型:单维模型和三维模型。单维模型(Fishbein & Aizen, 1975)把对态度对象的评价作为态度的核心,认为态度是对态度对象的情感性评价,而评价有性质(积极评价或消极评价,赞成或不赞成,喜欢或不喜欢)和强度(由弱到强)之分。态度就是由关于态度对象各种属性的预期以及对这些属性的评价所决定的。例如,一个人对体育锻炼的态度涉及对体育锻炼的各种属性的预期,例如锻炼有助于增进健康、锻炼可以保持体型、锻炼需要花费时间、锻炼有时很枯燥;以及对这些属性的评价,例如锻炼有助于增进健康(积极评价),锻炼可以保持体型(积极评价),锻炼需要花费时间(消极评价),锻炼有时很枯燥(消极评价),等等。

三维模型认为,态度包含着情感(Affect)、行为(Behavior)、认知(Cognition)三个维度。它又被称为态度的 ABC 理论。态度的认知成分是指人们作为态度主体对于一定态度对象或态度客体的知识、观念、意象或概念,以及在此基础上形成的具有倾向性的思维方式。充分理解是人们对一个事物、一个现象形成一定态度的前提,如果没有一个清晰的、全面的认知,那么态度的形成也会是模糊的,可信度较低。态度的认知成分具有倾向性和组织性,这种倾向性和组织性会成为一种头脑中的既定模式或刻板印象,使人倾向于按照类属思维的轨道来认识态度对象,并对其进行思考。因此,态度的认知成分区别于一般的事实认知,有时会带有偏见的性质。态度的情感成分是指个体对态度对象所持有的一种情绪体验,如尊敬和鄙视、喜欢和厌恶、同情和嘲讽等。态度的情感成分与认知成分紧密相关,社会心理学家认可态度具有认知成分的观点,但同时他们又相信,通常人们以肯定或否定、赞成或反对、接受或拒绝、选择或不选择为典型的态度反应方式,并属于情感反应。不过,态度的反应或选择并不单纯是情感的反应,而是兼具有认知和情感因素的综合性的态度反应。一切态度的反应即便看起来是情感的反应,其也必定有认知成分的积极参与。态度的行为成分是指个体对态度对象所特有的一种内在反应倾向,是个体做出行为之前所保持的一种准备状态。一般地说,尤其是从理论上来看,态度构成中的这三种成分之间是协调一致的,如果出现了矛盾和不协调,则个体会采用一定的方法进行调整,重新恢复其间的协调一致。但在现实生活中,这三者之间的关系的问题就并不如此简单,在一定程度上往往存在着不协调和不一致。作为一种具有认知基础的心理反应倾向,态度兼具认知、情感和行动三种成分,并且这三种成分是彼此相互关联的。

近年来，有关态度研究的最新进展是双重态度模型（Model of Dual Attitudes）的提出（Wilson, Lindsey & Schooler, 2000）。双重态度模型认为，人们对于同一态度对象能同时存在两种不同的评价：外显态度（explicit attitude）和内隐态度（implicit attitude）。这里，外显态度是一种能被人们所意识到的态度，即通过自我反省就能够表现出来的态度。内隐态度则是无意识的、自动激活的内隐性态度。威尔森等人（Wilson et al., 2000）认为，人们对同一态度对象的外显态度与内隐态度往往是共存于人的记忆中。内隐态度是被自动激活的，而外显态度则需要较多的心理能量和动机从记忆中去检索。当人们检索到外显态度，且它的强度能超越和压制内隐态度，人们才会报告外显态度；当人们没有能力和动机去检索外显态度时，他们将只报告内隐态度。外显态度相对易于改变，内隐态度的改变则较难，那些态度改变技术通常改变的只是人的外显态度，而非内隐态度。其中，外显态度是通过问卷方法获得的，而内隐态度则是通过内隐联想测验等技术获得的。

第二节 态度理论

半个多世纪以来，有关态度的理论研究可以按照其基本理论观点和方法的不同而大致划分为如下类别。

一、强化论观点的态度研究

所谓强化论观点的态度研究，度布（L. W. Doob）认为态度是有关社会重大事件的某些特定刺激与具有动因性反应之间的强化联系而成的行为倾向性，这种倾向性往往以对社会现象的好坏评价而表现出来。态度即是对于社会对象进行好坏评价的倾向性，它通过学习强化而获得，强化论观点的态度研究可区分为三种。

（一）古典条件反射理论的研究

度布等人用古典条件反射学说解释态度的形成与变化过程。他们认为，如果把态度作为对于社会对象的评价或情感的话，那么以态度对象作为条件刺激，将其与人已经具有的肯定或否定性评价、情感等无条件刺激多次结合强化，则对于条件刺激的态度对象也就会形成与无条件刺激同样的评价和情感，即形成特定的态度。斯戴兹（A. W. Staas）在对被试提示不同国家名称的幻灯片的同时，让其反复听带有肯定或否定性评价的单词（如快乐、痛苦等），然后测定被试对各个词语的态度。结果发现，对于肯定性单词的态度多具肯定性，而对于否定性单词的态度则多具否定性。后来斯戴兹将作为无条件刺激的单词换成电击和噪声，也得到了同样的结果。其他类似性实验还有不少，虽然结果并非完全一致，但大多数研究支持斯戴兹等人的观点，即依靠古典条件反射可以形成特定的态度。

（二）操作性条件反射理论的研究

希尔苏姆（Hilsum）认为，借助操作性条件反射机制可以有效地使态度发生改变。他们利用电话对大学生进行有关大学教育情况的采访，当学生的回答属于褒奖之类时便立即给予鼓励性的言语报酬；反之，则给予批评性的言语惩罚或不作反应。结果发现前者的肯定性发言有所增加而后者的否定性发言有所减少。英斯科（C. A. Insko）用类似的研究也得到了同样的结果，当然报酬不仅仅限于言语，只要加以及时强化，许多物质和精神手段都可以使特定的态度发生变化——巩固加强或削弱衰减。

（三）学习理论的研究

学习理论关于态度改变的基本观点是认为人们态度的改变过程实际上是一个学习的过程。这种学习的基本过程实质上是在强化原理的支配和控制下进行的特定刺激与特定反应的联结过程。这一理论的另一个基本观点则认为，在改变他人态度时，不仅要了解和掌握刺激与强化作用的特性，还要对个体本身的情况有所了解，认为个体自身是介于刺激与反应之间的一个不可缺少的中介环节。因此，改变他人的态度首先要了解他人的原有态度，了解他人过去所经受过的强化经历，只有这样才能在改变他人态度的过程中充分有效地发挥刺激和强化作用。在这种理论的指导下所进行的有关态度转变的实证研究，一般分为两大方面：一是注重对强化的研究，力求据此总结出一套精确的强化法则；二是注重对刺激和作为中介环节的个体研究，具体探讨刺激自身的特征、刺激来源、刺激过程及刺激接受者这几方面的因素对态度转变的影响。

总而言之，态度改变的学习理论，其基本的原理及观点并未超越行为主义学习理论的范围。因此，与其说这一理论是独立的，有其特定概念、原理和法则，还不如说这一理论是行为主义学习理论应用到态度改变研究领域中的产物更为准确。

二、认知论观点的态度研究

认知论观点的态度研究注重于"态度是对社会对象的评价"，力图从评价的角度探索态度的内部心理机制，其代表性的研究表现在如下几个方面。

（一）紧张减缓理论研究

该理论模型以认知统合倾向的态度形成与变化研究为核心。所谓认知统合倾向是指人们具有一种使自己已有的认知关系结构保持相对平衡不变的倾向性，当这种倾向性受到干扰破坏时，人就会产生否定性的评价及其相应的情感态度（如不安、紧张、恐惧、不快等），并努力排除干扰维持认知结构关系的平衡稳定性，在达到目的以后便会产生肯定性评价及其相应的情感态度（如安定、轻松、愉快等）。这方面的研究很多，诸如平衡理论、认知失调理论，等等。其中以认知失调理论对态度改变研究的影响最大。

认知失调理论是由费斯廷格（L. Festinger）于1957年提出来的。所谓认知失调是指个体所持有的认知彼此矛盾冲突，处于相互对立的状态。这里所说的认知包括思想、态度、信念以及人们认知上所感知到的行为。因此说，人们所持有的认知是非常多的。在费斯廷格看来，这些认知之间首先是存在着相关和不相关的关系。其次，在具有相关关系的各种认知之间才会存在矛盾的或一致的关系，才会产生协调或失调的状态。认知的失调有程度上的大小之分，这取决于以下两个条件：第一，失调的认知数量与协调的认知数量的相对比例；第二，每一种认知对个体具有的重要性。如果处于失调状态中的认知对于个体来说是无关紧要、影响不大的，则其所引起的心理紧张只能是微弱的；而如果这种认知对于个体来说是意义深远、关系重大的话，则其所引起的心理紧张就会是强烈的，并驱使个体去努力减轻或消除紧张。这两个条件与认知失调程度之间的关系如下述公式所示：

$$失调程度 = \frac{失调的认知数量 \times 认知的重要性}{协调的认知数量 \times 认知的重要性}$$

根据这种理论的基本假设，当在认知上产生失调状态时就会引起个体心理上的不愉快和不舒适的感觉体验，造成心理上的紧张感，从而驱使个体去减轻或消除失调状态，使认知互相协调一致。通常消除失调状态的方法有如下几种。第一，改变认知，使之与自己持有的其他认知保持一致。例如，持有"吸烟对身体健康有危害"和"自己每天都要吸烟"这样的认知的人，可以把前者改为"有许多吸烟的人身体仍很健康"，这样两个认知之间便协调一致了。第二，改变行为，使对行为的认知与其他认知保持一致。例如，上述的例子，那个吸烟的人只要将烟戒掉，不再吸烟，就能够使互相矛盾冲突的两个认知协调一致起来。第三，增加新的认知，改变失调的状况，使原来认知之间的矛盾得到合理的解决。例如，一个自称有能力但却总是把事情弄糟的人，就可增加一些新的认知，如事情本身太复杂，客观条件较差，各个方面不合作等来做为把事情弄糟的原因所在，从而使原先的认知矛盾在得到合理地解释后得以消除，失调的状况得到缓解或改变。

继费斯廷格之后，又有许多研究者对认知失调理论进行了大量研究，以致有关认知失调的研究被看做是 20 世纪 60 年代社会心理学蓬勃发展的一个重要标志。研究发现，与认知不一致的行为如果是由个体自由选择做出的，不存在任何外来的压力和限制，则这种失调所引起的心理压力就非常强烈，从而会引发态度或行为的改变。但是，如果这一行为是在某种外来压力之下被迫做出的，则由此而引起的心理压力就不一定非常强烈，甚至可能不会产生任何心理上的不舒适感。再有，即使个体的认知失调，但如果个体在认知中的卷入程度较低的话，则这种失调并不会引起个体心理上的紧张感和压力感。

（二）归因理论的研究

以归因理论来说明态度变化的心理机制称为自觉理论（self perception Theory）。依据这个理论，人能够清楚地意识到自己的态度与情感，并常常积极主动地将当前的认识对象及其有关评价与过去的经验相比较。人们一般都能表述出自己为什么会具有这样或那样的态度，对态度形成与变化的心理原因也有一定的自知之明。虽然不排除潜意识的作用，但从总体上而论，态度的形成与变化建立在人们有意识的理性评价的基础之上。

（三）社会判断理论

这种理论是由谢里夫和霍夫兰德在 1961 年首次提出的，其理论基础来源于谢里夫等人在 1958 年根据心理物理学的原理和方法所进行的关于物体重量知觉判断的研究。在这项研究中，首先要求被试用一个 6 等级尺度来判断一些物体的重量，这些物体的重量分布在 55～141 克之间。6 等级尺度上的第 1 等级代表最轻的重量，第 6 等级代表最重的重量。结果表明，不管被判断的物体自身重量的实际分布如何，被试对这些物体重量作出的判断在 6 等级尺度上的分布都具有均等分布的倾向。接着，谢里夫等人改变了实验中的判断情境，即在被试进行判断之前就为被试提供一个帮助进行判断的参照物。一种做法是让被试在手中掂量一下重 141 克的物体，并告知他们这一重量相应于尺度上的第 6 等级，然后让被试对所有物体的重量进行判断。结果发现，被试所做出的判断在尺度上的分布倾向于聚集在尺度等级较高的一端，即多数人判断该物体较重。对此，谢里夫称之为同化效应。另一种做法则是先让被试在手中掂量一下一个重 347 克的物体，这一物体的重量明显地重于被试在实验中真正要判断的所有物体的重量，并且告诉他们重量相应于尺度上的第 6 等级，然后让被试对与上

第五章　态度与行为

述两次实验中判断过的相同物体的重量进行判断。结果发现，被试所作出的判断在尺度上的分布倾向于聚集在尺度等级较低的一端，即多数人判断该物体较轻，而没有一次判断该物体最重。对此，谢里夫称之为对比效应。

从这项实验所得结果中可概括出这样一个原则，即在人们对他物进行判断时，如果他们自己已经持有某种判断的参照标准或是拥有帮助进行判断的参照物，而在实际的判断过程中，被判断的事物如果与这种参照标准或参照物相差较大的话，则人们会倾向于将其判断为比实际上的要相差更大；被判断的事物如果与参照标准或参照物比较相似的话，则人们会倾向于将其判断为更加相似。

谢里夫将这个结论用来解说态度改变。在他看来，个体所持态度是不能用量表测量尺度上的某一个点来代表的，而应该用一段区域来表示。这段区域是由三个部分组成的，即接受的区域、态度不明朗的区域和拒绝的区域。当个体遇到某一个劝说信息或新的观点和看法时，首先对此进行判断，弄清楚这些信息、观点是什么性质的，即弄清在个体自身的态度区域中位于哪一位置，然后才可能根据上述原则作出改变态度或拒绝改变的反应。如果个体通过判断发现新的观点和主张是位于自己态度的接受区域之中的话，就会因此而接受这种新的观点和主张，并相应改变原有的态度；如果是位于自己态度的拒绝区域中的话，就会拒绝改变原有的态度。此外，当新的观点和主张是位于个体态度的不明朗区域时，同样会引起个体原有态度的变化。

谢里夫还更深一步地研究了态度区域的大小与态度改变之间的关系和新的观点和主张与原有态度观点相似或相异的程度与态度改变之间的关系。结果发现，拥有较狭窄的接受区域的个体，其态度的改变较为困难；而接受区域较为宽广的个体，其态度的改变则较为容易。再有，当一种新的观点和主张与个体原有的观点和主张极为相近或相似时，就会出现新的观点和主张被原有的观点和主张同化的情况，由此就不一定会引起态度的改变；而当新的观点和主张与原有的观点和主张相差极大时，就会遭到个体的拒绝，因而同样不能引起态度的改变。只有当其处于这两种极端的中间之处时，亦即位于态度区域的不明朗区域时，其所具有的劝说作用才最大，因而才会引起个体态度的明显改变。

社会判断理论具有较明显的认知色彩和个人主义的特征，它强调的是个体自身对刺激信息的知觉判断，并认为这种判断是态度发生改变的中介物，是先于态度改变而进行的。同时，这种理论还认为，每一个人对他自己所持有的态度是知晓的，对自己所愿接受的态度和不愿接受的态度也是知道的，由此个体才可能拥有一个关于某一事物或对象的态度区域，并能够据此而进行判断。此外，根据这种理论对态度改变进行的分析可以发现，其所探讨的态度改变基本上是局限于强度改变的范围之内,而较少涉及态度方向改变的问题。

三、功能理论

功能理论的基本主张是认为人们之所以持有某种态度,是因为这种态度能够满足他们个人的某种需要,特别是心理上的需要。因此,要改变人们的态度,应首先了解态度所能够满足的需要是什么,通过改变人们内在的需要来改变人们所持有的态度。

功能理论又有两种:一是由卡茨(D. Katz)于1960年提出的,一是由史密斯等人于1956年提出的。两者在理论的基本观点上是极为相近的,但在对态度所具有的功能的论述方面则不尽相同。下面的阐述将以卡茨的理论为主。

第一,工具性、调适性或功利性的功能。在卡茨看来,人们所以对某一态度对象持有积极肯定的态度,是因为这一对象对满足个人的需要是有用的、有效的;而对某一态度对象持有消极否定的态度则是因为其阻碍和不利于个人需要的满足。而且,个体的态度不仅反映和体现了个体的内在需要,而且能够帮助和促进个体需要的满足。对态度功能的这种表述显然是以行为主义强化理论为基础的。

第二,自我防御的功能。一个人所以持有某种态度,是因为这一态度能够帮助个体回避或忘却有关自己的真实了解,尤其是个体的缺点、不足之处以及过去生活中的不愉快经历,帮助个体回避那些严峻的环境和难以正视的现实,从而保护个体的现有人格和心理健康。卡茨的这一功能假设显然是受到了精神分析理论的影响。

第三,认识的功能。个体所持有的态度也是个体认识周围环境的一个重要途径。每个人都想理解其自身周围所发生和存在的各种事物,为此人们将获取的各种知识、经验、信息加以汇集、整理、分类,并使之与各种事物相联系,使事物具有意义,使个体能够对其周围的事物有所认识和了解,并将这种认识和了解组织进自己的态度之中。功能理论关于态度功能的这一假设表现出了一定的认知理论的色彩。

第四,价值表达的功能。在卡茨看来,人们都有自我表现的需要,而这种需要的满足正是通过态度而得以实现的,通过态度表达自己的价值观,充分显示自己的人格和对人生意义的追求。日常生活中,人们常常需要通过表明自己的态度,来显示自己的社会价值。主动表明态度、积极参与某个隶属群体、实际帮助别人等,都是人们选择并表明一定态度的方式。人们通过这些态度来表明自己的价值。心理学家达顿(D. C. Dutton)曾经设计过一个巧妙的实验,他在被试回答有关种族的问题时，同时给被试连接上测谎仪器，实验结束后，告诉其中一半被试，测谎仪上显示你有种族偏见，对另一半则说他们的回答是真实的。在被试走出实验大楼时，门口有实际为实验助手扮演的乞讨者，结果发现，被评价为有种族偏见的被试，施舍给黑人乞丐的钱明显多于另一组被试；而对于白人乞丐两组被试则无差异。被试在被评价提醒后，通过施舍行为表明自己无种族偏见态度的需要加强了。当然，在这一实验中，被试自己对这种过程并不自觉。

态度的功能理论除了强调态度所具有的需要满足功能，还承认态度改变中存在着个别差异。每个人都有着不同于他人的内在需要，因此，通过改变需要来改变态度的方式也就因人而异了。此外，功能理论还具有在理论观点上兼收并蓄的特点，它不是以一家的理论思想贯穿始终，而是各取所需，融合各家于一体。其不足之处是在实际应用中人们很难对态度所满足的需求进行客观、准确的测量，因此，这一理论在应用方面有着很大的局限性。

四、态度改变阶段理论

态度改变三阶段理论是由科尔曼（H. Kelman）于1961年提出来的，他认为一个人态度的改变不是一蹴而就的，而要经过服从、认同、内化三个阶段。

服从（obedience）阶段：人们为了达到某种物质或精神的满足或为了避免惩罚而表现出来的行为叫做服从。如刚进学校的儿童为了避免老师的惩罚而循规蹈矩就是一种服从行为。服从行为并非出于个体的内心意愿，并且是暂时性的，只是为了达到自己一时一地的目的而被迫表现出来的表面的行为。

认同（identification）阶段：个体自觉自愿地接受他人的观点、信念、态度和行为，并有意无意地模仿他人，使自己的态度和他人要求相一致。例如，当一个人置身于一个特定的社会位置，获得新的社会角色时，他的自我同一性自然地需要与新的社会身份和社会角色相一致，此时他就需要采纳新的态度。

内化（internalize）阶段：态度改变进入内化阶段以后，个体就完全地从内心里相信并接受了他人的观点，从而彻底改变自己的态度。内化意味着把他人的观点、态度完全纳入自己的价值体系中，成为自己人格的一个组成部分。如果说，在认同阶段个体还需要有意无意地把他人作为榜样的话，那么到了内化阶段，个体就不再需要具体的、外在的榜样来学习了，而他的举手投足又无不中规中矩，达到了"行之于心，应之于手"的境界。进入内化阶段以后，态度的改变也就算完成了。

第三节 态度测量

态度是无法用肉眼直接观察的内潜的心理活动,对人们态度的了解和认识通常也是通过对人们的外显行为(如口头言语、书面言语以及行为表现)的观察和记录进行的,所以关于他人态度的了解和认识实际上是通过由外向内的间接推断而获得的。态度的测评即是对人们的外显行为进行观察、记录并据此进行间接推断的过程。态度测评的方法有许多种。经常使用的有:量表法(自我评断法)、问卷法(自我报告法)、投射法(测验法)、行为观察法和生理反应法。

一、量表法

量表法又称自我评断法,是运用根据一定的测量、统计原理而编制的态度量表来测评个体所持态度的一种方法。人们广泛运用的态度量表有等距量表、总加量表和语义分化量表。

(一) 等距量表(equal interval scales)

这种量表为瑟斯顿(L. L. Thrustone)在1929年首创,以后曾一度被广泛使用。编制这种量表时,编制者首先要收集有关所测问题、事物的各种态度的表述语。如关于妇女解放的问题,"妇女解放是社会进步的标志","妇女未必非和男子一样不可"等这样一些包含有一定观点、看法的语句即是态度的表述语。表述语的收集一般是由编制者从有关的报刊上摘录,也可通过直接找人谈话将其观点、看法写下来的方式进行收集。这样做的目的在于保证收集到的态度表述语是客观真实的。编制量表时收集的表述语数目应比最后正式使用的数目多一倍以上,并请有关的专家学者作评断,根据每一表述语句所含观点的看法、赞成和反对的程度,将所有语句排放在一个11点的尺度上。然后根据全部评断者对每一态度表述语评断的结果,求出态度表述语在尺度11点上的累积评断次数,画出曲线图。用作图法以50%为基准确定每一态度表述语的量表值,再用作图法算出每一态度表述语的Q值(四分位差)。Q值是语句筛选的一个重要依据。

所有态度表述语的量表值和Q值都算出后,就可进行语句的筛选,剔除那些不合用的语句。用筛选合格的态度表述语编制成正式测量用的量表,测量时要求被试勾出自己所赞同的语句,算出这些语句量表分数的中数,即为被试态度测量的得分。得分的意义可参照 11 点尺度进行解释。瑟斯顿的"等距量表"特点在于侧重态度的认知维度，编制方法也较为严谨，不足之处则是过于繁琐、费时，故近些年来已少为人们采用。

（二）总加量表

总加量表（summated rating scales）为利克特（R. A. Likert）在 1932 年创制。它通过要求人们指出对每个项目赞同或不赞同的程度从而对他们的态度进行测量。这种量表的编制过程较为简单，编制者首先要收集或编写大量有关所测问题或事物的态度表述语，将其编制成问卷，每句表述语之后附有一个 5 等级选择问答，如"人们应该顺其自然地进行生育"这一表述语后附回答"非常赞成"、"赞成"、"不置可否"、"不赞成"、"非常不赞成"，对于这 5 等级选择回答的分数最高为 5 分，最低为 1 分。例如，测量居民对外来移民的态度问题的五点量表中的指导语是："请用 1 到 5 来表示你对下列陈述的赞同程度，其中 1 = 非常同意，2 = 同意，3 = 不确定，4 = 不同意，5 = 非常不同意。你的回答无所谓错与对，只要是你的真实想法即可。"之后便可以采用让被试进行回答。将这样的问卷发给一些被试填答案，之后计算每个被试所得总分以及在每一态度语上的得分，根据这些分数进行态度表述语的筛选，以确定用于最后的正式量表中的语句。

通过上述的方法和步骤，即可编制出用于正式测量的量表，其形式基本上仍与上述问卷一样。通常每一量表所容纳的态度表述语为 20 句以上。被试填完答案后，将其每句得分累加在一起即为对被试测量所得分数。被试得分的意义则要参照量表中所有态度表述语的分数的总和情况来定。例如，一个量表由 20 个态度语组成，则所有态度语的分数总和最高为 100 分，最低为 20 分，中间分为 60 分。被试在此表的测量上所得总分为 85 分，则说明该被试所持态度是赞成的，另一被试测量得 35 分，则说明被试是持非常不赞成的态度的。

总加量表的最大优点是其编制过程较为简单，分数的评定也简便易行，因此为人们广泛采用，以至于在一般的调查访问中也采用这种形式来编制问卷。总加量表的另一个特点即是对态度的情感维度的侧重，是通过对被试所持观点、看法的情感强度进行测定来确定被试态度的同异的。这是与瑟斯顿的"等距量表"明显不同之处。

（三）语义分化量表

语义分化量表（demantic differential scales）由奥斯古德（C. E. Osgood）和苏西（G. J. Suci）在 1957 年创制，原用于测量某一概念或事物本身对人们所具有的意义，这种意义并不完全是由概念或事物本身的语词涵义所决定，而是根据人们所具有的经验或对此的理解来定的。其基本假设是，存在着一个维度数量未知的语义空间，任何词语或概念的意义都可以表述为这个语义空间的一个特殊点。例如"家庭"这一概念，其语词涵义是统一的、相对稳定的，但其对具体的每个人来说则可能具有不同的意义。有的人想到家庭时会产生温暖、舒适的感受，有的人则可能会联想起悲伤或痛苦的经历，还有的人则可能会产生一种梦幻式的体验。

奥斯古德的方法是，让人们在一套语义量表上对一个特定概念进行判断。这些量表由以中性词为中点并包含了 7 个可辨别等级的成对反义词所构成。实际测量时，研究者要求被试在一个 7 点尺度上评断自己对某事某物的看法。7 点尺度的两端是成对的形容词，尺度上的每一点均有相应的分数，被试只需根据自己的看法在尺度上选择出能够代表或表明自己这种看法的那一点，圈划出标记即可。研究者将对应于被试圈划的那一点上的分数加在一起，即得到被试态度测量的得分。对被试得分的解释方法类似于总加量表中运用的方法，即要参照量表容纳的所有尺度的分数总和情况。例如，通过让某个特定的人在一套语义量表上对"宠物"进行评定，可以获得"宠物"这一概念对这个人的意义。奥斯古德自己的研究表明，人们在判断概念时主要会用到 3 个独立因素（Osgood, 1957）。他将这些维度称为评价因素（例如好—坏）、潜力因素（例如强—弱）、以及活动因素（例如主动—被动）。

奥斯古德和苏西根据语义分化的测量，使用因素分析的方法分析出各种概念或事物对人们所具有的意义的三个维度，即评价维度、潜能维度和活动维度。他们又认为态度即是一种关于概念或事物的评价，因此使用有关评价维度的语义分化测量表只是语义分化的技术在态度测量中的应用而已，只是一种测量方法的应用，并不包括量表的编制方法在内。这一点是与等距量表和总加量表显著不同的。

二、问卷法

问卷法（questionnaire method）是进行调查访问的一种重要方法，但也被用于态度的测评。由于这种方法是通过编写一些问句让被试填答，回答出自己的看法、观点、主张等，因而又被称为自我报告法。问卷法在问卷的编制上极为简单，无需根据什么严格的统计和测量原则，而只要注意问句中可能出现的语句问题即可：如问句的长度、结构，所提问题是否明确，语句有无暗示性及避免一问多题等。

根据问卷形式上的特点，可将问卷分为开放式和封闭式两种。

第五章 态度与行为

开放式问卷是由研究者提出问题，但不提供任何可能的或供选择的答案，由被试自由回答，使之能够充分自由地表述出自己的态度。开放式问卷的长处就在于它为被试填答问卷提供了充分的思考余地，被试可以根据自己的所思所想作出充分详细的回答，在作答中，被试不会受到来自问卷自身的限制。通过开放式问卷所收集的资料能够为研究者提供较多的信息，使研究者对被试的态度有一较深刻、较全面的认识。其中不足之处则在于：收集到的资料难以进行统计处理和定性、定量的分析；要求被试具有一定的文字表达能力；费时过多；容易使被试厌倦而草草作答；等等。

封闭式问卷是由研究者提出问题，同时提供可能的几种选择答案，由被试根据自己的看法和想法从几种选择答案中选择一个作为自己的回答。封闭式问卷的长处在于答案是由研究者按照统一的形式提出的，因而对不同被试的回答可以进行相互比较，用这种方式收集的资料也易于进行统计处理和分析，费时较少，被试易于作答等。其不足之处则在于所提供的几种选择答案未必能将所有可能存在的回答都包括在内，因而会使被试感到无从回答或被迫作出回答，被试作出的相同回答之中可能也存在一些不同之处，而封闭式问卷的作答则常常将这点忽略或掩盖了。再者，封闭式问卷也难以避免被试在无从回答或难以回答时凭借猜测或随机地选择答案进行回答的情况。

三、投射法

投射法（projective testing）实际上是一种心理测验方法，是间接地了解人们内潜的心理活动的一种方法。通常是向被试提供一种情境刺激，通过分析这一情境刺激在人们头脑中所引起的联想或想象来推测其所持有的态度。例如图画测验，让被试观看一幅幅的图画，同时要求被试根据自己对图画内容的理解编一个故事，描述图中的人和事。在这个过程当中，被试就会不知不觉地将自己对某事某物所持有的态度投射进故事内容之中。研究者根据测验本身的记分标准和算分方法即可对被试编的故事进行定量分析，并据此进行定性分析。另一种称之为画人测验，研究者如果要了解被试对某种人的态度，则可要求被试用笔在纸上画一个这样的人，研究者根据被试的图画分析被试的态度。这种测验也有一套记分、算分的方法。

语句完成法也是一种投射方法。研究者根据研究对象编写有关态度对象的未完成的描述语言，让被试把这些语句补充完整，由此来获取有关被试态度的资料，例如，运用语句完成法来了解学生对教师的态度，可让学生完成类似下面的一些句子："教师是……"，"教师如同……"，"教师对于学生，犹如……"等。语句可适当多些,语句的分析则视研究者及研究目的等方面的情况来考虑采用什么方法进行。

四、行为观察法

行为观察法（behavioral measure）是通过个体的外在行为表现来推测其内在的态度,因而也是一种间接的方法。社会心理学研究者就曾采用过这种方法,以选择座位的距离作为观察指标,来研究白人学生对黑人学生的种族歧视的态度。歧视态度较强则座位距离就较远;反之,则较近。在实际研究中,这种方法应尽可能和其他的方法一起使用,而避免单独使用。结合多种方法所获取的资料,互相印证,这样才能保证所得结论具有一定的可靠性,而不能仅仅根据行为的观察来确定态度。

五、生理反应法

生理反应法（physiological measure）是根据被试生理反应的变化来确定其态度的一种方法,因而仍是一种间接的方法。生理测量长期以来一直被用于探究态度系统中的情绪与情感成分。例如,心律和皮肤电反应（与出汗类似）,传统的生理测量程序能够有效地测量出情绪与情感强度的改变,但是无法揭示这些反应所反映出来的是积极态度还是消极态度。然而近来,研究者们正在研究人们对社会刺激的一些非常特殊的身体反应,再加上进一步的测试,就可能揭示出人对某一社会刺激的真实态度倾向。这种方法的道理就在于态度中包含有情感因素,情感在态度中起着重要作用。当态度发生变化时,则总会伴有由于情感变化而引起的体内生理反应的变化,如呼吸急促、脉搏加快、瞳孔放大等。根据这些生理变化的测定,即可推测人们的内在态度。例如,在一项精心设计的研究中,研究者观察到,当人们聆听和思考说服性信息时,在他们嘴周围的面部肌肉活动有一些微小但可测量的变化（Cacioppo & Petty, 1987）。当信息接收者进行反驳时,其面部肌肉改变是一种模式,而当信息引发了积极、赞同的认知反应时,其面部肌肉改变又是另一种模式。这一研究建立在有关情绪与面部表情之间已知的相互关系之上。在实际使用中,生理反应法也常常是结合其他的方法一起使用的,如果同问卷法或访谈法一起使用,这样就能够提高对态度测定的准确性了。

六、内隐联想测验

内隐联想测验（Implicit Association Test, IAT）是由格林沃德等人（Greenwald,

McGhee & Schwartz, 1998)提出的一种以反应时为指标测量内隐态度的新方法。它通过对目标词和属性词之间自动化联结强度的评估来对个体无意识、自动化的内隐态度进行间接的测量。内隐联想测验一般是在计算机上进行，屏幕的左上方和右上方分别呈现类别标签，刺激词呈现在屏幕中央。实验一般分为 5 个步骤。下面以对鲜花和昆虫的内隐态度的测量（Greenwald, McGhee & Schwartz, 1998）为例来具体介绍内隐联想测验。其研究假设是人们的记忆中花的概念和积极词汇相关，而昆虫的概念和消极词汇相关。施测程序为：

第一，要求被试对目标词样例尽快地进行辨别并按键反应，即把属于"鲜花"的样例（例如，郁金香）视为一类并按相同的键反应（如"I"键）；把属于"昆虫"的样例（例如，蜘蛛）视为一类并按相同的键反应（如"E"键）。

第二，要求对属性词尽快进行辨别并按键反应，即把"积极"的样例（例如，可爱的）视为一类并按相同的键反应（如"I"键）；把属于"消极"的样例（例如，丑陋的）视为一类并按相同的键反应（如"E"键）。

第三，联合呈现目标词和属性词，让被试做出反应，把属于"鲜花"和"积极"的样例都视为一类并按键反应（如"I"键）；把属于"昆虫"和"消极"的样例都视为一类并按键反应（如"E"键）。

第四，让被试对目标词做出相反的判断（花的名字按"E"键，昆虫的名字按"I"）。

第五，把属于"昆虫"和"积极"的样例归为一类并按相同的键反应（如"I"键）；把属于"鲜花"和"消极"的样例视为一类并按相同的键反应（如"E"键）。使用内隐联想测验时，反应时及对错情况均由计算机自动记录。

按照格林沃德等人（Greenwald, McGhee & Schwartz, 1998）提出的计分方法，先把低于 300ms 的以 300 分记，大于 3000ms 的以 3000 分记，错误率超过 25%的予以删除。接下来对所有原始反应时数据进行对数转换，再对相容组与不相容组分别计算其平均反应时。最后，把不相容组的平均反应时减去相容组的平均反应时，这样所得到的就是我们欲测的对鲜花和昆虫内隐态度的指标。

第四节　态度与行为的交互作用

目前越来越多的证据显示，态度在预测行为中扮演着重要角色，但同时也发现制约态度与行为关系的因素是多方面的且复杂的，研究者开始把目光转向致力于说明在什么情况下，或在什么前提下，态度与行为具有相关关系，如果不相关,是什么因素导致,其中间变量又是什么。

一、态度对行为的预测

20世纪30年代,绝大部分美国人对亚洲人持有消极态度。为了研究这种消极态度的影响,美国社会心理学家拉皮尔(LaPiere,1934)教授邀请了一对来自中国的年轻夫妻驾车游历美国。拉皮尔是一位白人,他当时预测,他们所经过的旅馆和饭店会以对亚洲人的消极态度而拒绝接待这对中国夫妻。出乎拉皮尔的预料,那对中国夫妇受到了近乎完美的服务。在3个月的旅行中,他们一共在66家旅店逗留过,在184家餐馆吃过东西。除了一家旅馆拒绝接待他们以外,其余所有的旅馆都接待了他们,所有的餐馆都卖给了他们食物。旅行结束6个月后,拉皮尔教授又给他们逗留的旅馆与餐馆寄发了一份问卷,问他们是否愿意接待亚洲人。结果发现,在128封回复中,90%说他们不会接待。也就是说,几乎所有后来收回的问卷又都表现出对亚洲人的歧视。拉皮尔和后来的许多社会心理学家都认为,上述结果反映了行为与态度之间的不一致性。维克尔(Wicker,1969)在对大量的有关实验研究进行了分析后指出,人们表现出的态度很难预测他们的各种行为。例如,学生对于作弊的态度与他们的实际作弊行为几乎没有关系;对教堂的态度与星期天做礼拜的行为只存在中等程度的相关;自我表述的对种族的态度与真实情境中的种族歧视行为几乎不存在什么相关。

那么,为什么在行为与态度之间会存在着不一致性呢?巴斯顿等人(Baston et al.,1997,1999)的实验有力地说明,是"道德伪善"在其中发挥了作用。巴斯顿用三个实验证明了道德伪善动机的存在。这些实验创设了一个利益冲突情境,让被试独自给自己和另一个人分配任务,任务包括积极任务(有奖励/无惩罚)和中性任务(无奖惩/任务枯燥)两种。实验者让被试先报告什么是道德的任务分配行为,然后报告自己的任务分配结果,再在7点量表上评价自己分配任务的道德性,从而揭示道德伪善性。实验设计的巧妙之处在于研究者将模糊性引入了道德表象与道德真实的联结之中。在实验1中,研究者不给被试提供任何有关道德标准的暗示,这时95%的被试认为给对方分配积极任务是道德的,但实验结果显示,只有20%的被试按照他们认同的道德标准去做,给对方真实地分配了积极任务。在实验2中,研究者给被试提供有关道德标准的暗示(例如,"多数人认为分配任务的道德方式是两人有平等的被分到积极任务的机会,如使用抛硬币等随机方法做出决定"),并给每个被试提供一枚硬币,这时有一半被试报告,会选择用抛硬币的方法来决定任务分配。但实际上,其中只有10%的被试给对方分配了积极任务，如果按照抛硬币的结果，这些被试中应该有50%的人给对方分配积极任务，另外50%给自己分配积极任务。研究结果表明，对道德责任感的测量与选择抛硬币的行为正相关，却与任务分配的道德行为没有相关。在实验3中，由实验者来分配任务，而被试有接受或不接受被分配给的任务的权利，研究发现在实验者为被试分配积极任务的条件下，接受的被试者达85%，而在实验者为被试分配中性任务的条件下，接受的被试只有55%。同时，所有接受者对自己道德性的评价都高于不接受者。

巴斯顿等人（Baston et al., 1999）研究了道德伪善得以发生的自我欺骗策略，以此来探明道德伪善的内在机制。在实验中，研究者同时操纵道德标准的凸显性和自我意识。结果显示，在低自我意识条件下，无论事先是否明确提到道德标准，都只有29%的被试给对方分配了积极任务。在高自我意识条件下，当事先明确提到道德标准（"多数人觉得给他人分配积极任务是道德的任务分配方式"）时，有57%的被试给对方分配了积极任务，显著高于低自我意识条件下被试的道德行为；而当事先没有提到道德标准的条件下，没有一个被试给对方分配积极任务，显著低于低自我意识条件下被试的道德行为，而且在此条件下（高自我意识/道德标准低凸显），有29%的被试认为给自己分配积极任务是道德的，还有36%的被试否认任务分配与道德有关。这表明，道德标准随着自我获益的行为发生了改变。这也进一步证实，自我意识激发的道德动机的真实性质，不是道德正直而是道德伪善。

二、态度何时预测行为

有关"道德伪善"的实验研究提醒我们，态度与行为之间的关系并不是简单的关系，我们表达出的态度与行为之间之所以不一致，是因为二者都受到其他因素的影响。因此，不是态度不能预测行为，而是态度何时能预测行为。研究表明，态度对行为的预测，取决于两个条件，即社会因素对态度的影响最小化和态度与行为的相容性。当这两个条件满足时，态度和行为之间有很高的一致性。

（一）社会因素对态度的影响最小化

琼斯和西格尔（Jones & Sigall, 1971）采用"伪途径"（bogus pipeline，又译为"假渠道技术"）诱发人们表达出他们真实态度的研究。"伪途径"或"假渠道技术"，其实就是一种假的测谎仪。研究者给被试接上电子仪器，并声称通过此设备的生理指标可直接测量他们的人格。这个仪器被形容为"直达心灵的通道"，具有测量一个人的真实态度的功能。然后研究者假称想研究被试的真实态度，于是让被试猜测仪器对他完成每一个项目反应所显示的读数。这些猜测即可作为被试对每一个项目的真实反应。这种方法的原理是，被试因为不想被仪器查出自己没有表达真实态度而感到难堪，所以他们所给的猜测必然比一般的自陈式态度问卷更要真实。由于采用这种方法，能降低社会赞许性等因素对所表达出来的态度的影响，进而诱发被试表达出他们的真实态度，而这种真实的态度就对他们的行为具有一定的预测力。

（二）态度与行为的相容性

所谓态度与行为的相容性，是指对特定态度的测量对于特定情境中的行为有较强的预测作用，具体行为可以从对该行为本身的态度来预测。例如，吸食大麻行为可以由对吸食大麻的态度来预测，而不是反文化的态度来预测；从事某一宗教活动可以从对参加该宗教活动的态度来预测，而不是对宗教的态度来预测；无偿献血行为可以从对无偿献血的态度来预测，而不是对利他的态度来预测。也就是说，特定行为的态度比一般的态度更能准确预测人们的行为，而且衡量态度的问题越明确，则越能以受测者的态度来预测其实际行为。戴维森和扎卡德（Davidson & Jaccard, 1979）研究了妇女对计划生育的态度、对避孕药丸的态度、对使用避孕药丸的态度以及对今后两年使用避孕药丸的态度与她们使用避孕药丸的行为之间的关系。研究发现，她们对计划生育的态度与自己使用避孕药丸的行为之间的相关为 0.083；她们对避孕药丸的态度与自己使用避孕药丸的行为之间的相关为 0.323；她们对使用避孕药丸的态度与自己使用避孕药丸的行为之间的相关为 0.525；她们对今后两年使用避孕药丸的态度与自己使用避孕药丸的行为之间的相关为 0.572。这一研究结果说明，态度越是具体，则对与该态度有关的具体行为预测就越强，因而，笼统的态度缺乏对具体行为的预测力。

三、态度如何预测行为

既然态度可以预测行为，那么，态度如何能预测行为呢？目前，对这一问题最有说服力的理论是计划行为理论（Theory of Planed Behavior）。该理论是由埃真（Ajzen, 1990）提出来的。计划行为理论认为，人的任何行为并不是由态度直接控制的，而是由行为意向（behavioral intention）直接决定的。行为意向受到三个相关因素的影响：一是源自个人本身，对于采行某项特定行为所持的态度（attitude toward the behavior）；二是源自外在，影响个人采取某项特定行为的主观规范（subject norm）；三是知觉行为控制（perceived behavioral control）。

所谓行为意向（behavioral intention）是指个人对于采取某项特定行为的主观几率，它反映了个人对于某一项特定行为的意愿。所有可能影响行为的因素都是经由行为意向来间接地影响行为表现。行为意向与行为之间存在高度的相关联性，行为意向是预测个人行为的最好指标。就慈善捐助行为而言，慈善捐助的行为意向是指参与捐助活动的意愿或可能性。个人是否采取慈善捐助行为最直接的决定因素就是其慈善捐助的行为意向。这种意愿或可能性受到以下三个因素的影响。第一，对慈善捐助行为的态度。在计划行为理论中，所谓行为态度，是指个人对特定行为所持的积极或消极的情感。它由个人对某项特定行为所可能导致的结果的信念以及对这些结果的评价所构成。就对慈善捐助行为而言，态度可能会涉及对灾区富有同情心、觉得灾区人民需要我们的款项、捐款是一个公民的社会责任和义务；也可能涉及捐款是积德做善事、捐款可以部分地抵消自己应缴纳的税款；还可能涉及对接受捐款者不信任、怀疑接受捐款者的信誉等。这些都属于对慈善捐助行为的态度。第二，有关慈善捐助行为的主观规范。在计划行为理论中，所谓主观规范，指的是个人对于是否采取某项特定行为所感受到的社会压力，即在预测个人的行为时，那些对个人的行为决策具有影响力的个人或团体对于个人是否采取某项特定行为所发挥的影响作用。就有关慈善捐助行为而言，主观规范来自一个人的家人、朋友、街坊邻居、单位同事的支持或反对意见，这些都可能影响到这个人是否采取慈善捐助行为。第三，有关慈善捐助的行为控制知觉。在计划行为理论中，所谓行为控制知觉，是指个人知觉到完成某一行为的难易程度。它反映了个人对某一行为过去的经验与所预期的阻碍，当个人认为自己所拥有的资源与机会越多，所预期的阻碍越小，则对行为的控制知觉就越强。就有关慈善捐助行为而言，一个人是否知道募捐的机构和途径，他的家庭的经济状况如何，都构成了这个从事慈善捐助的行为控制知觉。总之，计划行为理论告诉我们，态度的确对行为产生影响，但是态度并非直接地预测行为。态度决定行为的理论太简单，应明确态度什么时候决定行为。态度与主观规范以及行为控制知觉共同起作用，形成了行为意向，而行为意向导致了一个人的特定行为。

四、行为对态度的影响

斯沃斯瓦特等人（Schwarzwald *et al.*，1983）在以色列对居住在中产阶级街区的居民进行了一项研究。研究者们请一部分居民为一个慈善团体签署一份请愿书，而对另一部居民没有提出这项要求。两周后，他们又回到同一社区，建议这两部分居民为同一慈善团体捐款。结果发现，在那些签署一份请愿书的群体中为这一慈善团体捐款的人数高达95%，而在那些最初并没有被请求签署请愿书的群体中，只有61%的人愿意捐款。同时，签署了请愿书群体的捐款数目大，而那些没有签署请愿书的群体即便捐款，数目也不大。为什么会有这一区别呢，我们首先要了解行为是否可以影响态度的问题。

（一）角色行为对角色态度的影响

1971年，美国斯坦福大学的心理学家津巴多（Zimbardo，1971，1998）主持一项实验，他们在斯坦福大学的心理学系办公大楼地下室里建立了一个"监狱"，他们以每天15美元的价格雇用了24名学生来参加实验。这些学生情感稳定、身体健康、遵纪守法。在人格测验中，得分属正常水平。实验者对这些学生随机地进行了角色分配，一部分人为"狱警"，另一部分人为"犯人"。模拟实验刚刚开始时，被分配做"狱警"的学生与被分配做"犯人"的学生之间，没有多大差别。而且，做"狱警"的人也没有受过专门训练。实验者只告诉他们"维持监狱法律和秩序"，不要把"犯人"的胡言乱语当回事。为了更真实地模拟监狱生活，"犯人"可以像真正的监狱中的犯人一样，可以接受亲戚和朋友的探视。但狱警8小时换一次班，而"犯人"要日日夜夜地待在他们的牢房里。实验开始后不久，角色行为就对角色的态度产生了影响。"犯人"承认了"狱警"的权威地位。"狱警"调整自己，进入了新的权威角色之中。特别是在实验的第二天，"狱警"粉碎了"犯人"进行反抗的企图之后，"犯人"们的反应就更加消极了。不管"狱警"吩咐什么，"犯人"都唯命是从。"犯人"变得消极、畏惧，"狱警"变得粗鲁、充满敌意。他们的思想都自然地成了真正的犯人和狱警。人性、良知、理智都被强大的角色的力量掩盖了。这个监狱模拟实验充分地说明，社会角色规定的行为铸造了角色扮演者的态度。换句话说，不仅态度会影响行为，行为也可能影响态度。

下面，让我们再看一个更具现实意义的研究：如何通过角色扮演行为使吸烟者改变对吸烟的态度，并最终戒烟。詹尼斯和曼（Janis & Mann，1965）招募了一些每天至少吸15支香烟的女大学生。这些人被随机分配到角色扮演组和控制组中。要求角色扮演组的每个女生扮演一个被医生诊断患有"很厉害的咳嗽，并且没有任何好转"的角色。这个角色现在第三次去看医生，以得到她肺部的X光片和其他一些检查的结果。在这次就诊过程中，她得知自己得了肺癌，并且需要立即进行外科手术。但即使进行了手术，也只有一半的"治疗成功"的机会。当然，她必须马上戒烟。在这一令人恐惧的背景中，实验者设计了各种场面（例如，在候诊室中感到焦虑、与医生进行交谈并且医生给出诊断结果、在医生打电话询问手术床位时思考这一消息等）。角色扮演者将尽可能地用自己的语言来真实地表现这些场面。然后，实验者扮演医生，被试扮演一个得知自己因吸烟太多、可能面临死亡的病人角色。不同于角色扮演组的被试积极参与到扮演一个令人不舒服的角色，对照组的女大学生们仅仅聆听了一段上述角色扮演过程的录音。她们被动地接受了与角色扮演组女大学生们相同的信息。研究结果表明，与对照组被试相比，角色扮演者们更相信吸烟会导致肺癌，并且对吸烟带来的危害有更强的恐惧。同时，她们也显示出了更强的戒烟意愿。但是，说起来容易做起来难，吸烟是令人上瘾的。那么，角色扮演者们实际上真的戒烟了吗？她们习惯的改变是否比那些没有进行角色扮演的控制组被试多呢？答案是肯定的。在实验完成两周后进行的电话追踪访问中，控制组的女大学生报告她们平均每天吸烟量比以前减少了4.8支。控制组被试受到了被动地接触有效情境的影响。但是，通过角色扮演而积极投入到情境中对戒烟产生了双倍效果。角色扮演组中的女大学生报告，她们平均每天比以前少吸10.5支香烟。这一研究说明，肺癌患者这一角色规定的行为，使角色扮演者对吸烟的态度变得更为消极，而对吸烟的消极态度反过来又促使角色扮演者产生了戒烟行为。

(二) 登门槛现象

上门推销的销售人员有一套规矩："如果我能够让自己的脚迈入门内，那么我就能够做成这一笔生意。"这是一种典型的登门槛现象（foot-in-the-door-phenomenon）。所谓登门槛现象是指对一个较小请求的答应能够增加答应较大请求的机会。换句话说，当人们先接受了一个小的要求后，就更有可能在后来接受一个更大的要求。费瑞德曼和费瑞泽（Freedman & Fraser，1966）的研究证实了这种登门槛现象。在随机抽取的作为实验组的家庭样本中，实验者挨家挨户地对家庭主妇们分别请求一个小的行为帮助——为保护加利福尼亚的美丽或者促进安全驾驶这两个良好的目标而签署一个请愿书。而在此时，实验者并没有与那些被随机抽取出来的、作为对照组的家庭进行接触。两周后，另一个研究者拜访这两组家庭，并提出一个更大的请求。他请求每一个家庭主妇在自家屋前的草坪上放置一个写有"小心驾驶"的非常大且难看的广告牌；同时研究者还提出这一广告牌能够立在那里至少2周时间。研究表明，相对于那些并没有接触过第一个小请求的主妇，更多地接触过并且答应了小请求的主妇答应了这一更大请求。上述登门槛现象的研究说明了什么道理呢？事实上，登门槛现象再次说明，利用他人的善心可以请他人帮忙一些无足轻重的小事，再通过他们做这些小事的行为影响他们态度。然后再通过被改善过的态度，影响他们帮你做更重要的事情。换句话说，登门槛现象的研究再次证明，行为也可能影响态度。

（三）行为影响态度的解释

第一，从认知失调理论的角度加以解释。如果 A 被要求说一个"善意的谎言"，并会因此而得到 20 美元。而 B 说同样的谎话却只能得到 1 美元。这两人中最终会有一人相信了自己的这一谎言，那么是 A，还是 B 相信了自己的谎言呢？上述情境已经在社会心理学实验中被采用，对这个问题已有现成的答案。答案是：只得到 1 美元的 B 将会相信自己的谎言。对于这样的答案，你是否会很吃惊和怀疑呢？的确，绝大多数刚接触社会心理学的人可能都无法做出这样的预测。但是根据认知失调理论，这个答案是很好理解的。下面，我们将首先来概述这一有趣理论的基本观点，然后再回到善意的谎言。

认知失调理论的前提假设是，人具有一种趋于实现认知协调的压力。一般情况下，个体的态度与行为是协调的，因此不需要改变态度与行为。如果两者出现了不协调，例如从事了一些反态度的行为，即出现了与态度不一致的行为，这时就产生了认知失调。认知失调是一种令人不愉快的动机状态，会产生一种心理紧张，这时个体就会力图消除失调，以重新恢复平衡。消除失调意味着恢复协调的状态。为达到协调状态，人们可以以某种方式改变行为，但改变行为往往并不容易。这样，人们最常用的方法是改变自己的态度，从而解决态度与行为之间的失调问题。

现在让我们回到那个有关"善意的谎言"的活动。费斯廷格（Festinger, 1959）在有关认知失调的经典实验中，要求大学生们首先从事了整整一个小时的单调而又无趣的任务。当实验者表面上在监控学生们的绩效时，学生们重复地用线轴填满盘子，清空它，然后每次将木桩转动 90 度。至少这项任务是非常枯燥无味的。稍后，实验者会给其中一些被试 1 美元，要求他们为了实验目的对下一个被试说，这一实验任务是非常有趣并令人愉悦的。实验者对另外一些被试则提供了 20 美元，要求他们做相同的事情。尽管诱因的大小有所区别，但几乎所有的被试都愿意说这个谎，愿意从事这个与态度相矛盾行为。撒谎后，对所有被试进行了个别访谈，访谈是由被试认为与这一实验无关的人进行的。访谈者要求被试评定自己在多大程度喜爱这一实验任务。那些仅仅获得了 1 美元报酬的被试比那些得到了 20 美元报酬的被试对实验本身表达了更多的积极态度，他们更倾向于认为实验任务是为令人愉悦的。在上述实验中，实验本身是非常枯燥的。对于那些获得了 20 美元报酬的被试而言，20 美元的报酬（这在当时是很大一笔钱）使他们由充分的理由帮助实验者欺骗下一个被试。因此，他们对实验的态度基本上没有改变，仍然认为这是一个枯燥的实验。但是，1 美元的报酬很难作为欺骗下一个学生的理由。因此，那些只获得了 1 美元的被试产生了强烈的认知失调，为了降低认知不协调的驱力，他们通过改变态度以适应自己的欺骗行为。因此，他们对实验的态度发生了巨大的改变，认为这是一个有趣的实验，从而降低自己的认知失调。

人们在任何一个决策做出之后均会产生认知失调，这种失调就叫做决策后失调（postdecision dissonance），它可以通过改变态度而得以降低。我们在这里简要地总结如下：当我们面对两个或多个同样诱人的机会（例如，选择工作、购买房产、甚至选择终生伴侣）时，任何选择都会伴随着认知失调。但是，一旦我们做出了决策，我们就会越来越喜欢自己的决定，而且越来越讨厌其他的可能选择。也就是说，我们的态度发生了改变。只有这样，才可以证明自己当初的行为是正确的，从而降低我们的认知失调。一个人花了越多的精力去从事一件具有一定负面后果的行为，就会有越多的认知失调发生。例如，当你自愿参加学习，而你感到学习压力很大、令人筋疲力尽，失去了在周末享受天伦之乐的时间，你可能就会产生认知失调。这时，你可能会说服自己相信自己的选择是正确的，而且你很喜欢学习。改变态度有助于你证明自己的付出的合理性。换句话说，你为某件事情的付出越多，你将会越喜欢它。阿伦森和米尔斯（Aronson & Mills, 1959）就用实验证明了这一点。在研究中他们让自愿参加实验的女大学生讨论有关性的话题，在当时，这个问题是人们忌讳的一个话题。被试分为高嘲笑组（被试在公共场合大声念一些淫秽的词）、中等嘲笑组（被试在他人面前读一些与性关联的词）以及控制组。在实验开始之前，研究者告诉被试说为了保证他们讲的是自己的心里话，他们需要参加一个"尴尬测验"。实际上这样做的目的是为了上面的分组。参加完测验之后，他们让被试戴上耳机，加入一个团体，一起谈论有关性问题。讨论完之后，研究者让被试用 0～100 分评价自己对讨论和小组其他成员的喜欢程度。结果发现，高嘲笑组的被试对小组讨论的评价要远远高于低嘲笑组和控制组。对这一研究结果，研究者指出，努力做一件不好的事情，必然带来较高的认知失调，而为了减少失调，人们只能改变自己对这些事情的态度，从不喜欢变得喜欢。

总之，在认知失调理论看来，我们的行为会使真实态度发生改变，其原因在于，当我们的行为与态度相反时，我们会感到紧张。为了降低这种不良情绪的激活，我们会通过一系列的心理活动将自己的行为合理化。我们不当行为的外在理由越少，我们越觉得自己对其负有责任，从而会产生越多的不协调，态度也改变得越多。

其次，从自我知觉论的角度加以解释。对于为什么行为会影响态度这一问题，本姆（Bem, 1971）提出了另一种不同的理论解释：自我知觉理论

(self-perception theory)。自我知觉理论认为，人类的许多行为并不是行动前对内部情感和态度进行思索的产物。相反，它们是自动发生的。人们通过对其过去行为和当时情境因素的觉察来推断他们此时的情感和态度。换句话说，通常我们并不真正了解自己的态度到底是什么，只是从我们的行为和行为发生的环境来推断自己的态度。萨兰西克和康威（Salancik & Conway, 1975）通过一项设计精巧的实验说明了对过去行为的反省如何塑造了我们关于自我的态度。研究者通过一份问卷，让大学生们指出问卷上的 24 个陈述是不是对自己进行描述的。一部分陈述描述了支持宗教的行为（pro-religious act），另一部分则描述了反对宗教的行为（anti-religious behavior）。学生们被随机分成了两组，两组学生看到的陈述在措辞上稍微有所不同。对第一组被试，那些描述支持宗教行为的陈述中大多包含了"有时"这一副词（例如"我有时上教堂"），而描写反对宗教行为的陈述中则大多包含了"经常"这一副词（例如"在电视节目播出的最后，我经常拒绝聆听宗教布道"）。对第二组被试，问卷上描述行为的副词恰好进行了相反的配对。绝大多数支持宗教的陈述搭配了"经常"（"我经常在宗教假期时拒绝去上课"），同时绝大多数反对宗教的陈述搭配了"有时"（"我有时会拒绝与朋友讨论宗教"）。研究结果与自我知觉理论相一致，第一组学生比第二组学生更感到他们自己虔诚。在回答他们有时做出的许多支持宗教行为时，第一组学生回想出了许多他们自己过去做出过的宗教行为的具体事例。从他们所回忆出这些宗教行为的具体事例，学生们推断他们自己非常地虔诚。第二组学生的情况则相反，他们回想起自己的一系列偶然的反宗教行为，继而导致了他们更感到自己不那么虔诚。

当一个人对自己的态度是微弱、模糊或不清晰的时候，自我知觉的过程就最有可能发生。柴肯和巴德威（Chaiken & Baldwin, 1981）的研究充分地说明了上述观点。他们使用神奇的副词从而让被试回忆了"支持"或"反对"行为。但是，他们在研究程序上做了两处改变。首先，行为主题是关于生态问题而非宗教问题；其次，研究采用了最初对生态问题持有不同态度的两组学生作为被试。一组学生对生态和环境保护问题具有一贯而明确的态度；另一组学生对环境保护问题并不具有一贯性，或者没有好好思考过这一问题。研究结果显示，两组被试都受到了问卷中措辞变化的强有力影响。在以"有时"为措辞的支持环境保护行为的自我描述陈述上，他们都更多报告了支持环境保护行为，而在以更极端的"经常"为措辞的支持环境保护行为的自我描述陈述上，他们都较少报告了支持环境保护行为。但是，对于那些最初态度"不坚定"的学生，他们在完成问卷后的态度受到了他们完成问卷方式的影响。那些最初态度始终一致且"坚定"的学生们没有显示出这一结果，他们在问卷前后一直都坚持了自己的立场。研究者们得出的结论是：高一贯性的被试对自己成为环保主义者的情感和自我知觉具有强烈的内部线索，因此不需要通过当前的行为信息来推断自己的态度；而对于那些最初态度不坚定的学生，他们让自己的行为代言了他们的新态度。

显然，无论是认知失调理论还是自我知觉理论，都说明行为可以影响到态度。但是，这两种理论对行为影响态度原因的解释却截然不同。认知失调理论认为态度是强烈而持久的倾向。当人们从事与态度不一致的行为时，他们感受到令人不愉快的紧张，只有改变已有的态度时，这种紧张才会缓解。相反，自我知觉理论却认为与态度不一致的行为不会引起任何令人不愉快的紧张。它主张态度的表达是很偶然的言语陈述。我们观察到自身行为发生的条件，然后说出自己的态度。很多社会心理学家认为两种理论可能都是正确的。问题的关键是，哪种情况更可能发生？从目前研究结果来看，当人们在某个态度上的经历很少，或当态度涉及模糊、与切身利益无关、微小或新异的事情时，他们倾向于按照自己的行为推断自己的态度。当涉及更富有争议、个人牵涉更多、更持久的问题时，失调理论可能更为适用。

第五节 态度形成与改变

一个人的态度是在后天社会化的过程中形成的，态度一旦形成便具有一定的稳定性。但这种稳定性是相对的，通常随着主客观因素的改变，个体的态度也会随之发生变化。本章的论述即以态度的形成和改变为主题。必须说明的是，在现实社会中，除新生儿之外，态度的形成与改变往往是紧密相联、不可分割的。旧态度的改变总带来新态度的形成，而新态度的形成总是以旧态度的改变为前导。只是为了研究和说明的方便，我们才把态度的形成和改变进行分别叙述。

一、态度的形成

个体所持有的各种态度都是在后天的社会生活环境中通过学习而逐渐形成的。因此，个体态度的形成一方面要受到社会生活环境中的各种因素的影响和制约，另一方面则是通过联想、强化和模仿等学习方式不断学习的结果。

（一）环境因素的影响

1. 社会环境的影响

社会环境对个体的影响自个体出生之时起直至生命结束始终存在着。这种影响主要是通过社会规范、准则的要求和约束，各种思想观念的宣传和教育，风俗习惯的潜移默化和文化的熏陶等方式进行的。社会环境对个体态度形成的影响常常表现为一种有选择的影响，即只让个体了解或接触事物的某一方面、某一部分或某一种类，从而使个体形成一定的符合社会要求的态度。社会环境对个体态度形成的影响也表现为一种持久的影响，即这种影响无时无刻都在不断地对个体产生着作用，而且这种影响是伴随个体一生的。社会环境对个体态度形成的影响还表现为一种多元化的影响，即社会环境的不同方面或不同因素对个体态度形成的影响往往是不相一致的，甚至是相互矛盾的。社会环境的影响对个体态度的形成来说，本质上是一种宏观的影响，对人们的态度形成起着导向作用，因而对个体态度形成的要求和约束也往往是一般意义上的。

2. 家庭的影响

对于个体态度的形成，家庭及父母的影响也具有十分重要的作用。个体幼时在家庭生活中所受到的教育和抚养对其态度的形成及以后态度的变化和发展具有决定性的作用。早期形成的态度往往会一直保持到成人期，有些态度则可能会影响一生的发展。家庭及父母的影响还通过家庭成员之间的人际关系以及家庭成员共同生活的方式表现出来。家庭成员之间除了以血缘辈份为基础的长幼先后的关系外，还包括互相之间的情感关系，而这一层关系对个体态度的形成具有较重要的作用。情感关系较融洽，则互相之间的影响就较大，在态度上也易趋于相近或相同。此外，家庭共同生活的方式也具有显著的影响。从小就生活在一个充满民主、平等气氛家庭中的孩子，容易形成良好的与人相处的态度，学会采用平等的方式与人相处，用民主的方式解决问题。

3. 同伴的影响

随着个体年龄的增长，父母及家庭的影响作用会逐渐减少，而同伴的影响作用会越来越大。个体开始经常把自身所持有的态度观点与同伴们的态度、观点作比较，并以同伴们的态度、观点为依据来调整自己原有的态度，使自己与同伴们保持一致。

4. 团体的影响

个体自身所参加的团体对其态度的形成也具有影响作用。每个团体都有自己的行为规范和准则 并要求团体成员必须共同遵守。当个体加入了某一团体之后，其一言一行就必须与团体保持一致，个人所持有的态度也必须与团体保持一致。由此，通过团体对个体的这种影响和约束作用就可以促进个体态度的形成和转变。团体对其成员所具有的影响力的大小主要取决于这样几方面的条件：第一，团体对其成员吸引力的大小。如果团体对成员有较大的吸引力，那么，团体所具有的影响和约束力就较大；反之，则较小。第二，个体在团体中所处的地位。一般来说，个体在团体中的地位越高或越重要，则其感受到的团体规范的压力和约束力就越大；反之，则较小。

（二）**个体的学习**

个体态度的习得是通过联想学习、强化学习和观察学习而得以实现的。这三种形式的学习分别以古典条件作用、工具性条件作用和社会学习这三种理论为基础。

1. 古典条件作用理论与联想学习

古典条件作用理论是由俄国生理学家巴甫洛夫（I. P. Pavlov）创立并完善的。在巴甫洛夫的动物实验中，一种无条件刺激（如肉粉）的呈现必能引起动物的本能反应，如唾液分泌。这种反应称为无条件反应，引起这种反应的刺激称为无条件刺激。当一种无条件刺激（如肉粉）的呈现反复多次并伴随有一种新的刺激（如铃声）后，则只要这种新的刺激单独出现，就可引起动物的无条件反应。这种新的刺激称为条件刺激，由其所引起的反应称为条件反应。动物所以能够对条件刺激做出条件反应，就在于动物凭借了联想（association）过程，即在刺激之间建立了联系。古典条件作用原理也被用来解释和说明态度的习得过程。例如，人们通常对丑陋的、肮脏的、贪婪的之类品性都具有一种厌恶和反感的情绪体验。当这类使人反感的品性总是与某个人或某群人联系在一起并反复多次出现后，则原先和这类品性相联系的反感和厌恶就会和这个人或这群人联系起来，此时只要这个人或这群人出现就完全可以引起人们的厌恶和反感的情绪体验。换句话说，人们原先对不良品性所具有的情绪体验在联想的作用下扩展到了另一事物或对象的上面，这就是态度的习得过程。

2. 工具性条件作用理论与强化学习

工具性条件作用原理是由斯金纳（B. F. Skinner）创建的。在斯金纳看来，行为结果对行为习得具有强化的作用，行为的习得是在强化作用（reinforcement）的基础上来进行的。因此，只要掌握了行为结果所具有的强化作用的内在规律，就能有效地控制人们的学习行为。

强化的原理也同样可用于解释人们态度的习得过程。英斯科曾在实验中用言语的强化来研究态度的习得，结果发现，那些受到正强化的学生所表达出的态度不仅其基本观点没变，而且在程度上更为强烈；而那些受到负强化的学生所表现出的态度,虽然其基本观点也没有大的变动,但在程度上则明显不如受到正强化的学生强烈。

3. 模仿与观察学习

观察学习(observational learning)是指个体通过对他人言行的观察而进行的学习,这种学习同样可使个体学得许多新的行为。个体在对他人进行观察时,将他人的言行举止记忆在头脑中,在以后遇到相同或相似的场合时再将头脑中所储存的这些言行方式通过行动表现出来。人们态度的习得同样也可以通过对他人的观察来进行。例如,通过电影和电视,人们就可习得对某些事物、对象的态度。通过观察他人而进行的学习基本上是依靠在观察后对他人进行模仿而实现的,模仿得如何则首先取决于观察得如何;此外,模仿尚受强化因素的影响,这种强化可以是个体自身所持有的自我强化,也可以是外界施加于个体的直接强化,还可以是从他人被强化的事实经验中所感受到的替代强化。个体在对学习对象有了较好的观察,又受到了强化因素的激励后,就能够较好地进行模仿而学得一种新的行为。

上述三种不同形式的学习是态度习得和形成的主要途径,它们各自具有不同的特点和作用。一般地说,个体态度习得和形成是在这三种学习的共同影响和相互作用下进行的。

二、态度的改变

态度改变指的是个体已经形成或原先持有的态度发生了变化。这种变化包括两个方面:一是指方向上的改变,即质的改变。例如,某个人原先对抽烟持有赞成态度,认为抽烟可显示个人的成熟特征,后来却反对抽烟,认为抽烟有损身体健康。另一是指程度上的改变,即量的改变。例如,某个人原先不很赞成清晨跑步,但后来在他人的带动下也积极起来,赞成并参加清晨跑步。方向和程度这两个方面是互相联系的,方向的改变是以程度的改变为基础,方向的改变中就包含了最大的程度改变;同时,程度的改变又往往是方向改变的前提条件,程度的改变总是朝向某一方向的改变。改变态度的方法大致有这样几种:劝说宣传法、角色扮演法、团体影响法、活动参与法。

(一)劝说宣传法

这是一种借助语言、报纸、杂志、广播、电视、电影、广告等各种传播媒介来传播信息,影响人们,使之态度发生改变的方法,是一种极为常见和广泛使用的方法。有关这方面的研究则基本上是来自霍夫兰德及其领导的"耶鲁学派"。采用这一方法来改变他人的态度,是把整个劝说宣传过程看做是一个信息的传递、沟通过程，分析的着眼点则在于信息的传播者（劝说者）、信息的传播过程、信息的接受者及传播情境四个方面。信息传播的最终目的则是要使被劝说者接受传播的信息。

1. 传播者的特性

传播者自身所具备的各种特点常常对劝说宣传有着极大的影响，一些重要特征本身往往就是一种有效的宣传和证明，仅此就足以使人们信服而不再猜疑。与劝说宣传有联系的这样一些个人特性主要有：

（1）专家身份。这是由传播者所受过的教育、专业训练和所从事的社会职业、所具有的专业身份决定的。研究表明，专家的身份足以使传播者在某些特定的方面所传播的信息比没有专家身份的人更易被人接受，更令人信服。不过，专家身份所具有的劝说效用只是在特定的、有限的范围或领域内才能奏效，一旦涉及与其不相关的领域时，则劝说作用就不会有多大的影响。

（2）社会身份。指传播者所具有的社会地位、社会名望、知名度及年龄、经验等。事实表明，在一些不属于或不涉及专业性知识内容的问题上，具有较高社会身份的人比社会身份低微的人具有更大的影响和说服力。

（3）吸引性。指传播者自身具备的人格特征、仪表体态以及言谈举止所具有的吸引力。吸引力大，则易引起他人的好感和愉快的情感体验；吸引力小，则不易使他人产生好感，甚至有可能产生厌烦、不愉快的情感体验。对于传播者来说，吸引力大则会增加其自身的影响和说服力，改变他人的态度，而吸引力小就难以说服他人接受自己的观点。

（4）相似性。指传播者自身的身份、职业、背景及态度、观点等与被劝说者有相似或相近的特征。一般地说，传播者与被劝说者之间在身份、职业、参加的团体以及年龄、性别、出生地等方面相似或相近，会促进双方之间在态度上的求同存异，从而导致被劝说者态度的改变。例如，在日常生活中，青年人容易接受其他青年人的劝说，同他人取得一致的看法；有着共同的经历、职业、籍贯的人之间也易于互相劝说，求取一致的态度。

（5）可信赖性。指传播者自身被他人相信和信赖的程度。这种特性主要受被劝说者关于传播者的内心动机的知觉的影响。如果传播者被认为是怀有个人目的，出于一己私利，并非公正无私的，那么传播者就不会被他人所相信，其说服力就会大大降低。如果被劝说者认为传播者的观点、看法与其自身利益不相符合甚至是矛盾的时候，则被劝说者就容易接受传播者的影响，其态度也容易产生较为明显的改变。

2. 信息的传播

信息在传播过程中的呈现和组织方式也是影响劝说效果的重要因素。同样的信息内容在采用了不同的传播方式和技巧后，所产生的劝说效果往往是很不相同的，通过对信息内容进行有效合理的组织编排，就有可能提高其劝说效果，增加其对被劝说者的影响。

（1）单方面传播与双方面传播

在劝说他人的过程中，劝说者往往只叙述能够证实自己的主张或者是赞同自己的主张的各种看法和论据，对与自己不同甚至是反对自己的其他各种观点和主张则闭口不谈，或者是一味强调与自己对立一方的种种缺陷、漏洞和不足之处。这种向被劝说者传播劝说信息的方式即是单方面的传播。与此相反，既详尽地阐述自己的观点和主张是合理的、有根据的、值得相信的，同时也对与自己对立的一方的观点和主张加以介绍并进一步肯定其虽不可取但也不乏借鉴之处，这种做法就是双方面的传播。双方面传播的另一种形式指在劝说中，不仅强调自己的观点和主张的正确性、合理性，同时也指出其不足和缺陷之处，或者是在指出他人的缺点和错误的同时，也指出他人的优点和长处。

这两种传播方式在劝说他人改变态度的过程中所产生的作用是很不相同的。霍夫兰德等人在第二次世界大战的后期曾就这个问题进行了研究。结果发现，两种传播方式的效果没有绝对的高低优劣之分，只有在考虑了其他有关因素的前提下，才能明确地区分两者的不同效果。在霍夫兰德的研究中，士兵本身受教育的程度是影响传播效果的一个重要因素。单方面的传播易使受教育程度较低的士兵改变态度，而双方面的传播则易使受教育程度较高的士兵改变态度。再者，士兵的原有态度也是一种重要因素。当原有态度与传播信息较为一致时，单方面的传播效果显著；当原有态度与传播信息矛盾时，则双方面传播更为有效。近期的一些研究还表明，当被劝说者可能自己获得不止一方面的信息时，劝说者采用双方面的信息传播较为妥当；当被劝说者是依靠劝说者来获取各方面信息时，则采用单方面的信息传播效果较显著。另外，当劝说者所需要的是短时的、即刻的态度改变时，应采用单方面的信息传播；如果所期求的是长时的、较稳固的态度改变，则应采用双方面的信息传播。总体来说，在考虑究竟采用哪一种传播方式来改变他人的态度时，应视具体情况而定。

（2）信息传播的首因效应和近因效应

在采用单方面的信息传播方式劝说他人改变态度时，往往会遇到这样一个问题，即在劝说中是开门见山地提出自己的观点和主张，还是将自己的观点和主张放在劝说的最后来说好？在采用双方面的信息传播时，则常常会遇到这样一个问题,即在劝说中先叙述赞同、支持并证实自己观点主张好,还是将此放在后面说,而一开始就陈述反对自己、与自己观点主张相矛盾的各种观点主张好?所有这些都涉及在传播过程中信息呈现次序对信息劝说效果的影响问题。如同本书在介绍社会认知时已指出的,在社会心理学中,将先呈现的信息所产生的较大影响称为首因效应,将后呈现的信息所产生的较大影响称为近因效应。

在实际劝说中,究竟是应先叙述自己的观点还是应后叙述自己的观点,要依自己所面临的具体情境条件而定,有时先讲有利,有时后讲有利。单就两种效应而言,劝说者应该考虑的一个重要因素就是时间,即先后呈现的两种信息之间的时间间隔和信息呈现与态度测评之间的时间间隔。这两种时间因素会影响信息的首因效应或近因效应,从而影响信息的劝说效果。一般地说,在先后呈现的两种信息之间的时间间隔较为短暂,而信息呈现与态度测评之间的时间间隔较为长久时,则会产生首因效应;反之,则会产生近因效应。除此之外,在其他的情况下一般都难以产生首因效应或近因效应。

(3)信息传播的渠道

在信息传播的过程中,人们总是要借助于一定的手段或工具,如通过电台广播或电视来传播信息,或者是通过交谈、书写文章、书信来劝说他人。这些不同的方法、手段对信息的劝说效果所产生的影响也各不相同。较早的研究曾表明,生动形象的视觉信息,如通过图片、录像所传播的信息,要比单调的听觉信息更有劝说效力,而这种单调的听觉信息又比用书面文字所传播的信息更有劝说效力。近期这方面的研究则发现,事实上并非如此简单,被劝说者在接受他人劝说信息的过程中实际上是经历了两个不同的阶段,即理解信息的阶段和根据信息做出行动的阶段。在前一个阶段,被劝说者要对信息进行分析,领会其含义,认识其基本要求和意图;在后一个阶段,被劝说者则根据自己对信息的理解及自己内心的态度观点来决定行动。由于这两个阶段的不同,因而应有针对性地采用不同的传播方法。在第一阶段,用书面文字传播的信息具有较好的劝说效果,尤其是涉及比较复杂、难于掌握的信息时更是如此。在第二阶段,用图片、录像等生动形象的视觉形式传播的信息则具有较好的劝说效果。

3. 被劝说者因素

被劝说者本身所具有的某些特点对劝说效果也具有相当的影响作用,或者是有助于劝说的有效进行,或者是妨碍和抵制劝说的进行。这些特点可大体分为两个方面,一是被劝说者原有态度的特点,一是被劝说者自身人格的特点。

(1)原有态度。人们自小形成并保持一生不变的态度难以改变。因为这种态度已经是一种内化了的态度,已经成为个体主观世界的一个不可缺少的组成部分，如成为观念系统中的一部分或作为个人的某些信仰或价值观的体现。而形成于一时一事的态度则容易改变。根据个体的亲身经历和直接经验而形成的态度难以改变；反之，依据道听途说或其他的间接经验而形成的态度则较易改变。出于某种无奈或迫于某种压力而形成的态度容易改变，而自主选择的或自觉自愿接受的态度则不易改变。自身协调一致，不存在矛盾冲突的态度不易改变，而自相矛盾、互不协调的态度则较易改变。这里所指既包括态度自身内部组成成分之间的协调一致或矛盾对立联系，也包括态度与态度之间的和态度与行为之间的关系。

（2）人格特点。一些研究结果表明，有的人依赖性较强，缺乏独立自主的判断能力，信服权威，因而较易接受他人的劝说而改变自己的态度；有的人则固执己见，不易接受他人的意见，故态度较难改变。自尊心较强，自我评价较高的人，过于相信自己和保护自己，因而不易接受他人的劝说和影响；自我评价较低，缺乏自信心的人，则常怀疑自己而相信他人，因而容易接受他人的劝说并改变自己的态度。再有，个体所持有的社会赞许期望的高低也是一个重要的人格因素。期望高的个体则易受他人和社会的影响，改变自己的态度，与他人和社会保持一致；期望低的个体则不在乎周围他人对自己的评价，我行我素，故而其态度较不易改变。

（3）被劝说者的信息加工。在劝说中，除要考虑到被劝说者的原有态度及自身人格这两方面之外，还有一个重要的方面也是不可忽视的，这就是被劝说者是如何接受劝说信息，也即是劝说信息在被劝说者的头脑中是怎样被加工、储存和提取的。这方面的研究是自20世纪70年代起随着认知社会心理学的发展而开始兴起的。已有的研究表明，个体对劝说信息的接受方式多种多样，有的信息可能是通过记忆产生影响，有的信息则可能是在最初的感知中就产生了影响。个体对信息进行加工处理的方式不同，不可避免地也会影响到信息的劝说效果，从而影响到态度的改变。

4. 情境因素

使态度改变的劝说过程并不是仅仅在劝说者和被劝说者之间孤立地进行的，而总是在一定的情境条件下进行的。因此，一定的情境条件也会对劝说效果产生影响。

（1）信息繁多的情境。在现实生活中，每一个人都会遇到一个充满了各种各样信息的环境，都会同时看到或听到关于某一事物的种种相同或不同的观点、主张、看法。在这样的环境中，个体态度的变化和改变就不再是某一种劝说信息单独作用的结果，而是多种信息交互作用的结果。换言之，在此时某一劝说信息对个体态度改变所产生的影响是与其他多种信息的影响交织在一起的，同时也是受其他信息的影响的。鲍姆·加德纳等人于 1983 年曾以学生为被试做实验，让他们一次接受关于多种牌子的商品的 54 种劝说信息。在一种条件下，劝说信息对相类似的商品都给予了称赞；在另一种条件下，对各种产品的劝说信息则是有褒有贬。主试让被试接受了这样的信息后，再来测评他们对这些产品的态度。结果发现，在第一种条件下，被试会将自己对某一种商品的态度泛化为对其他商品的态度，而且由这种泛化而得的态度保持得比较长久。在第二种条件下，被试对各种商品的态度则没有呈现这种泛化现象，而且被试在劝说信息的影响下所产生的态度改变也不易维持长久。由此可见，在信息繁多的情境中，单一信息的劝说效用是受其他信息影响和制约的，如各种信息互相之间的相似或一致性越多、越明显，则其中的某一信息的劝说效用就会得到增强和提高。但是，如果各种信息互相之间的差异或矛盾很多、很大，则其中的每个单一信息的劝说效用就会因此而降低和被削弱。

（2）令人分心的情境。他人在场和其他信息的同时呈现，都会引起人们对劝说信息注意力的分散，从而影响信息的劝说效果。因此，在那种充斥着其他各种信息或者是有许多无关的、并非是被劝说者的人在场的情境中，通过劝说宣传来改变他人的态度就不是一件轻而易举的事情。因此，对被劝说者进行单个劝说或单一信息的劝说，避免其注意力的分散，劝说的效果也就会好些。然而，注意力的分散并不总是导致信息劝说力的被削弱和降低。有的时候，注意力的轻微分散反而会增强信息的劝说力。其原因就在于，被劝说者会为了克服注意力的分散而作出较大的努力，从而使其接受到更多的信息，对信息有更完全的了解；同时又不致于有更多的时间和思想准备去考虑对立的观点和主张；此外，注意力的轻微分散会影响被劝说者对信息的了解和掌握，包括正反两方面的信息，使其对自己的态度和判断缺乏自信和确认，因而增加了其自身被说服的可能性。

（3）信息重复的情境。反复多次地重复某一信息会加深人们对它的印象，巩固对它的记忆，从而增强这一信息对人们的影响，有助于人们态度的改变。但是，重复的作用也是有限度的，过多的重复则可能会引起相反的效果，原因也许是由于重复而引起的厌烦情绪以及继之而起的逆反心理。

（二）**角色扮演法**

这种方法是以角色理论为依据的。角色理论的核心原则即个体的行为应与其所承担的角色相一致，应该符合这一角色身份的要求。无论是什么角色，客观上都包含着标志这一角色的各种象征（如权力、地位、待遇）和符号（如称呼、头衔、级别），包含着为这一角色所特有的行为规范和准则以及他人对角色的期待。对于个体而言，担当起某一角色，也就意味着要使自我的内涵与角色的内涵相吻合，使自我与角色协调一致。这一方面意味着个体的变化和发展，另一方面则意味着个体被约束和受制约。

角色扮演法是通过角色对承担角色的个体所具有的约束和影响来改变个体态度的，该方法在态度改变方面具有特殊作用。著名态度温暖体研究者詹尼斯等人自 1965 年开始进行追踪研究，发现角色扮演是扭转人们日常生活中顽固态度与行为的很好的方法。他们以嗜烟女大学生为被试，用角色扮演的方法促使他们戒烟。具体操作是，让吸烟者扮演一名患者，由医生告诉她们说，你已经身患肺癌，必须很快进行手术。结果被试对吸烟的态度和行为改变十分明显，实验前，被试平均每天抽烟 24 支，角色扮演后很快降到不足 13 支。18 个月后，再接触这些被试，发现抽烟量继续下降到 11 支。没有参加角色扮演的控制被试在同样的时期内抽烟量没有发生任何变化。

（三）团体影响法

通过团体对个体所具有的影响也可以有效地改变人们的态度。团体的影响来自团体的规范和准则，这种规范和准则对团体成员具有着一种无形的约束力，促使团体中每个人的一言一行与团体的规范准则保持一致。在这种情况下，一个成员的言行如果符合团体规范准则的要求，就会受到团体的接受、承认和赞同、支持，被其他成员视为自己人，在团体中确立自己的位置；如果其言行违背了规范准则的要求，就会受到团体的拒绝、排斥、否定和打击，被其他成员视为离经叛道的异己分子，在团体中被孤立起来甚至被逐出团体。无论是正式团体或非正式团体，抑或是所属团体或参照团体，其所具有的规范准则都具有这种约束力。正因为如此，通过将他们组织进一定的团体，并制定相应的规范准则来影响和约束他们的一言一行，就能够有效地改变他们的态度。

（四）活动参与法

这种方法是通过引导人们参加与态度改变有关的活动来改变人们的态度。例如，通过劳动锻炼来改变轻视劳动、好逸恶劳的态度。在通常情况下，人们所参与的活动或者是与所要改变的态度有着密切联系，或者就是所要改变的态度对象本身。此外，人们参与活动时的自愿程度或感受到的压力大小对人们态度的改变有很大影响。如果人们觉得参加一项活动是自觉自愿的，则其态度的改变就会大些；如果觉得是出于某种自身之外的原因，如奖励或惩罚，感受到了某种压力，如权威和团体的压力，则即使其积极参加了活动，其态度也未必会发生很大的改变。再有就是所参与的活动如果是经常性的、较长久的，则态度改变相应地就较大、较持久；反之，如果只是一次性的活动或短期的活动，则态度改变的效果就不很明显或难以持久。

第六节　态度与偏见

偏见（prejudice）是对某一个人或团体所持有的一种不公平、不合理的消极否定的态度。由于偏见是社会生活中的一种独特的态度，因而也包括态度的三个主要成分，即情感、认知、意向。例如，大男子主义的拥护者对于女人持有偏见，他们就认为"女人无才便是德"（认知），因此不喜欢她们独立自主（情感），从而经常以不公平的方式来对待她们（意向）。偏见常和歧视联系在一起，所不同的只是，歧视偏重于因对某个体或其所属团体存有偏见而引起的不公平、不合理的行为方式。

偏见对社会生活的协调和谐往往产生破坏性的结果，因此，社会心理学家对这个问题相当重视。一般情况下，社会心理学家在研究偏见时，往往把重点放在偏见得以产生的原因、偏见造成的后果、偏见的消除措施等方面。

一、产生偏见的原因

社会心理学家们对偏见得以产生的原因进行了大量的研究，提出了各种各样导致偏见的因素。而总括起来，不外乎以下几个方面。

（一）社会群体间的利害冲突

在现实社会生活中，社会的各个团体、阶层之间存在着利益上的冲突、地位的不平等，这是产生偏见的重要因素。冲突导致敌视，敌视导致对对方的否定性情感和心理。社会心理学家谢里夫（C. W. Sherif）的实验说明了这一点。他让一群来自不同地区的男孩子参加一次暑期夏令营活动。到营地后，将其分为两组。开始两组成员彼此不相识，也不往来，各自从事自己组内的活动，逐步地在各组成员内部建立了认同感。此后，谢里夫安排两组进行各种竞赛活动。而竞赛活动的奖励方式为一方之所得必为另一方之所失。随着竞赛活动的进行，两个群体间的社会距离越来越大，而且产生了日益强烈的对自己有利而对对方不利的看法。如认为自己的群体是勇敢的、坚强的、友善的，而对方是卑劣的、狡诈的、邪恶的等。即使双方的成就差不多，也倾向于高估自己而低估对方。而且，两群体的这种对立不仅仅限于实际竞赛活动中，而且还扩散到其他场合。

（二）社会化

谢里夫的实验证明了社会团体之间的竞争和冲突与偏见产生的关系。但是，团体间的这种竞争和冲突并非偏见产生的必要条件，即使我们消除了所有的群体冲突，偏见也不会从社会上彻底消失。偏见的产生还有其文化历史因素。文化传统有很牢固的性质，使得最初的文化因素消失之后很长时间，文化传统还继续存在。作为文化传统成分之一的偏见也同样如此。而通过社会化过程，个体吸收并内化了文化传统，也继承了偏见。

根据美国学者奥尔波特对历史上各种偏见发生和持续过程的研究，在某一文化圈之内，许多偏见在最初之所以发生，主要是由于那些有权有势的社会集团为了使自己对无权无势的社会集团的剥削统治合理化而制造出来的。如在欧洲工业革命后，统治阶级与资本家大肆散布工人是一群缺乏独立人格的人，没有独立思考的能力；其主要的要求和欲望是维持可以养家糊口的物质生活；对这些人必须要加以严格的管制监督。这种偏见一旦形成并传播开来之后，便融入了文化传统，并在社会上形成一种偏见的氛围。在偏见的气氛中成长起来的儿童对于带有偏见的规范是服从的。首先是形式上的相符，后来就内化于心。儿童的社会化过程融于其父母的偏见文化之中，即他们面临许多压力，使他们相符于父母和其他指导者的思想和行为。

一般地，儿童在社会化过程中习得偏见的具体途径可分为三种。第一种是直接学习。小孩子周围的人运用赏罚强化其偏见态度。如父母不允许孩子同自己对其有成见的人的孩子一起玩，并灌输以"他们是一些肮脏无教养的孩子"的思想观念。第二种是模仿学习。儿童经常看到、听到自己周围的人议论反对某一群体及成员，从而逐渐地认同于他们的观念和行为。第三种是环境气氛的熏染。这是学习者对特殊环境气氛的一种认知了解。如在种族歧视严重的国家里，白人、黑人分区而居，分校而读。黑人在的地方白人很少光顾，黑人喜欢的东西白人就讨厌，整个生活环境中弥漫着黑白有异、黑人劣等的氛围，久居其间就潜移默化地受到感染。

（三）个体的人格和心理因素

在同一社会文化氛围中成长起来的人们在偏见倾向上并非一致不二，而是存在着很大的人际差异。这是因为一些独特的人格和心理因素影响着偏见的产生。

首先，具有权威主义人格的人易产生并固守偏见。权威主义人格一般具有以下特点：固守传统的等级观念，排斥、轻视违反传统价值的人；顺从于所属群体的道德权威，以权威和地位为行事的依据；敌视其他群体的人；对周围的事物偏好作两分法的简单判断。显然，具有这些特点的人是很容易产生偏见的。

其次，偏见和某些独特的心理作用与心理感受有关。弗洛伊德认为，偏见是一种人类倾向于投射的功能。投射有两种。第一种是相似性投射，即我们所有的人都有把自己不受社会赞许的欲望投射到他人身上的倾向，即想看到别人做我们最害怕被抓住的事情。按照这种观点，具有将他人视为有敌意和侵犯品质的明显倾向的人往往暴露了他自己的敌视和侵犯品质。第二种是互补性投射，如资本家剥削工人却可能认为，他们这样做不是因为他们贪婪，而是因为被他们剥削的人能力低。除了投射这种心理作用可能导致偏见之外，许多社会心理学家还认为，挫折感也会导致偏见。

二、偏见产生的结果

虽然偏见会给社会生活的协调和谐造成破坏性的后果，但在社会心理学的研究中，最引起人们重视的是偏见给受害者带来的心理后果。

（一）自我实现预言

罗森塔尔效应（Rosenthal effect）可以用来说明偏见的这一后果。1968年，美国心理学家罗伯特·罗森塔尔（R. Rosenthal）等人所做的实验证明，如果教师对某些学生持有积极的看法，那么这些学生的课堂表现就会有显著的进步，学习成绩也会提高，尽管教师的这种看法可能是完全不正确的。既然积极的看法会导致积极的效果，那么消极的看法也可能导致消极的效果。如果学生知道老师看不起自己，认为自己愚蠢，那么这种消极的期望可能会变成他自我实现的预言。他的成绩可能果然会变得很差，并且还会形成自卑感，社会中其他的对团体、对个人的偏见也通常具有这种效果。

（二）性别角色

在社会中还存在着对女性的许多偏见，如认为女人是依赖的、被动的甚或是肮脏的等。这种偏见对于形成女性心理和女性性别角色有着很大的影响。如西方心理学家们所说的"灰姑娘情结"，即女性通常认为自己是无力的、依赖的，需要"白马王子"来追求和保护等，就和上述这种偏见紧密相关。此外，关于女性的偏见还造成了女性的逃避成就动机，在男性面前的自卑感，等等。

（三）疏离

社会的隔离会导致并强化偏见，而偏见又反过来会增加隔膜和疏离。如在学校中，如果学生知道自己不受老师喜欢，就可能避免见到老师，与老师疏远，并且进而与同学疏远。这种疏远会导致受偏见的个体的人格失常，并对周围的人产生强烈的敌意感。

三、偏见消除

在社会中，偏见是普遍存在的，并且产生着各种各样的消极的后果。但是，偏见并非是不可消除的。只要我们对症下药，便可达到预防和消除偏见的目的。社会心理学家们对此做了大量的研究，提出了各种解决措施。总括起来主要有以下几点。

第一，消除刻板印象。偏见和一般的态度一样，也具有认知、情感、意向三种成分。而偏见的认知成分往往是一种社会刻板印象。一般人对某些群体的成员常有一定的刻板印象，如白人认为黑人智力低下、不求上进，男人认为女人有依赖、被动性等。根据研究，由偏见对象表现出与刻板印象相异的行为来，会有助于偏见的消除。例如，如果黑人从事一些社会地位较高的工作，并在其中取得成就的话，就有助于削减人们对黑人持有的偏见。

第二，增加平等的、个人间的接触。平等的接触和个人间的接触都是为了深入全面地了解接触双方的独特性。不平等的接触妨碍双方相互间的深入、细致的了解，并且还易产生先入为主的、刻板化的判断，这种判断往往是对地位低下者不利的。同样，非个人间的接触通常也只能导致接触双方之间肤浅的、形式化的认识。只有平等的、个人间的接触，才有利于真实地了解对方独特的能力、性格、爱好、抱负等，避免先入为主的判断，从而达到预防和消除偏见的目的。

第三，共同命运与合作奖励。社会心理学家谢里夫在暑期夏令营的研究中发现，竞争可以引发两组原来互不相识的群体相互间的敌视和偏见。那么，如何消除这种敌视和偏见呢？在该实验中，谢里夫把营区的供水系统加以破坏，使两个群体都面临一个共同的命运，解决这个困难只有依靠两个群体全部成员的共同合作才能消除。结果证明，共同的命运与合作性的奖励（奖励的给予视全体人员是否共同合作而定）是消解群体间的敌对情绪和偏见的重要途径。

第四，制定有助于消除偏见的社会规范。人们都有服从并认同社会规范的行为倾向。如果社会规范对其他群体是可以接受的，则人们就比较有可能改变对其他群体的偏见。

第六章 刻板印象与归因

在与他人的交往中，人们总是给予别人相关的印象，也会形成自己对他人的印象，印象是否会出现偏差呢？另外，在形成印象，寻找问题的答案时，人们是如何归因的，是否会出现归因偏误呢？这些是这一章需要解答的问题。

第一节 印象

在日常生活中，人们时时刻刻接触他人和社会事物，这些事物有些是人们非常熟悉的，有些却是十分陌生的。对于熟悉的事物，人们往往可以通过经验来加以应对和处理，而对于那些不熟悉的事物则需要加以分析和思考。心理学家把人们对客观事物或他人整体性的认识看做是知觉（perception）。比如刚刚认识他人的时候，总是要根据有限的信息对这个人形成印象，即这个人是不是一个有能力的人或者他是否容易相处等，这个过程是个人知觉的过程（person perception）。

一、印象

所谓印象（impression）是指认知主体对他人外部特征、内在性格的判断和认识。在社会认知活动当中，人们一旦对认知对象的某些属性做出判断，印象就已经形成了。从本义上讲，印象组织了人们关于认知对象各方面特性的认知成果，它所反映的是认知对象的总体特征。但在多数情况下，人们不会等到掌握全部特征之后再形成印象，甚至只要看过认知对象的照片，或者跟他说过几句话，就可以做出不少判断。这种情况是由社会认知本身的特点所决定。事实上，印象形成是指把他人若干有意义的人格特征进行综合、概括而形成一个具有结论意义的特性的过程。在印象形成中，人们经常会提到这些词汇，如第一印象、整体印象等，所以我们常常听到别人讲"你对他的印象如何"、"她给你留下了怎样的印象"等。

印象经常容易混淆的概念是社会知觉（social perception）和社会认知（social cognition）。社会知觉是指对各种社会性的人或事物形成的直接的整体性印象，其中主要是指人的知觉，如对各种担负社会角色并具有个性色彩的人的知觉、对人与人之间关系的知觉、对群体建立的知觉等，这种印象通常是关于对象外表特征的认识。社会认知是社会知觉的上位概念，无论从概念本身，还是在人的整个认知过程中，知觉涉及的仅仅是一个表层印象，而不是关于对象的全部认识，而社会认知则包括关于特定社会性对象的全部认识过程，其中包括社会知觉，也包括社会推理、对其他人外部世界的认识、对自身的认识等。社会认知比社会知觉和印象都要复杂许多。印象仅仅是对他人外部特征和内在性格的简单判断和认识。

在与陌生人交往过程中，人们获得了第一印象，第一印象是最为重要，也是最有力的评价。卢钦斯（Luchins，1957）的实验用两段文章描述一个叫吉姆的男孩在一天中的部分行为。其中一段是写吉姆和朋友们一起去上学，他在路上晒太阳，在商店和一个熟人聊天，问候一个他最近才认识的姑娘。另外一段写吉姆独自一人从学校走回家，在树阴下歇凉，在商店里默默地排队购物，没有去问候那个新结识的姑娘。第一段文章（E）暗示吉姆是性格外向的人，而第二段文章（I）暗示他是性格内向的人。然后卢钦斯以（E）～（I）或（I）～（E）的不同顺序将两段文章联接起来。他要求被试在读过这两段文章之后对吉姆做出评价，尽管除了顺序以外，两篇文章的内容完全相同，但是，先读到段落（E）的被试会认为吉姆的性格比较外向；如果被试先读到段落（I），他们则会认为吉姆的性格内向。可见，在社会认知过程中个人尽管可以获得多种信息，然而决定印象形成的却是最初的信息，其余信息则被忽略。也就是说第一印象的作用是非常大的。另外，卢钦斯（Luchins，1957）还发现，如果事先提醒被试避免做出草率的判断，并告诉他们要考虑到全部的信息，首因效应（primary effect）就会减弱。如果在段落（E）和段落（I）之间加入一些附加的描述，如他的一些细节行为和一些微小的反应等，那么，段落（I）所提供的信息对于被试形成印象就会有更强的作用，在这种情况下，近因效应就会发生，人们倾向于注意认识对象的当前表现，而忘记了其最初留下的印象。

二、印象形成

在印象领域，对他人形成印象的过程就是印象形成，它是我们对那些有意义的特征进行综合与概括，并形成一个有结论意义的特性的过程。当然，印象的形成是一种非常复杂的过程,心理学家至今还没有完全掌握其形成机制,但总体来说,印象的形成存在某些基本规则,比如一致性和中心性等。

所谓一致性规则,是指认知主体对客体的印象应该是一致的,而不是矛盾的;如果认知主体收集到的关于客体的信息前后矛盾时,认知主体会根据一致性规则把各种矛盾的信息整合起来。在对一个人进行社会认知时,认知主体倾向于将其作为协调一致的对象来观察,尤其是在评价该对象时更是如此。一个对象不会被看成既是好的又是坏的,既是诚实的又是虚伪的,既是热情的又是冷淡的。如果有关某个对象的信息是前后矛盾的,认知主体也会尽力消除或者减小这种冲突,把对方看成是多种特性相融合的、一致的人。印象形成的一致性规则经常需要解决信息冲突的问题,印象的客体是丰富生动的人,其可能会传达多样的、甚至是冲突的信息给认知主体,认知主体在形成印象的过程中,需要处理这些相互矛盾的信息,分别给予不同的权重,试图把各种特性以一致的线索整合起来。例如,公司里来了一位新同事,他外表英俊并且聪明,但是常常会以自我为中心,人们在形成对他的印象过程中,就不得不协调他的"优点"和"缺点",最后形成相对一致的印象,最有可能的形式是:他基本上是一个好人,或者基本上是一个不好的人。印象形成的一致性规则最终可能会形成一个以偏盖全的结论,但这种结论更加符合认知主体的心理需要。

那么,什么是评价的中心性呢?假如某公司里新来了一个同事,他有很多特性,比如英俊、聪明、幽默、有能力并且非常自信。但另外一方面,他又比较易怒、喜欢吹嘘自己、对个人得失很计较。在这种情况下,人们会对他形成怎样的一致性印象呢?或者换句话说,人们最终所形成的"以偏盖全"的印象会把他的哪种特性放在中心的位置上进行评价呢?奥斯古德(Osgood,1977)等人通过实验发现:被试用于描述认知对象的全部形容词主要涉及三个范围,即评价(好/坏)、力量(强/弱)、活动(积极/消极)。奥斯古德的实验说明,认知主体描述自己的印象时,主要有三种角度,在这三种角度中好与坏的"评价"维度是主要的,会影响到有关"力量"和"活动"的描述,一旦人们判断了认知对象的好坏属性,其印象就基本确定了。例如,对于一个个体的描述是具有"社会性",如果人们认为"社会性"是好社交的、平易近人的、爱结交朋友的,人们会对其形成良好印象;而如果人们认为"社会性"是喜欢阿谀逢迎、投机取巧、精明有心计的话,就会对其形成不良印象。罗森伯格(Rosenberg,1976)同意奥斯古德将"评价"维度放在中心的位置上。他进一步区分了"评价"的内在结构。他认为认知主体是根据社会特性和智能特性来评价他人的。尔后,汉密尔顿(Hamilton,1976)等人通过实验证明,让被试看到较多的关于社会特性的判断,一般会影响被试对认知对象的喜欢程度;如果让他们看到更多智能方面的特性,则会影响他们对认知对象的尊重程度。

表6-1 关于"评价维度"的结构与内容

评价	好的	不好
社会特性	助人的 真诚的 宽容的 平易近人的 幽默的	不幸福的 自负的 易怒的 令人讨厌的 不受欢迎的
智能特性	科学的 果断的 有技能的 聪明的 不懈的	轻浮的 动摇不定的 笨拙的 愚蠢的 不可靠的

资料来源:引自Hamilton,1976。

综合以上可知,至少有三个维度和若干种具体特性会影响印象。那么,哪种具体特性对于人们形成印象最有分量呢?这里通常把最有分量的特性称为中心特性。所谓评价的中心性是指,评价这一维度在印象形成过程中处于中心位置,所谓中心特性是指某种对于印象形成具有重要作用的具体特性,这种特性甚至可以改变整个印象。可见评价维度与中心特性分别处于不同的层次。阿希(Asch,1946)通过一系实验证实了中心特性的存在。阿希是美国社会心理学家,他1907年生于华沙,其研究工作主要集中于特质的因素分析、测验编制以及文化因素和团体差异对测验分数的影响等方面。1967年,阿希获美国心理学会颁发的杰出科学贡献奖。他最为著名的研究是群体中的从众(conformity)行为。阿希(Asch,1946)认为,为了形成对某人的印象,我们至少需要掌握关于此人的几项特征,但我们不会认为人是由几种不同特征所拼凑而成的,我们会对一个人形成一种总体的印象。阿希通过实验证实了这一点。他招募了两组大学生作为被试,A组有90名被试,B组有76名被试,主试要求被试仔细听一组描述人的性格特征的形容词,并对被描述者形成某种印象,两组被试听到的单词表分别如下:A组为聪明的、灵巧的、勤勉的、热情的、坚定的、现实的和谨慎的,B组包括聪明的、灵巧的、勤勉的、冷淡的、坚定的、现实的和谨慎的。两组词中只有一个单词发生了变化,即把"热情的"变为"冷淡的"。然后,阿希请两组被试谈谈自己对这个人的看法。结果发现:两组被试关于某人的印象很不相同，例如，第二组被试中只有大约 10%的人相信某人是宽宏大量或者风趣的，其中多数被试认为该人斤斤计较，没有同情心，具有功利心等；而第一组被试中有 90%将之描绘成慷慨大方的，77%认为他是风趣的。阿希因此认为，热情与冷淡是中心特性，这两个单词的替换导致印象的显著差别。

此外，阿希还做了大体相似的第二个实验，他招募了两组大学生被试，A组 20 名，B 组 26 名，也向他们呈现了两组单词表，与上面一个实验相比，"热情的"被替换为"礼貌的"，"冷淡的"被替换为"粗鲁的"，这种替换并没有像第一个实验那样，引起被试对被描述者做出具有较大差异的描述。因此，"礼貌的"与"粗鲁的"不是中心特性。可见，中心特性的作用是非常复杂的，一个特性是否是中心特性，首先取决于描述一个人的其他信息，其次取决于他人做出的判断。换言之，如果关于其他特性的信息很多，"热情"和"冷淡"的具体作用就可能被削弱。同样，当要求一个人对运动技巧做出判断时，"热情"与"冷淡"可能就没有什么特殊影响了。然而，尽管有这样或那样的限制，但是仍然可以说，中心特性对于大多数印象形成有着重要影响。

那么，对他人的整体印象是如何获得的呢？一般情况下它通过三种模式获得，即平均模式、累加模式和平均加权模式。

平均模式（averaging model）认为，印象形成的过程其实是对认知对象的各种特性求平均值的过程。例如，如果认为阿彪是真诚并且机智的，那么，人们可能会对他有一个较好的评价，因为这两种特性都是有价值的；相反，随便和健忘则是相对没有什么价值的特性，这两种特征通常不会构成吸引力。但是，如果认为阿彪同时具有真诚、机智、随便、健忘等特性的话，人们对这个人的印象又会如何呢。平均模式认为，印象在形成过程中会将全部特性的价值加总并求平均值，最后的平均值即是对该人的印象分。假如，真诚可以得 3 分，机智可以得 2 分，随便和健忘为 0 分的话,对这个人的印象应该是 3+2+0+0/4=1.25分。平均模式可以较好地解释这样一种情况，为什么有的人开始认为很好，可是随着交往的深入，越来越觉得没有开始认为得那么好，是因为人们将其各种特性结合一起计算平均模式而得出的。

累加模式（additive model）与平均模式不同，它认为人们在形成印象的过程中，并不是把全部特性的平均值作为印象分，而是把所有特性价值的总和作为依据。如果依然按照前面假设的例子，那个人留给我们的印象分就是：3+2+0+0=5 分。也就是说随着了解了这人越来越多的特性，包括缺点在内，我们对他的印象会越来越好。增加模式似乎可以较好地解释这种情况：当对一个人越熟悉时，也就越喜欢他，虽然可能明知他有许多缺点。

那么，平均模式与累加模式哪一种更为准确呢？安德森（Anderson，1965）通过一系列实验得出了支持平均模式的有力证据，同时他考虑到，就对印象形成的影响力而言，一些特性往往比其他特性更加重要。因此，安德森设想了一套平均加权模式（weighted average model）。按照这种模式的假设，人们除了看重影响力之外，还通过平均所有特性去形成一种综合的印象，或者说，人们对于他人身上的极化特性会采取增加模式做出评价，而后依据平均模式去综合对象身上的其他特性。安德森（Anderson，1965）认为，将这两种模式结合起来，能够比较有效地说明印象形成的复杂过程和情况。第一，先行信息加重作用，即认知主体在形成印象时，并不是同等地看待对方身上的所有特性，那些首先被发现的特性，会影响人们对后来掌握的其他信息的处理方式；第二，消极否定信息加重作用，即认知对象身上的"好"的特性和"坏"的特性，对于认知主体来说意义是不一样的，为了形成一致的印象，认知主体会把相互冲突的信息加以平均和抵消，其中认知主体更加看重的是认知对象的坏的特性，如果其他条件相同，传达消极否定信息的特征比传达积极肯定信息的特征更能影响印象的形成。不管一个人具有其他什么样的特性，一种极端否定的特性会使人产生一种极端否定的印象。

第二节 刻板印象

日本人真的勤奋、礼貌又拼命工作吗？中国人真的好客、淳朴又勤劳吗？美国人真的讲求实际、幽默又客观吗？犹太人真的有野心、勤奋而精明吗？男人是比女人更具有暴力倾向吗？戴眼镜的是比不戴眼镜的更爱读书吗？……所有这一系列的问题都是人们经验中的"常识"（common sense），但是却不一定正确。这些都反映了人们的刻板印象。那么人们如何产生这些刻板印象，它们又是如何影响的呢？长期以来，刻板印象一直都是社会心理学领域内令人瞩目的研究焦点之一。

一、刻板印象的概念

刻板印象这一概念最早由新闻工作者李普曼（Lippmann，1922）在其著作《公众舆论》中提出。与刻板印象对应的英文词语是 stereotype 和 stereotyping，前者指人们对某类人形成的印象；后者指人们对这类人形成印象的过程。20 世纪 70 年代前，学者更多地关注"stereotyping"在做出错误社会判断时所产生的负面影响,更多将之与偏见、不公正等社会问题联系在一起,中国心理学家据此将之直译为"刻板印象"。那么,到底什么是刻板印象呢?刻板印象(Stereotype)是人们有关某一群体成员的特征及其原因的比较固定的观念或想法,以及特定的社会认知图式,对人们的社会认知和行为有着重要影响(Gibert, Fiske & Lindzey,1998;Fiske,2004)。

从上述定义中可以看出:第一,刻板印象通常以非常明显的自然特征区别不同的群体,如性别、种族等,把一系列特征归为某一群体的个体所有,并且某一群体的每一个体都具有该群体所具有的全部特征。第二,刻板印象是社会印象的一种表现形式,即一种固定的印象。在社会心理学中,"刻板印象"这一概念用来表示社会认知的偏向性和凝固性。换句话说,刻板印象是指按照性别、种族、年龄或职业等进行社会分类,是对于某类人形成的固定印象。在该研究领域中,普林斯顿大学一直位于前沿位置。从最初凯兹和巴利(Katz & Braly, 1933),到蒂伯特(Gibert,1951)、卡林等(Karlins, Coffman & Walters,1969)乃至莱斯利等人(Leslie, Constantine & Fiske,2007),几乎每20年就要进行一次大规模的刻板印象调查。沃兹克(Wojciszke,2005)评价这一工作是一项举世瞩目的庞杂工作,但也是意义非凡的工作。比如,一个关于种族刻板印象的著名研究来自凯兹和巴利(Katz & Braly,1935)进行的实验研究。他们开创了特征词汇实验,要求100名普林斯顿大学生把84个心理特质形容词(例如,勤劳、聪明、讲求实际、狡猾、思想进步、不忠实)指配给10个不同的种族(例如,德国人、意大利人、犹太人、黑人等),让被试根据这些形容词描绘出10个种族或民族的群体特征。研究人员发现确实存在刻板印象,并且因为每组的"典型"特征有明显差别,从而证明被试展示的刻板印象确实是非理性的,而且存在意见分歧。他们同时认为,在某一群体中出现最多的特质,就是人们对该群体的刻板印象(Lee, Jussim & McMcauley,1995)。刻板印象一旦形成就具有高稳定性,阻碍人们接受新事物;但它同时也有助于简化社会认知活动,提高信息加工的效率(Newell & Simon,1972;Fodor,1975)。比如说,如果美国西部牛仔不是一个硬汉形象,而是一个温柔且有很丰富知识和艺术修养的男性,人们会觉得很别扭,很难接受。其实,这就是人们头脑中的刻板印象。这个刻板印象有助于人们提高信息加工的效率,例如在电影中见到美国西部牛仔的角色,就会联想到硬汉性格。

研究刻板印象具有非常强的现实意义,所以它一直成为社会心理学中的热门话题。20世纪70年代开始,认知心理学迅速发展,特别着重信息加工以及对认识表征和认识过程的研究,这对刻板印象的研究领域产生深刻的影响,而研究者也在这一领域中取得了不少研究成果。当时,研究者探讨了刻板印象与信息提取之间的关系。大多数研究都表明,那些与刻板印象一致的信息往往容易被人回忆出来。希德和尤维兹(Snyder & Uranowitz,1978)做过一个这方面的实验。实验中,研究者虚构了一个人物,并将有关该人物的不同信息提供给被试。研究发现,如果主试将该虚构的个体标定为同性恋者,那么,被试回忆起的信息大都与人们对同性恋者的刻板印象有关;如果该个体被标定为异性恋者,则被试们回忆起的信息大都与人们对异性恋者的刻板印象有关。显然,这一研究结果说明,人们更容易回忆起与刻板印象一致的信息。汉密尔顿(Hamilton,1993)的研究也发现,人们对男性和女性的刻板印象会对人们的即时再认(immediate recognition)产生影响。被试不仅对与刻板印象一致的描述反应较快,而且更容易回忆起这些描述。进入21世纪,在刻板印象领域中最受瞩目的当属刻板印象内容模型(Stereotype Content Model,SCM)研究,它通过不同的歧视行为,以热情(Warmth)和能力(Competence)为基础建立二维刻板印象内容模型,并通过17个不同国家和地区的跨文化研究进一步验证了热情和能力两个维度决定外群体的分布假设。同时该模型认为大多数刻板印象是混合的,群体的社会地位可以预测刻板印象,以及刻板印象中普遍存在参照群体偏好和外群体贬抑等四个前提假设(Fiske,Cuddy,Glick & Xu,2002)。刻板印象内容模型在学术引导和实践指导方面都具有开创性的意义(管健,2009)。刻板印象内容模型是描述和预测群体在既定社会分类中的框架,它指出了群体成员所遭受的偏见类型与群体怎样形成其独特的位置(Fiske,Cuddy,Glick & Xu,2002;Fiske,Xu,Cuddy & Glick,1999)。依靠热情和能力这两个基准维度,刻板印象内容模型划分了刻板印象中四个群体丛:高热情—高能力群体(High Warmth-High competent,HW-HC)、低热情—高能力群体(Low Warmth-High competent,LW-HC)、高热情—低能力群体(High Warmth-Low competent,HW-LC)和低热情—低能力群体(Low Warmth-Low competent,LW-LC)。菲斯克(Fiske,2004)通过大样本的实证研究发现了这四种群体的典型代表:高热情—高能力群体的代表群体是美国中产阶级等;低热情—高能力群体的代表群体是亚裔美国人、犹太人和富人等;高热情—低能力群体的代表群体是老人、残疾人和智障者等;低热情—低能力的代表人物是吸毒者、流浪汉和乞丐等。与此相对应,刻板印象内容模型认为,存在四种不同的群际情绪,它们依次是对高热情-高能力群体的赞美情绪(Admiration)、对低热情—高能力群体的嫉妒情绪(Envy)、对高热情—低能力群体的可怜情绪(Pity)和对低热情—低能力群体的轻视情绪(Contempt)。刻板印象内容模型在全球多个国家和地区（比利时、保加利亚、法国、德国、意大利、荷兰、挪威、葡萄牙、西班牙和英国、中国（香港和大陆）、日本和韩国、哥斯达黎加、多米尼亚和墨西哥、犹太以色列和穆斯林以色列地区）得到了验证，显现出刻板印象内容模型具有很好的文化普适性和群际关系预测性。目前，有关刻板印象内容模型研究已经扩展到诸多群体，例如，在老年群体、亚裔美国人群体、移民群体、同性恋群体、女性群体、黑人群体、精神疾病群体、种族群体和中国农民工群体中都得到很好的验证。新近研究在此基础上进一步将刻板印象内容模型与群际情绪、行为反应等方面相结合，开创性地形成了群际情绪——刻板印象——行为趋向系统模型（Behaviors from Intergroup Affect and Stereotype Maps，BIAS maps）（Cuddy，Fiske & Glick，2007）。这一系统模型是对刻板印象内容模型有价值的延伸，也促进了刻板印象研究的群际和内群体研究的整合研究，对于实践的具体指导性是非常有意义的。

二、图示与刻板印象

认知心理学家认为，人类是"认知吝啬鬼"（cognitive miser），由于生活在信息纷繁而又无法回避的环境中，为了节省认知资源，人们总是尽可能简化自己的认知过程，方法之一便是分类（categorization）。比如，把人按不同的标准分类，每一类别的人具有某些特点，知道了个体属于某个类别，就容易预见该个体的行为。可见分类可以节省认知资源，认识世界也就相对简单了一些。

图式的概念是由泰勒和克劳克（Taylor & Crocker，1981）提出来的，它是指一套有组织、有结构的认知现象，包括对所认知物体的知识，有关该物体各种认知之间的关系及一些特殊的事例。在认知心理学看来，图式是组织信息的方式，用来帮助人们认识世界和解释世界。在社会心理学家看来，图式不仅是社会认知的结构和有组织的知识，还是人们组织有关社会信息的思维方式。人类的大脑是一个信息加工系统，这个系统的一个最基本程序就是对外界刺激进行分类。也就是说，当感知外界刺激时，人们倾向于把单个孤立的实体以成组、分类的方式组织在一起。这是由于人们头脑中的原型（prototype）在起作用。原型是一个抽象概念，可以将它解释为某一类或一组典型例子。通常来说，原型是依据一组特殊属性形成的，例如"弱势群体"的原型是社会地位并不是很高，处于经济和政治的劣势地位，喜欢群体生活的一类人。这样在归类的时候，人们就常常把对象和原型来做对比，然后进行归类和编码。当然，对象被编码之前不是彼此孤立的，相反，它们是通过各种方式联系在一起并建立一个认知结构，这个认知结构就是图式。由此看来，图式就是过去经验中关于个人、群体、角色或事件等的一套有组织的认知系统或架构，它可以是语言材料的图式，也可以是视觉材料的图式，还可以是其他材料的图式。而图式加工（schematic processing）则是人在接触外界事物时，在记忆中检索那些与输入信息最符合的图式与之对照，并加以理解和解释。

人脑中存在不同的图式，主要包括人的图式、自我图式、群体图式和角色图式（Taylor & Crocker, 1981）。人的图式（person scheme）是对人的人格进行描述的认知结构，一般应用于特殊的个人或者典型的一类人（乐国安，2004：22）。这是一种心理上的认识类型，它描述了典型的或者特别的个体。例如，说某人是"人缘极好"，就可以知道这个人可能非常乐于助人，有很多朋友，人际关系一定非常好，即使人们并不熟悉他，也会相应推论出这些信息。又例如，"陈世美图式"是人们心目中对特定认知对象存在的典型形象，当人们得知某个男性在发财后与妻子离婚时，人们可能会把他看成是"陈世美"那样的人，认为这个我们并不熟悉的男人可能与陈世美有很多共同点，并且应该受到惩罚。自我图式（self schema）组织形成了人们对自己的品质和特征的概念，人们运用自我图式的维度来衡量自己。自我图式来自过去的经验，组织并指导对于个体社会经验中与自我有关的信息进行加工。如果一个人认为自己是一个独立的人，他就可能将自己看做是一个个人主义的、非传统的、果断的人。因此他的行事方式就会表现出他的自我图式，如拒绝接受父母的金钱而是自己选择找兼职的工作等。群体图式（group schema）是关于一个特殊社会群体或社会范畴的图式（Hamilton, 1981），而刻板印象就显示出特殊社会群体和社会范畴的属性和行为。如果人们接触了一些非常严谨的日本人，他们就会概括出"日本人很严谨"的刻板印象，从而推及这个群体的其他人身上。角色图式（role schema）是一种描述范围较宽的社会角色和群体的心理类型。在某种意识上说，它们与社会生活中的固定模式很相似，每个人都有关于性别、社会阶层、专业群体的图式。例如，有人认为，女人通常是"心肠软的"、"感情丰富的"；父亲应该是"严厉的"而母亲是"慈爱的"。所以，很多时候我们会用角色图式来进行社会认知加工。

在现实生活中，为了节省时间与精力，人们常常用图式化的方式去处理大量的信息。图式的重要性就在于它有助于人们快速而经济地处理大量信息，它能帮助人们解释新信息，从而获得有效的推论；提供某些事实，填补原来知识的空隙；对未来可能发生的事的预期加以结构化。因而，图式化的刻板印象对于社会认知起着重要的作用，人们利用图式加工社会信息、解释人际环境。当人们处身一个新的人际环境时，通常不会重新认识它，而是利用过去相似情境中的知识作出解释。图式化的刻板印象通过以下方式来帮助人们加工社会信息。第一，图式化刻板信息能够帮助记忆。当我们将过去的人或事形成图式化表征时，记忆效果最佳。在科恩（Cohen，1978）的一项研究中，实验者让被试看一个女人和她丈夫坐在家中的录像，一半的被试被告知说这个女人是图书管理员，另一半被试被告知她是个女招待。这个女人既有符合图书管理员的角色图式，例如，戴眼镜、弹钢琴；也有符合女招待的角色图式，例如，房间里没有书架，吃巧克力蛋糕。然后让被试留意录像的细节。结果发现，无论是马上回忆还是一周后回忆，被试对与已知图式一致的细节记忆得较好。这说明，人们对职业是存在图式的刻板印象的。第二，图式化刻板信息有助于自动化信息加工。认知者通常无须任何有意识的努力就可以产生一些与图式有关的推论。例如，当遇到一个非常冷漠的人，人们可能会把与"不友好"相关的其他社会认知特征自动地赋予给他，如不合群、道德差等，而这一过程几乎完全是在人们无意识的情况下完成的。当环境中的信息强烈地暗示某个特定的图式时，或者当图式涉及人们极其关心的人或事时，这种自动化信息加工最有可能发生。这也在一定程度帮助人们合理而安全地与人交往。第三，图式化刻板信息可以完善剧本的信息。图式可以帮助我们增补剧本或故事中的空白部分，例如，当阅读一个有关医生的故事时，虽然故事没有明确指出医生的服饰，但是，人们根据医生的角色图式会认为他在工作时会穿着白大褂。图式化刻板信息中包含着情感。图式中包含着针对图式内容的情绪。所以，当人们使用某个图式时，就会伴随着某种情绪反应，这种情绪叫图式驱动的情绪。当环境中的信息与图式相吻合时，与该图式相一致的情绪就会被引发出来。仅在头脑中想象具有图式的客体，就能强化个体对客体的情感。比如，在上个世纪初的美国电影中，黑人都会被描写为幼稚、愚蠢、迷信、贪婪、有犯罪倾向和心胸狭窄的人。人们一看到影片中黑人角色的出现，立即会投射一种不喜欢的情绪出来。

图式化刻板信息虽然为人们社会认知的信息加工提供了大量的帮助，但图式化刻板信息加工也有缺点。人们有选择地吸收那些与图式相一致的信息，对于那些不知道的信息要依据图式来给予补充，但是，这些信息未必是合乎真实情况的；即使图式并不适合我们所面临的某种情况，而我们依然按照它作出判断；图式一旦形成，人们就不太愿意去更改。这些都是图式的缺陷，以这种方式进行社会认知的信息加工，可能会产生错误的判断、推理、不正确的期望和僵化的行为模式。社会刻板印象可以针对任何群体，既可以是正确的，也可以是错误的。人们在信息不够充分的情况下，就只能利用已经形成的图式对个人进行类推了，这无疑可以加快信息加工的速度，但也可能导致错误。刻板印象是相对固定的，短时间内很难随着现实的变化而发生变化，因而往往阻碍人们看到新的现实，接受新的观点，从而导致人们对某类群体的偏见。不过，近年的一些研究表明，刻板印象的内容会随着时间的变化而变化（Dovidio & Gaertner, 1996），这并不是说原有的刻板印象就消失了，而是指它们随着时间的推移而改变了形态。

三、种族刻板印象

人们对某个种族的人所形成的刻板印象，是基于个人的认知和经历，而刻板印象在短时间内是不易改变的，容易导致我们对某类群体的偏见。对于有种族偏见的人而言，一提到黑人，其头脑中关于黑人的种族偏见的刻板印象就会被激活，此时就会联想到肮脏、愚蠢、落后、原始等观念。显然，这些观念不是对黑人特征的客观描述，更不是对一个特定黑人的符合事实的描绘，而是有特定的倾向性、排斥性的既有偏见。在现实社会生活中，社会的各个团体、阶层之间存在着利益上的冲突、地位的不平等，这是产生偏见性刻板印象的重要因素。冲突导致敌视，敌视导致对对方的否定性情感和心理。社会心理学家谢里夫（Sherif, 1961）的实验说明了这一点。他让一群来自同一地区的男孩子参加一次暑期夏令营活动。到营地后，将其分为两组。开始时两组成员彼此不相识，也不往来，各自从事自己组内的活动，逐步地在各组成员内部建立了认同感。此后，谢里夫安排两组进行各种竞赛活动，而竞赛活动的奖励方式为一方之所得必为另一方之所失。随着竞赛活动的进行，两个群体间的社会距离越来越大，而且产生了日益强烈的对自己有利而对对方不利的看法，如认为自己的群体是勇敢的、坚强的、友善的，而对方是卑劣的、狡诈的、邪恶的等。即使双方的成就差不多，也倾向于高估自己而低估对方。而且，两群体的这种对立不仅仅限于实际竞赛活动中，还扩散到其他场合。谢里夫的实验证明了社会团体之间的竞争和冲突，与偏见产生是有关系的。但是，团体间的这种竞争和冲突并非偏见产生的必要条件，而即使我们消除了所有的群体冲突，偏见也不会从社会上彻底消失。偏见的产生还有其文化历史因素。文化传统根深蒂固，使得最初的文化因素消失之后很长时间，文化传统还继续存在，偏见作为文化传统成分之一也同样如此。通过社会化过程，个体吸收并内化了文化传统，也继承了偏见性的刻板印象。当人们对某人有刻板印象的时候，会预期他出现某些行为，并因而改变自己的相应行为表现；这些行为表现有别于人们在没有刻板印象的情况下应有的行为表现。有时这些不同的行为会反过来影响对方，令他出现原先预期的行为，从而证实了自己的预言，形成了恶性循环。比如，某人认为西班牙人是好斗的，那么他可能以一种防御、逃避的态度对待西班牙人，这种防御、逃避的行为可能会侮辱或激怒目标，使他们比之前的行为更加显现攻击性和好斗的特性，从而证实某人的刻板印象。但是种族刻板印象也不一定是完全不利的，比如种族偏见可能在一定程度上激发对方产生积极性的奋起行为，努力改变自己在他人心目中的刻板印象。如中国人在20世纪初的时候给他人"东亚病夫"的刻板印象，这可能激发了国人的奋发努力，以致到2008年第29届国际奥林匹克运动会上获取51枚金牌的佳绩。从这一事例可见，一定的刻板印象有时也会成为不断向上和力图改变的巨大动力。

四、性别与刻板印象

长期以来，人们对性别角色存在着许多刻板要求。例如，男性应该勇敢、坚强、富于竞争力，女性应该温柔、贤慧、善良和善解人意。所谓性别角色，是指社会赋予某一性别的一套稳定的心理行为模式。而刻板印象也是一种定型观念，是人们对不同事物进行概括后形成的、相对固定的看法。当人们以性别为基础，赋予男女两性以不同的特征框架时，性别刻板印象就产生了。因此，性别刻板印象（sex stereotype）是指人们对于男性和女性在行为、人格特征等方面的期望、要求和一般看法。性别刻板印象的一个部分是性别角色差异，这主要是社会化的结果。例如，在人们的脑海中，对于两性有一种约定俗成的看法，一提起男性，总是与坚强、勇敢、雄心勃勃与事业有成联系在一起，而女性则是温柔、细腻、柔弱、情绪化的。性别刻板印象既有助于人们认识两性的特征，为这种认识提供背景信息；又会阻碍人们正确地认识两性，使得人们常常会出现以偏概全的现象而忽视事实真相。尽管如此，性别刻板印象却非常普遍地存在于社会之中，存在于人们的认知系统之中。从20世纪的60年代末到70年代初，西方心理学家开始对性别刻板印象进行研究。在研究过程中，研究者要求被试考虑大多数人对女性和男性的看法，在一张列有数个形容词的表格上，判断这些形容词哪些是与男性特征相联系的，哪些是与女性相联系的。在这些词汇当中，包括有许多描述人性特点的形容词，如：冒险的、有攻击性的、敏感的、独立的、顺从的、情绪化的、自信的、有雄心的，等等。在这类研究中得到的结果认为，更多的与男性相联系的特点有：强有力的、有冒险精神的、富有攻击性的、自信的、粗鲁的、独立的、有雄心的、主动的、有探索精神的等；而与女性相关的特征有：充满柔情的、情绪化的、温柔的、顺从的、柔弱的、有鉴赏力的、敏感的、感情易变化的、爱唠叨的、多愁善感的等。具体来说，社会上公认的男性特点包括攻击性强，具有自立精神，对情感的隐藏和具有很强的逻辑性。一般来讲，关于男性特质的传统观念主要包括下述几个，如鄙弃女人气、掌舵顶梁者、坚稳沉实、勇猛刚烈。在传统的男性角色中，体力和攻击性是最为重要的，可允许发怒，但不能表露温柔。而女性通常是被限制在操持家务的角色之中，女性是从属于男性的，她的影响力不如男性，很少会成为领导者和专家，而且必须是温柔娇小和富于同情心的。由于男性角色和女性角色经常被理解为两个对立面，男性总被认为是理性和主动解决问题的，而女性总被认为是感性的，较为关注人际交往和情感。社会对两性交往方式的刻板印象认为，对大部分女性来说，交际是一种建立和维系社会关系的方式，而对男性而言是出于加强控制度、独立性和提升地位的需要。

很多人都不自觉地形成了性别刻板印象，例如见到男孩啼哭就会推断他因为争不到想要的东西而发脾气；如果是女孩，就大多推断是受到了欺负。这其实反映了人们认为男孩较主动和具攻击性，而女孩则较被动和柔弱。歌德说过："误解与成见，往往会在世上铸成比诡计与恶魔更多的过错。"性别角色刻板印象对社会上每个人的影响可能超过了人们的想象。马芳和梁宁建（2008）采用内隐联想测验的实验考察了大学生的内隐数学性别刻板印象，发现大学生在认知上普遍认为"男性比女性更擅长数学"。王沛和张国礼（2008）的研究发现，当呈现不同性别的人物图片时，人们大脑活动中的神经电位与定位特征是不同的。在任何一个个体成长的过程中，性别角色刻板印象都在潜移默化地影响着个体的发展，一点一滴地塑造着个体的行为。由于性别角色刻板印象的存在，使不同性别个体的社会化过程方向十分明确，但这可能强化角色定型观念而对个体社会化产生消极影响。性别刻板印象的普遍性与牢固性，同样给男女两性带来生活和心理上的压力，男女两性都必须按照社会规定的角色规范去进行自我塑造，在影响女性的成就动机与自我潜能的发挥的同时，也迫使男性以追求事业成功作为人生价值的实现。性别刻板印象是否单纯是人们的定型观念？其实，这在一定程度上也反映了性别角色的分化。男女两性在体力和其他生理能力上的确存在差异，这也导致了不同的社会分工，出现了男女两性的责任分化，进而在劳动中积累了不同的经验。分工的差异还不断延伸出人格倾向和地位上的分化，这一点是通过社会分工的反复实践获得，并逐步形成一种社会秩序。正因为有了这种秩序，整个社会才能形成各种有关性别的社会规范。所以说，正面的性别刻板印象应该建立在两性之间共同发展的基础上，维持尊重、平等、和谐、共融的状态，而不是一方对另一方的贬低和歧视。

第三节　归因与归因理论

生活中，人们总是对别人行为的原因感兴趣，例如她今天为什么不高兴，为什么不理我？他的工作业绩为什么这么好？他为什么会喜欢她？他为什么如此成功……人们可能会经常考虑类似的问题。普通人总是喜欢探究别人（有时是自己）行为的原因，而社会心理学家感兴趣的是普通人是如何归因的。值得一提的是，长期以来归因研究似乎特别关注普通人是如何对他人或自己的成功行为进行归因的。那么，什么是归因呢？不同的归因结果是不是影响刻板印象呢？这些都是需要回答的有趣命题。

人是社会的动物，个体的生存与发展取决于控制外部环境的能力；在人与人的社会关系中，个体发展有赖于对他人行为的理解、预测和控制的能力。因此，理解和揣测他人行为的原因是一种基本的人性冲动，只观察别人外在的行为是不够的，人们还力图由此推论他（她）为什么会这样做。对于人们怎样"推论"行为发生的原因，心理学的专门研究——社会心理学——建立了相应的理论，也就是归因理论（Attribution Theory）。这是社会心理学中一个十分重要的领域。

什么是归因呢？归因（attribution）是指根据有关的外部信息、线索，判断人的内在状态，或依据外在行为表现推测行为原因的过程。心理学家根据各种研究所提出的有关归因问题的不同概念与观点统称为归因理论。那么，人为什么会进行归因呢？人需要对外部世界和自己的行为进行解释，从而对事物具有预见性，以便对环境有所控制，并使自己的行为有明确的引导。人需要知道与自己相处的其他人对自己是有利还是有害，需要知道自己的某种行为是带来奖励的后果还是惩罚的效应，因此归因不仅仅是一种心理过程，也是人类生存和发展的一种需要。归因在人际知觉中起着重要作用，对某人行为的归因可能影响对个体特征或特质的判断。例如，下属和上级对行为原因的归因对理解组织行为是十分重要的。如果管理者把低绩效直接归因于下属，则管理者更易对下属产生惩罚行为；而如果管理者确信下属没完成好任务是因为他缺少适当的培训，管理者将试图理解此事并给下属更好的指导或更多的培训；如果管理者确信下属因不愿努力而造成了极简单的错误，则他会非常愤怒。对同样后果的行为存在如此戏剧性的反应差异，这可能是由于情境知觉和归因的差异所造成的。

归因理论就是关于归因的观点、学说和模型。具体地说，归因理论是关于人们如何理解自己或他人的行为，以及这种解释如何影响他们的情绪、动机和行为的心理学理论。归因理论由几种不同理论观点和实验成果集合而成，其共同看法有：归因理论研究人们在社会环境中，如何运用信息对事件做出原因分析，它研究人们收集哪些信息，以及如何将这些信息结合起来，做出归因；许多归因理论都倾向于将社会知觉者看成是朴素的科学家，他们可以运用与专业科学家所用的相似方法完成许多任务；归因理论研究一般或明或暗地认定，动机因素是原因分析的动力。归因研究者的最基本假设是，归因是重要的，归因分析是人类行为的基础，也是认知过程和情绪的基础。

一、海德尔与朴素归因论

海德尔（F. Heider）是归因理论的创始人，他 1896 年出生在维也纳，1920 年旅居德国柏林，在 1930 年随心理学家魏兹曼（M. Wertheimer）和勒温（K. Z. Lewin）等人迁居到美国。他早年接受了现象学（Phenomenology）、格式塔心理学（Gestalt Psychology）的主要理论观点，并把它们运用到解释人类的社会人际知觉的研究中，在其代表作《人际关系心理学》（*The Psychology of Interpersonal Relations*, 1958）中，阐述了他多年来有关认知平衡理论和归因理论的研究成果。一般来说，心理学界把海德尔的这本书视为归因理论诞生的标志。海德尔很早就开始研究普通人为什么进行归因以及如何归因的问题。他认为，现实生活中的人有两种需要：一是理解环境的需要；二是控制环境的需要。为了满足这两种需要，普通人必须要对他人的行为进行归因，并且通过归因来预测他人的行为，唯有如此才有可能满足理解环境和控制环境的需要。因此，普通人和心理学家一样，都试图解释行为，并且从中发现因果联系，只是普通人的归因没有什么科学方法，他们更多依靠理解和内省。普通人的这种归因活动被海德尔称为"朴素心理学"，与之相应，普通人也被海德尔称为朴素的心理学家。海德尔认为，在日常生活中，人们出于控制周围环境的需要，都会对各种行为的因果关系感兴趣，试图解释别人的行为，他的归因理论注重归因过程的探索。其中，他最为关心的是行为的起因问题。他接受勒温提出行为受环境和个人因素影响的观点，认为归因过程的关键，在于确定行为是由个人原因引起的还是由外部环境原因引起的。海德尔举了一个简单的例子来说明这种个人与环境的区分。这个例子假定，一个人在刮风的天气下成功地划艇横渡一个湖泊，这最后的结果可以认定为个人原因（能力、努力、体力等），也可以认定为环境因素（风浪等）。他提出，导致行为发生的原因主要有两种：一种是行为者内在的因素，主要是个体自身特点，包括能力、动机、兴趣、爱好、情绪、意愿和努力程度等；二是来自行为者以外的因素，指环境原因或外部原因，例如环境条件、活动提供的奖惩、运气、他人的影响、任务的难易程度等。

海德尔认为，普通人在寻找事件原因的时候，主要从内因和外因两个方面入手，评估哪个因素在起作用。如果他认为某种行为是由行为者的内因引起的，那么，他会因此断定类似的行为今后还会发生，甚至有可能因此推断出行为者的其他特点。相反，如果他认为这种行为是由外因引起的，那么，他不会因此推断出行为者的内在特点，也无法肯定类似行为是否会再度发生。可见，行为的归因与行为预测的关系非常密切。海德尔还指出，在其他方面相同的情况下，人们经常倾向对行为作出个人归因，他对这种现象提出了两种解释：一种是因为人们通常很难清晰区分行为和行为的潜在起因，这就引导人们作出个人归因。尽管人们也理智地知道行为不总是由个人的因素引起的，却时常假定如此，因为从行为观察转移到推断个人原因较为容易。海德尔的另一种解释是，人们感性地更加关注行为本身而不是环境因素，行为一般比情境更显著，更引人注目。由于人们的注意力通常集中于人，所以他们倾向于把人而不是把情境看做行为的起因。不过，在实际研究中发现，人们往往把成功归功于内部原因，而把失败归因于外部原因。

二、戴维斯—琼斯与一致性推断理论

我们常常可以通过别人的行为来判断他们的目的和意图。戴维斯和琼斯（Davis & Jones, 1965）的一致性推断理论（Theory of Correspondent Inferences）就回答了这一问题。戴维斯和琼斯发展了海德尔的归因理论，提出了一致性推断理论。这个理论试图系统地解释观察者如何根据行为者的具体行动推断其意图（intention）或内在倾向（disposition），当中有两个前提假设：第一，行为者本人能够预见自己的行为后果，其行为是为一定的意图服务的，这使观察者的一致性推理成为可能；二是观察者对行为者的能力、经验等有所了解，否则就无法确定行为的真实意图。

那么，人们是如何从行为者的行为推断其意图或内在倾向的呢？戴维斯和琼斯指出，人们是从以下四个方面进行推断的。第一，要看一个行为的"非共同效果"（non-common effects）。所谓"非共同效果"是指，某一个行为是独特的，与他人的行为并不一致。例如，一般认为，人们在葬礼上哭泣是合乎情理的，在派对上哭泣是匪夷所思的。所以，后者比前者更能为人们提供有关这个人内在倾向的信息。人们试图通过推断人的内在倾向关注不同行为所产生的不同效果。假如你的朋友买了一辆汽车，他已经看过了三种不同型号的车，其中一款是豪华型的,一款是经济型的,一款是二手汽车。买豪华型汽车的人,人们会推断他追求豪华和奢侈,好面子;买经济型汽车的人,人们会认为他量入为出;买二手汽车的人,人们则会推断他非常节俭。第二,行为的自由选择性。如果人们观察到某种行为是行为者自由选择的结果,他们通常会假定该行为能够反映行为者的意图,根据这种意图或动机就可以推论其品性。另一方面,如果观察者认为外在力量强迫行为者必须如此,那么,可以使用情境因素来解释行为者的行为。因此,当行为者的选择自由没有受到限制时,观察者就更有可能进行对应推论。例如,在一次模拟辩论赛中,甲队抽到正方的签,那么甲队的辩论言辞并不能说明他们支持正方观点;相反,当甲队自愿选择了正方的论点,人们就可以比较自信地认为他们支持正方的观点。第三,行为的社会赞许程度。如果行为者采取的是社会赞许的行为,人们就无法推论其意图或内在倾向。社会赞许性很高的行为符合社会规范,是大多数人都会采取的行为;相反,那些社会赞许性不高的行为更能反映行为的动机,可以通过其行为反映其独特的意图或内在倾向。例如,某人在应聘营销职位时表现得夸夸其谈,其健谈程度远远超出了其他应聘者。这时,招聘者就可能推断他的行为表现是在迎合招聘者的要求。第四,行为是否为角色所要求。特定角色所要求的行为模式,不太可能帮助人们判断行为者的社会动机,例如,消防员帮助市民救火并不能说明他乐于助人,因为救火是他的职业角色的基本要求。但是,如果无关的行人帮助别人救火,那么,可以推论他是乐于助人的人。

海德尔德的朴素归因论指出,人们在寻找事件原因的时候,主要从内因和外因着手,但他没有具体说明人们在何种条件下做内归因,以及在何种条件下做外归因。戴维斯和琼斯的一致性推断理论是指将某人的行为归结为其内在特征的归因过程,揭示了对应推论的程序。比如,当面对一位衣着得体、整洁干净的应聘者时,人们可以推断他是一位讲究衣着的人吗?似乎不能。面试的情境对于应聘者的衣着有明确的规定,这时的衣着不能反映此人的平常状态,所以我们只能做情境性归因(外归因)。再比如,如果一位同事经常迟到早退,我们能够把他的行为归因于情境吗?似乎不能。一位具有职业道德的人不会经常性的迟到和早退。面对这样的同事,人们只能做倾向性归因(内归因),即认为这位同事的内在倾向是懒惰或者缺乏工作责任心。

三、凯利与协变完型论

凯利(Kelly,1967)接受并发展了海德尔的归因理论,提出了归因的协变完型论(Models of Covariation and Configuration)。他认为,人们多是在不确定的条件下进行归因的,他们需要从多种事件中积累信息,并且利用"协变原则"来解决不确定性的问题。凯利认为,人们在试图解释某人的行为时,可能用到三种形式的归因:归因于行为者、归因于客观刺激物(行为者对之作出反应的事件或他人)、归因于行为者所处情境或关系。例如,某人连续几天去展览馆看新展出的油画,他这种行为的原因可能有三种:(1)他喜欢这幅画;(2)油画很有欣赏价值;(3)这几天他没有什么事做。这三种解释都有可能是对的,那么,人们如何才能确定哪种解释更加符合实际情况呢?凯利指出,为了做到这一点,观察者需要运用三种信息:即区别性信息、一致性信息、一贯性信息。其中,区别性信息(Distinctiveness Information)是指行为者只对当前的刺激对象产生反应,还是对许多不同的刺激对象产生相同的反应。区别性高是指行为者只对特定刺激对象产生反应;区别性低是指行为者对许多不同的对象产生相同的反应。某人连续几天看新展出的油画,那么,他是否对其他油画也如此感兴趣呢?是否还看了其他新的展品呢?如果他只看这些油画,而不看其他展品,就说明他对不同刺激物的反应有高区别性。一致性信息(Consensus Information)是指行为者的行为与其他人的行为是否一致。如果一致则说明一致性高;相反则说明一致性低。某人看了新展出的油画,他周围的人是否也看了?如果周围不少人也看了,则表明某人的行为与其他人具有高度一致性;相反,这个人的行为与其他人之间具有低一致性。一贯性信息(Consistency Information)是指行为者对当前刺激对象是否一贯产生相同的反应。如果行为者一贯产生相同的反应,则一贯性高;相反其行为则只有低一贯性。例如,只要这幅油画展出,这个人一定去看,则说明他的行为一贯性高;相反,则说明他的行为一贯性低。通过上述三类信息就可以断定引发某种具体行为的原因:究竟是来自行为者本身,还是来自情境的因素。麦克阿特尔(McArthur,1972)以实验方式对凯利的理论进行了验证,揭示了三种信息与归因方向的关系。试验者给被试一个假设的事件——玛丽昨晚观看表演。当一位喜剧演员登场的时候,玛丽笑得前仰后合。试验者通过变化区别性、一致性和一贯性等信息,然后测定被试所进行的归因。

凯利的协变原则的确有助于人们更准确地进行归因。然而,在日常生活中,人们经常无法充分掌握各类信息。例如,我们可能不曾在从前的某些场合观察过这个人,无法获得一贯性信息;或者我们可能不知道在同样情形下其他人会有怎样的反应,无法获得一致性信息。凯利认为,在信息不充分的情况下,人们有关因果关系的现成观念(即因果图式)就会发挥作用。因果图式的种类较多,比较常用的有两种:一种是"多种充分原因模式",可以帮助观察者从多种可能的因素中判断何者是行为的原因。例如，我们知道某人买了一部手机之后，可以想到几种可能的充分原因：他以前没有手机现在想用了，他的旧手机坏了需要新的，他想换一部新手机用。在这些解释中要判断行为的真正原因，取决于所掌握的信息。如果我们知道，他原来有手机，而且也没有坏，那么，通常会断定他只是想换一部新手机用。另外一种因果图式是"多种必要原因模式"。按照这种模式的逻辑，某个事件的原因至少有两个。人们经常用这种模式去解释那些极端事件。比如，甲突然和乙打起架来，那么，是因为甲生性好斗，还是乙爱招惹人呢？在这种情况下，大多数人会认为这两种解释都是正确的，或者是说，观察者会寻找多个原因来解释一个事件。

四、维纳与动机归因论

维纳（B. Weiner）是当代美国著名的社会心理学家、教育心理学家，他的动机归因理论（Attributional theory of motivation）（Weiner, 1986），源于海德尔（Heider, 1958）的朴素归因论和阿特金森等人（Atkinson & Feather, 1966）的成就动机理论。海德尔的朴素归因论已介绍过了，而成就动机理论是一种期望价值理论，认为动机水平取决于一个人对目的的评价，以及达到目的可能性的评估。维纳把两者有机地结合起来，提出了自己的动机归因理论。

维纳的归因理论的基本假设是，寻求理解是人类行为的主要激发因素和人类动机的主要源泉。他认为，人是有理性的，具有强烈需要去理解环境和自身，所以往往根据各种信息和线索对所发生的事情或行为结果的原因进行推断，力求找出其动因。维纳的归因理论从探索人们如何理解环境入手，推论自己和他人行为的原因，以期为确定以后的行动方案服务。维纳同意海德尔的观点，认为归因可以分为内部归因和外部归因。在此基础上，他还提出归因两个新的维度：稳定性和可控性。所谓稳定性，指作为行为原因的内外因素是否具有持久性，可以分为不稳定归因和稳定归因。所谓可控性，是指行为原因能否被行为者所控制，它可以分为可控归因和不可控归因。根据上述三个维度，人们就可以找到影响行为的原因。例如，学生A把他考试取得优秀成绩归因于自己的持久努力，那么，他是在做内部、稳定和可控性归因；学生B把他考试取得优秀成绩归因于自己的能力强，那么，他是在做内部、稳定和不可控性归因；学生C把他考试不及格归因于考试难度大，那么，他是在做外部、稳定和不可控性归因；学生D把他考试不及格归因于老师对自己的偏见，那么，他是在做外部、稳定和可控性归因。维纳认为，归因会影响人们对未来行为的预期和倾向。

维纳特别关注归因后果的研究，即归因影响到期望的改变和情感反应，而这种归因后果又促进后继行为，成为后继行为的动因。这样归因就具备了动机功能。维纳认为，归因是由知觉者用以说明一种行为和一种结果间的关系的解释。我们周围发生的任何事情都有内在的因果关系。归因现象普遍存在于人们的日常活动中，人们往往对实际生活中所发生的事情，对自己或者他人的行为作出自发的解释。维纳还进一步发现，行为原因的控制性影响到行为责任的推断（Weiner，2004）。他认为，人们所具有的归因推理能力是责任推断的前提，如果个人负有责任，那么其行为的起因必须是可以控制的（张爱卿、刘华山，2003）。为此，维纳还提出了行为失败——不可控制的原因——同情——帮助；行为失败——可控制的原因——生气——拒绝帮助的模型（Weiner，2004）。例如，不少人会对艾滋病感染者疏远和歧视，但是其中也有差异。如果人们发现某感染者是由于经常出入不道德场所才感染该病，这属于个人可以控制的原因，人们一般会出现生气的情绪，会拒绝帮助他，甚至拒绝和他交往；相反，如果人们发现某感染者是在捐血过程中，由于医疗单位不正常采血才感染该病，人们一般会认为其非常不幸和可怜，认为这是由自我不可控制的外力因素引起，人们会更倾向于同情和帮助他。

第四节　归因应用与归因偏差

一、归因应用

勒温作为现代社会心理学的奠基人，常常强调"没有什么比好的理论更实用"。他似乎主张，一旦人们获得了对社会行为或社会观念某些方面的科学理解，就可能将这些知识应用于实践。就归因理论来讲，当然也是如此。随着有关归因的基本知识的增长，这些知识的实际应用范围越来越广泛。它对于理解大量的社会问题起着十分重要的作用，而且不仅在理论发展上如此，在实践的领域中更是如此。这里，所论及的实践领域主要包括动机激发、临床心理学和亲密关系的形成等。

（一）促进动机激发

归因研究假定，人人都是科学家，它试图根据自己的知识了解自身和发展其周围环境。这种归因过程往往以一个事件的完成（如考试的成功与失败）开始，最终是某种行为反应。这期间是一个动机过程，它由因果推断（即归因）来引导，这个过程介入刺激（考试结果）和反应（一些行为反应，如辍学）之间。动机的激发过程开始于成功或失败的结果,人们会根据个人的成功和失败的历史,他人成功和失败的数量(社会标准)以及其他前提条件,开始对这种结果进行归因。归因方向是多种多样的,像归因于能力、努力、任务特点和运气等。如把成功结果归因于自己(能力或努力),相较归因于外在因素(如任务简单)体验到更强的自豪感。另一方面,如把失败归因于内在的可控制原因,像缺乏努力,那么就会体验到内疚;内疚反过来作为动机的刺激物,促使个体增进行为表现。如把失败归因为内在的不可控制原因,像能力低,就会引起羞愧、羞辱以及困窘,使人从任务中退缩下来,并抑制随后的行为表现。

(二)归因治疗

心理治疗是从医学中借用来的一个概念,是相对于躯体治疗而言的。人的躯体有了疾病需要治疗,人的心理上有了疾病同样需要治疗。归因理论之所以能够介入到心理治疗实践中来,并得到广泛的应用,主要基于以下两个原因:其一是任何心理疾病都是通过不良的情绪、动机和行为反应表现出来的;其二是归因对人们的情绪、动机和行为反应具有重要的影响。人们希望通过改变患者的归因来控制其症状。目前,关于归因认知过程和效果的理论均被广泛地应用于心理治疗实践,在临床上已经形成了以归因理论为基础的治疗体系。归因疗法(Attribution therapy),就是在心理治疗实践中引导和改变患者对其症状或问题产生原因的知觉,借以控制和消除其不良的情绪和行为反应。与其说这是治疗方法,不如说是一种指导思想和治疗原则。坚持采用归因疗法的临床医生相信,任何心理疾病都和患者对其症状产生原因的不正确或不良的知觉或推断有关,所以心理治疗的最基本原则就是采取所有可能的方法和手段,将患者的这种不良的归因引向某种中性的、无害的归因。在戴维斯和约翰逊所报告的两个治疗案例中,典型地说明了通过纠正患者对其症状的错误归因改变其心理状态的方法(刘永芳,1998)。戴维斯的病人是一位40岁的男性,他的眼部、面部和太阳穴有阵发性抽搐和颤动。他相信这种强迫性的肌肉颤动是鬼怪缠身引起的,他感到看不见的幽灵正在干扰和侵蚀他的心智,因而非常担心和害怕。这个病人被诊断为妄想性精神分裂症而收入医院接受治疗。治疗者说服这个患者,他的症状是由紧张刺激引起的,可以通过肌肉放松得到控制。这个病人渐渐地接受了这种解释,放弃了鬼怪缠身的信念,心理上的担忧和恐惧逐渐消失了。在约翰逊的案例中,病人也是一位男性妄想症患者,他常常不由自主地产生性觉醒状态。他偏执地相信他的自发性觉醒是由外界的性刺激引起的,因而为这种羞于见人的行为反应的不可避免而忧虑。治疗者最终使他相信其不正常行为反应并非由外界刺激引起,而是由他自己腿部的自发运动引起,因而是可以得到控制的。很显然，在这两个案例中，都涉及了用一种更正常的解释来代替患者原先持有的、难以为他人接受的解释。而且，在这两个案例中，治疗者所提供的新解释都是以对患者行为的细心观察为基础，并依赖于特定的理论模型，让患者通过亲身经验而改变信念。

（三）亲密关系改善

亲密关系质量问题始终受到心理学家的关注。近几十年来，亲密关系伴侣的行为和归因成为研究焦点。这方面的研究发现，由于受到行动者与旁观者效应影响，伴侣双方对于自己的行为和对观察到的类似伴侣行为，作出相当不同的解释。此外，由于受到自我服务偏差的影响，配偶一般认可自己在成功中的作用，而避开在失败中的责任。探讨归因模式与关系状态的相关性研究发现，幸福的伴侣倾向于将行为归因于增进关系，认为对方的积极行为是特意的、习惯性的，做出的是内部、稳定和可控性归因。同时，认为对方的消极行为是偶然的、不寻常的、有限制性的，做出的是外部、不稳定和不可控性归因，因而给予谅解。不幸福的伴侣反之。此外，有害的关系信念和归因也会影响亲密关系，如认为争论是有破坏力的，意味着伴侣还不够爱我；心有灵犀很重要，彼此真正关爱的人应该能够直觉地知道对方的需要和偏好；伴侣是不会变的，本性难改；好的关系顺其自然，不必做些什么来维持一个好的关系等（Etaugh & Bridges，2004）。研究也发现，处于亲密关系中的个体更多地受情感和情绪影响，使得冲突的强度和发生的频率比普通朋友高得多。在涉及伴侣行为与归因的研究中，先让被试就亲密关系中一个突出矛盾进行归因，然后请这对伴侣讨论如何解决问题，并通过分析讨论过程得出其行为反应。结果发现，不良归因与缺乏问题解决行为相关，而且在女性方面相关程度更明显，情况更为普遍。这些研究让人们看到了亲密关系伴侣在冲突解决中的一些互动特点，但并没有系统地说明面对不同冲突时，这些个体行为反应及其归因的规律。苏彦捷等（2004，2005）在中国社会文化背景下进行的研究表明，不同类型（恋爱、已婚）、不同性别的亲密关系伴侣在日常冲突的行为和归因是存在差异的。她们对84对恋爱关系伴侣和80对已婚伴侣，在10个分别代表权力控制、界限、情感投入、助人行为维度的日常冲突情境中的行为和归因进行分析，发现性别对亲密关系伴侣在冲突中的行为选择有更大影响；与恋爱关系伴侣相比，已婚夫妻之间在冲突中的行为反应有更多差异，说明关系类型对伴侣在冲突中的行为有一定影响；与恋爱关系相比，已婚伴侣更多的在冲突中做不良的归因，说明已婚伴侣更倾向于夸大对方负面行为的意义；与男性相比，女性在代表情感投入维度的冲突中更多认为对方的负面行为影响了关系的其他方面，这说明女性更多借助情感维持亲密关系；与西方研究结果不同，亲密关系伴侣在冲突中的责任归因无显著差异，这可能受文化背景影响。

二、归因偏差

一般来说，归因理论对归因的解释是以理性的、逻辑的方式为前提，但是实际上，人们的归因行为并不总是既逻辑严密又合情合理的，因而就会出现归因偏差（attribution bias）。一般而言，归因偏差是指归因者偏离了标准的归因过程，歪曲了事物发生的某些真正的原因。其中，有的是由于认知过程本身固有的局限造成的，有的是由于人们的动机导致的。

最早提出这一概念的是海德尔。如前所述，他指出在其他方面相同的情况下，人们经常倾向于对行为作出个人归因，但他没有提出证明。最早证明基本归因偏差的则是琼斯和哈里斯。在这个实验中，研究者要求学生受试者阅读一篇短文，并宣称文章的作者是另一位学生（目标人物）。需要说明的是，这篇短文就当时的某个重要社会论题明确提出了支持或反对的观点。在所谓"没有选择"的实验条件下，研究者清楚地告诉受试者，目标人物在撰写该篇文章时对于自己究竟采用哪种观点是没有选择的。比如说，目标人物是在政治考试中被要求写一篇文章赞同卡斯特罗对古巴的统治。在这样的限制条件下，人们通常会预期这一信息将消除文章反映作者真实信念的任何预设。但有趣的是，相对于那些阅读持反对态度的文章的受试者来说，阅读持赞成态度的文章的受试者更多地报告说，他们认为文章的作者本身就可能是持赞成态度的（陈午晴，2006）。继上述实验之后，研究者在许多对欧洲和美国的受试者进行的实验中都发现，人们经常把他人的行为归因于人格、动机或态度等内在特质上，即使有明显的情境限制或社会原因导致这种行为时也是如此。显然，在外部因素能充分解释他人行为的情形下，仍然从这个人的相应内在特质去进行归因推理是不符合逻辑的。

那么，什么是基本归因偏差呢？基本归因偏差（fundamental attribution error）这一术语是由佩蒂格鲁于1979年提出的，它是指这样一种偏差的归因图式：人们总是倾向于将内群成员的积极行为和外群成员的消极行为归因于内部因素，而将内群成员的消极行为和外群成员的积极行为归因于外部因素。佩蒂格鲁认为，这种归因偏误是所有归因偏误中最具根本性同时也是最重要的一种。持信息加工观点的社会心理学家一般认为，刻板印象与基本归因偏差有很大的关系。正由于基本归因偏差，人们解释他人的行为时，往往更喜欢对行为者的行为进行内在归因，即把行为归因于行为者个人特性方面的原因。

因而，在一个环境中，行为者比环境中的其他因素更为突出，使得人们往往只注意行为者，而忽视了背景因素和社会关系。西方社会有这样一种规范，即每个人都应该对自己的行为后果负责。因此，人们的归因重视内部因素，而忽视外在因素的作用，基本归因偏差被认为是一条普遍的归因规律。然而，尽管这种归因偏差在西方个体主义文化背景中根深蒂固，但是，在更为集体主义的亚洲社会中则明显减少。米勒（Miller，1984）对归因进行的跨文化比较研究发现，印度人和美国人的归因有很大不同。他让一些来自中产阶级的中年人分别描述他们的一个熟人做过的错事和对别人有益的事，然后让他们解释为什么人们会这么做。结果显示，美国的被试倾向于从行为者的人格特质和其他性格倾向来解释，印度被试则倾向于从情境因素来解释。实际上，美国人给出的特质归因是印度人的两倍，而印度人在行为解释中给出的情境因素则是美国人的两倍。当然，仅此并不能完全说明美国人和印度人具有不同的归因模式，因为他们解释的对象毕竟不是同样的事件。进一步，他让美国的受试者就印度人提到的行为进行解释，结果美国人使用了同样的特质性解释，与解释他们自己描述的行为采取了一样的方式。由此可以推断，不同文化中的人们在归因方式上确实存在显著差别。1991年在美国爱荷华大学，一名叫做卢刚的中国留学生先是在奖学金竞争中失败，接着又在申请一份与学术相关的职位时失之交臂，于是他在当年10月31日开枪打死了处理他申请书的导师以及一些旁观者，然后自杀了。就此事件，莫里斯和彭凯平（Morris & Peng，1994）发现，美国媒体和中国媒体的报道在对卢刚的行为解释上相当不同，美国媒体几乎都将凶杀案的原因集中在卢刚的个人特质上，而中国的报道则强调了卢刚生活的环境因素。随后他们对美国和中国对此事件的报道进行了一次系统的内容分析，结果印证了他们最初的看法。

恰好在卢刚事件发生的同一年，密歇根的一位邮局工作人员托马斯在失业以后没能找到一份全职工作，当年12月14日，他来到原先工作过的邮局开枪射杀了他的上司、几名同事以及几名路人。莫里斯和彭凯平对这一事件进行了与卢刚事件相同的内容分析，发现了与报道卢刚事件相同的报道倾向美国记者关注于托马斯的个人气质，从他过去的行为来推断其态度和特质，而中国的记者则强调影响托马斯杀人行为的情境因素。

可见，不同的文化也导致了不同的归因风格。西方人的普遍归因风格是更多地考虑到个体本质的特点，他们认为卢刚无论在任何情境下，由于其主观的特征没有改变，所以他仍然会走向这条道路。但亚洲人的归因风格更加注重外在的影响。亚洲的被试认为，如果卢刚有一个温暖的家庭和孩子的话，他会更加有责任感，而不会走上这条道路的。所以，在莫里斯和彭凯平要求中国和美国的大学生受试者分别解释这两起事件时，结果得到了相异的归因差别模式，即中国受试者倾向于背景性的解释，而美国受试者倾向于特质性解释。这些不同倾向不管是在受试者解释美国凶手还是中国凶手的行为时都得到了体现。在列举了关于这两起谋杀事件的许多背景因素后，莫里斯和彭凯平进一步让受试者判断：如果环境不同的话，比如卢刚找到一份工作或托马斯在当地有很多朋友的话，凶杀案是否还会发生呢？对此，中国受试者认为凶杀案很可能就不会发生，而美国的受试者则认为不管环境怎么不同，凶杀案都必然会发生。

另外，心理学家也发现人们在生活中也出现了利己主义归因偏差。这表现为，在归因时，每个人都有一种自我防御倾向。如果自己考试成功了，就力图找一些主观原因，特别是特质方面的原因，诸如自己能力高；倘若自己失败了，就去找客观原因，特别是情境方面的原因，诸如运气不好、晚上休息不好、题目范围太广或者考试环境嘈杂等。这种把成功归因于自己而否定自己对失败负有责任的倾向性，称为利己主义归因偏差（self-serving attributions error）。利己主义归因偏差也与基本归因偏差有关，在基本归因偏差中存在一个有趣的现象：基本归因偏差通常只发生在人们解释他人行为时，而不发生在人们解释自己行为的时候。这种现象被称作"行为者与观察者效应（Actor-Observer Effect）"。它是指人们观察他人行为时，人们倾向于将行为结果归因于行为者，但是，当人们解释自己的行为时，人们倾向于使用情境因素。一个原因可能是观察者与行为者在解释行为结果时所掌握的信息不同，行为者对于行为过程的环境条件更有体会，他们可以较有把握地作出环境归因，而观察者则不太了解行为过程的环境条件，做出行为者内在因素的归因更加容易；另一个原因可能是行为者与观察者看问题的角度有所不同，行为者倾向于把自身看做是稳定不变的因素，他们的归因焦点在于不稳定的环境因素。观察者倾向把环境条件看成是稳定不变的因素，他们的归因焦点在于无法确定的行为者的个性因素。

利己主义归因偏差是指人们倾向于把自己行为的积极成果（成功）归因于个人因素，而把消极结果（失败）归因于环境因素。因为人们总是希望获得成功，正是这种倾向导致了利己主义归因偏差。如果人们把成功看做是加强自我权威或保护自尊心的手段的话，人们就可能对自己的失败行为作外在归因。人们往往把自己成功的原因归结于内在属性，例如，能力、努力和好的品质等；与此相反，又从外在环境中为自己寻找失败的原因。当原因不明显时，这种自服性归因最容易发生。在行动者与观察者效应中，人们倾向于把他人的失败行为归因于较稳定的人格因素，把他人的成功归因于外部环境；而将自己的失败行为归因于外部因素，把自己的成功行为归因于自己的个人质量。比如有的人赛跑，赛跑结束以后，谈论自己胜利或失败的原因时，失败者把自己失败的归因认为是外部因素，如运气不好，跑道不好等，而胜利的人归因于自己的技术和努力等。

利己主义归因偏差在群体中也经常发生，当一个集体合作项目获得成功时，成员很容易将主要功劳归因于自己。相反，在面对失败时成员又常常责怪其他成员。坎贝尔（Campbell，1986）等人做了一项实验：他们让被试和朋友或陌生人一起承担一项任务，而每个人的任务回馈结果被随机分配"成功"与"失败"两种结果，这种结果实际上和他们的实际表现无关。然后，实验者要求被试对回馈结果进行归因。结果发现，与陌生人一起工作的被试更多地把成功归因于自己，也更多地把失败归因于合作者。

第七章 社会认知

人们对他人做出解释是件司空见惯的事情，而社会心理学家希望解释的是人们如何对他人做出解释的问题。人们是否能准确地对事件和他人做解释呢？这涉及之前提到的归因问题和刻板印象问题。除此之外，如何才能更好地对事件做出解释？如何能更好地感知和回忆我们的社会生活？怎样才能做出准确的判断？人们的信念倾向于自我实现吗？社会认知让人们在外部世界和个人心理世界中建立关联，为此心理学家一直以来对其的研究兴趣从未降低过。以上这些问题将成为本章所关注的焦点，通过了解社会认知，可以更清晰、更准确，也更合理、更有效的了解他人和认识自己。

第一节 社会认知

社会心理学家使用"社会认知"这个术语来界定人们对周围世界的解释、推理、以及信息的使用。所谓社会认知（social cognition），最初被称作社会知觉（social perception），由美国心理学家布鲁纳于 1947 年提出，用以指受到知觉主体的兴趣、需要、动机、价值观等社会心理因素影响的对人的知觉。随着社会心理学对人际知觉领域研究热潮的兴起，社会知觉概念被等同于人际知觉（interpersonal perception）或对人知觉（person perception），指关于他人或自我所具有的各种属性或特征的整体反映，其结果即形成关于他人或自我的印象。20 世纪 60 年代后，随着认知心理学的兴起及其对社会心理学的影响，社会知觉或人际知觉被社会认知一词所取代，指个人对他人的心理状态、行为动机和意向做出推测和判断的过程，属于人的思维活动的范畴。由此使社会知觉的内涵与性质更加明确，避免与传统心理学中作为感性认识活动一部分的知觉活动相混淆。

一、社会认知的含义

由于人们对社会认知的研究取向不同，有关社会认知的定义和解释也各不相同。下面列举几种比较代表性的观点：（1）社会认知研究包括对所有影响人对信息的获得、表征和提取的因素以及这些过程与知觉者的判断之间的关系的思考；（2）社会认知通常是指两种认知：关于人、群体的认知和具有情感、动机态度、情感色彩的认知；（3）社会认知通常是指对人、自我、人际关系、社会群体、角色和规则的认知，以及对这种认知与社会行为之间关系的认识和推论；（4）社会认知研究的对象是那些发生在他人和自己身上的心理事件以及人们对社会关系的思考；（5）社会认知是人们根据环境中的社会信息形成的对他人或社会群体、社会角色及自身经历的推论。

综合上述定义，可见社会认知有两个基本特征：其一，社会认知是人对社会性事件的认知加工；其二，人的社会认知对其社会行为起一定的调节作用。所以，社会认知是指人对社会性客体之间的关系，如人、人际关系、社会群体、自我、社会角色、社会规范等的认知，以及对这种认知与人的社会行为之间的关系的理解和推断。社会心理学所感兴趣的是作为知觉主体的个人对他人、群体的人际关系的社会认知，以及与此相伴随的自我省察的过程。由于社会心理学对于社会认知的研究着眼于对人及人与人关系的知觉感受，因而不少社会心理学文献称之为社会知觉或人际知觉。

社会知觉与普通心理学的知觉的含义有所不同。后者是指个体对直接作用于自己的客观刺激物整体属性的反映，不包括想象、判断等过程；前者则包括整个认知过程，既有对人外部特征的知觉，又有对人格特征的了解以及对其行为原因的判断与解释。社会知觉是一种基本的社会心理活动，人的社会动机、社会态度、社会化过程、社会行为的发生都是以社会知觉为基础的。

作为一种特殊的社会心理过程，社会认知具有如下几个基本特性。第一，互动性。在社会认知过程中，知觉者和被知觉者处于对等的主体地位，不仅被知觉者影响知觉者，而且知觉也会影响被知觉者，从而使社会知觉过程的发生不是单向的，而是双向的。第二，间接性。社会认知不仅是知觉者对他人外部属性的直接反映，更主要的是通过对他人直接可感的外部特征，如行为表现等，达到对他人内部人格特征的间接把握或反映。第三，防御性。个人为了与外界环境获得平衡，适应社会，从而运用认知机制抑制某些刺激物的作用就是认知的防御性。当代社会心理学家普遍认为社会认知和防卫机能息息相关。个体在情绪困扰的状态下对于社会客体的反应，与在中性情绪的作用下所产生的反应显然是不同的。换言之,情绪不同的人对于同一刺激会有不同的反应。因为个人是在特定的情绪状态下,根据已有的认知结构来辨明刺激物的意义和重要性,从而决定应否逃避。个人的认知防御,主要目的在于维持自我的完整。第四,认知的完形特性。人们在社会认知过程中,自觉或不自觉地贯彻了完形原则(或格式塔原则),即个人倾向于把有关认知客体的各方面特征材料加以规则化,形成完整的印象。这种倾向在判断一个人的时候表现得尤为突出。当人们看到一个人似乎既是好的又是坏的,既是诚实的又是虚伪的,既是热情的又是冷酷的时候,便觉得不可思议,认为自己还没有完全认识这个人。人们总是无法容忍自相矛盾的判断。桑普森(E. E. Sampson)把这种判断的出现称为"认知分离"。他认为个人智力和知识的局限性构成认知的剥夺体验,造成个人认知和认知对象之间的分离。为了消除这种分离,个人一方面会加强其探求信息的欲望和动力,寻求更多的信息,摆脱认知剥夺。同时可能向幻想化的方向发展,即利用想当然的办法给认知对象添补细节,使认知带有浓厚的主观色彩。

二、社会认知的影响因素

影响社会认知的因素主要包括认知偏见、认知情境、认知者因素以及认知对象因素四种。

(一)认知偏见

由社会认知的内涵及特征可知,社会认知是一个由表及里、由点到面的动态过程。认知者最初只能获得有关认知对象外部特征的信息,形成对其的初步、浅层次的了解。在此基础上,认知者开始对认知对象的内在属性做出判断。与此同时,人们在认知单个认知对象的过程中,总是有意无意地将认知对象与周围的人加以对照,试图了解他们之间的相互关系。另外,认知者也不忽略对自己的认知,他们往往把自己同一定的认知对象置于某种关系网络之中,并形成对这种关系的判断。

由此可见,社会认知的基本内容包括以下两大方面:一个方面的内容是个人知觉(person perception),即对他人的知觉,它不但包括对他人外部特征,如外表、语言、表情等直接能看到、听到的特征的知觉,而且还包括对他人性格的知觉,性格除了包括情绪反应的特征外,更主要的还包括意志反应的特征;另一个方面的内容是对人际关系的认知,这种认知包括认知者对自己与他人关系的认知和他人与他人关系的认知。实际上,对他人的认知包含着选择自己对他人的关系形式,如对某些人反感、疏远,对某些人喜欢、亲近。这种选择直接影响认知者的交往动机。研究证实,一个人更愿意和与自己性格相似的人接近。一个人在选择交往对象时,颇为注意对方与自己是否相似。因此,这种相似程度构成认知的重要项目。人际关系认知的另一个方面是估量他人之间的关系状况,确认具体认知对象在群体中的位置。

在认知过程中,个体的某些偏见时时影响认知的准确性,使认知发生偏差。这种偏差是知觉过程的特征,这种带有规律性的现象在许多情况下是难以克服的。

第一,光环作用(Halo effect)。也叫晕轮效应,指的是如果一个人被赋予了一个肯定或有价值的特征,那么他就可能被赋予其他许多积极的特征,就像一个发光物体对周围有照明作用一样。如一旦认为某个人很可爱,可能会认为她单纯、热情、聪明;一个漂亮的人会被认为聪明、热情、有爱心等。其实质是把各种相互独立、没有必然联系的特性予以叠加,统统赋予认知的对象。与晕轮效应相对应的是"负晕轮效应"(negative-halo effect),也叫扫帚星效应(forked-tail effect),是指如果一个人被赋予了一个否定、消极的特征,那么他就可能被赋予其他许多消极的特征。如自私的人通常被认为不诚实、懒惰、刻薄等。

第二,正性偏差(positive bias)。它是指认知者表达的积极肯定的估价往往多于消极否定的估价,这种倾向又叫宽大效应。如,在一项研究中,学生将他们学校 90%以上的教授都评价为"喜欢",而不管他们在这些教授的课上是否有过不愉快的经历(Sears, 1983)。对正性偏差有很多解释,其中一种解释来源于"快乐原则"——当人们被美好的事物,如愉快的经历、漂亮的人、好的天气等所萦绕的时候,人们倾向于对大部分事物做出高于"一般"水平的评价。有一种特殊的正性偏差,它只发生在人们对他人做出评价的时候,这种偏差被称为"个体正性偏差"。由于人们对于他人比对非人化的客体产生更多的相似感,因此会将对自己的宽容评价推广到其他人身上。"个人正性偏差"在评价他人的时候经常发生,但是对评价非人格化的事物时不适用。

第三,负性效应(negative effect)。人们在社会认知过程中,往往会更多关注负性信息,受其的影响作用也更大。也即在相同的情况下,负性因素比正性因素更能影响人们的社会认知。这就是"负性效应"。对此的主要解释来源于格式塔学派的"图形与背景"原理。由前面的"正性偏差"可知,积极的评价比消极的评价更为普遍。由于负性特征更不常见,因此更显著。就像鲜艳颜色的衣服、巨大的事物一样突出,在知觉过程中也就更易被视为"图形"。这就是人们更注意这些负性特征并给予更多的权重的原因。负性信息的影响作用部分依赖于认知者所作的判断的性质。负性效应对道德判断有很强的影响力。

例如，人们通常会从某人的不诚实表现中推断出他的道德水平不高。正性偏差存在于能力判断中，因为只有高能力的人才能有高水平的能力表现，此时负性信息的影响不大，因为即使是高能力的人有时也可能因为机遇、缺乏动机或暂时的障碍等因素而失败。

第四，假定对方与自己有相同之处。初次接触一个陌生人，当我们了解到对方的年龄、民族、国籍以及职业等等与自己相同时，最容易作出这种假定。在社会生活中，背景相同的人并不一定有相似的个性和行为反应特征，但是人们却往往根据一些外部的社会特征，判断自己和他人之间的相似程度。如果没有新的信息资料，人们就很可能用这种假定的结论代替实际的认知结果。

第五，隐含人格理论（recessive personality theory）。每个人在成长过程中，都发展了自己的人格理论——一套关乎个人各种特征是怎样相互适应的、未言明的假定，这种理论之所以是隐含的，是因为它很少以正式的词汇表述出来，甚至个人自己也并不意识到它的存在。伯曼（J. S. Berman）等人把这种理论又称作相关偏见。这种偏见为人们提供了一种把认知到的各种特性有规则地联系起来的方法。每个人都依照自己有关人格的假定，把他人的各种特性组织起来，成为一种总体形象。例如，罗森伯格（S. Rosenberg）等人发现，大学生在形容他们所认识的人时，最经常使用的词是自我中心、聪明、友好、雄心勃勃、懒惰等。那些被形容为很聪明的人，同时还可能被形容成是友好的，但很少被形容成自我中心的。在这里隐含人格理论就起了作用，聪明和友好应当并列，而聪明和自我中心则无法构成一个整体形象。在实际认知过程中，刚刚看到对方具有某些特点，人们就依照自己固有的人格模式推测他人必然具备另一些特性。比如，发现对方交际广，便推断他口才好、讲义气、精力充沛、机敏、富有想象力等等。

第六，刻板印象。刻板印象一旦形成，就具有非常高的稳定性，很难被改变。即使碰到相反的事实出现，人们也倾向于坚持它，而去否定或"修改"事实。刻板印象具有一定的积极作用。首先，刻板印象中包含了一定的真实成分。它或多或少反映了认知对象的若干状况。其次，刻板印象可以将所要认知的对象进行分类，简化人们的认识过程，起到化繁为简的作用。最后，刻板印象能帮助人们更有效地了解和应付周围的环境。人们常常要与一些陌生人打交道，在这种情况下，利用刻板印象指导我们对对方表现出适当的言论和行动，有时还是颇有作用的。刻板印象的消极方面表现在它会使认识僵化，这势必要阻碍人们接受新事物，阻碍人们开阔视野。另外，持有刻板印象的人在判断他人时，把群体所具有的特征都附加到他身上，也常导致过度概括的错误。

（二）情境因素

人们的社会认知受情境因素的影响。影响社会认知的情境效应有两类。一类为对比效应，是指一种偏离情境的认知偏差。俗话说，"红花还需绿叶衬"，这在一定程度上就反映了对比效应。再如，一个人在相貌出众的一群人中会显得长相更普通。另一类为同化效应，是指与情境的水平相同的一种认知偏差。如同时展示一张相貌出众的人的照片和一张相貌一般的人的照片，人们对相貌一般的人做出的评价要比没有展示那张相貌出色的人的照片时的要高。

是什么因素决定究竟是对比效应还是同化效应起作用呢？研究发现，当人们在相对较低的层次加工有关他人的信息时，可能发生同化效应；当人们追求准确性并对目标人物的行为信息作系统、彻底的加工时，同化效应不太可能发生。

在认知活动中，认知对象所处的场合背景也常常成为判断的参考系统。巴克（K. Back）指出，对象周围的"环境"常常会引起对其一定行为的联想，从而影响人们的认知。人们往往以为，出现于特定环境背景下的人必然是从事某种行为的，他的个性特征也可以通过环境加以认定。

认知者在情境中的角色也会影响社会认知。在一项研究中，参加者被要求在与同伴交往的过程中表现得内向或外向。那些被要求表现得外向的参加者将同伴评价得更为内向，而那些被要求表现得内向的参加者将同伴评价得更为外向。显然，参加者在评价同伴的过程中忽略了他们自己的角色。这说明，对于很多行为来说，情境信息经常被忽略。

（三）认知者因素

第一，原有经验。原有经验在认知系统中是以图式的形式存在的，图式直接影响人们的社会认知过程。个体在一定的基础上，形成某些概括对象特征的标准、原型，从而使认知判断更加简捷、明了。如果没有关于"聪明"、"大方"的原型，人们无法很快地将对象认定为聪明、大方的人。更明显的是个体原有的经验能够制约我们的认知角度。对于同一座建筑物，建筑师可能更多地着眼于它的构造、轮廓，而木匠则可能更注重于它的木料的质地及工程的优劣。不少学者认为，人们之所以能够理解对象的意义，是因为对关于该对象的经验已形成了观念，这种观念参与了认知过程。巴克称之为"概念应用"。比如，一个学生的学习成绩好，人们可能判断他"有出息"；一个学生根据他在大学的化学成绩，可能认为自己是当医生的料。在这里原先所形成的概念帮助他做出了判断。

第二，价值观念。个人如何评判社会事物在自己心目中的意义或重要性，直接受其价值观念影响。而事件的价值则能增强个人对该事件的敏感性。奥尔波特等人做过一个实验，目的是检测各个背景不同的被试对理论、经济、艺术、宗教、社会和政治的兴趣。实验者将与这些部门有关的词汇呈现于被试面前，让他们识别。测验结果发现，不同的被试对这些词汇做出反应的敏感程度也不同；背景不同的被试由于对词汇价值的看法不同，识别能力显出很大差异。

第三，情绪。从20世纪80年代中期开始，社会认知心理学中开始探讨心情、情绪、目标、动机在认知中的作用，这方面的研究主要集中在情感对社会判断和认知策略的影响。斯瓦兹等（Schwarz & Clore, 1996）指出，人在做出判断时，人的情感本身也是一种信息的来源。特别是，有时人会通过询问自己"我对它的感受如何？"来简化判断的任务，一些评价判断实际上就是人对目标的情感反应（例如，喜欢感）。一个人目前的情感可能确实是由当前的目标对象引起的。不过，人有时很难把对判断物体的情感反应与一个人先前就存在的心情状态清楚地区分开来，误把先前就存在的情感作为对当前目标对象的情感反应，导致在心情愉快时比心情不好时对目标对象的评价更为积极。研究表明,在雨天参加电话调查的被试比晴天参加调查的被试报告的生活满意度更低，表明不同天气状况下的心情对于社会判断的影响。但是，当调查者在询问被试关于生活满意度的问题之前，先询问一下当天的天气情况，上面的研究结果就不再出现。因为这使被试注意到目前心情的外在来源，从而把不好的心情归结于雨天而不是自己对个人生活的反映，消除或减少了它对社会判断的影响。另外，情感还影响信息加工策略。一般而言，坏心情的人更可能运用系统的、数据驱动的信息加工的策略，相当注意问题的细节。相反，心情愉快的人更可能依赖于先前存在的一般知识结构，运用自上而下的策略性加工，较少注意问题的细节。当人遇到威胁或缺少积极的结果时，通常会体会到坏的心情；当人得到积极的结果或没有威胁时，会感受到好的心情。可以说，人的心情反映了环境的状况，坏心情时说明自己处于问题情境之中，而好心情标志着一种好的舒适的情境。人的思维过程与情感表示的情境要求一致，当消极的情感标志着问题情境时，会特别注意问题的细节，投入必不可少的努力，进行仔细分析，进行精细加工；当情感标志着一个好的情境时，人很难看到精细加工的需要，投入的认知努力会很小，忽视问题的细节，运用以前的知识结构进行策略加工。

此外，个人认知系统的复杂度与权威性格的强度也会影响社会认知。认知系统简单及权威性格较明显的人喜欢用两分法判断知觉到的各种事项，如，视人非好人即坏人，政治立场不同就是敌人。

（四）认知对象的因素

第一，魅力。构成个体魅力的因素既可以是外表特征和行为反应方式，也可以是内在的性格特点。认为一个人有魅力，意味着他具有一系列积极属性，如容貌美、有能力、正直、聪明、友好等。但是，在实际的认知过程中，个人往往只需具备其中的某一两个特性就可能被认为有吸引力，如前面所谈到的光环作用。美貌通常最快被人认知，且直接形成对人的魅力，从而往往首先导致光环作用。戴恩（K. Dion）等人在实验中让被试通过外表上魅力大不相同的人物照片来评定每个人其他方面的特性。结果发现，在几乎所有的特性方面（如人格的社会合意性、婚姻能力、职业状况、幸福等），有魅力的人得到的评价最高，而缺乏魅力的人得到的评价最低。

除了相貌之外，态度也同魅力相关。如前所述，对于认知者来说，对方的态度是否同自己的态度接近，决定着其魅力的大小。人们不仅要判断别人是否与自己相似，同时还常常会观察别人对自己的态度。按照弱化理论，人们喜欢爱自己的人而讨厌恨自己的人。在这个意义上，只要认知对象的判断对自己有利，认知者就会把他看成是有魅力的并对他持积极肯定的态度。

第二，身份角色。认知对象的身份角色也是影响社会知觉的一个因素。在一个社会里，我们对各种角色差不多会抱有共同的角色期望，因此如果知道某人在社会关系中占有什么地位，或具有什么角色，人们会根据对该角色行为的预期，判断他可能具有什么样的人格特质。如，对方被介绍为大学教授，我们会将社会赋予教授的角色期望归在这个人身上，推想他应该是学有专长、行为端庄的人，与他交谈时不由自主地变得拘谨严肃。

第二节 社会信念

社会信念（social belief）是指导人们如何感知社会生活、如何知觉别人和周围的世界，以及如何形成对别人和周围世界的印象。

一、信念固着

人们一旦对某项事物建立了某种信念，尤其是为它建立了一个理论支持体系，那么就很难打破人们的这一看法，即使是相反的证据与信息出现时他们也往往视而不见，这种现象就是信念固着（belief perseverance）。从心理学的角度看，人们越是极力想证明自己的理论与解释是正确的，就越是对挑战自己信念的信息加以封闭。事实上，人们会选择性地去感知那些他们所期望或愿意看到的事物。信念可以独立存在，并且当支持它的证据被否定时也会存在下来。事实上，人们的信念和期待在很大程度上会影响我们对事件的心理构造，就如同科学家从创造某一个理论中获益，引导他们观察并解释事件一样，通常情况下人们的信念和预期也会使他们有所收益。但这种收益在某些时候是以一定的付出为代价的，比如我们成为了自己思维方式的囚徒。可见，信念固着能让人们根据有限的信息迅速地做出判断，但在获取效率收益的背后却可能使判断出现偏差，而且这种偏差可能让人刚愎自用。

在现实生活中，人们一旦对个体形成印象后就很难加以改变，甚至还会寻找更多的信息或理由去支持这种印象。在教育过程中，一些教育者受到认知偏差的影响，带着思维惯性去看待受教育者，受到信念固着的影响，教育者可能常常使用老眼光看待他人，这样容易使这种认知偏差影响受教育者的成长。

二、记忆建构

自德国心理学家艾宾浩斯（H. Ebbinghaus）首创以无意义音节为材料对于人的记忆进行定量研究以来，记忆已成为心理学家们最为关注的对象之一。那么，人们将信息存储于大脑的同时，是不是也构建了自己的记忆？记忆就好比大脑中的一个"储物箱"，我们将各种材料贮存在里面，日后需要时再从里面拿出来，偶尔，有些东西也会从储物箱中丢失，那时就说自己忘记了。事实上，记忆建构的学习完成之后，人们发现储物箱里的东西除了放进去和拿出来之外，也会发生各种各样的改变，人们将信息存储在大脑的同时，人们也构建了记忆。那么，记忆是不是有错误和歪曲呢？

其实，人的记忆并不像通常所认为的那么稳定，经过一段时间以后，它们是会调整和改变的。所以，如果向别人讲述5年之前度假的事情，个人是否会按照当时发生的情景来描述呢？事实上可能并非如此。或许个人已经用了很多来源于其他地方的信息重新建构了记忆，其来源可以是前几次对它的讲述、这一次或随后的假期中的其他经历，也可能是去年看过的一部度假的地方拍摄的电影等。如果在讲述某种体验时有另外一个人在场，而这个人是当时与你一起度假的，则令人惊讶的是，两个人对于同一个事件的描述可能是不大相同的。

舒尔茨（Schultz, 2000）在《心理学应用》中指出：心理学家早已认识到人们不能完全正确而客观地认知周围世界。个体对于所见事物的想象并不精确地反映客观事物。人们的知觉既不精确也不全面，可能受到需要、恐惧、价值观、态度和偏见的歪曲。认知心理学的研究表明有各种因素会影响人们的记忆过程而使其有失真实。

那么，哪些因素可以影响人们的记忆建构呢？其一是刻板印象。刻板印象具有很强的暗示作用，即当个体对某个人或某一群体形成固定看法时，它往往会据此推论这个人或群体的其他特征和行为。无论是注意力指向、外界因素的干扰，还是自动修补记忆内容，都是刻板印象作用的结果，其目的都是为了完善和适应认知主体原有的印象图式。比如，社会心理学家发现文化期待等刻板印象因素会影响人们的知觉、记忆和报告。"流言传播"的实验中，奥尔波特（Allport, 1947）给人们呈现了一张照片，照片上有一个拿着刀片的白人。实验者让被试把照片上的故事转述给第二个人，第二个人再接着转述给第三个人，依次下去，到第六个人时，拿在白人手里的刀片就被说成是在黑人手里了。其二是事件后信息的误导效应（effects of misleading post-event information）。人们的记忆不仅受期望和已有图式的影响，而且也受事件发生后有关信息的影响，人们可能会根据这些信息重新调整已有的记忆，或是将这些信息与已有的记忆内容进行整合，并且都作为事件发生时的信息进行存储和提取。这一过程也就是认知心理学家所说的记忆重构，即人们表述的记忆内容是原先贮存信息按现在意识图式的重新组织。人们总倾向于记起与现在的信念相一致的事件。

洛夫特斯（E. Loftus）被人们公认为记忆重构及目击者证词研究领域的卓越先导。她发现，当人们回忆一件事情时，并不是准确的再现它。相反，回忆是对实际发生事件的一种重构，即人们用新信息和现存信息去填补其回忆某种经历时所出现的遗漏。洛夫特斯（Loftus, 1984）将其记忆的建构理论应用到司法领域，并通过一系列令人印象深刻的研究让人们开始对目击者证词的可靠性产生质疑。比如她在早期的研究中发现，提问措辞的细微差别可能改变一个人对事件的记忆。如果问一个交通事故的目击者："你看到一个撞碎的车前灯了吗？"或"你看到那个撞碎的车前灯了吗？"即使事件中根本没有撞碎的前车灯，在提问的问题中使用"那个"比使用"一个"会产生更多的肯定反应。使用"那个"预示着事故中的确已经出现了撞碎的车前灯，这样就会使目击者在有关这个事件的记忆中加入一个新的因素。下面就是其早期较为经典的两个实验研究。实验 1 中的前提假设是，如果对目击者提出的问题中包含了关于目击事件的错误的前提假设，那么这个新的错误信息就会出现在目击者随后的证词中，并且这种含有错误信息的重构记忆将保持一段时间。比如，当有人问："有几个人坐在这辆超速行驶的汽车里？"这个问题的假定前提是汽车是超速的。在洛夫特斯的实验中，主试将 150 名学生分成小组后请他们观看短片，短片的内容为一个司机闯过了停车路标，冲进迎面而来的车流，并引发了 5 辆汽车的追尾事件。事件只持续了 4 秒钟，而整个电影也不超过 1 分钟。电影结束后，要求被试做一份包含 10 个问题的问卷。对于其中的一半被试，问卷中的第一问题是这样的："轿车 A（闯过停车路标的那辆车）闯过停车路标时速度有多快？"而另一半被试的第一个问题是："轿车 A 右转弯时的速度有多快？"接下来的一些问题对研究者而言都是无关紧要的，他们真正感兴趣的是最后一个问题。该问题对两组被试的提法完全相同，即"轿车 A 前面是否有停车路标？"对在第一个问题中提到停车路标的那组被试，有 40 名（53%）说他们看到轿车 A 前有停车路标，但在"右转弯"组中，只有 26 名被试（35%）声称他们看到了停车路标。这种差异具有统计上的显著性。实验 2 中，研究者想知道提问中的一些错误假设的前提是否会使目击者在重建对某事件的记忆时，把未曾出现在事件中的物体包括进来。被试（150 名大学生）观看一段与一辆白色赛车有关的交通事故的短片，录像的内容围绕着这一事故展开，而后要求他们回答与录像有关的 10 个问题。一半被试的问卷中包含的一个问题是"白色赛车在乡间道路上行驶，它经过谷仓时速度有多快？"对另一半被试则问道："白色赛车在乡间道路上行驶时，速度有多快？"如同前面的研究一样，被试一个星期后返回并回答 10 道与这个事件有关的新问题。其中，用来验证研究假设的问题是："你是否看见了一个谷仓？"在前一轮问题中提到谷仓的那组被试中，有 13 人（17.3%）对此问题回答"是"，而相比之下，没有提到谷仓的那组被试中只有 2 人（2.7%）回答"是"。两组的差异又一次达到了统计上的显著性。在其建构理论和相关研究的基础上，洛夫特斯指出，在刑事调查中目击证人通常要多次回答问题。他们可能在犯罪现场接受警察的提问，接受负责处理该案的检察官的询问，而且如果他们到庭作证，则又将再一次接受询问。在上述不同时间段的提问过程中，错误的假定前提是很有可能产生的，有时可能并非是有意的，而且有无数的途径可以导致这种现象的发生（Hock，2004）。这一观点告诉人们，一些先入为主的观念会强烈地影响人们对事件的解释和记忆，在许多实验中，人们事先的判断会强烈影响他们知觉和解释信息的方式。

第三节　社会判断

社会认知是一个由认知者、被认知者和情景等因素交互作用的复杂过程，是个体对社会刺激加以综合的过程。怎样才能做出准确的判断呢？这是一直困绕所有人的问题。

一、直觉判断

生活中人们也常常使用"直觉"来表达推测和怀疑。当然，人们生活中也常用直觉来表达对自然界的推测，甚至是知识的追求。比如，爱因斯坦就以其创造性直觉而著称（Miller，1997）。这些杰出创造者都经历了极其复杂的认知过程，他们早期的直觉常常需要经过逻辑思维的分析、补充和完善后，才能成为有价值的创作成果。

事实上，直觉有三种类型，即社会情感直觉（Social Emotion Intuition）、应用性直觉（Applied Intuition）和自由直觉（Free Intuition）。社会情感直觉关注人际关系，特别是在寻求理解人与人、人与情境之间关系时发挥作用，包括对他人需要与情感的敏感性、当时的喜恶以及理解与处理那些包含情绪因素的复杂情境的能力。应用性直觉直接指向解决问题和完成任务，例如创造性直觉，不确定条件下凭直觉作出决策。自由直觉则是指向未来的预感性直觉（Raid & Lubart，2001）。例如，人与动物对即将发生的危险、灾难的预知能力（周治金等，2005）。人类对于直觉的研究由来已久，托马斯·瑞德（Thomas Reid）是最早对直觉进行研究的学者之一。此后，一些哲学家如斯宾诺莎（Benedictus Spinoza）、康德（Immanuel Kant）对直觉都有所涉及，但是对于直觉的研究直到 20 世纪 60 年代才真正兴起。

直觉是不经过逻辑的、有意识的推理而识别或了解事物的能力，它包含认知、情感和行为等成分。直觉的认知成分包括直觉思维过程中人们所拥有的想法、事实、经验、信念和策略知识等，这些成分是内隐认知加工的基础。人们通常将直觉描述成为某种预感（hunch or gut feeling），或者描述为知道某事却不知道自己是如何知道的。荣格（Jung，1913）提出直觉是人的四个基本精神功能（内向—外向、感觉—直觉、思维—情感、判断—观察）之一，他认为直觉是指向于内的无意识知觉，与那些依赖于外部感官的、指向于外的有意识感知觉相对立；波利卡斯特罗（Policastro，1995）认为直觉是将创造工作引向有望成功的一种模糊的、预期知觉；韦斯科特（Westcott，1961）认为直觉是一种推理式思维，能够做出判断或预测；鲍尔斯等（Bowers，Regehr & Balthzard，1990）提出，直觉是指在尚未形成对象的有意识表征之前，对认知对象的模式、意义和结构等连贯性信息的一种预知（preliminary perception）；罗森布拉特等（Rosenblatt & Thickstun，1994）认为，当前的知觉模式与先前存贮在记忆系统中的知觉模式得到无意识匹配时就产生直觉。

爱波斯坦（Epstein，1996）等人对直觉经验与分析推理思维方式的研究中有12个项目是调查直觉的情感成分的。如果想测量一下直觉行为反应,我们可以用直觉行为的量表来加以判断,这就是非常著名的 MBTI 量表(Myers-Briggs Type Indicator, MBTI)。该量表以荣格的四种心理类型理论为基础编制而成,感觉与直觉是 MBTI 量表的一个维度。感觉占优势者重视现实,倾向接受和利用当前刺激,善于把握大量事实及精确的数据;直觉占优势者常超越事实和证据,善于把握事物的意义、联系和发展的可能性,通过洞察和联想找出解决问题的新方法,这种人重视想象和灵感。布里格斯等(Briggs & McCaulley, 1986)对直觉与创造力之间的关系作过综述研究,发现两者之间存在正相关。他们也曾报告四类高创造者(建筑设计师、数学家、科学家和作家)中约98%的人具有一个共同的特点,即他们的直觉占优势,但是普通人群中直觉占优势者只有大约25%~35%。

当人们面临一个复杂的判断或决策问题时,他们通常会依据自己的直觉或者是一些常识进行决策。大多数情况下,根据此类原则得到的答案往往会非常接近"最优"方案。特沃斯基和卡尼曼(Tversky & Kahneman, 1974)曾经建议决策者运用直觉或者是一般的常识来进行决策,利用直觉进行决策的优点是可以用很少的时间和努力达到与理性决策相同的结果。例如,直觉可以很容易地估计某种结果出现的可能性而不必用计算的方式。在绝大多数情况下,一个粗略的近似值就已经足够了。但是在某些情况下,直觉也可能产生某些可预测的偏差和不一致。比如,朋友介绍一位客户,张先生,31岁,单身,大学期间学习哲学,硕士专业是古典文学。人们的直觉可能告诉我们他会是一个爱读书、为人谦和,不关心财经的人,但事实上他是个股票行家,这一点可能是超越人们的直觉的。所以直觉在很多时候可以帮助人们更为迅速地认识事物,有时却限制了人们的思维拓展,这需要人们在经验中不断学习和总结。

二、过度自信倾向

2001年,美国经济学会(AEA)将该学会的最高奖克拉克奖(Clark Medal)首次颁给了行为经济学家——加州大学伯克利分校的马修·瑞宾(Matthew Rabin)。2002年,诺贝尔经济学奖授予了两位行为经济学代表人物——美国普林斯顿大学的卡尼曼(Daniel Kahneman)和乔治梅森大学的弗农·史密斯(Vernonl Smith)。两位教授因"把心理学研究和经济学研究有效的结合,从而解释了在不确定条件下如何决策"以及"发展了一整套试验研究方法,尤其在实验室里研究市场机制的选择性方面"的杰出贡献而获此殊荣。过度自信(overconfidence phenomenon)是指过高估计自己对事件判断准确性的现象

（Kahneman，2001），它正是来源于卡尼曼及其同事关于不确定条件下判断与决策的理论与研究（Tversky，1974；Kahnemann，1982）。这可以进一步延伸至特沃斯基和卡尼曼（Tversky & Kahnemann，1974）的锚定效应（anchoring effect），即在不确定情境下，判断与决策的结果或目标值向初始信息或初始值即"锚"的方向接近而产生估计偏差的现象。

关于过度自信，在日常生活的许多现象中，如风险性预测、疾病预测、博彩市场的估计、协商谈判、自我效能估计等，都可以看到它的踪影，它是既普遍存在，又十分活跃且难以消除的判断偏差。比如，日常生活中人们在投资或买乐透彩的时候常常预感他们可能会赢或者会赚钱；人们生病的时候常常对疾病的预测比较乐观，认为自己十分健康；谈判桌上人们也倾向十分自信，认为失误的一定不会是自己。这些都是人们在日常生活中的过度自信。

在研究中，德邦特和泰勒（DeBondt & Thaler，1985）指出，"在心理学领域有关个人判断的研究成果中，最强的结论就是人们是过度自信的"；卡尔特等人（Culter, Porterba & Summers，1991）的研究表明，在经验性环境下，人们对自己的判断一般都过于自信，过度自信可能会出现错误，当错误的结果重复呈现在面前时，人们就会从中学习；伯纳德和托马斯（Bernard & Thomas，1986）研究发现，过度自信和深层次的心理现象有关；对于个人过度自信的表现，奥丁（Odean，1975）进行过详细的总结，其中最主要的可能体现在以下几个方面：人们过高的估计自己知识的准确程度；人们过高的估计自己做好某件事情的能力，而且个人在某项任务中的重要性越高，他对自己能力的高估程度也越大；人们经常对自我的评价过高，大多数人认为自己比平均水平高，而且大多数人对自己的评价要比别人对他的评价高。另外，沃洛森等人（Wolosin, Sherman & Till，1973）、米勒和罗斯等人（Ross, Langer & Roth，1973）、温斯坦等人（Weinstein, Taylor & Brown，1975）的研究发现，人们总是趋向于过高估计自身的知识和能力水平以及其对成功的贡献度；哈斯多夫等人（Hastorf, Schneider & Polifka）认为，人们容易把成功归功于自己的能力，而把失败归于外部因素的影响。由于过度自信，我们倾向认为当我们成功的时候是由于自己的不懈努力，与他人关系不大。人们总是处于一种自我欣赏之中，因而会出现超级良好的自我感觉。

三、启发式思维

不论是在日常的生活、学习中，还是在严谨的科学研究、决策活动中，人们的诸多问题的解决或推进往往并不都是来自严密的逻辑推理，而是来自其他事物或信息的启发。而且在不同活动中，人们所受启发的事物或信息一般是不尽相同的，但人们都要经历一个受启发的认知过程。正是这样一个过程往往就使人们茅塞顿开，从而使问题迎刃而解。启发式（heuristics，在一些教科书中翻译为直觉，为了防止与我们前面刚刚讨论过的直觉（intuition）相混淆，这里把 heuristics 翻译为启发式）是相对于算法式（algorithmic）而言的，是更为简便、迅捷的心理捷径。它是在一定的启发信息指导之下对问题空间进行部分的不穷尽的搜索策略（刘敏、张庆林，2004）。1999 年，戈尔斯坦和吉仁泽指出，启发式判断是"迅速而节省"的，可能是我们现实生活最常见到的。比如，戈尔斯坦和吉仁泽（Goldstein & Gigerenzer, 1999）问被试："圣地亚哥和圣安东尼这两个城市哪个人口更多一些？"结果，2/3 的美国人回答说：圣地亚哥人口更多。而德国人几乎 100%的回答是"圣地亚哥人口多"。那么，为什么美国人的回答还不如德国人呢？事实上，圣地亚哥距离美国更近一些，是美国人不熟悉，还是德国人知识渊博呢？都不是。事实上，很多美国人对该城市是知道的，所以他们需要判断和推理；而德国人几乎很少知道圣安东尼这样一个城市，而圣地亚哥他们是知道的，所以他们采用启发式策略，认为不知道和不认识的城市一定不出名，人口也不会多。反而，这种策略让他们"蒙"对了。所以，启发式判断成为一种人们在现实生活中常常使用的迅速而节俭的策略，它们常常是在限定的时间内和知识缺乏的情况中产生。

这一点与直觉判断是不同的，直觉通常被描述成为某种预感或者描述为知道某件事情却不知道自己是如何知道的。这里，直觉是一种与逻辑分析的、有意识的认知加工相对的认知加工活动。更确切地说，直觉是一种无意识的认知加工。而启发式是指导信息搜索的有用捷径，是人类重要的认知系统过程，是认知的有意识加工过程。

四、反事实思维

我们所生活的世界，包括我们自己和我们身边的人都是一种客观的存在。然而从某种意义上来说，我们又不是一些简单的客体和符号，我们经过每个人不同认知体系的加工，变成了对于每个人来说与众不同的世界。这就是我们独一无二的心理世界。心理世界的确是十分奇妙的。在奥运会上，你认为获得铜牌的运动员更快乐还是获得银牌的运动员更快乐呢？有人说，是银牌，因为他成绩更好。但事实是，铜牌更快乐。因为银牌运动员常常更懊恼，他们会思考"为什么就差一点？如果不差这一点，我就应该是金牌啦！"而铜牌运动员的快乐是因为他也反事实思维地想"太幸运了，万一差一点我就一块奖牌也拿不上了"。这种"差一点就赢得金牌"和"差一点就没有奖牌"的想法就是反事实思维。

反事实思维（counterfactual thinking）是美国著名心理学家、诺贝尔经济学奖获得者卡尼曼和他的同事特沃斯基在1982年发表的一篇名为"模拟式启发"（simulation heuristic）的论文中首次提出的。它是基于人类是非理性假设的前提下提出的（周国梅、荆其诚，2003）。反事实的字面意思就是与事实相反，而"反事实"被卡尼曼等学者定义为过去结果不真实的替换式。反事实思维就是撤销已经发生过的事件，而假设其他未发生的可能性情况的一种思维过程。在汉语中，与反事实思维意思相近的词语有虚拟思维、假设思维。

反事实思维是个体对不真实的条件或可能性进行替换的一种思维过程。作为一种特殊的心理现象，它与其他诸多心理特征一起影响着人们每天的认知、情感和行为（Kahneman & Miller，1986）。反事实思维在头脑中以条件命题形式表征出来，是一种"如果……那么……"的思维方式，即在心理上对已发生的那个事件进行否定从而建构一种可能的假设的思维活动。例如，"如果平时少玩点电子游戏，那么现在就不会近视了"、"如果不是空调开得太大，那么小明就不会感冒了"。它在头脑中主要以条件命题的形式来表征，包括前提（如"如果平时少玩点电子游戏"）和结论（"现在就不会近视了"）两部分（Roese，1994）。根据命题结论的性质，可以将反事实思维分为上行反事实思维和下行反事实思维（Markman & Gavanski，1993）。其中，上行反事实思维（upward counterfactual）是指想象如果满足某种条件（可替代的结果）有可能出现比事实更好的结果，例如"如果再跑快一点，我就赶上头班车了"；"如果比赛前能到比赛场地进行过适应性训练的话，那么今天这场球就不会输"。而下行反事实思维（downward counterfactual）指可替代的结果比事实结果更糟糕，例如"要不是大学扩招，我大概连普通高校都上不了"；"幸好比赛前到比赛场地进行了适应性训练，要不然今天这场球肯定会输"；等等。

个体在进行反事实思维时，会对已发生事件的前提进行增添、删减或替代。因此依据心理模拟内容的性质，可将反事实思维分为三种类型（Roese，1993）。其一是加法式（additive），即在前提中添加事实上未发生的事件或未采取的行动而对事实进行否定的反事实思维。例如，"要是当时好好复习，这次考试就可以通过了"，在假设中"好好复习"是事实没有发生的，在事后添加上去的。其二是减法式（subtractive）。与加法式相反，减法式是从真实事件中删除某些因素，然后再重新进行建构。例如，"如果没有带这么多东西的话，我们现在就可以跑得快点了"。其三是替代式（substitutional），这是不常见的类型，指的是假设如果是替代性的前提，则可有另外的结果。例如，"如果平时好好学习而不是打游戏的话，这次的奖学金就是我的啦"。

那么，怎么解释反事实性思维呢？学者们通过研究，提出了两大理论，它们是范例说和目标－指向说（陈俊等，2007）。范例说（norm theory perspective）是反事实思维的早期理论，其主要观点是反事实思维的激发是自动化过程（Kahneman，1986）。影响反事实思维产生的因素包括：正常性、结果的效价、与结果的接近性等。首先，正常性是指相对于正常而言，非正常如意料外的结果会使个体更容易激发产生反事实思维，如认为假如他按照平常走的路回家的话，那么主人公就不会遭遇车祸了。卡尼曼等人（Kahneman et al.，1982）解释说人们习惯于储存正常或有代表性的事件，而碰到异常结果时，人们就会产生反事实思维，从而对事件进行推理和解释。兰德曼等人（Landman et al.，1987）发现负面结果比正面结果能引发更多的反事实思维，因为负面结果一般都是意料外的结果。其次，结果的效价有两种即有正有负。相对于正面结果而言，负面结果可能引起更多的反事实思维。戴维斯（Davis，1995）等人曾对意外丧失孩子的被试做过追踪研究。被试在孩子意外死亡事件发生后三个星期的负面情绪强度，准确地预测出了5个月后被试报告的反事实思维的发生频率。被试体验到的悲伤程度越高，事后产生反事实思维的可能性也就越大。再次，结果的接近性是指个体对已经发生事件的结果与在心理上的理想结果或期待结果之间差距的接近程度。研究者发现结果与分界线之间的差距越小，激发的反事实思维数量越多，消极情绪也越多（陈俊等，2008）。如在卡尼曼（Kahneman & Varey，1990）的实验中：两名旅客分别是错过五分钟和两个小时没有赶上飞机，结果显示前者比后者产生反事实思维要多，而且情绪也更糟糕。结果的接近性可以是物理学上的距离，也可以是数字上的接近性，很多实验都已证明人们在负面结果下易激发反事实思维，而且以上行反事实思维激发居多，而下行反事实思维则很少被激发。迈迪维克（Medvec，1995）等人发现，反事实思维的接近性与结果的效价（成功和失败）决定反事实思维的方向，不同反事实思维引发的情绪甚至可能与结果的性质不一致。他们对115名纽约州运动会银牌和铜牌得主进行调查，结果发现，银牌获得者往往产生"差一点就拿到金牌"的上行反事实思维，而铜牌获得者却容易想到"差一点就拿不到奖牌"的下行反事实思维。同时，银牌得主的满意度水平没有铜牌得主高。目标指向说（Goal-Directed Perspective）认为，反事实思维不是一种自动化过程，它是由于个体在特定环境、特定情绪等的情景下对以往经历过的一些特定事件进行思考。人们为了达到某种目的，可以有意识地控制和运用反事实思维，可以将其当做一种认知策略的工具。根据目标指向说的观点，近年来一些研究者对此进行了系列的研究。他们通过研究，证明了目标、情绪控制、态度等认知因素影响着反事实思维的产生。桑纳（Sanna, 2004）在一系列的研究中发现，被试在良好情绪状态时容易产生下行反事实思维；在情绪不良时，高自尊的被试会花更多的时间思考可能性结果，关注下行反事实思维，然后报告说他们努力使情绪变好，因此情绪良好。

在尼登塔尔（Niedenthal, 1994）的经典研究中，他提出了4种反事实思维的归类策略。第一，自我长期（self-chronic）策略。这类反事实思维主要包括被试的个性特征（如"如果我不是冲动的人就好了"，"我要是不自我中心就好了"）、态度和爱好（如"要是我不在意他人的看法就好了"）以及自己的能力（如"我要是没那么愚蠢就好了"）。第二，自我具体（self-acute）策略。这主要反映了自我可变性的特征，它包括个人状态（如"要是我在这件事情上不冲动就好了"）、自我展示（如"要是我没有努力去记的话就好了"）、理解（如"要是我想到小鸟需要什么就好了"）、努力和责任（"如要是我再认真一些就好了"）。第三，行为策略。它主要涉及被试特定的行为（如"要是我不举手就好了"，"要是我没去上课就好了"）。第四，情境策略。它主要涉及对情境的一些描述，评价的焦点集中在两个方面：自我（如"要是那天我不在教室就好了"）、他人（如"要是那位教授叫其他人的名字就好了"）和其他事件（如"小鸟对冷不太敏感就好了"）。

生活于一个客观的世界之中，人类区别于"客观"之处便在于他的"主观"。因为人类一方面是自然的生物，另一方面也是世界的创造者。而人类的内心世界，正是"自我"日积月累，慢慢塑造的作品。很多时候，"自我"是许多心理现象的核心和始作俑者。反事实思维也不例外。于是，人们生活在客观世界与自己建构的心理世界中，有的人获得了很好的平衡，有的人则难以协调。这种自我概念的适度调节使人们的人格更加灵活有弹性，从而更好地适应多变的社会和心理环境。自我受到创伤的人相对于自我刚被提升的人更倾向于用自我服务来解释成功和失败。很多时候，当自我受到威胁时，人们会采用很多种方式来维护自我免受伤害。反事实思维也是其中一种有效的手段。

五、心境与判断

生活中，当人们在心情十分不好的情况下，看到的外在事物都是灰蒙蒙的，回忆之前的经历也往往回忆起那些令人不愉快的经历，而在成功、愉快和兴奋的时候，看什么都觉得十分可爱，甚至不断回忆过往那些值得高兴和愉快的人和事。这就是心境对人们的影响。

近年来，大量理论和研究关注人们如何进行情绪信息加工。一种为人们所接受的观点认为，个人优先处理与当前情绪状态相和谐的情感刺激。许多这方面的研究都是基于"心境一致性"假说。该假说认为，个体的学习或记忆与自己当前的心境状态有关，具有积极心境的个体总是对令人高兴的感知觉、注意、解释和情绪信息的判断产生偏好，并且也能从记忆中回忆起更多令人高兴的材料，而具有消极心境的个体的情况正好相反（Niedenthal，1994）。

那么，心境状态会影响决策和判断吗？勒纳等（Lerner, Small & Leowenstein, 2004）发现，情绪状态对于赋予效应有显著的影响，比如参与者处于悲伤或者厌恶状态而不是中间状态时，商品的卖出价格与选择价格会不同，他们发现厌恶会引起发泄的愿望，不管人们是否想要购买商品，都会不顾一切的讨价还价，仿佛讨价还价的过程可以发泄情绪，而那些心情不好的人常常卖出的价格也比较低。另外，阿洛伊等（Alloy & Abramson，1979）发现，抑郁带来了更为准确的判断；博登豪森（Bodenhausen et al.，2000）发现，抑郁和悲伤状态下的人比中性状态下的人更容易受到锚定信息的影响，结果会做出较差的决定。在我国，石伟和黄希庭（2008）研究了心境在自尊的记忆效应中所起的作用；陶云等（2007）以 96 名大学一年级本科生为被试，采用 120 张不同情绪的人物图片，运用加工分离范式研究心境一致性对大学生内隐记忆的影响，结果发现心境影响外显记忆和内隐记忆等。这些研究让人们了解到心境对于判断和决策产生了重要的影响。

关于心境的实验进一步证明，个体的学习、自我效能、记忆等在一定程度上是与当前的心境状态有关的，具有积极心境的个体总是对令人高兴的感知觉、注意、解释和情绪信息的判断产生偏好，并且也能从记忆中回忆起更多令人高兴的材料，而具有消极心境的个体情况正好相反。

第四节　自我实现诺言

"自我实现诺言"类似于"皮格马利翁效应"，但二者又不完全一致。换言之，皮格马利翁的故事只有经过人们的加工、改造，才更符合"自我实现预言"的本义。皮格马利翁是古代神话中的一个雕刻家，他塑造了一个自己理想中的女子的象牙雕塑。这个雕塑如此美好，竟使皮格马利翁爱上了她，他向雅典娜祈求赋予雕塑生命，雕塑果真活了，与皮格马利翁幸福地生活在一起。人们讲述这个故事的时候，通常隐去了女神雅典娜的帮助，而只强调皮格马利翁的心向，他的强烈愿望使雕塑感动，结果使不可能的事情变成了可能。人们借用这个故事以说明人的期待效应。期望（expectancy），亦称期待、预期、希望，是在人们对外界信息不断反应的经验基础上，或是在推动人们行为的内在力量需求基础上所产生的对自己或他人行为结果的某种预测性认知，因而它既是一种认知变量，又是信念价值的动机（郑海燕，2008）。自我实现的预言告诉人们，如果人们预期某一事物将以某种方式发生，我们的期望就会倾向于让它变为现实。自我实现预言是否在生活中以预言的方式真实存在，这还有待于人们的科学研究，但是心理学家却早已经证明出在某些领域这的确是事实（Rosenthal & Jacobson，1966）。

心理学中常常会举这样一个著名例子：一匹叫做汉斯的马能够认字、拼写，还能解决一些数学问题（Pfungst，1911）。在解决数学问题的时候，它可以用前脚掌击打地面，用击打的次数来代表问题的答案。对此，许多人表示怀疑，但专家组对它的能力测试后发现，没有指导者进行提示，它也可以真实地表现这些能力。难道这匹马真的是智力超常吗？心理学家对此非常感兴趣。经过一系列的实验后发现，这匹马实际上是从提问者无意识的表现中获得细微的线索。比如，人们问完问题后一般会低头俯视其前掌等待它的答案。当它击打的次数接近正确答案的时候，提问者就会微微地抬起眼睛或头，期待着马完成它的解答。这匹马已经对提问者的这些细微的动作形成了条件反射，因而能够利用这些线索来作出正确的回答。

那么，马匹和自我预言实现又有什么关系呢？事实上，观察者经常带有某种特殊的期望或偏爱，这就使他们在研究中无意识地给被试发出某种隐蔽的信号。这些信号就可能使被试按照与观察者的偏爱相一致的方式作出反应，从而证实了观察者的预期。事实上，这只不过是实验者自己有倾向性的期望所导致的结果罢了。这种心理学实验效度被认为是"实验者期望效应"。

1963年，罗森塔尔（Robert Rosenthal）用心理学实验去验证这种实验者期望效应是否存在。他利用正在学习条件反射课程的心理学系学生进行了一项实验研究。罗森塔尔告诉其中的一部分学生他们将要使用的是经过特殊方式喂养的有比较高智力水平的老鼠，它们可以迅速学会走迷津，而告诉另外一些学生他们将要使用的老鼠在学习迷津时非常笨拙和迟钝。然后，他让学生们开始训练老鼠来完成各种各样的技能，其中包括走迷津。那些认为自己的老鼠是聪明的老鼠的学生会普遍认为自己的老鼠学习迷津所使用的时间很短，而那些认为自己的老鼠是蠢笨的老鼠的学生们则打不起精神，认为自己的老鼠学习迷津的时候格外的长。事实上，分配给两组学生的老鼠都是标准而统一的实验老鼠，是随机分配的。这些结果并非是学生们说谎的结果，而是他们在喂养和训练动物时的无意识作用的结果（Rosenthal，1963）。

罗森塔尔的老鼠实验在学生和老师身上是否成立呢？他和助手来到一所小学，他们对 1 至 6 年级的所有学生进行了智力测验，当时学校的老师们对于智力测验这项技术还比较模糊。实验者告诉学校的老师，这项测验十分准确，可以预测出未来学生在专业上取得成就的可能性。实验结束之后，每个班级的老师都得到了一份名单，名单上有几位测验结果非常高的学生的名字。事实上智力测验成绩并未真的被排序，而所谓的"智力超常儿童"的名单无非是研究员随机抽取的。但此时教师心目中，名单上这些学生不再普通了，他们显得熠熠生辉，因为他们被专家检测出未来会有大的成就。在接近学年结束的时候，研究者对所有学生再进行相同的测试，再计算出每个学生的变化程度。结果显示，那些被列在名单上的学生其智力测验的分数都有不同程度的提高。这说明，在正式的实验室情境中确实存在这种期望效应（Rosenthal，1966；1968；1994）。

柴肯等人（Chaiken，Sigler & Derlega，1974）做了一些后续的研究，他们告诉教师班里有一些同学是非常聪明的，然后他们将随后教师授课所有内容全部录制下来，他们仔细观察后发现，在许多细微的地方，老师都会对那些专家指出的"聪明"学生格外关注，他们会给予更多的微笑，更多的鼓励和更多的交流与赞同。而那些学生由于受到了老师的鼓励和肯定，也变得越来越喜欢课程和教师，其学习成绩自然有了改进和提高。

罗森塔尔效应的实验证明，如果教师对某些学生持有积极的看法，那么这些学生的课堂表现就会有显著的进步，学习成绩也会提高，尽管教师的这种看法可能是完全不正确的。既然积极的看法会导致积极的效果，那么消极的看法也可能导致消极的效果。如果学生知道老师看不起自己，认为自己愚蠢，那么这种消极的期望可能会变成他自我实现的预言。他的成绩可能果然会变得很差，并且还会形成自卑感，社会中其他的对团体、对个人的偏见也通常具有这种效果。

基于罗森塔尔效应，可以了解教师期望的效应。教师期望是指教师在对学生的知觉感受的基础上产生的对学生的行为结果的某种预测性认知，由教师的期望引起的对学生的学习效果的影响就是教师期望效应（自我实现预言效应）（王蕾，1999）。它来源于罗森塔尔的教师期望理论，罗森塔尔开创了教师期望效应研究的先河。罗森塔尔效应其正效应是教师真实的爱将导致学生的智力、情感、个性的顺利成长。

那么，除了教育的领域，在其他方面是不是也存在相应的期望效应呢？辛迪尔等人（Snyder, Tanke & Berscheid, 1977）做过一个实验，他们给男大学生提供关于某女性的文件袋，内有伪造的照片，有的把这个女子描绘得很有吸引力，有的则描绘得无吸引力。然后让男生们给此女子打电话，闲谈10分钟，并用磁带记录下电话内容。结果发现，得到的资料说对方女子有吸引力的男生，较另外的男生在电话交流中的举止更多情，并认为有吸引力的女子更友好、更可爱和更合群。迪利等人（Darley & Fazio, 1980）证明自我实现预言的普遍性，他们指出了这一效应的关键步骤为：知觉者对目标抱有一种期望；知觉者按照与期望一致的方式行动；目标人物解释知觉者的这一行动；目标人物用行动对知觉者做出反应；知觉者解释目标人物的行动与自己最初的期望相一致。这说明，自我实现的预言效应建立在由于推理错误、知觉错误导致的最初对情景的错误解释的基础上，要纠正这种效应，有两种可能见效的方法。第一种是从知觉者角度看，如果知觉者对目标任务的期望进行补偿，自我实现的预言效应就可能消失。比如，知觉者认为某人是敌视的，不希望自己也敌视对方，因而对其格外好，这可以使被知觉者的敌视等令人不快的行为降低到最小的程度。第二从被知觉者角度看，如果目标人物积极地尝试消除知觉者的期望，自我实现的预言效应就可能消失，我们作为他人的知觉对象，经常拒绝扮演他人认为的消极角色，因为我们做了某件事情给他人以错误的消极印象，但我们的个性并非如此，仅仅是因为当时情境压力造成自己的行为，我们就努力用知觉者期望相反的行为表现来消除留给他人的错误印象，即我们作为被知觉者这时就不会响应他人按照错误的知觉对我们的消极期望，如富人都做善事，他们不希望别人认为他们"为富不仁"。

第八章　人际沟通

在人际关系中，沟通存在于生活的每一个阶段和方面。社会性是人的本质属性，人们通过语言、穿着、表情、身体动作等一系列符号在一个特定的环境中力图让他人了解自己，同时也理解别人，调和冲突，达到共赢。本单元我们将讨论有关人际沟通的内容，其中将介绍人际沟通的含义，并一起讨论人际沟通的概念、结构、种类和改善的方法。

第一节　沟通的本质

巴别塔也叫巴贝耳塔或通天塔，它的英文名称是 Tower of Babel。根据《圣经·旧约》记载：洪水大劫之后，天下人都讲一样的语言，都有一样的口音。诺亚的子孙越来越多，遍布地面，于是向东迁移。在古巴比伦附近，他们遇见一片平原，定居下来。由于平原上用作建筑的石料很不易得到，他们彼此商量说："来吧，我们要做砖，把砖烧透了。"于是他们拿砖当石头，又拿石漆当灰泥。他们又说："来吧，我们要建造一座城和一座塔，塔顶通天，为要传扬我们的美名，免得我们分散在全地上。"由于大家语言相通，同心协力，建成的巴比伦城繁华而美丽，高塔直插云霄，似乎要与天公一比高低。没想到此举惊动了上帝。上帝深为人类的虚荣和傲慢而震怒，不能容忍人类冒犯他的尊严，决定惩罚这些狂妄的人们。他看到人们这样齐心协力，统一强大，心想，如果人类真的修成宏伟的通天塔，那以后还有什么事干不成呢，一定得想办法阻止他们。于是他悄悄地离开天国来到人间，变乱了人类的语言，使他们分散在各处，那座塔于是半途而废了。

这虽然是一段《圣经》的故事，但可以从社会心理学的独特视角看出人际沟通的功能和作用，也看到了沟通障碍的巨大破坏性影响。美国心理学家莱维特（Leavitt, 1964）指出，沟通是影响行为的工具，也是改变行为的有效途径。

第八章 人际沟通

及时的相互沟通意见，有利于人与人之间传达思想、交换信息，取得信任、理解、支持和帮助。

沟通（communication），也被称为人际沟通（interpersonal communication），是指社会中人与人之间的联系过程，即人与人之间传递信息、沟通思想和交流情感的过程。这个过程不仅包括口头语言和书面语言，也包括肢体语言、个人的习气和方式、物质环境等。沟通在社会生活中具有重大的影响和功能，其中包括协调整合功能、心理保健功能、心理发展动力功能和社会心理构建功能。

沟通的协调整合功能体现在两个方面：其一，协调情感，即人际沟通可以使沟通者心理得到某些满足；其二，协调动作，即沟通者从沟通的信息中自动调节自己的行为。其中，沟通有利于提供信息，调节情绪，增进了解，增强团结。人们通过沟通相互之间进行联系，形成一定的社会关系。否则，群体内部的人际沟通不充分，受到各种干扰，人们之间容易发生误会、矛盾和纠纷，导致群体涣散，群体成员行动不能一致。因而只有在人际沟通的情景下，群体内部才会出现标准化的倾向，才能促使人们社会行为的规范化，使社会稳定有序。

心理保健功能是指人际沟通为人们的心理健康所必需。沟通是人类最基本的社会需要之一，同时也是人们赖以同外界保持联系的重要途径。通过沟通，保证了个人的安全感，增强了人与人之间的亲密感。如果沟通的需要得不到满足，就会影响个人的身心健康。事实表明，沟通剥夺（communication deprivation）同感觉剥夺（sensory deprivation）一样，对人的心理损害是极其严重的。赫隆（Heron，1957）进行了一项感觉剥夺实验。实验中，研究者给被试准备了一个小的隔离室，被试被限制触觉、听觉、视觉、嗅觉等几乎所有的感觉系统。结果有一半的被试不到 48 小时就放弃了实验。尽管报酬很高，却几乎没有人能在这项感觉剥夺实验中忍耐三天以上。在实验的感觉剥夺期间，隔离室中的被试表现出了明显的紊乱现象，他们没法解决简单的问题，感到恐慌，进而产生幻觉，出现错觉，注意力涣散，思维迟钝、紧张、焦虑、恐惧等反应。心理发展动力功能体现在，通过人际沟通，人与人之间交流各种各样的信息、知识、经验、思想和情感等，为个体提供了大量的社会性刺激，从而保证了个体社会性意识的形成与发展。婴儿一出生就通过与父母的沟通获得生理的和心理的满足。随着年龄的增长，个人与他人沟通的范围日益广阔，接受各种社会思想，形成一定的道德体系，逐渐完成了各个年龄阶段的人生发展课题，社会意识由低级向高级迈进，形成健全的人格特征以适应复杂的社会生活。

社会心理构建功能反映在人的社会心理正是在同他人进行人际沟通过程中逐渐形成和发展起来的。社会心理现象主要包括个体在社会、群体和他人的影响下心理发展变化的规律,个人对群体、群体对个人的相互影响和心理效应,以及群体间的相互影响和作用,而这些心理现象和规律又无一不是以信息交流为前提的。没有人际的交流,就没有社会心理的产生。社会心理形成后又作用于个体心理,对社会成员之间以及社会成员与外来人员的人际沟通产生影响。

二、沟通的结构

在人际沟通中,思想、情感也可以看做是信息的一种类型。因此,人际沟通就可以归结为信息的交流。人际沟通的过程就是信息交流的过程,它服从信息传递的一般规律。实现沟通的必要结构包括发送者—接受者、信息、信息渠道、反馈、噪声和环境等(Barker & Kibler,1971:167~181)。

发送者—接收者(senders-receivers):没有信息源,就无法进行人际沟通。没有接收者,沟通也不能实现。信息源和接受者,即沟通的双方互为沟通的主体和客体。比如甲和乙是进行人际沟通的双方,当甲发出一个信息给乙时,甲就是沟通的主体,乙则是沟通的客体;乙收到甲发来的信息后也会发出一个信息(反馈信息)给甲,此时乙就变成了沟通的主体,甲就变成了沟通的客体。

信息(message):信息是沟通的内容。人们进行沟通,要是没有内容,沟通的必要性就不存在了。所有的沟通信息都由言语符号和非言语符号组成。语言中的每一个词都是表示特定事物或思想的语言符号(verbal symbol),语言符号又包括具体符号和抽象符号。非语言符号(nonverbal symbol)是我们不用语言而进行沟通的方式。如声调、表情、肢体动作、空间距离,外表等信息。

信息渠道(information channel):信息渠道是信息的载体,即信息通过何种方式、用什么工具从信息源传递给接收者。信息一定要通过一种或几种信息渠道,才能到达目的地——接收者。常用的信息渠道有对话、动作、表情、广播、电视、电影、报刊、电话、电报、信件等。在沟通中,选择合适的信息通道十分重要。不同的沟通目的、信息内容和沟通背景,要求发信者选择不同的通道。

反馈(feedback):这是信息发出者和接收者相互间的反应。信息发送者发送一个信息,接收者回应信息,使其进一步调整沟通内容,因此沟通成为一个连续的相互的过程。沟通中及时反馈是很重要的,反馈可以减少沟通中的误会,让沟通双方知道思想和情感是否按他们各自的方式来分享。

噪声(noise):这是沟通中阻止理解和准确解释信息的因素。比如环境中的噪声、沟通双方的情绪、信念和偏见、以及跨文化沟通中对符号不同的解释等,都是沟通的噪声。噪声可以存在于沟通的任何一个环节。噪声包括外部噪声、内部噪声和语义噪声。外部噪声来自环境，比如工地的噪声。内部噪声是指沟通双方将注意力集中于个人的思想和感情而忽略了沟通，比如丈夫因为考虑工作的事情而没能注意到妻子说的话。有时候内部噪声也来源于沟通双方的信念和偏见。另外，语义噪声是由人们对词语情感上的反应而引起的，比如在我国一些地区"小姐"一词就必须看场合使用，否则会引起误会。

环境（enviorment）：沟通发生的环境影响到沟通的效果，这里不仅指物理环境，也包括心理和社会性的环境。

三、沟通的种类

（一）沟通线路的分类

1. 单向沟通和双向沟通

从发送信息者与接收信息者的地位是否变换的角度来看，可将沟通分为单向沟通和双向沟通。单向沟通（unilateral communication）是指发送者与接收者的地位不变，发送者只发出信息，接收者只接收信息而不作出反馈；双向沟通（bilateral communication）是指发送者与接收者的地位不断变换，双方互为发出信息的人和接收者。心理学家莱维特（Leavitt，1964）曾经做过关于单向沟通与双向沟通效率的比较研究。实验者用两种方式要求被试在纸上画一系列的长方形。采取单向沟通的方式时，被试背向实验者不准提问；采取双向沟通的方式，被试面对实验者，可以提问。通过比较实验，莱维特得出了有关单向沟通和双向沟通的几个一般的特点：单项沟通的速度快，易失真，信息接受者对自己的判断无信心，信息发送者的心理压力较小；而双项沟通与此正好相反——其速度慢，准确度高，信息接受者对自己的判断有信心，信息发送者要承受较大的心理压力。由于双向沟通比单向沟通增加了反馈的过程，因此，单向沟通的速度比双向沟通快，这是因为双向沟通容易受到干扰，并缺乏条理性；双向沟通比单向沟通准确，这是因为双向沟通的沟通双方可以不断地就不一致信息进行讨论；双向沟通中可以增强信息接受者对自己判断的信心，通过双向沟通，信息接受者知道信息失真在哪里，然后不断修正；双向沟通中，信息发出者感受到心理压力较大，因为随时可能会受到信息接收者的批评。

2. 上行沟通、下行沟通和平行沟通

在组织群体中，地位高低的差异使得组织里的人际沟通呈现上行、下行和平行的趋势。其中，上行沟通（upward communication），又称上沟通，是指组织中地位较低者主动向地位较高者的沟通，其沟通的信息常是向上级"诉苦"，报告工作情况，汇报某个成员的问题，向上级提出要求等；下行沟通（Downward

Communication），又称下沟通，是指组织中地位较高者主动向地位较低者的沟通。一般是前者将工作指示、工作信息、工作程序、工作方法、工作评价和工作目标等传递给后者；平行沟通（lateral communication），是指组织中身份和地位相仿者之间的沟通，平行沟通可以协调人际关系，加强成员间的友谊，增强团体的凝聚力。美国学者凯利等研究了团体里的人际沟通，发现地位较低的成员主动对地位较高的成员沟通多，即在群体中上行沟通多于下行沟通。

（二）沟通方式分类法

1. 假相倚沟通、非对称性相倚沟通、反应性相倚沟通和彼此相倚沟通

菲斯克和蒂伯特（Fiske & Depret，1996）等人按照沟通者之间相互依靠、相互联系的情况，将人际沟通分为假相倚、非对称性相倚、反应性相倚和彼此相倚。其中，假相倚是指，在人际沟通过程中，沟通者只按照自己预先制定的计划，即按自己的意愿进行沟通，根本不顾及对方的反应，这就是假相倚。例如，在讨论场合中，有些发言者只根据自己事先拟好的稿子发言。在履行某种社会仪式的过程中，人们常刻板地进行沟通，也属假相倚。非对称性相倚是指有时候沟通的一方只按照自己预定计划进行沟通，而另一方则根据别人的行为作为反馈来调节自己的言行，这种沟通称非对称性相倚。如人力资源部经理和求职者之间的沟通就是如此，前者按照事先准备好的问题发问，后者只是根据这些问题答复。口试时教师和学生之间的沟通也属非对称性相倚。反应性相倚是指沟通双方都以对方的行为作为自己行动的依据，作出相应的反应，而并不按照原来的计划进行沟通。例如，顾客看到销售人员的冷漠态度而发脾气，销售人员则更以生硬态度对待顾客。彼此相倚是指沟通双方一方面以自己的计划同对方沟通，另一方面又考虑对方的反应来调整自己的沟通行为。例如，朋友间的谈心就是彼此相倚型沟通。前三种相倚在人际沟通中所占的比例较少，绝大多数的沟通都属彼此相倚，即沟通双方根据对方的信息反馈不断进行思路、情感等的调整作出信息上的回应。

2. 工具式沟通和感情式沟通

沟通的另外一种分类方法可以划分成工具式沟通和感情式沟通。其中，工具式沟通（instrumental communication）是发送者将信息知识、感情、想法与要求传给接收者，目的是想影响和改变接收者的行为，达到组织目的；感情式沟通（emotional communication）是沟通双方表达感情，获得同情、谅解与理解，获得精神上的需求，最终改善人与人之间的关系。这是按沟通功能进行划分。一般的人际沟通这两方面的内容都会涵盖，很少有单纯的工具式沟通或感情式沟通，但在具体沟通者的沟通中，会有工具式或感情式的侧重。

3. 正式沟通与非正式沟通

按组织里的沟通渠道，可以把沟通分为正式沟通和非正式沟通。正式沟通（formal communication）是指在一定的组织系统中通过明文规定的渠道，进行信息的传递与交流，即信息按企业规章制度的安排，以正式的渠道传递。例如，上级向下级下达指示、发送通知，下级向上级呈送材料、汇报工作，以及定期的会议制度等。非正式沟通（informal communication），指在正式组织系统以外进行的信息传递与交流，它以个人为信息的主要传递渠道，非正式沟通传递的信息又被人们称为"小道消息"。非正式沟通的方式，包括组织员工间的非正式接触、交往、非正式的郊游、聚餐、闲谈、谣言、耳语的传播。非正式沟通是建立在团体成员的社会关系上，它是由成员交互行为而产生的伴随非正式组织而来的一种正常而自然的人类活动。其中，正式沟通受组织的监督，信息源谨慎从事，接收者严肃认真，所以沟通的信息真实、准确。但因为这种沟通往往必须逐级进行，沟通速度较慢，有可能延误信息传递的时间。非正式沟通灵活方便，速度快，因为它不受组织系统的监督和限制，自行选择沟通渠道，它可以提供正式沟通难以获得的某些消息，人们的真实思想和意见也往往能在非正式沟通中表露出来。但信息的可靠性无法保证，由于小道消息通常是不完整的，所以即使它的细节都是对的，也会产生极大的误解，组织里的沟通者虽试图通过非正式沟通传播事实，但很少传播事实的全貌，非正式沟通的这种不充分性在传播中还会不断累积，致使它整体上产生往往比其本身小部分错误信息可能引起的大得多的误解。

4. 口头沟通与书面沟通

人际沟通以凭借的沟通工具来划分，可分为语言沟通和非语言沟通两大类。其中语言是最常用的信息渠道。按语言的不同形式，人际沟通又可分为口头沟通和书面沟通。以语言为媒介，借助口头言语进行的沟通称口头沟通，如演讲、讨论、会谈、电话联系等。其优点是简便易行，灵活迅速，尤其可伴有手势、体态和表情，增强传递信息的效果；缺点是信息保留的时间较短，使用也受条件的局限。以文字为媒介，借助于书面言语进行的沟通称为书面沟通，如布告、通知、书信等。其优点是信息可以长期保存，对一时辨别不清的信息可以反复研究；缺点是信息对语言文字的依赖性强，沟通效果受文化修养的影响很大，对情况变化的适应性较差。戴尔（Daher，2003）将口头沟通和书面沟通的效果进行了比较研究。他对某大公司员工从口头沟通、书面沟通、口头与书面混合沟通三种方式中获得的信息内容进行测验，得到口头与书面混合沟通效果最好，口头沟通次之，书面沟通最差的结论。另外，随着电子信息技术的广泛应用,从书面沟通发展出来一种新的沟通形式,即电子沟通。电子邮件、BBS(电子公告板)及许多及时网络聊天工具等都是电子沟通的表现形式,它以其快速高效和有强大的多媒体功能支撑等特点已在很大程度上取代了借助纸笔的书面沟通的某些重要人际沟通功能,甚至削弱了口头沟通的某些功能。但不能忽视的是,人是社会人,人的情感沟通更需要人与人之间的口头沟通。面对信息化的时代,沟通方式越趋向多元化,多媒体的技术可以实现不同地区的人们同一时间交换信息,其高效和便捷程度可以与面对面的交流相媲美。

(三)沟通网络的分类

沟通网络是根据人际沟通中信息传递的方向而形成的路线形态。根据群体组织里正式沟通和非正式沟通的情况,沟通网络又分为正式沟通网络与非正式沟通网络。美国管理心理学家莱维特研究了小群体内的沟通网络,提出了几种固定形态。实验中他采用几块隔板把被试隔开,隔板上有若干个小洞。规定被试讲话只能通过传递纸条来交流信息,隔板上的小洞可以根据实验的需要改变数量和布局。这样,实验者就可以对群体中不同的沟通结构进行比较研究。

1. 正式的沟通网络

20世纪50年代,贝弗拉斯提出小群体沟通网络的概念。他讲的沟通网络,是指一个小群体里成员之间较固定的沟通模式。后来莱维特以五人小群体为研究对象,发现沟通网络有四种形态:Y型沟通(Y-Communication)、链型沟通(Chain-Communication)、圆型沟通(Circle-Communication)和轮型沟通(Wheel-Communication)。由于在轮型与Y型沟通中,沟通者之间的信息传递要受居于中心位置的人控制,称这种类型的沟通网络为中心化的沟通网络;在链型和圆型的沟通中,沟通者不必受居于中心位置的人控制,可与其他人进行直接沟通,所以这种类型的沟通网络被称为非中心化的沟通网络。莱维特研究的结论为:从信息传递速度来看,轴型沟通最快,圆型沟通其次,而链型沟通最慢;在轮型沟通中,居中心位置者是该小群体的核心人物或领导者;在Y型沟通中,中心位置是唯一的,外界的信息必须经它才能到达,高层沟通者的信息也需经它才能传递给下面,因而这一特殊位置的人在某一组织中可能具有秘书身份。后又有学者研究了组织中常见的沟通网络,在莱维特研究的基础上加入全通道型沟通(all channels communication),并将五种沟通网络相比较得出它们各自的特点。全通道型沟通网络也是一种中心化的沟通网络,但它除处于中心位置的沟通者控制信息沟通外,其他沟通者也能通过其他通道彼此间传递信息,因此是一种全方位的沟通。就成员满意度而言,非中心化的沟通网络比在中心化的沟通网络中更高些。但在非中心化的沟通网络中难以产生领导者,因此在领导控制力上不如中心化的沟通网络。

2. 非正式的沟通网络

非正式的沟通网络是群体组织里进行非正式沟通形成的信息传递渠道。根据心理学家莱维特的研究，有下面四种：单线型沟通、集束型沟通、流言型沟通和偶然型沟通。非正式的沟通网络也就是人们通常所说的传播小道消息的渠道。集束型是指将小道信息有选择地告诉相关的人，这也是传播小道消息最普通的形式；流言型是一个人将小道消息传播给所有的人；单线型是通过一连串的人将小道消息传播给最终的接受者；偶然型沟通是将小道消息传播给其他的人。此外，小道消息的一个重要特征是它的传播速度极快。由于它的灵活性和个人化，它传播信息的速度往往比绝大多数正式管理沟通系统快得多。有研究表明，上述四种小道消息的传播方式传播速度最快的是集束型，因为它是有目的的选择性的传播。小道消息还因具有可穿越严密的组织保密屏障的不同寻常的能力而著称。它通常能够跨越组织防线而直接与知情人进行交流，所以小道消息也因此成为秘密信息的来源。

第二节　非言语沟通

作为信息传递的过程，人际沟通必须借助于一定的符号系统才能实现，所以，符号系统是人际沟通的工具。因此可以把符号系统划分为两类，即语言符号系统和非语言符号系统（时蓉华，1996：361~365）。其中，语言符号系统（verbal sign system），是利用语言进行的言语沟通。语言是人类最重要的沟通工具，也是信息传递的最有力的手段。而非言语交流与言语交流各有作用，在人际沟通中往往是相互依存和补充的。梅拉比安（Mehrabian，1971）认为，当言语及身体语汇所表达的信息不一致时，其中影响力最大的是面部表情。由于语言符号系统已经熟知，这里重点来看一下非语言符号系统的作用。非语言符号系统（non-verbal sign system），是指在人际知觉和沟通过程中，凭借动作、表情、实物、环境等进行的信息传递。人们常常认为非语言符号系统是不重要的，数量较少的，但是事实并非如此。美国传播学家梅拉比安（Mehrabian，1971）通过实验把人的感情表达效果量化成了一个公式：

信息传递 100% = 7%语言+38%语音+55%非语言符号系统

从这一公式可以看出，非语言符号系统在沟通中具有重要的功能，它能补充、调整、代替或强调语言信息。

如果思考一下非语言沟通有哪些种类,将会获得哪些答案呢?首先,一起来看一下无声的非语言沟通系统。

(一)无声的非语言沟通系统

手势、面部表情、体态变化等都属于这个系统。动态无声的皱眉、微笑、抚摸或静止无声的站立、依靠、坐态等都能在沟通中起作用。除此之外,身体空间也传递了一些人际交往的信息。其中,在动态符号系统中,包括了人的面部表情、肢体语言和静态的符号系统。仅人的脸部就能做出许多种不同的表情,喜、怒、哀、乐、悲、恐、惊,人的各种情绪都是通过人的面部表情流露出来。研究已表明,世界各地有着不同文化的人当其感受到某种基本的情绪时,所显示的脸部表情颇为相似,只有一些细小的表达方式上可能会有一些差异。另外,人们依赖脸部线索的程度远大于口语线索或口语信息本身。有时候人们必须隐藏真正的情绪,这是因为社会存在界定各种场合失当行为的规范,也包括了表现失当情绪的规则。艾克曼等人(Ekman et al., 1982)认为人在某一情境中用来掩饰真正情绪的表现规则有三种:情境特定性的表现规则、文化特定性的表现规则和个人特有的表现规则。例如,通常情况下,可以假设人们的面部表情显示了个人内心的情绪状态。 实际上,表情和情绪的关系非常复杂。人类只有少数几种基本情绪拥有清晰可辨的表情模式。有的学者认为,人们的面部表情不是人类的内心状态的反应,其本质是社会性的,人们的面部表情是为了激发他人的反应,是在社会互动中用来影响他人的。

与沟通有关的手脚肢体活动不同于面部活动,它所依赖的机理较之要简单粗大得多,常不能提供意义明确的信息,但由于人们不善于控制细小的肢体动作,它通常能比面部表情透露出更多的沟通者的真实意图。比如,当对方双手抱在胸前和人讲话时,可能意味着对方有戒备心;微笑代表友好和赞同,但对美国人而言,微笑更多意味着友好,他微笑着听你说完你的提案,但并不代表他同意你的意见。手叩击桌子代表不耐烦,扬眉往往意味着怀疑,双手紧紧握住对方的臂肘代表很有诚意,而攀肩搂腰的一方则暗示着其支配的地位。因此,身体语言经常能揭示和传达他人的情绪状态,比如抚摸是传达感情非常有力的一种交往方式,心理学研究显示,对于早产的儿童,每天3次15分钟的抚摸可以使这些早产儿童茁壮成长。阿诺夫(Aronoff, 1988)的研究证实了不同的身体倾向或姿势表达了不同的情感状态。他们首先从传统的芭蕾舞中区分了两组角色:一组扮演危险的或具有威胁性的角色,另一组扮演热心的同情者的角色。然后,他们考察实际的芭蕾舞中这些角色跳舞的情况。研究结果表明,危险的具有威胁性的角色更多地采用对角线状或直角状的姿势,而热心同情者更多展示圆滑的姿势。这些相关研究表明很多的身体动作和姿势能提供关于他人情绪甚至表面特质的重要信息。

对于静态符号系统而言,静态姿势也是非常重要的非言语沟通手段,一定的姿势通常透露着一定的态度,传达着一定信息。如身体的倾向,当信息传递者倾向于信息接收者时,常被视为对后者怀有正面的态度,也有助于产生亲密感。

另外,个体的空间距离也是沟通时需要注意的符号系统。这里,个体空间的一般距离会因文化有异,也会因地位差异与性别有别,在社交环境里,人们都要遵守支配空间使用与运动的社交准则。有关人们在人际互动中如何使用空间和距离的研究,被称作空间关系学(proxemics),这是由霍尔(Hull,1975)提出的概念,他将人际空间距离(Interpersonal distance)分为四种:亲密距离、个人距离、社会距离和公众距离。亲密距离,0~18 英寸(0~46 厘米),属于亲爱的人、家庭成员、最好的朋友,在此区域中,可以有身体接触,如拥抱、爱抚、接吻等,话语富于情感,并排斥第三者加入;个人距离,18 英寸至 4 英尺(46 厘米至 1.2 米),同学、同事、朋友、邻居等在此区域内交往,由于距离有限,在此区域内说话一般避免高声;社会距离,4~12 英尺(1.2~3.6 米),在此区域人们相识但不熟悉,人们交往自然,进退也比较容易,既可发展友谊,又可彼此寒暄,纯粹应付;公共距离,12 英尺(3.6 米)到目光所及,与陌生人的距离,表明不想有发展,在此区域人们难以单独交往,主要是公共活动,如作报告、等飞机等。

(二)有声的非语言沟通系统

有声的非语言沟通包括辅助语言系统和类语言系统。其中,辅助语言是言语非词语方面的特点,包括说话过程中的声量、声调节奏与强度、说话速度、音量及声音的犹豫和颤抖等。音质、音幅、声调、言语中的停顿、语速快慢等因素,都能强化信息的语意分量。例如,较低的音调有传达兴奋、生气、惊讶的作用,但悲哀及沮丧时却刚好相反,一个人在说谎时声音则会提高。我们看到同样一个主题不同的演讲者表达就有不同的效果,在这种差异中,辅助语言是一个很重要的影响因素。一位非言语沟通研究者估计,沟通中 39%的含义受声音的表达方式的影响,在英语以外的语言中,这个百分比可能更高。比如,研究显示,在交往中语速对于第一印象有重要影响。讲话急促表达的是激动兴奋,并可能具有表现力和说服力;但讲得太快会使对方神经紧张。另外,辅助语言研究者迪保罗(Depaulo,1982)的研究发现,鉴别他人说谎的最可靠的因素是声调。尽管老练的说谎者可以控制自己的语言和表情,但其说谎时声调提高却是不自觉的。同时,一句话的含义常常不是决定于字面意思,而是决定于它的弦外之音。语言表达方式的变化,尤其是语调的变化,可以使相同的词语表达不同的含义。例如"谢谢"一词,可以动情地说出,表示真诚的谢意;也可以冷冷地吐出,表达轻蔑的含义。

类语言是特指无固定语义的发音,哭笑、呵欠、呻吟、喷嚏等都是类语言。这些同样有个人差异,也有沟通思想和交流情感的重要作用。

非语言符号系统的形式在人际沟通中起着十分重要的辅助作用,可以加强或减弱口头语言的力量。但也因为它的使用具有较大的不确定性,每个人使用起来都不大一样,放在不同的情景里也有很大差异,还需沟通者有较高的理解能力,非语言符号系统需要和语言符号系统配合使用才能取得最好的沟通效果。

第三节 沟通的改善

人际沟通会因为很多人际沟通特有的特点产生障碍,同时人际沟通作为一种信息沟通也会受到信息传递过程中的干扰的影响。沟通的研究使心理学家们受到了很大的启发,他们相信为了克服沟通中的障碍,实现成功的沟通,交往者在不同的场合应选择相应的交往方式和技巧。

一、沟通的障碍

社会障碍是沟通障碍的主要来源。社会中每个个体都处在一定的社会地位上,由于地位各异,人通常具有不同的意识、价值观念和道德标准,从而造成沟通的困难。不同阶级的成员,对同一信息会有不同的、甚至截然相反的认识,他们对同一政治、经济事件往往持有不同的看法;宗教差别也会成为沟通障碍,不同宗教或教派的信徒,其观点和信仰各异;职业差别更有可能造成沟通的鸿沟,所谓"隔行如隔山"即是此意。沟通适应理论认为,人们在人际互动过程中倾向于适应彼此的讲话风格(双方趋同)以改善沟通,并经过互惠和提高相似性来增强吸引(Pawlik & Rosenzweig, 2002: 457)。但是,具有较高威望讲话风格的人就要强调他们的讲话风格的表现——差异性。具有较低威望讲话风格的人就会显示向高威望讲话风格靠拢的倾向,除非他们认为其低地位是不稳定的和不合法的,在这种情况下,会坚持自己的讲话风格,于是就会产生沟通障碍。

组织结构中也可能出现沟通障碍。有些组织庞大，层次重叠，信息传递的中间环节太多，从而造成信息的损耗和失真。也有一些组织结构不健全，沟通渠道堵塞，缺乏信息反馈，也会导致信息无法传递。另外，不同的组织氛围会影响沟通，鼓励表达不同意见的组织氛围促进沟通。组织内信息泛滥（overload）也会导致沟通不良。处于不同层次组织的成员，对沟通的积极性也不相同，也会造成沟通的障碍。

时空距离或时间限制也是常见的人际沟通障碍。人际沟通并不是某个时间片段中的独立事件，它与未来的事件必然有关联。在不能与他人面对面沟通的情况下，空间距离也是一种障碍。假如一个人与另一个人之间的空间距离很远，彼此间的中介环节也会随之增多，因此，在信息传递过程中造成的信息量的消耗及对信息的歪曲必然增多。

文化背景的不同对沟通带来的障碍是不言而喻的。如语言的不通带来的困难，社会风俗、规范的差异引起的误解等，这在人们社会生活中是屡见不鲜的。其中既包括了语言本身的障碍，也包括了文化背景的障碍。我们知道，人们即使使用了同一种语言，语言沟通的障碍仍可能发生，一方面可能是信息传送者意思表达不清，另一方面也可能是信息接受者的理解能力不够等原因。另外，每个人出生以后所处的文化圈不一样，从小至大经历的事件不同，接受的教育培训也不可能完全一致，这些都成为了一个人与他人沟通的背景。

此外，沟通中也存在个体的个性障碍和心理障碍。由于气质、性格、能力、兴趣等不同，会造成人们对同一信息的不同理解，为沟通带来困难。个性偏见、信任度、情绪状态对沟通顺畅产生极大影响。另外，如果沟通个体存在沟通恐惧的心理，沟通将无法进行。

二、沟通改善的策略

沟通是可以学习的，这一点很重要。由沟通者沟通技巧造成沟通障碍不在少数，有效的沟通技巧是建立良好人际关系的根本条件。人们都应该进行有意识的沟通技巧的学习，以保证与他人的沟通能够顺利完成。通过改进社交技能，受训者可以改进对自己的情感。在人际沟通中，一般存在以下一些沟通策略。

（一）印象整饰

在人际交往中，交往者给他人形成的有关他自身的认知，即印象非常重要。印象整饰就是一种给人际交往对象留下良好认知的策略，它通过有意识的言语或非言语的行为来修饰自己，以此来操作别人对自己的印象形成。例如，外貌的修饰、美好人格特质的养成、符合社会公认标准及社会角色的行为的展现等都属于此项。比如说,按社会公认的标准或按沟通对象的套路来打扮自己;在约会中准确守时,能使对方感到言而有信,便能创造良好的沟通情境。同样,赞扬沟通对象的优点可以提升沟通对象的自我效能感或尊严感;借由表达与沟通对象相同的意见、观念和他关心的信息,也可帮助对方肯定自我。这就相当于给了沟通对象极大的回馈,符合人际吸引的回馈原则。恭维、逢迎有些具体的技巧,如应选择对方不肯定但又很在乎的内容进行,向恭维、逢迎对象表示已经知道他一些明确的缺点的同时赞扬他另一方面的优点,恭维、逢迎不要选择会被别人认为是例行公事的场合下进行,最好让一些关系很亲密的第三者转达恭维、逢迎等。此外,服从是一种重要的人际交往资源,甚至某些时候在人际沟通中会比一个人的能力更加有用。

(二)聆听

聆听是沟通策略中的重要一环。在中国文化中,倾听被赋予了很高的价值。《说文解字》解释"圣"字:"圣,通也,从耳。"圣人能听到你的话而直达你心。孔子言"六十而耳顺";钱穆认为,目视偏于形物,耳听深入心意。任何不能被理解的沟通都不能算是成功,在有效的倾听中,人们用耳朵去理解别人,表达的是一种尊重的态度。相比较于说而言,听是较被动的,人们可以主动的表达自己的意见,但是当听的时候,就得力图去理解他人的想法和感情,这就要求听者搁置自己的偏见和先见,所以倾听是很需要修养的一项沟通技巧。在人们每天的交流中,听是多于说的。虽然人们花在听上的时间最多,但在听说读写的沟通技能中,倾听却是被教得最少的一项技能(桑德拉·黑贝尔斯,理查德·威沃尔二世,2005:80)。聆听者在聆听时就要时刻检验自己的倾听习惯,同时在非言语行为的各方面都要予以配合,流露全神贯注的神情,视线经常投注在对方身上,身体略微倾向沟通对象,全身展现一种轻松、自然、开放的姿态,这些都是好的聆听者所必备的。

(三)非言语行为的掌握

人际沟通中,人们认为非言语行为比言语行为能够透露出更多沟通者的真实意图,事实上也经常如此。因此与沟通言语一致的非言语行为或者能表达对沟通对象关心、关注的非言语行为是有助于人际沟通的,而相反与沟通言语不一致的非言语行为会让沟通对象觉得非常不舒服,因而妨碍沟通。非言语行为的掌握需要注意许多方面,包括面部表情、目光、身体姿势、肢体动作、语音语调等多方面,一切以传达沟通者的真诚、尊重与关注为好的标准。

(四)自我表露

阿特曼和泰勒(Altman & Taylor, 1973)提出的社会渗透模式(Model of

social penetration），说明了自我表露（self-disclosure）可以诱发人际交往中的进一步吸引力。自我表露除了传递有关沟通者自己的信息让沟通对象更了解自己以外，也传递着对沟通对象信任这样一个信息，被信任对象也会给予回馈，袒露更多有关自己的信息，这样人际沟通进入一个良性循环。自我表露还能让自己为他人熟悉，这也符合人际吸引的熟悉原则，有助于建立更紧密的人际关系，沟通更加顺畅。从来不谈自己的人，不管能力多强，只能让人信服，但却无法缩小与他人的距离感，沟通障碍就会存在。虽然自我表露促进沟通，但是自我表露并不经常发生。一方面人们对自我表露心怀恐惧，害怕揭露自我的隐蔽面后，他人会拒绝、嘲笑甚至利用自己。另一方面，社会对自我表露有限制，过多地谈论自己或者在亲密关系以外谈论自己，会被认为是不合适的。在这种心态下，人们要学习把握自我表露的程度，利用适当的自我表露来促进人际关系。健康的自我表露者知道权衡利弊，知道什么情况下对哪些人说什么。

（五）恰当表达

作为沟通的一方，自己的表达方式直接影响对方对信息的理解。因此，一个好的沟通者，必然是擅于表达自己的，包括表达自己的观点、态度、感情和需要。清晰的表达会让对方及时做出回应，促进良性沟通。人们在表达的时候首先要清楚自己要传递什么信息，希望对方了解什么。然后也要分析对方的状态，要运用对方可以理解和接受的语言和方式来表达自己。比如沟通对象是孩子，那么在沟通时所使用的语言就要尽可能的简单、形象。此外，就是要留意场合和环境，在公众面前演讲显然和课堂的授课所采取的表达方式不同。为了有效表达自我，人们在传递信息时应该遵循几个原则。首先，信息应该直接表达。有时候我们以各种暗示的方法告诉对方我们需要什么，想当然地认为对方会理解，但是事实上对方可能并不知道你想要告诉他们什么。此外，信息表达应该及时。延误沟通只会恶化我们的感受，而及时沟通可以让对方知道我们的需求并及时调整沟通行为。最后，表达信息应力求清晰、准确。语言的使用应该简单明了，过短、断断续续或者过长的讲话会使听者不能迅速理解你的思想。

第九章　人际关系

米尔格拉姆（Milgram，1967）曾作过一个连锁信实验，他将一套连锁信件随机发送给居住在内布拉斯加州奥马哈的 160 个人，信中放了一个波士顿股票经纪人的名字，要求每个收信人将信寄给自己认为是比较接近那个股票经纪人的朋友。最终，大部分信在经过五六个步骤后都抵达了该股票经纪人。这个结果被称为"六度间隔"（six degrees of separation），又称"小世界现象"（small world phenomenon），即在这个社会中，任何两个人之间建立一种联系，最多需要通过 6 个人。无论这两个人是否认识，生活在地球上任何偏僻的地方，他们之间都只有六度间隔。因此，人们几乎可以和任何一个没有联系的人只通过简单的中介就发生关联。人际关系正是人们在人际交往过程中所结成的心理关系。生活在一定社会文化环境中的个体，总是要和周围的人发生各种各样的交流和联系，形成各种形式的人际关系。从出生到死亡，关系一直是人生经验的核心部分。人一生的成功与失败、幸福与痛苦、快乐与悲伤、爱与恨，都与人际关系有密切关联。没有同别人的交往与关系，也就没有人生的悲欢离合，没有文学、艺术，没有科学，没有一切。那么人际关系是如何开始又是如何发展的呢？本单元我们将一起揭开人际关系研究的神秘面纱。

第一节　人际关系的本质

一、人际关系的概念

人际关系（interpersonal relationship）是人们在共同活动中彼此为寻求满足各种需要而建立起的相互间的心理关系。可以说，人际关系是同人类起源同步发生的一种极其古老的社会现象。人是社会性的动物，具有合群与群居的倾向。人们大部分时间都是与他人一起度过的。拉尔森（Larson，1982）对人们的时间利用进行了研究，他让一个成人群体和一个青少年群体中的每一位被试在一周内随身携带一台呼机，每天从清晨到深夜，研究者随机呼叫被试若干次，被呼叫的被试需要填写一份简短的问卷，说明他们正在做什么，是独自一人还是与其他人在一起。结果表明，人们在将近 3/4 的非睡眠时间中都与他人在一起，只有在做家务、洗澡、听音乐或在家学习时才独自一人。与此相对，当人们在学校或是工作的时候，更倾向于和其他人在一起。并且和其他人在一起时，个体表现得更快乐、警觉和兴奋。

阿特金森（Atkinson，1957）认为，影响人们的社会交往的动机有两种：一种是亲和需求（the need of affiliation），是一个人寻求和保持许多积极人际关系的愿望，即人们有需要和他人相伴的倾向；另一种是亲密需求（the need of intimacy），是人们追求温暖、亲密关系的愿望。关于前者，沙赫特（Schachter，1959）设计了一个没有窗户但有空调的房间，里面除一张桌子、一把椅子、一张床、一个马桶、一盏灯外再无其他东西，一日三餐通过房门底的小洞口送入。谁能在这样的房间待上一天就能得到一笔可观的报酬，实验的目的是想测量一下人在这样与世隔绝的情景下能待上几天。五名大学生充当了被试，结果是其中一人只待了二十分钟就受不了放弃了实验，有两个人待了两天，最长的一个被试也只待了八天。这个探索性的研究表明人对孤独的忍耐力是有差异的，但很难有谁能无止境地生活在孤独的、缺乏人际关系的环境里。对于后者，沙诺夫和津巴多（Sarnoff & Zimbardo，1961）设计了一个实验，研究了焦虑、恐惧与亲和。实验者向被试提出一些特殊的要求以操纵被试的焦虑反应，高焦虑组的被试被告知在实验过程中他们需要穿围兜、吮吸奶嘴；低焦虑组的被试被告知他们需要在实验中吹响口哨。高、低焦虑组的实验结果与高、低恐惧组的实验结果刚好相反：高焦虑的被试比低焦虑的被试更愿意单独一个人等待实验开始。这表明恐惧会增加亲和需求，焦虑却会减少亲和需求。

那么，人们日常生活中的人际关系的状态又是怎样的呢？莱文格和斯诺克（Levinger & Snoek，1972）提出相互依赖模型（model of interdependence）来说明随着互赖关系的增加而关系变化的特点。他们以图解方式对人际关系的各种状态及其相互作用水平的递增关系做了直观描述，把共同心理领域和情感融合范围作为描述人际关系的指标。他认为，良好人际关系需要经过一个从表面接触到亲密融合的发展过程。在两人彼此并没有意识到对方存在时，双方关系处于零接触（zero contact）状态。此时双方是完全无关的，谈不上任何个人意义上的情感联系。只有一方开始注意到对方，或双方相互注意时，人们之间的相互交往才开始，彼此之间都获得了初步印象，不过这种状态还没有情感的卷入。因为双方还没有进行直接的言语沟通，彼此之间还只能算是旁观者，处于知晓（awareness）状态。表面接触（surface contact）是人际关系的真正开始，从双方开始直接交谈的那一刻起，彼此就产生了直接接触。当然，这种接触是表面的，彼此之间还没有共同的心理领域。随着双方交往的深入和扩展，双方共同的心理领域也逐渐被发现。发现的共同心理领域的多少，与情感融合的程度是相适应的。共同的心理领域越多，双方之间认同、接受和信任的程度就越高，情感融合的程度也越高。

心理学家按照情感融合的程度将人际关系分为轻度卷入、中度卷入和深度卷入三种。当交往双方所发现的共同心理领域较小，双方的心理世界只有小部分重合，也仅仅在这一范围内，双方的情感是融合的时候，属于轻度卷入；当交往双方已发现较大的共同心理领域，双方的心理世界也有较大的重合，彼此的情感融合范围也相应较大时是中度卷入；当双方已发现的共同心理领域大于相异的心理领域，彼此的心理世界高度重合，情感融合的范围覆盖了大多数的生活内容时是深度卷入。

需要注意的是，人际关系双方心理世界并不存在完全重合的情况。无论人们的关系多么密切，情感多么融洽，也无论人们主观上怎样感受彼此之间的完全拥有，两个人的心理世界都不能达到完全的重合，每个人都保留有自己最隐私的部分。人与人之间只存在多大程度上相一致的问题，而不存在完全相一致的情况。

二、人际关系的维度与类型

人际关系的三维理论是由美国心理学家舒茨（Schuts，1958）提出的，他称自己的理论是基本人际取向理论。舒茨认为，人际关系的维度大致可以通过三种人际需要，即包容的需要、支配的需要和情感的需要来加以解释。他认为每个人都有这三种最基本的人际需要。其中，包容的需要是指个体想要与别人接触、交往、相容的需要，或者说是个体想与他人建立并维持一种满意的相互关系的需要；支配的需要是指个体控制他人或被他人控制的需要，亦即个体在权力问题上与他人建立并维持满意关系的需要；感情的需要指个体爱他人或被他人所爱的需要，换句话说是个体在与他人的关系中建立并维持亲密的情绪联系的需要。对于这三种基本的人际需要，人们有主动表现和被动表现两种形式，二者互补，从而形成六种人际关系的取向。

另外，人际关系有多种分类方式：依个体扮演的不同角色，分为夫妻关系、亲子关系、师生关系、同学关系、朋友关系等；依关系的情感表现性质的不同

第九章 人际关系

分为亲密关系、疏远关系、敌对关系等；按关系中所包含的需求性质的不同，可分为工具性关系和情感性关系；按关系持续时间长短的不同，又可分为长期关系与临时关系。在人际关系类型的划分中，以莱维奇（Lewicki，1996）的划分方法较有代表性。他利用"人际关系测量游戏"方法，通过对一千对夫妇进行研究，把人际关系归纳为如下八种类型。（1）主从型。主从型的人际关系特点是，一方处于主导的支配地位，而另一方则处于被支配或服从的地位。主从型的人际关系是八种类型中最基本的一种，几乎在所有的人际关系中都有主从型的因素。同时，主从型的人际关系也是最牢固的一种关系。属于这种关系的夫妇在共同的生活中，虽然一方感到有一定的压力，但是他们不会轻易离婚。（2）合作型。在合作型的人际关系中，两个人有共同的目标，为了达到既定的目标，彼此能默契配合和互相忍让。在双方发生分歧时，往往能够互相谦让。一般来说，人们都希望与他人结成这种类型的关系。但是，大量的研究表明合作型关系的双方更适宜做好朋友，而并不十分适宜做夫妇。因为尽管这样的夫妇能够和睦相处，但是他们也会感到单调乏味，容易产生厌烦的情绪。（3）竞争型。竞争型的人际关系是一种令人兴奋、又使人精疲力竭的不安宁的关系。竞争的双方为了达到各自的目标，常常会竭尽全力去争取胜利。这种人际关系的主要优点是有生气、有活力，缺点是竞争时间过久，难免令人感到精疲力竭。（4）主从——竞争型。这是一种难以相处的人际关系。双方在相互作用时，有时呈现为主从型的人际关系，有时则呈现为竞争型的人际关系。这种不断的变化使双方不得安宁、无所适从。而且，在这种混合型的关系中，常常包含了主从和竞争型中最不好的特点。这种关系的结局常常是在他们忍无可忍时，不得不中断他们的联系。（5）主从——合作型。这是一种互补和对称的混合型人际关系。此种人际关系较为理想，在这种关系中双方能够和谐共处，即使有些摩擦也没有多大危害性。如果在这种关系中合作因素超过主从因素，那么双方会感到更加融洽。（6）竞争——合作型。这是一种自相矛盾的混合型人际关系。此种人际关系的双方，时而呈现出竞争关系，时而呈现出合作关系，如此反复循环。这种关系类型最适合朋友之间，而对夫妻关系来说则不甚适合，这是因为，要维持这种关系需要有一定的距离以避免双方过于频繁的互动。（7）主从——合作——竞争型。这也是一种混合型的人际关系。属于这种关系的双方，往往陷入困境，因为在他们的相互关系中，同时具有主从、合作、竞争三大类人际关系的特点，所以他们生活中的矛盾冲突比其他类型的关系要多。（8）无规则型。这种类型的人际关系较为少见。特点是双方毫无规则，不清楚他们在干什么，只要外界对他们施加一种外力，就会转变成其他类型的人际关系。莱维奇的八种人际关系类型,尽管是来自对夫妇关系的测试,但是对于大部分具有经常性的互动者之间的关系来说,是具有一定的普遍意义的。对于人们选择什么样的人际关系以及如何处理好与他人的关系,也具有一定的指导作用。

三、人际关系的文化差异

在全球一体化的形势下,各个国家、各个民族之间有越来越多的趋同性,但是不同的民族有着迥异的文化特征,这使得许多社会心理学的研究在全球化的背景下应更多地关注本土化的研究。在人际关系的文化差异性中,学者比较关注的是以东方和西方为代表的两个文化阵营的研究,其中更突出的是以美国为代表的西方人际关系与以中国为代表的东方人际关系的显著特点。

许多测验式的文化比较心理学研究显示:和美国对照组比较之下,中国受试者显得自主性较低,攻击性较低,社会外向性较低,顺从性较高,妥协性较高,较尊重权威,同时较容易受到有权力之他人的影响(Fenz & Arkoff, 1962; Sue & Kirk, 1972)。以上结果一再反映出中国人社会取向的特性,与美国人的个人取向正好相反。邦德和莱荣(Bond & Leung, 1984)曾做过一项文化比较的实验,以96位女性作为被试,其中48位是来自香港的中国人,另外48位是美国人。他们要求每位被试与每一位陌生人(其实是研究者)一起做加法的工作。被试必须以其较不常用的手从一份本国文字的文稿及另一份外文稿件中抄写数据。最后,被试发现他们所完成的工作是同伴的两倍或只有一半。然后,实验者要求被试分配一笔款项给他自己及同伴作为酬劳。结果显示:中国被试往往比美国被试更能衡量客观情况而采取较公平的策略来分配酬劳。这说明,在中国,在熟人情境中,人们遵循亲和需要,而在陌生人环境中,中国人更关心公平与否。其中,研究中国人际关系是揭示中国人社会心理与行为的关键所在,以往有不少学者在较抽象的层次上对这一问题做过概括性和实践性的讨论。梁漱溟(1988:135)的伦理本位认为,中国人际关系表现为自家庭而社会,进而至于整个"天下"的层层伦理序级,最终将中国构成一文化共同体。他强调:"举整个社会各种关系而一概家庭化之,务使其情益亲,其义益重。"费孝通(1985:621)的差序格局认为,西洋的社会像田里捆柴,几根稻草束成一把,几把束成一扎,几扎束成一捆,几捆束成一挑。每一根柴在整个挑里都属于一定的捆、扎、把。每一根柴也可以找到同把、同扎、同捆的柴,分扎得清楚不会乱的。在社会,这些单位就是团体。西洋社会常常由若干人组成一个个的团体。团体是有一定界限的,谁是团体里的人,谁是团体外的人,不能模糊,一定分得清楚。在团体里的人是一伙,对于团体的关系是相同的,如果同一团体中有组别或等级的分别，那也是先规定的。中国格局不是一捆一捆扎清楚的柴，而是好像把一块石头丢在水面上所发生的一圈圈推出去的波纹。每个人都是社会影响所推出去的圈子的中心。中国社会中最重要的亲属关系就是这种丢石头形成同心圆波纹的性质。亲属关系是根据生育和婚姻事实所发生的社会关系。从生育和婚姻所结成的网络，可以一直推出去包括无穷的人，过去的、现在的和未来的人物。以"己"为中心，像石子一般投入水中，像水的波纹一般，一圈圈推出去，愈推愈远，也愈推愈薄。这便是中国社会人际关系的特性了。许烺光（1990）提出"情境取向"（situation orientation）概念，说明中国人的心理特征。他认为：中国、印度和美国三个国家的民族都以自己的文化为背景，都有自己独特的世界观、心理文化取向和行为模式：印度教徒的处世态度以超自然取向和片面依赖为特征；中国人的处世态度以情境取向和相互依赖为特征；美国人的处世态度以个人取向和自我依赖为特征。后来，他又提出"心理社会均衡"（psychosocial homeostasis）概念，说明人在与他人及社会文化事物的关系中，维持一种心理的与人际的均衡，并认为这一概念不仅适用于情境取向的中国人和日本人，而且也同样适用于个人取向的美国人及其他西方人。

自 20 世纪 80 年代迄今，有不少华人学者通过考虑华人文化的独特因素来对华人人际关系进行概念化（Ho，1998；Hwang，1987；杨中芳，1999，1993；Yang，1995）。黄光国（2004）认为，中国社会中的人际关系被区分为情感性关系、混合性关系和工具性关系。当请求资源支配者将他掌握的资源作有利于分配时，资源支配者首先进行的是"关系判断"。对于被他界定为情感性关系的人，他将按照需求法则对待；对于被他界定为混合性关系的人，他将按照人情法则对待；对于被他界定为工具性关系的人，他将按照公平原则对待。但无论是哪一种交往法则，都是"报"的规范的衍生物。在情感性关系中，不管是在回报的资源还是期限上都没有明确的范围，比如父母抚养子女时竭尽所能，不会以算计的心态付出。在混合性关系中，"礼尚往来"，"投之以桃，报之以李"的回报方式则成为维系彼此关系的法则。而在工具性关系中，回报通常是等价并且即时的。在此基础上，黄光国指出：促使中国人对别人"做人情"的主要动机之一，是他对别人回报的预期。杨中芳（1999）提出，中国人际关系可以被分解为既定成分和交往成分。既定成分指两人在某时点通过交往所建立的社会既定联系；这种联系可以是先天的（如父子关系）或后天建立的（如师生关系），而每个既定成分都有相应的行为义务（刘嘉庆等，2005）。杨中芳认为，交往成分则指关系双方在互动过程中所得到的经验，并进一步划分为情感成分和工具成分。前者为交往过程中双方在自发情感交流层面的亲密程度，后者指在工具层面,即以利益交换和履行作为关系基础的义务的满意程度。

四、人际关系的测量

(一)社会测量法(method of social measurement)

社会测量法是一种测定个体在人际交往与相互作用的过程中形成喜爱、冷淡或反感的数量指标的方法。1934年,莫雷诺(J. L. Moreno)首次使用了这种方法,后来经过许多社会心理学家的进一步探讨,这种方法有所改进,应用范围也越来越广泛。社会测量方法的目的就是要了解群体内人与人之间心理上的关系并予以数量化的表示,是对小群体心理结构研究特别有效的一种方法。社会测量法涉及的变量是纯"社会性的",能评定个人在小群体内互动中的地位。它易于实施,且无需太多的经费支出,其研究结果可作具体的应用。同时可以唤起被试的强烈兴趣与动机,对于诸如偏见、士气、社会地位、吸引与互斥等实证性的概念,能以容易被接受的指数加以说明。

社会测量方法设计的过程主要在确定标准,这里指的是被试作选择的依据。通常是一个问题,如"你宁愿谁坐在你旁边?"确定标准时,需考虑三个问题:使用何种标准?使用多少标准?准许多少选择?这里,标准的选择通常视团体的性质或施测的目的而定。当然,标准也可以消极的方式提出,如:"你不希望谁坐在你旁边?"此时所要探讨的不是吸引关系,而是拒斥关系了。由于这种问法容易引起被试的疑惑、憎恨、焦虑和不安,所以最好不用;一定要用时,另外在修辞上也必须小心。至于使用多少标准和容许多少选择为宜。按照莫雷诺当初的构想,应该让被试"爱选多少就选多少",以便找出真正的孤立者。但是,这样会有很多的缺点,所以许多学者认为限制选择数有必要。一般来说,大多数只使用一个标准;至于选择数,大多使用三个选择。

社会测量方法的实施步骤非常简单,问题(标准)的提出通常伴以简要说明,包括限定团体的范围,提示测验的目的和告诉被试测验的保密性,以使被试安心选答。以在一所中学所做的测验为例,指导语如下:"我们要成立几个委员会来讨论一些问题。大家都知道和谁在一起工作最感到愉快。他们可以是你的同班同学或别班同学。现在,在你的纸上写上1,2,3。在'1'的后面写上你最爱与他工作的男生或者女生的姓名,在'2'的后面写上你第二个喜欢的,在'3'的后面写上你第三个喜欢的。我们会根据你的选择来安排委员会,以便每个人都能与所选的三个或其中一二个在一起工作。今天缺席的同学,只要你愿意,也可以选。注意,你的委员会里将会有你选的一位以上男生或女生在内。所以最好把你的选择保密,因为你的委员会里的同学不可能都是你所选的。假

第九章 人际关系

如有人你觉得选他时特别感到不安或不快，或你觉得他与你相处时感到不安，就把他的名字写在'否'栏。如果没有，就空着。如果有什么疑问，可以提出来。"

社会测量法在结果整理中有两种基本方式：一是列表法，称为"社会矩阵"（socio-matrix）；二是图示法，称为"社会图"（socio-gram）。其中，社会测量矩阵又叫人际关系矩阵。首先将群体中的成员进行编号，然后按照编号把群体中每个人所作的选择填入事先印制的卡片上，然后填入矩阵图。矩阵图的张数与选择标准的数目应是一致的，即每一个选择标准就有一份单独的表格。肯定的选择用"＋"符号表示，否定的选择用"－"符号表示，没有选择用"0"表示。这是一个 n×n 的方形表格（n 代表团体人数）。

社会图是以图形来综合表示在某种特定情况下的人际选择。常用的程序是这样的：每一个人用一个几何图形表示，一般用圆形代表女性被试，用三角形代表男性被试，图形中写上名字，以缺口或颜色图形来表示缺席者。男性被试的图形归在一边，女性在另一边。各图形中间留有空隙，以便连线穿梭其间。通常把男女两组中受选最多的放在各组临近中间的位置，次多的放在周围，最少的放在最外围，然后用线连接。如果是单选，用箭头指向被选者；如果是互选，使用双箭头，并在连线中间画一黑点或短线。如果是"拒斥"，可用虚线或有色线来表示。

从社会测量矩阵和社会测量图可以明显地看到，社会测量是一种极为有效的方法。借助于这一方法，可以很清楚地描绘出群体内部的各种情绪倾向的图景。在教育领域中，其应用于分组、诊断、治疗和评估等方面，在管理方面，它也被应用于领导才能评价、工作分配、士气考察及团体结构等。但是，这种方法也有其局限性。首先，这种方法并不能使我们去进一步了解为什么在一类共同体中，个体与群体产生对立，而在另一类共同体中却没有这种对立对象。另外，这种方法也无法测得成员的选择动机，就是说，成员在选择一些人而拒绝另一些人时，他们所持的动机是什么，在"好感"与"恶感"背后隐藏着什么原因等，这类问题是没法从测量中获得的。

（二）**参照测量法**（reference measurement method）

彼得罗夫斯基发展了莫雷诺的社会测量法，提出了参照测量法。他认为，被人们所喜欢的人，不一定是群体中最能发挥作用和最有威信的人，莫雷诺的测量方法难以发现这种最能发挥作用的人，参照测量法则能解决这个问题。该方法具体操作如下：

首先，让一个小群体的所有成员相互进行书面评价，再把所有的评价都放到标明被评价人姓名的大信封里，然后对全体成员们说："你们可以看看别人是如何评价你的，但是不会把所有人的评价意见都给你，只给你几个人的，你愿意看哪几个人的?"结果发现，被试力求了解对他最有意义的评价，他所选择的人，是他心目中最有威信、最有见解或者最值得他信赖的人。那些被选择提名较集中的人，可能是在群体中最能发挥作用的人。在这些人中，有的可能并不被人喜欢，但他们往往见解独特，可能还很固执。然而他们确实很有能力，是人们心目中的权威。通过参照测量就可以发现群体中这种人物。这种方法与莫雷诺的社会测量法相比，其突出的优点是隐去了真实的目的，被试在不知不觉中反映了自己的真实心理。

五、人际关系的改善方法

研究人际关系的目的，就是为了改善人际关系，形成良好的人际交往环境。为了达到这个目的，社会心理学家提出了许多关于改善人际关系的理论与方法。

（一）海德的平衡理论

海德（F. Heider）提出了认知平衡的P—O—X模型，认为平衡的认知引起一种令人愉悦的满意状态；若认知不平衡则有向认知平衡转化的趋势。他强调认知结构中评价因素与情感因素一致性在维持认知平衡中具有重要作用。基本要素有：认知者P（Person），与认知者相对应的个体O（Other Person），认知对象X（attitude object）。三个要素之间的关系有两种：P与O之间的感情关系，包括肯定（正，positive relationship）关系和否定（负，negative relationship）关系，如喜欢和不喜欢；P与X，O与X之间是人或物的所属、所有等单位关系，也包括肯定（正）关系和否定（负）关系，如接近和分离等。三个要素两种关系构成认知者P的认知系统。海德假定了八种认知状态，其中有四种均衡状态和四种不均衡状态，如图9-1所示。

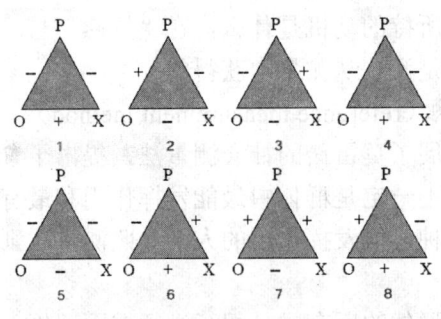

图 9-1　海德平衡理论示意图

第九章　人际关系

例 1 显示，三个要素之间的关系都是肯定（正）关系，如 P 与 O 之间是肯定关系；P 承认 X，O 也承认 X，P 的认知系统是均衡的；例 2 显示，P 与 O 之间的关系是肯定的，而 P 与 X 是否定关系，O 与 X 的关系也是互不承认的否定关系，此时 P 的认知系统同样是均衡的；例 3 显示，P 与 O 之间的关系是否定的，P 与 X 的关系是肯定的（承认 X），而 O 与 X 的关系是否定的（不承认 X），此时，P 的认知在总体上是均衡的；例 4 显示，P 与 O 之间的关系是否定的，P 与 X 的关系是否定的（否认 X），而 O 与 X 的关系是肯定的（承认 X），此种情况下 P 的认知是均衡的；例 5 显示，P 与 O 之间的关系是否定的，P 与认知对象 X 的关系是否定的，O 与 X 的关系是否定的，此时对于 P 而言，认知系统不平衡；例 6 显示，P 与 O 之间的关系是否定的，P 与 X 的关系是肯定的，O 与 X 的关系是肯定的，此时 P 的认知系统处于不均衡状态；例 7 显示，P 与 O 的关系是肯定的，P 与认知对象 X 是肯定的，O 否定 X，此时 P 处于认知不均衡状态；例 8 显示，P 与 O 之间的关系是肯定的，P 对 X 是否定的，O 对 X 是肯定的，则 P 的认知状态不均衡。

因此，在海德的 P—O—X 模式中，只要三个要素之间有三个正关系，或者两个负关系、一个正关系，P 的认知系统就处于均衡状态；凡是三个要素间有三个负关系，或者两个正关系一个负关系，P 的认知状态不均衡。克服认知不均衡的办法有两种：一则改变 P 对 O 的感情关系；二则改变 P 对 X 之间的单位关系。

（二）纽科姆的沟通活动理论

美国社会心理学家纽科姆（F. Newcomb）把海德的平衡理论推广到了人际沟通的领域。因此，在纽科姆的理论中就更加明确地讨论了人际关系的改善问题。如果说海德的平衡理论重点是考察知觉者内部的认知结构的话，那么纽科姆主要讨论的则是通过人际沟通而达到对现实的人际关系的改变。纽科姆的理论被称作"A—B—X"模式。A 表示知觉主体，B 表示另一个体，X 表示与 A、B 都有关系的客体。当 A 和 B 对 X 的关系相似或相同时，将产生 A 与 B 之间的依恋性。相反，当 A 和 B 对 X 的关系有差别甚至完全不同，将产生 A 与 B 之间的不和睦。同样，A 与 B 之间沟通的发展，也将导致他们对 X 关系的相似性。

纽科姆的这一模式，对于人际关系改善的意义就在于三者之间的关系由不协调到协调的转变。如果在对待 X 的态度上，A 与 B 之间产生了差别，并且 A 与 B 本来是处在相互肯定的关系之中，那么在 A、B、X 之间就出现了不协调，为了达到新的协调，可能的方法有如下三种：第一，A 改变自己对 X 的关系，以便使自己对 X 的态度与 B 对 X 的态度相类似；第二，B 改变了自己对 X 的态度，从而使自己对 X 的态度与 A 对 X 的态度相一致；第三，A 改变自己对 B 的态度，从而使三者之间的关系趋于特殊的协调。

（三）T 小组训练法（T-group）

人际关系的改善不仅仅是一个理论问题，更重要的是一个实践问题。除去以上的一般理论原则之外，还有一些具体的操作技术，T 小组训练法就是一种常见的改善人际关系的方法。

T 小组方法，又称敏感性训练（sensitivity training），是美国社会心理学家勒温（K. Lewin）于 1946 年创造的。T 小组的主要目的有二：一是为了提高个体的社会敏感性，二是增强个体行为的灵活性。总的目标是通过群体相互作用的体验，学习对自己、对他人、对群体及对组织的理解和洞察，并掌握如何处理这些社会关系的技能。其通常的训练方式是把 10～15 名受训练者集中到实验室，由心理学家来主持训练，时间为一两周或三四周。在这个小组里，成员没有要解决任何特殊问题的意图，也不想控制任何人，人人赤诚相见，互相坦率地交谈，交谈的内容只限在"此时此地"发生的事情。这种限定在狭窄范围里的自由讨论，逐渐使受训者陷入不安、厌烦的情绪当中。所谓"此时此地"的事情，实际上就是人们的这些心理状态和心理活动。随着这种交谈的进行，人们逐渐地更多地注意自己的内心活动，开始更多地倾听自己讲话。同时，由于与他人赤诚坦率地交谈，也开始发现别人那些原来自己没有注意到的语言和行为上的差别。经过一段训练之后，人们慢慢地发现了自己的内心世界，发现了平时不易察觉到的或者不愿意承认的不安和愤怒的情绪。另外，由于细心倾听了别人的交谈，也能够逐渐地设身处地地体察别人、理解别人。

实践证明，T 小组训练法是一个有效地改善人际关系的方法。一些研究还证明，参加过 T 小组训练的高中生比没有参加 T 小组训练的学生在达到自己的目标方面取得了更大的进步。另外的一些研究则表明，参加过 T 小组训练的人种族偏见明显减少，参加过 T 小组训练的人比未参加 T 小组训练的人形成了更大的内部控制倾向以及增加了对他人的信任感，等等。

第二节　人际吸引

所谓人际吸引（interpersonal attraction），是指人与人之间的积极态度或喜爱情感，人际吸引就是在合群需要的基础上发展起来的。也就是说，合群是吸引的基础。但是，合群仅是愿意与他人相伴随的倾向，并不涉及是否喜欢他人。在合群过程中，人们不仅相互感觉、相互认识，而且也形成一定的情感联系，这种情感联系集中表现在人际吸引上。可以说，人们彼此之间的相互喜欢这种积极情感是人际吸引的核心，也体现了人际吸引和合群的本质区别。

要吸引别人或与他人成为朋友，必须了解人际吸引的五个基本规则。

一、接近性

接近性（proximity），又称邻近性，是指在人际交往的早期阶段，人们由于在地理距离的接近而彼此喜欢对方。换句话说，人们在生活中经常相互接近、互相熟悉，能增进彼间了解，较易产生相互吸引。接近性包含两层含义：易得性和相互交往。所谓易得性就是指人们更可能接触到自己周围的人，进而诱发喜欢。所谓相互交往就是指，邻近的人常常见面，有较高的交往频率容易产生吸引。那么，为什么地理距离的接近会导致人们彼此产生人际吸引呢？它背后的心理机制是什么？

其中一点是因为"曝光"能促进人际吸引。所谓曝光效应（mere exposure effect，又作单纯接触效应），是指仅仅是熟悉就可以诱发喜欢。换句话说，仅仅经常看到某个人就能够增强对他的好感。扎荣克（Zajonc，1968）用实验证实了这种效应。在一个研究中扎荣克给被试呈现不同面孔的照片，每张面孔呈现的次数不同。研究发现，面孔被看到的次数越多，被试对这张面孔报告的喜好程度越高。在另一个研究中，莫兰德和比驰（Moreland & Beach，1992）征募了4名女性作为现场实验的研究助理。先测的结果表明，所有4位女性被认为具有同等的吸引力。在实验中，她们以学生身份参加了一个社会心理学的课程。每个人的出勤不同，在整个学期中分别参加了1、5、10、15次讲座。在期末，研究者通过幻灯机上呈现随意拍摄的女性照片，学生们被要求给这4名女性打分。研究发现，这4名女性在课堂出现的频率越多，其他学生对她们的好感就越强。这个实验再次证明了曝光效应。

那么，为什么熟悉性能促进人际吸引呢？首先，多次接触能够提高人们的再认能力，这对开始喜欢上某人是关键的一步。第二，当人们变得越来越熟悉彼此时，他们同时也更能预测对方的行为。第三，人们会假设自己所熟悉的人与自己很相似。熟悉让人们假定对方是与自己相似的，进而导致人际吸引的机会大增。

二、外表吸引力

人们见到陌生人时可能最先注意到什么?当然是长相。虽然人们都知道不应该以貌取人,但是却很难避免在外貌基础上形成对他人的印象。当其他条件相同时,人们更喜欢有外表吸引力的人。人们一般喜欢相貌美的人,外貌美对于第一印象的形成尤其重要。在人们最初交往的时候,相貌是双方相互喜爱的重要因素。那么,什么样的相貌具有吸引力呢?一般说来,无论对于男性还是女性,恰到好处、匀称的脸部特征都被认为是有吸引力的。罗兹和特里曼(Rhodes & Tremewan, 1996)发现,采用电脑合成的由不同脸孔特征组合而成的脸部特征匀称的头像,比所有其他的脸孔都要迷人。当然,这并不意味着漂亮的人有着普通的长相。他们还发现,有吸引力的面孔每一处都是与其他部位成比例。例如,不会有太大的鼻子,脸的两半是对称的,两只眼睛一般大小,两颊的宽度也是一样的。当然,漂亮的女性和英俊的男性是有区别的。"娃娃脸"的特征,如大眼睛、小鼻子、小下巴、饱满的双唇和灿烂的笑容这样的女子更女性化、青春可人,因此显得更为迷人。拥有所有这些特征的女子在全球范围内是公认的美人(Jones, 1995)。而拥有强壮的下巴和宽阔前额的男性看上去坚强而有主宰力,通常被认为是英俊的男性(Cunningham, Barbee & Pike, 1990)。

为什么外貌美能促进人际吸引呢?一个重要的原因人们有一种"美的就是好的"的刻板印象:即人们倾向于认为,相对于相貌平平的个体,外貌迷人的个体具备更好的社会交往能力,从事更好的职业,拥有更美满的婚姻,更受大众的欢迎,更有可能获得成功。相貌较好的人还被认为具有一些和美丽无关的特点,譬如心理健康和聪明等。戴安等人(Dion, Berscheid & Walster, 1972)发现,无论男性还是女性都认为,外貌具有吸引力的人比外貌不具吸引力的人更可能有以下的特点:性感、善良、坚强、外向、有教养、敏感、性生活热烈、尊贵、有趣、镇静、好相处。还有研究表明,在学业成绩相同的情况下,教师评价漂亮的孩子比不漂亮的孩子更聪明、更受欢迎(Clifford & Walster, 1973)。学生在给一位女教师打分时,如果她被化妆得比较美丽,那与她素面朝天的情况相比,学生认为她课讲得更有趣,是一位好的老师(Chaikin *et al.*, 1978)。

三、相似性与互补性

影响人际吸引的另一个基本因素是相似性和互补性。所谓相似性,是指人们倾向于喜欢在态度、兴趣、价值观、背景和人格上和自己相似的人。这种相似性正应了那句古话:物以类聚,人以群分。伯恩(Byrne, 1971)通过实验证明了相似性与人际吸引之间的关系。他先让被试填写形容他们自己态度的问卷，然后让他们阅读据称是由"陌生人"填写的问卷。实际上，这些所谓"陌生人"填写的问卷是研究者有意伪造的。研究者伪造了一些和被试自己的答案十分相似、或者中等相似、或者十分不同的答案，然后要求被试说出他们认为自己可能会在多大程度上喜欢他们所读到问卷的填写者。研究表明，态度的相似性极大影响了喜爱程度。态度越相近，期望的喜爱程度越高；而对那些与自己态度迥异的"陌生人"，被试则表示非常不喜欢。相似性的重要性不仅仅在态度相似中有所体现，在种族背景、宗教、政治、社会阶层、教育和年龄上的相似都会影响吸引。在恋爱交往或者婚姻中，选择与自己相似伴侣的倾向被称为匹配原则（matching principle）。为什么相似性原则会导致人际吸引呢？这是因为相似的人肯定了人们自己的信念、价值观和个性品质起着正强化作用，而不相似的信念、价值观和个性品质起着负强化的作用。通过这种正负强化的作用，人们喜欢与自己相似的人，不喜欢不相似的人。

另一方面，相似性并不排斥互补性。互补性是指人们之间因为可以在角色或需求上以相互扬长补短和互相满足而形成人际吸引。人际互补吸引，往往体现在角色间能互相满足需求，互相解决困难和问题。例如，一个有支配性格的人容易和被动型的人相处，这是因为彼此之间可以取长补短，互相满足对方的需求。互补性原则看来似乎与相似性原则是矛盾的，但从角色作用的观点看却是一致的。例如，"支配型男性"和"顺从型女性"在对男女关系中男女角色的看法上是一致的，他们认为男性应起支配作用，女性应当顺从。

四、互惠性

人际吸引的另外两个原则：喜欢那些喜欢我们的人和关系中的回报。这两个原则的核心是互惠性。所谓互惠性，是指互动双方因能够满足彼此的需要而产生吸引。互惠性表现在两个方面：第一，喜欢自己的人不仅让我们当时体验到了愉快的情绪，还让人类最强烈的渴望——"受人尊敬"得到了满足，他们对自己的喜欢、欣赏、赞扬，让人们拥有的是快乐，他们在自己的眼中是友好、热忱的形象，人们也回报他们以同样的友好与热忱，更愿意与他们接近。因此，一个人喜欢对方的程度，可以反过来预测对方喜欢他自己的程度。第二，人际吸引也遵循着社会交换原则。当人们认为与某些人的交往是有利可图的时候，也就是说收益高于成本的时候，自己就喜欢这些人。一项研究让大学生列出他们在恋爱关系中获得的收益和付出的成本（Sedikides, Oliver & Campbell, 1994）。列出的收益包括志趣相投、被爱的感觉、幸福感、亲密、自我理解和性的满足。知觉到的恋爱关系的成本包括对于关系感到有压力和忧虑、缺乏和其他人进行社会交往或约会的自由、维持关系需要时间和努力、吵架以及感到对对方有依赖感。但收益高于成本时，人们觉得对方是有吸引力的。

第三节　友谊与亲密关系

一、友谊

友谊（friendship）是个体之间的相互依赖的关系，它表现在个体之间自愿从事共同的活动，愿意为对方提供支持和帮助。友谊是人们在人际吸引的基础上，在交往活动中产生的一种特殊情感，它与交往活动中所产生的一般好感是有本质区别的。友谊是一种来自双向关系的情感，即双方共同凝结的情感，任何单方面的良好情感，不能称为友谊。阿盖尔等（Argyle & Henderson, 1985）认为，友谊应遵循以下原则：在需要的时候自愿提供帮助，尊重朋友的隐私，保持信任，信赖并向彼此倾诉，当对方缺席的时候能代表对方，不在公开场合批评彼此，表现出感情性的支持，在交谈中注视对方的眼睛，相伴的时候努力使对方快乐，对彼此的关系不嫉妒或不批评，对彼此的朋友宽容，与对方分享成功的消息，寻求个人化的建议，不责备或唠叨，和朋友开玩笑或取笑，会偿还欠账、报答恩惠或赞扬，对朋友表露自己的情感或遇到的问题。

虽然友谊一般是由亲密的、面对面的互动中发展而来。然而，随着网络通信技术的发展与普及，已出现了一种新的友谊形式，即在线友谊（online friendship）。与一般的友谊不同，在线友谊的产生和发展并没有面对面的互动（face-to-face interaction），而是通过以计算机为媒介的网络交流（computer-mediated communication）建立的。香港中文大学心理系（Chan & Cheng, 2004）对162名香港青年人的在线友谊与线下友谊进行了比较，研究发现，由于信息来源的不确定性、对信息准确性的怀疑以及个人外貌和非语言线索等社会背景线索的缺失，以及网络的匿名性，在总体上讲，在线友谊的关系质量普遍低于线下友谊。然而，与在现实生活中异性友谊比同性友谊更难建立并且其关系质量显著低于同性友谊不同，由于互联网解除了人们在现实生活中发展异性友谊的许多限制性因素，在线友谊中异性友谊的关系质量显著高于同性友谊。

另外，自我表露（self-disclosure）是一种特殊交谈的形式，是我们与朋友分享隐密信息与感受的过程。如果人们不向朋友透露这些信息与感受，对方就无从得知。自我表露分为描述性表露和评价性表露。前者是与朋友分享有关自己的信息，例如自己的收入、自己的住处或者自己在最近的选举中投了谁的票。后者是与朋友分享自己的观点、情感或感受，例如自己对收入的满意程度、自己对恋人或家人的感受，自己对某人的评价或者自己对自己的评价。总之，自我表露就是人们向朋友敞开心扉，与朋友分享他们的秘密。自我表露与友谊之间的关系是相辅相成、互相促进的。一方面，自我表露是建立在友谊的基础上，如果双方没有友谊，就彼此不会自我表露。

为什么在朋友之间会有自我表露呢？德勒加和格拉克（Derlega & Grzelak, 1979）与欧马祖（Omarzu, 2000）的研究表明，自我表露的原因有多种。第一，友谊的发展。分享个人信息，是彼此信任的体现，因而是友谊发展关系的一条重要途径。第二，自我澄清。在与他人分享自己的感受或经历的过程中，通过观察对方的反应，能知道自己的观点或态度是否正确和恰当，能知道自己所考虑的问题是否合乎情理，因而可以进一步了解自己。第三，社会认可。自我表露得到朋友的认可、赞赏和鼓励，我们可以增强自信心，改善自我形象。第四，社会控制。可以把表露或隐藏自我信息作为一种社会控制的手段。例如，人们会突出那些我们认为可能给倾听者留下良好印象的话题、信仰或观点；也可以谨慎地避免谈论自身以保护我们的隐私。

虽然自我表露可以增进友谊，但是自我表露同时也带来了人际交往中的风险。这种风险表现在以下几个方面（Derlega, 1984）：第一，冷淡。人们与朋友分享隐密信息与感受是发展友谊，但有时可能会发现对方对自己的自我表露无动于衷，他们根本就没有兴趣了解我们。第二，拒绝。表露的自我信息可能会导致他人对我们的社会拒绝。例如，许多同性恋者都想向他们的朋友坦承自己的性取向，但是却担心由此招致敌意、排斥或轻蔑（Franke & Leary, 1991）。第三，失去控制。有时朋友会利用自己所表露的信息伤害或控制自己。第四，背叛。当人们把自己的隐私袒露给所信任的朋友时，往往希望甚至明确要求对方要保密，但是这种信任有时会被出卖。

因此，友谊本身要求人们坦诚相待。但是，由于自我暴露要冒一定的风险，人们有时会隐藏自己的部分隐私，保护内心世界不受窥视。只有在自我表露和保持隐私之间保持适度的平衡，友谊才能正常发展。

但是，就同性之间的友谊而言，男性的友谊与女性的友谊是有区别的（Fehr, 1996；Wright, 1998）。男性的友谊通常围绕着共同的活动，例如朋友可以一起去酒吧、去郊游，也一起打球；而女性的友谊通常以感情分享为特点，例如她们更愿意花更多的时间与朋友"煲电话粥",更可能聊个人的感情问题。

在不同的文化背景中,友谊的模式有所不同。由于西方文化更强调个人主义,而东方文化更强调集体主义,友谊在西方社会更多地是自由选择的,而友谊在东方社会在一定程度上依赖于血缘关系和家族关系。相对于传统的东方社会,在现代西方社会中人们更可能从一个社会阶层流动到另一个社会阶阶层,从一种社会地位流动到另一种社会地位,从一个地方到另一种地方。因此,现代西方社会中,友谊往往是相对短暂的;而在传统的东方社会,友谊保持的时间更长。

二、爱情与伴侣选择

爱情是人类古老而又新鲜的话题,仿佛是人类永远都无法揭开的迷。爱是人类的一个古老而又永恒的课题。爱也是一个较广泛的概念,包括对国家、对父母、对师长等的爱,甚至可以是爱宠物、爱事业;而爱情则一般专指男女之间的亲密关系。当然,爱情不但是艺术家所关注的主题,也是社会心理学研究的新课题。李(Lee,1977,1988)使用希腊和拉丁词汇,描述了六种不同类型的爱情。他认为,这些爱情类型是理想化的类型,每个个体都可能综合一种以上的类型来定义自己的爱情。六种不同类型的爱情分别为:(1)激情之爱(Eros):性爱有很强的肉体欲望成分。处于激情之爱的人寻找对自己有外表吸引力的异性,渴望与对方有深入的身体关系;(2)游戏之爱(Ludus):游戏之爱视性爱为游戏。处于游戏之爱的人希望能跟更多的异性发生性关系;(3)同伴之爱(Storge):同伴之爱是深思熟虑的、温暖的、富于同情心的;(4)实用之爱(Pragma):实用之爱是挑选一位合适的伴侣,它要求的就是两个人之间的关系平稳,并且满足双方的需要,它追求满足而不是激情,处于这种爱情的人选择伴侣以理性条件的考虑为主,诸如教育背景、经济能力、社会地位、共同兴趣、甚至宗教信仰等;(5)颠狂之爱(Mania):颠狂之爱是一种完全燃烧的体验,一见钟情是这种爱的典型代表,外表吸引则是关键;(6)无私之爱(Agape):无私之爱把爱视为给予、利他而毫不利己,将爱作为一种责任。

斯腾伯格(Sternberg,1986,1987)运用定量分析与定性分析相结合的研究方法,在进行大量文献综述和实证研究的基础上提出了爱情的三角形理论。他认为,人类爱情包括三种成分:激情、亲密和承诺。他将这三种成分形象地比喻为爱情三角形的顶点。其中,激情是爱情中的性欲成分,是情绪上的着迷。激情是一种强烈地渴望跟对方结合的状态,就是见了对方会有一种怦然心动的感觉;和对方相处有一种兴奋的体验。性的需要是引起激情的

第九章 人际关系

主导形式。亲密是指在爱情关系中能够引起的温暖体验,它在爱情关系中使双方感到亲近、相互关联。这个成分包括对爱人的赞赏、照顾爱人的愿望。自我表露和内心的沟通也很重要。斯腾伯格(Sternberg,1987)认为无论是对爱人的爱,对孩子或者是最好朋友的爱,其中包含的亲密成分在本质上都是相同的。亲密在所有这些爱的关系中都是最常见的核心成分。承诺指维持关系的决定期许或担保。承诺由两方面组成:短期的和长期的。短期方面就是要做出爱不爱对方的决定。长期方面则是作出维护这一爱情关系的承诺,包括对爱情的忠诚、责任心,是一种患难与共、至死不渝的承诺。总之,激情可以看做是对爱情的动机性卷入,亲密可以看做是对爱情的情感性投入,承诺可以看做对爱情的认知性的决定与忠守。因此,激情是"热烈"的,亲密是"温暖"的,而承诺是"冷静"的。

根据爱情三角理论的这三个成分,可以爱情分成以下六种类型。(1)完美的爱(consummate love):同时具备三要素,即同时包含有激情、亲密和承诺,是爱情的最高体验,但这是一种理想化的爱情,在现实生活中很少见到。(2)喜爱(liking):只有亲密,没有激情和承诺。双方在一起感觉很舒服,但是觉得缺少激情,也不一定愿意厮守终生。这种爱也见诸于亲密朋友之间。(3)浪漫的爱(romantic love):有亲密和激情,却没有承诺。例如,有些大学生谈恋爱,他们之间有亲密关系和激情体验,但由于对未来的取向不确定,双方并不彼此对对方负责,等到毕业了就只有分手。(4)伴侣的爱(companionate love),有亲密和承诺,但没有激情。这种爱情在结婚多年的夫妻之间很常见。(5)空洞的爱(empty love):只有承诺,但既没有激情也没有亲密,这种爱情既存在于旧时代的包办婚姻中,也存在于那种乏味却持久的婚姻中。(6)痴迷的爱(infatuated love):有激情和承诺,但没有亲密。双方彼此都认为对方有强烈吸引力,除此之外,对对方了解不多,也没有想过将来。

但是,人们在伴侣选择方面有哪些考虑呢?理想的伴侣应该有哪些标准?研究者发现,人们选择伴侣的标准受到一系列因素的制约。

首先,文化与伴侣选择。不同的文化背景下,人们心目中理想的伴侣是否有差异呢?就这一问题,D.巴斯(Buss,1990)及其同事进行了一项大型的跨文化比较研究。他们发现,在不同的文化背景下,人们理想伴侣存在着巨大差异。在同一文化中,男性与女性心目中的理想伴侣也存在着差异。例如,在中国,男性理想中的女性伴侣的标准是健康、对家庭和孩子的热爱、没有过婚前性经验以及双方相互之间的爱情;而女性理想中的男性伴侣的标准是情绪稳定性和成熟度、对家庭和孩子的热爱、健康、教育程度和智力水平。在中国,双方都不看重对方的宗教背景,而在美国,男女双方的理想伴侣的标准是一致的,即双方相互之间的吸引和爱情、情绪稳定性和成熟度、是否可靠以及好脾气。他们最不看重对方过去的性经验以及政治背景。在南非,男性理想中的女性伴侣的标准是情绪稳定性和成熟度、好的厨艺和家务能力、是否可靠和好脾气;而女性理想中的男性伴侣的标准是是否可靠、情绪稳定性和成熟度、好脾气以及健康。男性最不看重的是女方的经济前景,而女性最不在乎对方是否有过婚前性行为。

其次,短期伴侣与长期伴侣的选择。人们在与异性恋爱时,有时考虑与之展开一段短暂恋情,把对方作为短期伴侣;有时愿意与之建立长期关系,成为结婚的对象,把对方作为长期伴侣。那么,在选择短期伴侣与长期伴侣时,人们的标准是否有差异呢?巴斯等人(Buss & Schmitt, 1993)对这一问题进行了研究,发现了一些很有趣的现象。他们发现,在选择短期伴侣时,男性考虑的主要问题是伴侣的数量、与对方发生关系的难易程度、对方怀孕的可能性以及如何使成本、风险和承诺的最小化;女性考虑的主要问题是对方是否有可利用的资源、与其分手的难易程度、对方的基因的质量以及是否有可能把短期伴侣为长期伴侣。而在选择长期伴侣时,男性考虑的主要问题是对方是否会与他人生儿育女、对方的生育价值、对方是否会对双方的关系有很强的承诺、对方对子女的养育以及对方的基因质量;女性考虑的主要问题是对方是否有能力并且愿意对双方的关系在时间、感情和经济上进行投资,对方是否可以对自己提供保护,以及对方是否会对双方的关系有很强的承诺、对方对子女的养育和对方的基因质量。研究者们还发现,对于不同类型的伴侣,男女双方对智力的要求也不一样。肯里克等(Kenrick et al., 1993)发现,对女性来说,作为约会的对象,对方只要智力在平均水平以上即可,而作为长期的伴侣或结婚的对象,对方必须具有较高的智力水平。而对于男性来说,约会对象的智力水平也是在平均以上即可,他们对长期和婚姻伴侣的智力要求与女性较为一致。

再次,社会经济地位与伴侣选择。格瑞特迈尔(Greitemeyer, 2007)通过实验研究发现,在选择伴侣的时候,男性宁愿选择社会经济地位较低的女性,而不选择社会经济地位较高的女性;而女性刚好相反。男性不喜欢社会经济地位较高的女性,不是因为其收入高,而是因为她们受教育程度高。

最后,爱情与伴侣选择。人们在选择婚姻伴侣时,是否是以爱情为基础的?戴安(Dion, 1993)发现,在巴基斯坦和印度等一些传统的集体主义国家,有超过50%的人表示,他们可以与不爱的人结婚;而在美国、澳大利亚等一些个人主义国家里,绝大多数人表示,不可能与自己不爱的人结婚。这是为什么呢?

在个人主义的文化中，人们在爱情上高度重视个人的选择，把个人的爱情看做是婚姻伴侣选择的至高无上的准则。在集体主义社会中，人们结婚往往遵循父母之命和媒妁之言是为了整个家族乃至社会的利益，他们更可能牺牲自己的个人利益而与不爱的人结婚。

第十章 利他与侵犯

人类可以表现出纷繁复杂、多种多样的社会行为，而如果以行为的后果作为划分的标准，可以将社会行为分成两类：一类是对社会或他人有益的行为，或者称之为利他行为；另一种是对社会有害的行为，即反社会行为。人类的利他行为是那些自发性地帮助他人或者有意图地帮助他人的行为。而以侵犯行为作为典型代表的反社会行为则明显对他人和社会具有极为不利甚至是破坏性的影响作用。本章以上述两类社会行为中具有典型意义的利他行为和侵犯行为为重点，着重对引起利他和侵犯行为的原因、主要特征，以及影响它们出现与否的生理、心理和社会因素进行详细的阐述。

第一节 利他行为

在日常生活中，我们常常可以发现有人愿意无偿地帮助他人，即便是他并不认识此人，或者他根本也不在意他的行为能否为其带来什么可以预见的好处，这里把这种行为称为利他行为。利他行为是人类社会中一类美好的事物，也是社会生活中不可或缺的一部分。

一、利他行为的定义

利他行为（altruistic behavior）是一种自发形成的，以帮助他人为唯一目的，且不期望任何外在酬赏的社会行为。从利他行为的定义中，可以看出利他行为有如下几个特征：以帮助他人为目的；不期望有精神或物质的奖励，例如荣誉或奖品；自愿性；利他者可能会有所损失。其中第二个特征是利他行为的主要特征。然而，人们助人的动机并非都十分单纯，通常的利他行为中既包含利他的因素，也含有利己的因素。如果某人志愿为某个慈善团体工作，以便给朋友们留下良好的印象或增加自己未来找工作时简历的砝码；当一个慈善家大量捐款帮助穷人的时候,他可能也会期望在社会上获得声誉的回报。如此说来,利他行为可能有不同的动机,其中有些行为是以利他为手段、以利己为目的,有些行为有微妙的利己动机,有些是纯粹意义上的利他主义,即为他人的幸福而助人,丝毫没有想到自己的得失。

社会学家和社会心理学家对利他行为的界定进行了一系列的分析,巴特尔(Bartal,1976)明确区分了利他行为和偿还行为,他认为利他行为以帮助别人作为唯一目的,而偿还行为则是指那些为了回报以往曾得到过他人的好处,或补偿自己使他人蒙受损失而产生的助人行为。但是有研究者对巴特尔的观点提出异议,主要针对利他行为中是否应含有赏酬的问题。巴特森(Batson,1987)的观点带有一定的普遍意义,他指出利他行为不应该含有对外在赏酬的期待,但应该含有内在赏酬,也就是通过助人行为获得精神上的满足。利他行为虽然是不图日后回报的助人行为,但利他行为发动者在看到有人需要帮助的时候,会因为专注于自我的内心焦虑,或者专注于对他人的同情情绪而发出助人行为。从这个角度上看,利他行为存在两种取向:一种是为了减轻内心的紧张和不安而采取助人行为,这种情况的动机是为自我服务的,助人者通过助人行为来减少自己的痛苦,使自己感到有力量,或者体会到一种自我价值,可以称之自我利他主义(ego-altruism)取向。另一种情况是受外部动机的驱使,因为看到有人处于困境而产生移情,从而做出助人行为以减轻他人的痛苦,其目的是为了他人的幸福,这种情况才是纯利他主义(pure-altruism)取向。既然自我利他主义行为的目的是自我报偿(self-reward),那么,这样的助人行为能否归结为利他行为呢?目前为止还没有定论,但是多数心理学家认为,所有的利他行为最终都可以产生自我报偿的结果。另外,根据利他行为所发生的情境特点,还可以将之划分为紧急情况下的利他行为和非紧急情况下的利他行为。

当然,社会心理学家对利他行为的研究涵盖了许多类型,其中最常见的是四种:第一种是人们在看到陌生人陷于困境时所表现出来的助人行为;第二种是人们制止或干预犯罪的行为,这种行为一方面能够帮助受害人,另一方面能使犯罪人无法得逞或遭到惩罚;第三种是个人约束自己不做出越轨的行为,这种行为通过克己的方式取得利他的效果;第四种是偿还行为,其目的是为了回报他人的恩惠或补偿自己曾经使别人蒙受的损失。社会心理学不但研究利他行为的各种类型,还要研究下面这些问题:利他行为对于利他者和受助者有什么样的影响或者后果呢?为什么现实的社会生活必须要有利他行为的存在呢?为什么有人会见死不救等。

毫无疑问,每个人都经历过别人需要他伸出援手的情况,在选择了利他的行为方式之后,人们通常会产生良好的自我感觉,一般情况下,受助者会心存谢意,局外人也会对利他者给予赞扬和鼓励。但事实上可以发现,在有些情况下,受助者并不感谢助人者,有时候反而以怨报德,利他者也怀疑自己的助人行为是否适当,甚至局外人也没有赞赏利他者的表示。在什么样的情况下利他行为会产生这种消极后果呢?研究表明,在如下的两种情况中利他行为会产生消极的后果:第一是当利他行为对利他者有利时;第二是当利他行为对受助者有伤害时。首先,根据在前面所作的描述,利他行为是需要助人者付出一定代价,同时没有希望借此换取个人利益的行为。但是,人的动机很少如此简单,利他者往往会期望得到奖励或者回报。利他行为常常使利他者沾沾自喜,并能够满足他自我价值感的需要,使他感到自己是有能力的。利他行为也有可能是利他者对自己从前所犯错误的一种补偿,使他由此减少罪恶感,或恢复他原来在人们心目中的形象。不过,利他者也是以自己的动机来评价自己的行为。如果他很清楚自己动机不纯,带有个人自私的目的,那么,在事后,他对自己的评价也不会很高。因此,一旦利他行为对利他者有好处,就会被认定为有利他者有所企图的行为,进而带来消极后果。其次,有时候利他行为对受助者来说可能是得不偿失的,受助者就会因此而消极地看待利他者。例如,对于某些自尊心非常强的人来说,如果冒然地提出借钱给他,以解决他目前的困难,就有可能会伤害他的自尊心。因此,利他行为、助人行为都要恰到好处才能体现出它的价值来。

二、影响利他行为的因素

助人者在何种情境下会表现出利他行为受助人者个体的特点、助人者所处情境状况和求助者的特点等因素的影响。

(一)情境因素

情境因素对个体是否表现出利他行为具有重要作用,它主要体现在社会环境条件、自然环境条件和时间压力对利他行为的影响。

1. 自然环境对利他行为的影响

天气条件会影响到人们表现利他行为的可能性。卡宁海姆(Canningham,1979)对天气的影响作用进行了两个现场研究。其中一个研究是让研究者请求路上的行人完成一份问卷,阳光灿烂和气温舒适(冬天里相对较温暖的日子和夏天里相对较凉爽的日子)的天气条件下,人们较愿意去帮助研究者。第二个研究是在气候可以控制的餐厅中进行的,卡宁海姆发现,阳光明媚的情况下,人们会更为慷慨地给服务生支付小费。可见人们较有可能在晴朗的天气里帮助他人，而较少在寒冷和刮风的天气里帮助别人。

　　城市规模也是影响利他行为发生概率的重要因素。一个较为普遍的刻板印象是大城市里的人不友好，不喜爱帮助别人；而小城镇中的居民则是合作和爱帮助人的。这可能是大城市的某些因素降低了助人的可能，而小城镇的某些特点鼓励了助人行为。而且，进一步的研究表明一个人成长于大城市还是小城镇与助人行为无关，起作用的是个体目前所处的环境特征。阿玛托（Amato，1983）研究了55个不同规模的澳大利亚城市中居民的五种类型的助人行为，它们包括是否为走错路的路人指路、在看到他人跌倒时是否去搀扶、是否为慈善事业捐款、是否接受他人访问写下自己喜爱的颜色等。结果发现小城镇人帮助陌生人的比例显著高于大城市中的居民。利维恩（Levine，1994）对美国的36个人口规模各异的城市中的居民助人行为进行研究，结果也发现帮助陌生人的数量和城市人口总量显著相关，城市越小，提供帮助的人越多。但是应该注意的一点是，上述研究结论仅仅关注的是针对于陌生人的助人行为。大城市居民对亲戚和朋友的帮助并不比小城镇和农村少。很多人认为导致这种差异的原因在于城市生活的匿名性、对犯罪的恐惧、压力过大等因素所导致的无助感，但目前尚无法下定论。

　　噪声也会使利他行为减少。马修（Mathew，1975）所作的实验中，将许多书和报告故意放在地上，看进来的人有没有人帮助他捡起来。结果发现，当房间内的噪声处于正常水平时，72%的被试会帮助收拾散落在地上的书籍，而当噪声很大时，只有37%的人这样做。可能是噪声破坏了一个人的心境，也可能是噪声分散了人们对他人需求的注意力，或者噪声是一种人们难以承受的刺激。可见，人们在一定的时间内只能对一定数量的刺激做出反应，过多的刺激会使一个人的利他行为减少。

2. 社会环境对利他行为的影响

　　情境中的社会性因素也影响利他行为的发生。比如，是否知觉到他人在场对个体的亲社会行为具有影响作用。1964年的一个晚上，纽约市的一名女子在回家的路上遭到了歹徒的袭击，当时她的38位邻居都听到了呼救声，而在长达30分钟的时间内，竟无一人给予救助，有的人甚至目睹了惨剧的全过程却根本就没有打电话报警。事发后一些社会评论家将其看做是一种道德败坏，但是社会心理学家拉坦利和达利（Latané & Darley，1969）则表达了不同的看法，他们认为可能是由于旁观者的存在，成为利他行为缺乏的原因。当其他人存在时，人们不大可能去帮助别人，其他人越多，利他行为的可能性越小。拉坦利和达利把这种现象叫做旁观者效应（bystander effect）。

这一现象得到了一系列实验结果的支持。心理学家拉坦利和达利（Latané & Darley，1969）做了一个简单、但是很说明问题的实验室实验。研究者每次将一位大学生被试带进实验室，分配在单独的房间里，并让他们认为他是2人、3人或6人讨论组的成员之一，并准备参加一个讨论会，同时告知被试在他们进行讨论时主试不在现场。在通过麦克风轮流发表个人看法的过程中，被试通过连接各个成员所在房间的扩音喇叭听到另外一个房间中的讨论组成员出现了紧急性的癫痫病发作，到底有哪些被试表现出了打开房门向主试求助的行为呢？结果表明，在两个人一组的情况下，85%的被试在"癫痫病人讲话"结束之前就打开房门（他们显然是向主试求助）；在3人一组的情况下，有62%的被试这样做；在6人一组的情况下，则只有31%的被试这样做。实验的结论是：被试认为旁观者越多，就越不会轻易给予帮助。拉坦利和达利于1970年进行了一个现场实验。研究者在收银员的帮助下设计了一系列抢劫，抢劫发生在店内有一两名顾客的情况下。当收银员走到店铺后面检查货物时，两个年轻男子走进来，拿走了一打啤酒。与预期相一致的是，人们单独目击此事件的话会比还有其他顾客也在店内更可能将偷窃事件报告给收银员。

　　为什么人们在群体里比单独时有较少的利他行为呢?对于这一问题有几种不同的理论解释，其中之一就是责任扩散（diffusion of responsibility）。所谓责任扩散，是指当发生了某种紧急事件时，如果有其他人在场，那么，在场者所分担的责任就会减小，因为每个人都认为助人的责任和助人失败所带来的可能成本应该由大家共同承担，也就是说提供帮助的责任扩散到其他人身上。如上面案件中，因为知道还有他人在场，但是却不能和其他人谈话也不能看到别人的行为，个体会倾向于假设其他人已经提供了帮助而不再采取行动。旁观者效应的第二种可能原因为对模糊情境的社会性定义。当事件的性质模糊不清时，人们倾向于参考他人的反应来对事件作出判断，这种对情境的判断受他人反应影响的现象，就是对情境的社会性定义（Social definition）。拉坦利和达利（Latané & Darley，1970）用实验证明了旁观者对情境的社会性定义的作用。在实验中要求男性大学生坐下来完成一份问卷，几分钟后有烟雾通过气孔进入房间，很快烟雾变得非常浓重，人们几乎无法正常看东西和呼吸。如果被试是一个人待在房间内的话，他们一般会跑出来查看烟雾的情况，75%的被试会向研究者报告这一情况；而当被试与两个实验助手同时待在房间内，实验助手对烟雾没有反应，只有10%的被试向研究者报告出现了烟雾。可见，外部情境因素要在个体参照他人行为的基础上做出自主判断后起作用并引发个体的各种反应，对同一情境的社会性定义不同会导致不同的行为反应。

影响旁观者效应的第三个因素是评价焦虑（evaluation anxiety）。如果人们知道别人正在注视着自己，就会按照别人的期待、以能够被大家喜爱和接受的方式表现自我，避免在别人面前表现得很不成熟或者很傻气，以减少社会贬低的发生，这种反应就是评价焦虑。所以在上述实验中，虽然被试都处于浓烟滚滚的房间之中，但由于他人都表现得很平静，被试害怕如果过多地表现出对烟雾的关注，会被别人认为是愚蠢或胆小，所以也做出和他人相同的反应，这也是从众心理的一种表现形式。

3．事件的紧急性

当人们判断外部环境中有紧急事件发生时，他们通常会表现出助人行为。那么，到底人们会将什么情况认定为紧急事件呢？美国心理学家肖特兰德和哈斯顿（Shotland & Huston，1979）曾作了一项调查研究，研究者事先把"事件的紧急程度"区分为五个层次：第一级是非常紧急的情况，随后的等级紧急程度依次减小，被评判为1～5等级的紧急事件，从第一等级的非常紧急到第五等级的非常不紧急。他们列举了一系列事件，得到的分数是割断动脉大量出血的平均紧急程度为1；小孩中毒的平均紧急程度为1；心脏病发作的平均紧急程度为1；晚期癌症的平均紧急程度为2；汽车在路边熄火的平均紧急程度为2.72；轻度醉酒朋友驾车回家的平均紧急程度为2.84；电视节目中要求为营养不良的儿童募捐的平均紧急程度为3.75；手里拿着香烟着急找火柴的平均紧急程度为4.87等。然后让69名女大学生和21名男大学生对它们的紧急程度加以评价。结果发现，紧急事件有如下特点：突然或出乎意料地发生；当事人可能要受到伤害或已经受到伤害；随着时间的延续，情况越来越严重和危险；没有其他人可以帮助当事人；旁观者有能力给予当事人帮助。随后的几项研究也证明了无论是什么事件，如果人们将其判断为紧急的，就有给予帮助的更大可能，事件被认定的紧急程度如何，决定了旁观者给予帮助的可能性大小。因此，紧急情况是利他行为唤起的决定性因素之一。

4．时间压力

时间压力也会影响到利他行为的发生。有时人们觉得自己太匆忙了以至于没有足够的时间帮助他人。达利和巴特森（Darley & Batson，1973）的研究对这一问题进行了探讨。在实验中，要求神学院的男学生从一所建筑走到另一所建筑中去听一个讲座。有一半的被试被告知不用赶时间，慢慢走就可以了，而另一半被试则被告知对方在等你们，必须尽快去。在前往另一个建筑的途中，被试会看到一个衣衫褴褛的人倒在路上不停地呻吟。在研究后的访谈中，所有的学生都记得看到过受伤者。但是时间匆忙的学生仅有10%给予了帮助，而没有时间压力的学生则有63%给予了帮助。另一个实验进一步对时间压力问题进行研究。学生要单独被派往另一栋建筑中操作计算机。该实验为二因素实验设计：一个因素为是否有时间压力，一组被试被告知要尽快，而另一组没有这样说，另一个因素为被试自认为自己的参与对研究者是否重要。有一半被试被告知他们的参与对研究者至关重要，另一半被试则被告知他们的数据并不重要。当学生走向另一栋建筑时，他遇到一个男学生摔倒在楼梯上并不停呻吟。结果显示，匆忙的被试（40%）比没有时间压力的被试（65%）更少给予帮助，但这一结果仅仅在被试认为他的参与对研究很重要的情况下才成立，而如果被试认为自己对研究者来说并不重要时，匆忙的学生（70%）和没有时间压力的学生（80%）提供帮助的比率差不多。这说明被试在多重因素协同作用的情况下，会主动权衡各种因素的成本和收益，最终作出采取何种行动的决定。而时间压力是是否引起利他行为的一个重要因素，但不是唯一决定因素。

（二）助人者的特点和当时的心境

情境因素能增加或减少一个人表现出利他行为的可能性，但是决定是否表现利他行为的关键性因素还是在人的因素上，有些人在不利的情境中也会去帮助别人，而有些人即使在最有利的条件下也不去助人，助人行为的个体差异广泛存在着。与助人与利他行为有关的个人因素主要包括一些以下几个方面。

1. 人格因素

虽然在找出助人者人格特征的研究上并没有取得预期的成果，但是可以这样说，在一些特定的情境中，助人者所具有的特定人格特质和能力可以使其更愿意帮助他人，如萨托（Satow，1975）发现对社会赞许有高度需要的成年人会比那些低需要的个体捐献更多的钱给慈善机构，但这仅仅出现在有他人在场时。可见，这些人之所以助人是为了获得他人的表扬和关注。哈斯顿（Huston，1981）对32个曾经干预了危险情境的人进行了深度访谈，危险情境包括银行抢劫、持械抢劫和拦路抢劫等。这32名助人者与和他们在年龄、性别、教育程度和道德背景相匹配的对照组进行比较后发现，这些人显著地比对照个体更高大、更强壮、受过更好的应对紧急情况的训练。但是这些人没有一个将自己描述成为强壮的、有攻击性的、有原则的人。他们强调自己受过更多的生命救援、医学或警察的训练，认为自己在能力上能够胜任助人行动。奥里纳（Oliner，1988）对"二战"中营救犹太人性命的406名"营救者"进行了深入的研究，发现这些人强调从家庭、社会中学到的社会规范的重要性，如帮助他人的责任和宗教信仰；有的人因为同情和怜悯而营救；还有人提出自己是因为对他人的痛苦敏感和有关公正和责任的道德信念使得营救者们克服恐惧、将自己的生死置之度外。利他行为的产生由很多因素引起，一个人是否会成为助人者，依赖于其能力、价值观和动机与当时情境要求的匹配程度，人格特征在利他行为当中只是起到某种中介的作用。

2. 当时的心境

大量的研究表明，当一个人心情好的时候，会更愿意给予帮助，积极的心境可以增加利他行为的可能性。哪些因素会影响人们心境的好坏呢？研究结果表明，刚刚得到某种奖励、由于某种成功而获得了自信感、刚看过一部喜剧或悲剧电影、刚刚听到某些好的或坏的消息，甚至对幸福或伤心往事的回忆等因素都会影响到心境的好坏。好心情会提高个体向他人提供帮助的概率，这主要是因为提供帮助可以延长积极情绪状态保持的时间。但也有研究发现，积极的情绪所引发的助人效果只能保持大约 20 分钟这样短暂的时间（Isen, Clark & Schwartz, 1976）。而且当助人者认为帮助他人会破坏好情绪时，这种好情绪反而会降低助人行为，因为心情好的人希望自己的良好情绪能够保持下去。坏心情对助人行为的影响要更为复杂一些，如果坏情绪使得人们更多关注自身和自己的需要，就会降低对他人提供帮助的可能。但是如果帮助他人会使自己感觉好些，减少坏情绪，就可能使人们提供帮助。

3. 内疚感

内疚感是指当人们做了一件自认为是错误的事而唤起的一种不愉快的情绪。为了降低这种情绪，人们常常会选择帮助他人。弗瑞德曼（Freedman, 1967）进行的一项研究证明了内疚感的作用。在实验中被试坐在一张桌子边等待实验开始。在一种条件下，桌子极易被打翻，从而使桌子上的卡片散落一地。当桌子上的卡片散落在地上后，实验者告诉被试这些卡片是某个人写论文急需的资料，这样被试就因为弄混了卡片而产生内疚感。在另一情境中，桌子很稳定，卡片没有落到地上。结果表明，诱发内疚感的情境使人产生了更多的助人行为。在个体因为自己的行为导致不良后果后，会产生内疚感，而内疚感进而引发助人行为。在这个过程中，忏悔会对减少内疚起一定作用。所以，如果忏悔减少内疚，它同样也会减少对他人的帮助。卡尔·史密斯（Carl Smith）等人的研究支持了这一观点。在一项实验中，实验者要被试相信，由于被试个人的原因破坏了实验的结果。而后，一部分被试有机会向实验者忏悔自己的错误，另一些被试则没有这样的机会。除了这两组被试外还有一个控制组，该组被试并不认为自己破坏了实验结果。随后测量被试愿意继续参加实验的时间，结果内疚感增加了人们的助人行为，内疚后的忏悔则会降低助人行为的发生。

4. 个人困扰和移情

个人困扰（personal distress）是指自身对于他人困境所产生的情感反应，如震惊、恐惧、焦虑、无助或任何相类似的情绪。当人们看到一个事件而引发了自身的情感反应时，个人困扰就产生了。移情（empathy）指的是个体在关注到不幸者的需要和情感时，体会他人痛苦的感受或见解，分担他人的痛苦，产生对他人的同情和关心的感受。个人困扰会使人们感受到焦虑和恐惧，移情则让人们感受到对他人的同情和悲悯。可见，个人困扰和移情是两种不同类型的情感。个人困扰所引起的不适感虽然可以引起人们通过帮助他人减轻自己的不适，但是人们同样也可以通过离开当前情境或忽视现实情况来缓解个人困扰。所以个人困扰和助人之间没有必然联系，而且即使一个人为了减轻个人困扰而引发助人行为，这种助人也是自私性的而非利他主义的，因为个人困扰的焦点在于个体自身。相反，由于移情把焦点放在了受害者身上，关注的是提高他人的幸福感，所以移情所引发的助人是利他性的。有研究表明，移情可以引发个体的利他行为。在巴斯顿（Baston，1998）进行的一项研究中，主试告诉被试一个叫卡罗尔的学生在车祸中双腿骨折，这使得他的功课严重落后。在听完对卡罗尔的采访后，被试被问及是否愿意帮助卡罗尔。通过改变指导语控制移情的发生，高移情组被试被告知应从被访者的角度想象一下卡罗尔对受伤的感受以及这次意外对他的生活所造成的影响。在低移情条件下告知被试尽可能客观仔细地注意所呈现给自己的信息，不用关心感受。结果发现，高移情组被试有71%的人愿意提供帮助，低移情条件下只有33%的被试愿意提供帮助。设身处地地从遭遇不幸的人的角度考虑问题会促进利他行为。

（三）求助者的特点

1. 是否值得他人帮助

求助者是否值得去帮助是决定人们是否给予帮助的重要因素。人们不愿意帮助一个喝得醉熏熏、晃晃悠悠地走在路上的酒鬼，但却会去帮助因生病而晕倒的路人。根据归因理论，潜在的助人者会考虑寻求帮助的人需要帮助的理由。一般来说，人们更容易帮助那些他们认为自己没有解决问题的能力，但却必须求得帮助的人。例如，迷路的小孩比迷路的大人更容易得到别人的帮助；尽管当前对女人的看法有所改变，不再像从前那样认为她们没有能力自助，但是，人们仍然认为女人应付困难的能力比男人低，因此，人们会感到有责任去帮助一个遇到麻烦的女人。

另外，如果有人由于外在的不可控制的、大家也认为合理的原因（比如疾病或意外事故）而陷入困难的话，他们会比那些自己造成困难的人更容易获得帮助，也就是说，人们往往拒绝帮助那些由于自己的过错或不适当的行为而遇到麻烦的人，例如酗酒者、粗心大意而酿成大错的人等。因此，比起去滑雪度假而缺课的学生来说，一个教师可能会花费更多的时间帮助一个由于家中有人亡故而缺课的学生。对于那些由于个人责任而导致问题的人，人们会感到愤怒和轻蔑并拒绝给予帮助。

旁观者对别人陷入困境所应该承担的责任也是他们决定是否给予帮助的原因之一。即使受害者与旁观者之间有一个很短暂的交谈，也会增加旁观者帮助他的可能性；如果求助者在与旁观者谈话时要求他们帮忙照看一下东西的话，那么，旁观者在事后就更有可能帮助他寻找被别人拿走的东西，因为他们会感到自己有责任帮助求助者看好自己的东西。

2. 是否受他人喜欢

人们更愿意帮助自己喜欢的人，而外貌的吸引力和与自己具有相似性是较为重要的两个因素。在许多情况下，长相漂亮的人更可能获得他人的帮助。本森（Benson，1976）进行了一个现场研究，他们将一份填好的研究生入学申请表放在机场的公用电话亭里，申请表上已经贴好邮票，只等寄出了。研究者控制了求助者外貌特征这一变量：有的申请表上贴上很漂亮的照片，有的则贴上不漂亮的照片。结果表明，如果申请书照片上的人外表很有魅力，无论是男性还是女性，信件被寄出的可能性都更大一些。平均来说，有吸引力的人的申请有47%被寄回，而没有吸引力的人的申请只有35%被寄回。

助人者与求助者之间的相似性程度也会影响到助人行为的发生。安姆斯威勒（Emswiller，1971）等人以嬉皮士为被试研究了他们的助人行为，发现嬉皮士男性帮助一个嬉皮士的概率为77%，而帮助一个非嬉皮士的概率只有32%。来自同一个国家，或具有某些相似的态度等都能促进利他行为的发生。

3. 性别的影响

求助者的性别也会影响助人行为。有研究表明，当发生危险时，男性比女性表现出更高的助人倾向，但这仅仅针对女性求助者，尤其是漂亮的女性求助者，而不是男性求助者。而女性助人者则不会受到求助者性别的影响，而且女性也会表现出较高的助人倾向，这可能与女性具有较高的移情能力有关系。

三、利他行为的理论解释

（一）社会生物学

达尔文曾经指出，经过一个自然选择的过程，有利他天性的生物更有可能使它们的物种留存下来。当代著名的社会生物学家威尔逊（E. O. Wilson）进一步深入阐述了这一观点,他指出任何遗传上具有高生存价值,即有助于个体持续生存的决定性特质,往往具有向下一代遗传的倾向,而帮助他人的倾向对团体的基因来说具有很高的持续生存价值。例如一只雄鸟有6只幼鸟,每只幼鸟一半的基因来源于其父亲,加起来6只幼鸟是父亲自身基因的3倍。如果雄鸟牺牲自己来保护幼鸟,他特殊的基因库就已经得到了复制。其他亲属拥有该个体不同比例的基因数,也可以对这些亲属作类似分析。帮助血缘关系较近的亲属可以增加个体自身基因在子孙后代中的存活率,这是进化生物学的基本原则。

社会生物学家特瑞沃斯(Trivers,1971)指出,只有相互的或互惠的利他才有生物学基础。根据他的观点,个体给他人帮助的潜在成本可以从获得他人帮助的可能性中得到补偿。但是这一相互帮助的系统受到了潜在"欺骗者"的威胁,即他们接受帮助却不回报他人帮助。为了使欺骗最小化,罪恶感天性以及通过社会规则强化相互帮助的倾向经过自然选择而被保留了下来。

进化理论产生了几个具体的假设。例如,动物最愿意帮助那些基因上与它最接近的个体;比起远亲或陌生个体,他们更愿意帮助家庭成员。父母对健康的后代比对不太可能存活的不健康后代更无私。进一步的假设是,母亲通常比父亲更多地给后代以帮助。其原因是在一些物种中,雄性拥有繁殖大量后代的生物学基础,所以不需要对任何一个后代投入太多,也可以使自己的基因永恒不灭。雌性则只能繁殖出相对较小数量的后代,所以必须帮助每一个后代以保证自己基因的传递。

人类也天生具有利他行为的倾向。韦克斯勒等人对年幼儿童的观察研究也证明了人类天生有利他行为的倾向,如不到1岁的儿童明显地试图安慰受伤的父母或兄弟姐妹,给坐在旁边的人喂食物,把自己的玩具给别人玩,看到父母痛苦的表情时表现出畏缩和痛苦等,在看到另一个儿童受伤时,倾向于表现出与他自己受伤时同样的痛苦。3~5岁的学前儿童在一个小时中会表现出15次帮助他人的行为,包括给小朋友一个玩具,安慰伤心的伙伴或帮助老师。而那些与他人分享、帮助或安慰小伙伴的儿童更受同伴的欢迎。这些行为不完全就是利他行为,有些只是观察模仿成年人的行为。但是,有些行为是儿童不可能观察到的,所以应该认为儿童具有先天利他行为倾向。

但是,虽然许多社会心理学家假设利他行为有遗传机制,但是迄今为止还没有研究证实该机制的存在。

(二)社会进化论

尽管社会生物学观点曾经在20世纪80年代极为盛行,但它也遭到了大量的批评。因为影响利他行为的社会因素远比生物学基础更为重要。社会进化论的代表人物坎贝尔（D. Campbell）指出在人类文化与文明的历史发展中，人类在逐步并有选择地演进某些能够增加群体繁荣幸福的技巧和信念。因为利他行为通常对社会有益，并且是遍布于整个社会中的行为，因此它们也在进化中得到提高，成为社会规范的一部分。

所谓社会规范就是行为、态度和信仰的模式。这些模式是社会组织以正式或非正式的方式建立起来的，认为是适当的行为准则。一般来说，社会中的个体面临着必须遵守这些规范的压力，如果他们违背了这种规范就有可能遭到社会排斥或各种各样的惩罚。与利他行为有关的特别重要的社会规范有社会责任规范、互惠规范和平等规范。

社会责任规范（norms of social responsibility）是指人们有责任和义务去帮助那些依赖我们并需要我们帮助的人。按照这种规范，家长有责任保护孩子的健康和安全，老师有责任帮助学生解决学习中遇到的问题，这个规范主要针对于助人者而言。

互惠规范（norms of reciprocity）是指人们之间的助人行为应该是互惠的，应该帮助那些帮助过自己的人。有研究已经表明，人们更愿意帮助那些曾经帮助过自己的人（Regan，1978）。这种规范对维持人际关系的协调和稳定有重要意义。

社会公平规范（norms of social justice）是指为达到公正和资源公平分配而出现的助人行为。如果两个人对任务贡献相等的话，应该得到一样的报酬。得到报酬较多的人可能会给报酬较少的人一些钱；一个观察到这种不公平事件的旁观者也可能对受到不公平对待的人给予支持，这种较多利益中重新分配报酬以达到公平的现象已经得到研究证实。

另外，利他行为在不同的文化背景中也很不相同。米德（M. Mead）根据不同社会对早期儿童抚养的实践对这些差异进行了解释。她在新几内亚比较了两种不同的社会，发现阿拉佩什社会的成年人比较喜爱和纵容他们的孩子，因而培养了该社会儿童彼此亲密和同情他人的品格，这种品格一直保持到他们成年。而蒙杜古马社会的人比较注重独立和自我奋斗的行为，对待儿童比较淡漠，很少培养儿童的同情心，因此该社会的儿童在成年以后也没有助人的愿望。米德认为，儿童早期养成的同情心很可能是成年以后利他行为的一个重要的文化因素。儿童的行为也可能是对其父母行为的模仿。还有人对利他行为的文化差异做出了另一种解释，这一解释认为某个社会的财富和资源影响了该社会的人的利他行为。

在社会责任规范中也显示出不同文化的差异，即不同的社会具有不同的社会责任规范。这为不同社会中人们利他行为的差异提供了另一种解释。布朗芬布雷纳（Urie Bronfenbrenner）曾对美国和前苏联的儿童进行了比较。他的研究表明，社会责任规范在前苏联的学校中得到了特别的强调，前苏联的学校制度非常强调社会责任。这一规范教育儿童要有社会责任感，促使人们对违反社会规定的人进行批评指责。这一规范也可以导致利他行为。在前苏联的学校中，儿童认为在课余时间帮助学习有困难的儿童是理所应当的。社会责任规范对人们分担责任和在工作与生活中密切合作的作用在我们的社会中也随处可见。

（三）学习理论

学习理论认为儿童在成长过程中有关利他行为的规范的掌握是学习的结果，具体来说是通过强化和观察学习来实现的。

按照传统的学习理论，利他行为（与其他行为一样）是通过强化而建立的。当儿童帮助母亲干家务活，将好吃的东西留给别人，或在别人难过时试图进行安慰，父母可能会用赞扬的话、糖果甚至钱来奖励他们，父母对他们的赞扬就是一种社会性强化。同样，如果儿童不愿意帮助别人则会受到父母的指责甚至惩罚。按照学习理论，儿童将重复那些已经得到过奖励的利他行为，并去除自私的行为，这就是强化的作用。

赞扬要比物质奖励等形式达到更好的效果。有研究发现，4岁的儿童，如果他们由于慷慨行为而得到泡泡糖奖励时，他们会更愿意与其他小朋友分享弹珠玩具（Fishier，1963）。米尔斯等人（Mills & Grusec，1989）让8岁和9岁儿童玩一种游戏，获胜就可以得到筹码换取玩具。随着实验的进行，所有的儿童都贡献过自己的筹码给其他的孩子，这时给予儿童两种类型的赞扬。一种赞扬被称为人格倾向赞扬条件，强调儿童的人格特征，如"你是一个非常友好，爱帮助人的好孩子"。另一种是一般性赞扬，强调儿童的行为特征，给贡献过筹码的孩子以这样的表扬"这是非常好的帮助他人的行为"。然后让儿童再次玩游戏，并告诉他们："如果愿意，你们可以把自己的筹码分给没有玩具的孩子，但这不是必须的。"获得人格倾向赞扬的儿童显著地比那些获得一般性赞扬或没有得到赞扬的儿童更愿意与他人分享自己的筹码。可见人格倾向的赞扬比一般性的赞扬更有效。

虽然有研究表明，甚至很小的儿童在他们因某些偶然的利他行为而得到物质奖励之后也会再重复这些行为，但是如果得到物质奖励的愿望是儿童利他行为的主要动机的话，那么这些行为就不是利他行为。而且学龄前儿童在没有奖励的情况下利他行为似乎消失得很快；当提供奖励的成年人不在场的情况下，学龄前儿童就很少表现出利他行为。

除了强化的作用外，观察学习也是个体产生利他的重要原因。当个体仅仅是观察到他人表现出利他行为，即使没有物质奖励或表扬，他们也会在类似的情景中表现出利他行为。汝斯顿和坎贝尔（Rushton & Campbell, 1977）的关于献血的研究表明了这一点。在实验中，女大学生首先和一个友好的女士（她实际上是一位实验助手）谈话。在研究者安排下两个女子起身离去，经过一张搁在走廊中的桌子时，工作人员希望有人能够捐献血液。在半数情况下，实验助手会立即给予志愿捐献，塑造出利他行为的榜样。在没有榜样的条件下，实验助手转向旁边的人，不愿意捐献血液。结果，在实验助手给予捐献的条件下，女大学生中有67%的被试签名答应捐献血液，而在没有榜样的条件下，只有25%的被试志愿捐献。女大学生对她们的捐献诺言的实际执行程度更令人惊奇，在没有榜样的条件下没有一个女大学生实际捐献血液，但是看到利他榜样的被试中有33%的人实际捐献。班杜拉等人认为，当人们看到他人表现某种行为后，也会表现出这种行为，其中应该带有一定的自我欣赏成分。

（四）决策理论

任何行为的发出都包含了复杂的社会认知和理性决策的过程，利他行为也不例外。一个人必须首先注意到有事件发生，并且决定是否需要提供帮助。其次，如果需要提供帮助，这个人就需要决定他个人的责任范围。第三，这个人要评估给予帮助和不给予帮助的成本和收益。最后，这个人必须决定什么样的帮助是必须的，以及怎样提供帮助。

任何利他行为的第一步关键是注意到有事件发生并且决定是否需要帮助。在这个阶段中人们要判断是否有紧急事件发生。肖特兰德和哈斯顿于1979年指出，人们主要根据以下五种特征来知觉一个事件是否是紧急情况，它们分别是：某件事突然地、出乎意料地发生；对受害者存在明显地伤害；如果没有他人干预，对受害者的伤害会随时间延续；受害者很无助，需要外界的帮助；某种有效的干预是可能的。决定助人的第二步是考虑个人的责任。当人们明显感觉到他们存在个人责任时，他们显然更可能提供帮助，个体所知觉到的个人责任水平的高低是影响是否助人的重要因素。除此之外，个人的能力也是影响责任知觉的因素之一。决策观点认为，人们会考虑到一种特定行为的潜在所得和损失。如果一个人帮助他人的收益大于不帮助的收益，他就会表现出利他行为。而利他是否会对自身安全带来可能威胁，是否需要付出时间、精力，帮助他人是否会给助人者带来心理满足感等都会影响到助人的成本权衡，进而影响是否表现助人行为。有研究者已经发现，至少在部分情境下，成本与收益考虑确实会影响到助人行为。决策过程的最后一步是决定给予什么类型的帮助并采取行动。

例如，当有人在家门外打架，人们是会直接去劝架还是打电话报警？在这个阶段个体要具体确定怎样采取行动。

第二节 侵犯行为

侵犯行为是一种普遍的社会现象。无论人类社会怎样努力，利他行为并没有像人们期望的那样成为普遍的行为方式，侵犯行为也没有销声匿迹。侵犯性行为仍以各种形式与人类社会如影随形。

一、侵犯行为的概念与种类

（一）侵犯行为的定义

侵犯（aggression）最初来源于拉丁语的词根"aggredi"，意思是"朝前走"、"移近对方"，或者"带有伤害人的意图向前移动"。因而，侵犯行为有时也可以称为攻击行为。从在校学生之间的欺负行为到球场上的球员斗殴，从办公室同事之间的相互中伤与诋毁到美国发动的两次伊拉克战争，都可以看做是侵犯的不同表现形式。然而，在社会中，几乎每个人对侵犯行为都有自己的理解，不过要给它下一个较为准确的定义却不是件容易的事情。20世纪70年代以前，心理学文献对侵犯的界定一般以下述四个方面之一或几个方面为基础，这四个方面是：行为的解剖学性质、行为的前提条件、行为的后果，以及观察者对行为所做的社会判断。与之相对应的是，心理学中对侵犯的定义也有四种，即解剖学定义、前提条件定义、行为后果定义以及社会判断定义。其中，巴斯（Buss, 1961）认为，侵犯指任何伤害他人的行为，而不管其目的是什么。根据这种说法，只要一种行为伤害了别人，即可称之为侵犯行为。但在某些情况下，以行为或者行为的后果来界定侵犯很可能是不恰当的。假如一名足球运动员在比赛过程中，一不小心把足球踢到了队友的头上，给队友造成了较大的伤害，但此时人们并不会因此责备这名"侵犯者"。相反，如果这个运动员和他的队友在20分钟之前刚刚有一次非常激烈的争吵，20分钟之后，该名队员就将足球踢到了同伴的头上，无论其如何辩解，其他在场的人还是会认为这是一次蓄意的侵犯性行为。又比如，一个蓄谋已久杀害他人的犯罪分子，在惊慌中未能将凶器刺中谋害对象的身体，尽管他没有伤害到别人，人们却不会认定没有发生侵犯性行为，相反他们会认定这是一次严重的侵犯性行为。所以，伯克维兹（Berkowitz, 2003）指出，侵犯必须具有伤害的目的或动机，侵犯是对他人造成身体或生理伤害的企图。因而，尽管犯罪分子的谋杀行为并没有得逞，但他确实是侵犯性行为。而在火爆的 NBA 拼抢运球过程中，不小心伤害对方的运动员却不能认为是侵犯性行为。然而，如果某人在正当防卫时击伤了正在行凶的犯罪人，这种行为算不算侵犯呢？警员在缉捕贩毒团伙时将团伙一成员击毙，这名警员的行为是属于侵犯性行为吗？或者当父母惩罚不听话的孩子时，父母的行为算不算侵犯呢？显然这两种暴力行为都是有意图的伤害行为，警员是故意的侵犯，父亲也是有意图的，但是却不属于社会心理学所界定侵犯性行为。原因是什么呢？这是因为社会心理学研究视野下的侵犯行为还具有一个重要特征，即违反了社会主流规范。在当代中国的主流社会规范看来，"正当防卫"、"警员办案"和"父母惩罚不听话的孩子"都不算是侵犯行为。当然，在国外，许多父母惩罚孩子被认为是侵犯性行为，这源于一定的社会文化规范。

　　这样看来，侵犯行为虽然在日常生活中耳熟能详，但是若要严格区分开来，的确不是一件容易的事情。因而对侵犯的定义需要从多方面加以考虑。一般定义认为，侵犯性行为是违反了社会主流规范的、有动机的、伤害他人的行为。因此，当人们判断哪些是侵犯行为时，必须要分析三个方面的情况：第一是个体的外在行为表现，第二是其行为是否违反社会主流规范，第三是个体的内在动机或意图如何。行为表现可以直接呈现在人们面前而被观察到，行为表现是否违反社会主流规范也比较容易判断。但是，分析行为动机却是一件困难而且复杂的事，它不能直接诉诸于人的感官。那么，该如何来判断行为者是否具有侵犯性动机呢，可以通过以下的方面来加以判断。第一，行为发生的社会情境。任何行为都发生在一定的社会情境或环境之中，环境的特点可以向我们提供理解行为者动机和意图的线索。例如，在激烈的冰球比赛中，因撞击而造成的身体的伤害通常被认为是无意的，假如这种撞击发生在办公室或者教室里，人们就不会认为它是无意的了。第二，行为者的社会角色。教师训斥学生通常不会被认为是有意的侵犯，因为教师具有受人尊重的社会角色，其对学生的教育或训斥是受社会认可的，当然这是指一般的对学生的批评，而那些严重的虐待学生的案例则不属于此范围。就学生和教师的例子而言，一旦社会角色颠倒过来，情况马上就不一样了。例如，学生辱骂老师或者侵犯教师通常会被视为性质严重的有意侵犯。当然，同样的例子发生在父子之间也是一样。第三，行为发生前的有关线索。司机甲在行车时把路人乙撞成重伤，如果两个人此前并不认识或者关系一直比较好的话，人们通常会认为这场车祸只是一次意外。相反，如果两个人不但认识而且关系十分紧张，甲还曾经扬言要"收拾"乙，那么，执法部门和群众就难免会猜测甲一定是在有意地伤害乙。第四，行为者的身份特性。经济地位、性别、种族背景、教育程度及职业地位等,也可以提供判断行为者动机的线索。人们倾向于认为,某种身份的人有一套适合该身份的行为方式,人们会按照这种观点来推断某种行为的动机。例如,受过高等教育的人如果对别人用语粗野就会给人造成鲁莽粗暴、有意侵犯他人的印象。相反,一位没有受过教育的人如果用语粗俗的话有可能被人视为缺乏必要的礼仪常识,而不一定是恶意的侵犯。当然,上述四个方面并不是绝对的,在分析伤害行为时人们需要综合考虑,有时还需要借助于以往经验,全面而细致地考察其他方面的因素,以便更加准确地判断伤害行为背后是否有侵犯性动机。

　　侵犯行为如果从性质上来看,可以显现三种侵犯行为,即:反社会的侵犯行为,亲社会的侵犯行为和社会认可的侵犯行为。以上三者均是从是否违反社会规范和准则的角度出发的。人们一提到侵犯性行为,往往首先想到的是反社会的侵犯行为(anti-social aggressive behavior),诸如人身侵犯、谋杀、斗殴等故意伤害他人的犯罪活动。事实上,这样的行为显然违背社会主流规范,因而是反社会的,它们无论是否构成犯罪,都是给他人造成身体或心理伤害或财物损失的行为。但是侵犯又不等于反社会行为,它仅仅可以被看做是反社会行为的一个范畴或构成部分。它们之间的区别在于,侵犯行为是有意伤害他人的行为,其界定涉及行为的意图、伤害性等方面;而反社会行为可以被看做是包括过失和行为失调在内的所有行为,是一个内容更为宽泛、成分更为复杂的概念(纪林芹等,2007;张文新等,2003)。侵犯性行为有亲社会性的吗?当然存在。这里,亲社会的侵犯行为(pro-social aggressive behavior)是按照社会道德标准所接受的范围,以一种社会认可的方式所采取的侵犯性行为(Sears, 1961),如维护社会治安、逮捕罪犯等。因而,亲社会的侵犯行为是指不但不违背社会主流规范,还可以为维护社会秩序而服务的行为。为了治安而执行除恶任务,以及公检法人员抓强盗、调查贪污、惩罚罪犯都属于这类情况。

　　那么,什么是被认可的侵犯性行为呢?所谓被认可的侵犯行为(received aggressive behavior)是指既不违背社会规范,但也不是为社会规范服务所必需的,是经过长时间而形成的一种社会习惯,比如父母使用体罚方式教育不听话的孩子等,它是介于反社会侵犯行为和亲社会侵犯行为之间的一种行为。所以,侵犯是一方有意伤害另一方的任何行为,同时侵犯者必须相信这种行为将会伤害对方,对方也会试图躲避这种侵犯。当然,偶然的伤害由于不是故意因而不属于侵犯。在助人行为中造成的伤害也不属于侵犯,反而是被认可的侵犯行为,因为实施伤害的人相信对方不会有意识地躲避这种伤害。例如,在拔牙过程中患者体验到的痛苦等。

（二）侵犯行为的种类

一般而言，从不同的角度或依据不同的标准，可以对侵犯行为进行不同的分类。20世纪早期的论点是把侵犯行为分为言语侵犯和身体侵犯两类，费什巴赫（Feshbach，1955）根据侵犯行为的表现形式，将侵犯行为区分为直接侵犯和间接侵犯。其中，直接侵犯是指通过打斗、口头、面部表情、姿态手势等方式来表示的行为，包括身体侵犯、言语侵犯以及嘲笑、做威胁动作等外显性的侵犯方式。而间接侵犯主要是在不敢或不愿直接侵犯，或者在挫折来源不明确时引发的侵犯行为，其主要表现形式为视而不见、回避、拒绝等排他行为等（Patricia，Todd & Rodkin，2007）。

按照侵犯者的动机，侵犯可以分为敌意性侵犯和工具性侵犯。哈特普（Hartup，1974）把侵犯行为分为敌意性侵犯和工具性侵犯。敌意性侵犯（hostile aggression）由愤怒引起，以伤害为目的；而工具性侵犯（instrumental aggression）只是把伤害作为达到其他目的的一种手段。简言之，如果侵犯者只是想让受害者遭遇不幸，目的在于复仇和教训对方的话，那么，这就是敌意性侵犯行为。如果侵犯者为了达到某种目的，只是把侵犯行为作为达到目标的一种手段的话，这种侵犯就是工具性侵犯。

芬兰心理学比约克奎斯特（Björkqvist，1992）根据行为的表现形式和类型学（typology）知识把侵犯行为划分为身体侵犯、言语侵犯和间接侵犯。身体侵犯（physical aggression）是指侵犯者一方利用身体动作直接对受侵犯者实施的侵犯行为，如打人、踢人、损坏或抢夺他人财物等；言语侵犯（verbal aggression）是指侵犯者一方通过口头言语形式直接对受侵犯者实施的行为，如骂人、羞辱、嘲笑、讽刺、起绰号等。在文明社会中，经常使用动作侵犯的个体通常是很不受欢迎的，会被认为具有极端的暴力倾向。相反，人们对于轻微的言语侵犯则具有较高的容忍度。而间接侵犯（indirect aggression）又称关系侵犯（relational aggression）或心理侵犯（mental aggression），它不是面对面（face-to-face）的行为，而是侵犯者一方通过操纵第三方间接对受侵犯者实施的行为，其主要形式为造谣离间和社会排斥（social exclusion）。

此外，巴斯（Buss，1961）按照身体和语言的、积极和消极的、直接和间接的三个标准对侵犯行为进行排列组合，形成八个类型，分别是身体的——积极的——直接的，如冲撞、殴打、开枪；身体的——积极的——间接的，如设置陷阱、使用刺客暗杀；身体的——消极的——直接的，如静坐、示威、罢工；身体的——消极的——间接的，如拒绝做应该做的事情（如罢工）；语言的——积极的——直接的，如侮辱他人或者非难他人；语言的——积极的——间接的，如散布流言蜚语;语言的——消极的——直接的,如不回答他人的问话;语言的——消极的——间接的,如当别人受到不当的非难时,不为其辩护。

二、侵犯行为的成因

麦克尼尔(McNeil,1959)曾经形象地将侵犯性行为比作一棵大树,他指出人们可以从不同视角对其进行考察,但却无法将其连根拔起。各种侵犯理论并不是互不相容的。每一种理论都强调了侵犯行为的一个侧面,都承认,采取侵犯行为是最终的结果,但是在侵犯行为的预测上,生物的本能理论强调人的本性,认为挫折和情境为天生的侵犯行为提供了背景。侵犯的动机理论是强调挫折和侵犯行为的直接联系,但是也重视受挫者的认知和解释,社会学习理论则强调了过去的学习和个人对情境的理解。

(一)侵犯行为的生物学理论

在论及侵犯行为的生物学成因方面,研究者所持的观点大多是从进化本能、动物行为、行为遗传与激素影响等方面加以阐释的。在本能论方面,心理学在19世纪后半期成为一门独立的学科,当时理论家受达尔文进化论的影响,把人类的动机都归因于先天性本能,而暴力倾向被认为是人类最有力量的本能之一。其中,对侵犯行为的生物学解释往往倾向于认为侵犯是人类的本能。尽管目前主流的社会心理学认为,最好将生物学因素理解为环境刺激和侵犯行为之间的调节变量,但了解有关侵犯的生物学解释的确可以帮助人们更好地理解这种调节变量与侵犯行为之间的关系。威廉·詹姆斯认为,人类皆有好斗的劣根性(Cooper,2002),他相信侵犯倾向是通过祖先的遗传而来的本能,人们基本不能摆脱它,只有通过替代性的活动消耗侵犯动力,才能使侵犯倾向得到控制(Laird,1990)。威尔逊(Wilson,1978)在其《论人性》(*On Human Nature*)一书中,将侵犯性、利他行为、性本能和宗教行为视为人类行为基本范畴的四个方面。作为一名生物遗传决定论者,威尔逊认为,侵犯性行为是人类为了确保自身安全而形成的一种本能。这种本能是经过长期的进化而发展起来的,侵犯性较强的个体往往具有更强的生存优势。弗洛伊德在早期的时候也用自我(self)的概念来解释侵犯本能,他认为侵犯与利比多(libido)密切相关。利比多在弗洛伊德看来象征着性冲动,因此侵犯是和人类的性本能联系到一起的,它们是来自于性压抑所产生的困扰状态。后来,弗洛伊德又提出了死亡本能(death wish)的概念,认为死亡本能代表着人类自身的恨及破坏的力量,表现为求死的欲望。死亡本能有内向和外向之分,当它指向内在的时候,人们就会折磨自己甚至毁灭自己,进而变成受虐狂。当它指向外在的时候,人们就会表现出破坏、损害、征服和侵犯他人的行为。

20世纪60年代，动物行为学家洛伦兹（K. Lorenz）把人的侵犯行为与动物的侵犯行为作了比较。他认为动物的侵犯行为有两种，其一是掠食行为，目的是填饱饥腹，这种行为是一种不带情绪的、近乎天性的反应；其二是争斗行为，成群而居的动物会产生同种之间如何分配食物、性配偶与空间领域等方面的冲突问题，动物解决这种问题的方式常常表现为威吓、争斗和侵犯。这种争斗和侵犯具有求得生存，并使物种不断进化与发展的功能。洛伦兹（Lorenz, 1963）认为，从动物的争斗行为中，可以帮助我们了解人类的侵犯。他确信，侵犯是人类生活不可避免的组成部分，所以必须定期加以发泄。他建议人们采用举行体育竞赛和其他消耗体力的活动，如登山、航海等没有破坏性的发泄方式来代替破坏性的发泄方式。

而进化论生物学（Evolutionary Biology）对人类侵犯的研究则十分强调人类行为进化和发展过程。凯恩斯（Cairns, 1986）提出，生物因素在人类侵犯行为模式的发展过程中扮演着重要的角色。他细致地论证了以下观点，即侵犯的能力是人类固有的；侵犯的年龄和性别差异在青春期中表现得最明显；与男性相比，女性在青春期时的身体侵犯只扮演着不太重要的角色；在青春期和成人早期中，与男孩相比女孩更多地使用人际支配和人际惩罚的等替代性方式等假设。与此同时，达利和威尔逊（Daly & Wilson, 1989）也作出了类似的分析，他们把男性嫉妒看做是影响男青年发生凶杀暴力行为的一个主要因素。他们认为，男性希望确信他们对自己的后代具有排他性的父权，所以他们不但要控制和支配异性，同时，还要和其他男性争夺有利于再生产的有用资源。在现代社会中，这些资源不再表现为筑巢和猎食领域，而是表现为无形的地位和社会权力。

同时，行为遗传学（Behavior Genetics）领域也有大量的研究试图证明遗传因素在人类侵犯行为中所发挥的作用。其中孪生子、染色体差异、被收养者与亲生父母的比较等研究是比较常见的。

此外，研究者进一步发现激素活动与侵犯行为之间的关系。其中，雄性激素（androgenic hormones）在动物的侵犯行为中发挥着重要的作用。莱尼希（Reinisch, 1981）调查了一些11岁的男孩和女孩后发现，如果其母亲在怀孕期间接受乐合成激素注射的话，那么孩子们在面对假设存在的刺激情境时会比他们无此经历的兄弟姐妹表现出更多的侵犯性。达布斯（Dabbs, 1995）等人比较了同一所监狱里的被判暴力犯罪的犯人和被判非暴力犯罪的犯人，发现前者的富余睾丸激素水平要高于后者。在这类研究中，经常是把荷尔蒙浓度解释为原因，把侵犯解释为结果。

在新近的研究中，有学者强调大脑的某些区域破坏或部分破坏或被肿瘤、其他疾病损伤侵害也可以导致侵犯和暴力行为。戈夫曼（Grafman，1996）发现局限于额叶损伤的对象同非额叶头部损伤者、没有头部损伤的对照组相比，表现出更多的侵犯和暴力行为：14%的额叶损伤者有打架、破坏财产行为，而没有头部损伤的对照组中只有4%。布莱尔（Blair，2000）等报道了一个56岁男性在双侧眶额皮质和左侧杏仁核受损后出现不可预测的冲动性侵犯行为，而在受伤以前的这位男士是一个安静、退缩、从没有过侵犯行为的人。近年来随着磁共振（MRI）、单光子发射计算机扫描（SPECT）、正电子发射计算机扫描（PET）技术在侵犯暴力行为研究中的应用，人们对侵犯暴力行为的认识取得了新的进展。威尔曼（Woermann，2000）对48名颞叶癫痫患者（24名有暴力行为，24名没有暴力行为）和20名在年龄性别上匹配的正常对照组进行研究发现，44%有暴力行为的颞叶癫痫患者存在杏仁核的病理改变。总之，各个脑区结构和功能与侵犯暴力行为的关系错综复杂，但大部分研究认为前额皮质、杏仁核以及他们之间的联系与侵犯暴力行为密切相关。

另外，在一些暴力侵犯行为的生理化、遗传与神经生化方面也有一些新的探讨。研究证实，母孕期吸烟对儿童期和成年期的反社会行为存在显著影响，即使控制了人口学因素、家庭因素以及孕前期等生物社会因素，这种影响依然显著（Brennan，1999）。纵向研究发现胎儿的躯体轻微异常与成年期暴力行为有关联（Arseneault，2000）。动物实验和临床研究验证了低胆固醇水平与暴力侵犯行为的关系。研究发现，低胆固醇与高胆固醇饮食的猴子相比，其脑脊液中5-HT含量较低，侵犯行为增多（Kaplan，1997）。"二战"期间营养不良的孕妇，其男婴成年后反社会人格及行为的发生率是对照组的2.5倍（Neugebauer，1999）。铅毒性对行为影响已受到关注，一项调查发现，某社区环境铅含量超标，此社区青少年行为问题频繁。在控制了家庭环境、母亲心理状况、智商等复杂变量后发现，铅对暴力行为的影响依然存在（Burns，1999）。

侵犯的生物学因素一直受到医学、心理学和生物学领域学者的关注，其研究一直如火如荼的进行，人们期待将来会有更多的研究发现。

（二）侵犯行为的社会学习理论

社会学习理论（social learning theory）是从人类特有的认知能力角度来探讨人类侵犯行为的获得以及表现形式的。这一理论虽然认为刺激与反应在侵犯行为形成与发展中起着很重要的作用，但同时它又十分重视对外显行为有影响的那些内部的认知决定因素，所持的是一种刺激——认知——反应模式的观点。

社会学习论者认为，挫折或愤怒情绪的唤起是侵犯倾向增长的条件，但并非是必要条件。对于已经学到采用侵犯态度和侵犯行为以对付令人不快处境的人来说，挫折就会引发侵犯行为。

那么，侵犯的态度和侵犯的行为如何通过学习而得到呢？就人类来说，观察模仿是一个极重要的学习历程。班杜拉（Bandura，1997）强调，在观察学习中，抽象认知能力起到非常重要的作用。当一个人耳闻目睹一种行为时，他会把观察到的知觉经验包括行为者的反应序列、行为后果及该行为发生时的环境状况等以一种抽象的符号形态贮存在记忆系统之中，经过一段时间后，若有类似的刺激出现，他会将贮存于记忆系统中的感觉经验取回而付诸行动。班杜拉把此种观察学习历程称为中介的刺激联结。

班杜拉（Bandura，1973）认为，个体从观察他人的侵犯行为到表现自己的侵犯行为需要三个必要条件：第一，有一个榜样表现侵犯行为，如一个人在观察者面前侵犯、辱骂、殴打别人或表现出其他有意伤害他人的言行；第二，榜样的侵犯行为被断定为"合理"的，如观察者看到榜样的侵犯行为得到赞扬和支持或观察者自己认为榜样的行为是合情合理的；第三，观察者在榜样表现侵犯行为的时候必须在场，即观察者处在与榜样表现侵犯行为相同的情境内。以上三者缺一不可。

此外，还得有三项并非必要但却是充分的条件：第一，观察者有足够的动机去注意榜样表现的侵犯行为及当时的情境状况；第二，榜样的反应即所作所为和所有的相关刺激必须贮存于观察者的记忆系统中；第三，观察者有能力做出所观察的行为序列中的有关反应。

若上述几项条件具备，个体观察了一种行为榜样之后，便可能产生三种效果：第一，经过个体认知系统的整理过程，将相关刺激线索联结起来，使观察者习得了新的反应。第二，由于榜样的行为得到奖赏或处罚，观察者体尝到了替代的酬赏（reward）或处罚（punish），从而修正了观察者习得的行为表现。如弟弟看到哥哥对别的小孩大打出手，颇具风头，可父母知道后给予了严厉处罚。做弟弟的虽然知道打别人可以出风头，但由于哥哥的行为遭受处罚，则弟弟会产生行为的抑制，不表现与哥哥相同的行为。反之，若父母不但没有惩处哥哥，而且对其行为大加赞扬，那么以后弟弟也敢于表现出与哥哥相同的行为。第三，榜样的行为助长了观察者表现已经习得的行为。也就是说，榜样的行为提示了观察者可以做些什么。

班杜拉之后又重复了同样的研究，但略有不同的是，成人榜样表现侵犯行为后，或给以奖赏或给以处罚。当成人因表现侵犯行为而受到奖励时，那么孩子就会模仿这位成人。当成人因为表现侵犯行为而受到惩罚时,那么孩子就不会模仿或很少模仿这位成年人。但是,小孩子没有表现侵犯行为,并不等于他没有学会这种行为。当实验者要求那些看到了成人榜样所表现的侵犯行为,而自己没有侵犯表现的小孩子表演成人榜样的行为时,他们都能正确无误地把观察到的侵犯行为表现出来。这意味着观察者把观察所得的知觉刺激保存于记忆系统中,当情况适合时就会有所表现。

(三) 媒体暴力对侵犯行为的影响

一直以来,大众传播(mass communication)的普及性和深入性,提供给人们以大量观察学习的机会。根据社会学习理论(social learning theory)所提出的模仿学习的观点,学者就会很自然地考虑到媒体中的暴力和色情材料的侵犯行为会不会对观众、听众,特别是青少年产生不良的影响。美国学者波特(W. J. Potter)曾作过这样一个比喻:"媒介传播效果对人的影响就像天气对人的影响一样,它无处不在,无时不有,且存在形式多种多样。"(Patricia, Todd & Rodkin, 2007)媒介暴力的研究在西方已经有70余年的历史了,在这项研究中,心理学家布鲁默(H. Blumer)和社会学家豪泽(P. M. Hauser)(1933)认为,电影直接影响到青少年犯罪倾向和行为。50年代中期,沃尔萨恩(F. Wertharn)出版了研究著作《诱惑纯洁的心灵》,这一研究得出的结论是,阅读漫画书可以导致青少年犯罪,漫画书的内容提供给儿童危险、扭曲的世界观,改变儿童对现实的看法(王玲宁、张国良,2005)。20世纪60年代,媒体暴力(media violence)的研究已经开始走向成熟。在这一研究历程中,形成了较为成熟的理论学说,如涵化理论(cultivation theory)、社会学习理论等。其中,社会学习理论我们前面已有所描述,这里我们简要了解一下涵化理论对媒体暴力的解释。涵化理论,也被认为是"教养理论"或"培养理论",它是由戈布纳(G. Gerbner)及其合作者们研究提出的。根据涵化理论的假设,电视作为现代社会中最主要的信息载体,对受众的认知层面具有潜移默化的效果。其所提供的符号世界是塑造受众认知、信仰以及行为的重要力量,是人类建构主观世界的主要依据之一。通过涵化理论这一视角,可以更好的分析电视形塑人类认知发展的过程,进而找到正确的利用媒体的方式,来帮助人们学习有益的知识并培养正确的价值观。

一方面电视电影放映大量的暴力侵犯节目,另一方面社会上暴力侵犯事件不断增加,因此,学者们就自然地将二者的关系联系起来了。"观看媒介暴力是否会导致受众的侵犯行为?"是媒介暴力研究的核心问题,也是各种理论论争的焦点,儿童与青少年的特殊性使其成为最主要的研究对象。

最广为引证的一项早期研究是1971年由利波特等人(Liebert & Baron,

1971）实施的。在 5～9 岁的儿童中，研究者随机分派他们或观看一个短片，或观看暴力节目《无法接触》（*The Untouchables*），或观看非暴力的体育节目。之后，实验对象被告知他们可以"帮助"或"破坏"隔壁房间里另一伙伴正在设法赢取的一场游戏。他们还被告知，如果按"帮助"键，他们就能够帮助那个孩子更轻易地转动一个能使游戏致胜的关键操纵杆；如果按下"破坏"键，操纵杆将变得烫手难触，并最终破坏那个孩子的游戏进程。那些此前观看了暴力电影片段的儿童比起那些观看体育节目的儿童，更有可能按下"破坏"键并持续地按此键（Liebert & Baron，1971）。

之后，斯坦等人（Stein & Friedrich，1972）对儿童进行了另一实验，随机分派实验对象观看暴力动画片《蝙蝠侠》和《超人》，或者观看亲社会行为节目（prosocial programming）《邻居罗格斯先生》（*Mister Rogers Neighborhood*）。在随后两周的观察中发现，观看暴力动画片的儿童在与其他儿童的交往中，比那些观看社会认同节目的儿童更具侵犯性。这两个早期实验促进了人们对媒介暴力与儿童的侵犯行为之关系的关注。威廉姆斯（Williams，1986）的研究尤其应受到关注。她对加拿大的一个小镇进行了连续数年的侵犯行为变化的研究。最初，这个小镇不能接收电视信号，但在自然试验（natural experiment）的过程中接收到了电视信号。他同样发现，侵犯行为随着接触媒介暴力内容的增加而增加。遗憾的是，由于现在电视信号的普遍深入，收集更多同类证据的可能性逐步下降（Baron & Richardson，2004）。兹尔曼和韦弗（Zillmann & Weaver，1999，2007）观察了连续四天观看暴力或非暴力故事片的受试者，结果发现，与早期的实验结果相同的是，观看了暴力电影的受试者随后的行为更具敌意；与其不同的是，以往试验倾向于表明受试者只对事先激怒他们的人表现出敌意，而兹尔曼和韦弗的受试者无论事先是否被激怒过，都显示出敌意。

那么，在怎样的情况下电视中的暴力节目会产生影响人们行为的作用呢？社会心理学家们认为需具备下述条件：观众所看到的电视节目在某一主题和内容方面出现频繁而且相当一致；观众经常地、有规律地收看该主题内容的节目；观众知觉并学习到该主题内容所表现的行为，可以直接或间接地应付和解决一些问题；观众对于主题内容所表现出的思想必须有某种程度的接受。

在媒体暴力和色情材料对侵犯行为的影响中，首当其冲的是儿童。因为儿童的注意力比较容易被具有强烈情绪、激烈活动以及冲突的节目内容所吸引，因此较易于学习侵犯行为与侵犯态度。康托尔（Cantor，2000）对正在观看血腥的拳击电视节目的青少年情绪状态进行测试，发现经常看电视的青少年的情绪反应平淡。赫斯曼（Huesmann，2003）从 1983 年开始对 707 个家庭中 1～

10岁儿童进行为期19年的跟踪研究表明，儿童看电视的时间与其后在青春期和成年早期出现暴力行为的可能性之间存在显著相关，即使在对其他无关变量如早期侵犯行为、童年时期的被忽视等进行统计控制之后，相关仍然显著。奥泽尔（Ozer, 2006）对美籍华人青少年进行研究发现，早期暴露于媒体暴力可以预测青少年的暴力行为。目前，暴力游戏成为新型的媒介暴力，对于儿童和青少年的侵犯性行为产生新的深远影响，因而这里仅就目前对青少年影响最典型的暴力性游戏进行探讨。

大致看来，暴力电子游戏对侵犯行为及相关变量的影响的理论探讨经历了四个阶段，元分析表明暴力电子游戏增加了游戏者的侵犯行为、侵犯认知、侵犯情感、生理唤醒，这说明暴力电子游戏刺激了侵犯性行为的增多；暴力游戏也改变了人们知觉现实暴力的方式；在情绪情感上使得同情心下降；在生理唤醒中血压和心跳指标都有所上升（郑宏明等，2006）。比如，库珀（Cooper, 2001）用问卷调查了355个6~8年级学生，发现男孩玩电子游戏要多于女孩，男孩玩暴力电子游戏与身体侵犯正相关，玩暴力电子游戏变量比当前侵犯行为变量能更好地预测以后的侵犯行为与愤怒。金泰尔和林奇等人（Gentile & Lynch, 2004）调查了607名8~9年级的学生，发现玩暴力电子游戏多的青少年更具有敌意，更容易与老师发生争吵，更经常打架，学习成绩更差。布赫曼（Buchman et al., 2003）让66个5~12岁孩子填写电子游戏经验、偏好对暴力的同情和态度的问卷，然后让他们玩暴力或非暴力的电子游戏，玩完后再让被试对日常事件做出反应，发现长期玩暴力电子游戏的被试同情心下降。

对于少不更事的青少年，暴力游戏展现了其对侵犯行为的巨大影响，那么对于成年人来讲是否依然有巨大的作用呢？余康锡（2003）以60个成年男性为被试，2人组成一对相互竞争。将被试随机安排到6种实验条件之一，即（暴力×非暴力）×（胜利×平局×失败）。用量表测量被试的情感反应、痛苦忍受（distress tolerance）、对他人的知觉。结果发现，玩暴力电子游戏的成年男性比玩非暴力电子游戏的成年男性经验到更少的积极情感。安德森（Anderson, 2002）将43个成年大学生被试随机分配到暴力或非暴力电子游戏中玩10分钟，然后对被试给对手的惩罚水平作为对侵犯行为的测量，结果显示，玩暴力电子游戏比玩非暴力电子游戏更引起被试的侵犯行为，男性被试这种效应更强烈。帕尼和巴拉德（Panee & Ballard, 2002）将36个男大学生被试随机分配到高暴力和低暴力的电子游戏中，玩了一段时间后，让被试再玩另一种暴力电子游戏，结果发现，在高侵犯启动条件下的被试比在低侵犯条件下的被试使用更多的暴力动作且更具有敌意性，这表明暴力电子游戏增加了侵犯行为。

为何与传统的电视媒介相比较，暴力电子游戏对侵犯行为展现出更多的新特点呢？这与暴力电子游戏本身的特点有关。首先，电视、电影中看到的暴力属于替代强化，而电子游戏暴力属于直接强化，即游戏者如果表现出侵犯性就得到奖赏，这种对暴力的直接参与强化了侵犯行为，将使侵犯行为增加。其次，玩暴力电子游戏的游戏者可以即时模仿、强化、练习侵犯行为。暴力电视、电影对侵犯行为的影响则是长期、间接的。再次，游戏者认同电子游戏中的角色比观众认同电视、电影中的角色更强烈，这在某种程度上是因为游戏者选择并扮演了电子游戏中的某个角色。雷赫斯和皮卡斯（Leyens & Picus，1973）发现认同侵犯者将增加游戏者对受害者的侵犯性，他们发现当让被试假定自己是拳击手时，他们变得比没有假定自己是拳击手的被试更具有侵犯性。当前很多电子游戏让游戏者从自己的视角来玩游戏，这增加了游戏者对电子游戏角色的认同性。另外，暴力内容越逼真的电子游戏激发的侵犯反应也越强烈。在近几年非常流行的电子游戏中，游戏场景从游戏者的角度来呈现，暴力场面血腥、逼真，游戏者可以听到对手被击中的惨叫声和鲜血喷射出来的画面。

当然，并非所有的实验和研究都证明观看暴力影片或电视节目与人们表现侵犯行为成正相关的关系。例如，心理学家费什巴赫（Feshbach，1971）等人通过实验研究认为，观看暴力节目有宣泄的效果，非但不会增加侵犯的倾向，反而还会减少一些侵犯的行为表现。截至目前的研究为止，观看侵犯与暴力节目和人们表现侵犯行为是否存在因果关系尚无法定论。看来，要回答这个问题，似乎应对观察者各方面的状况，如经历、心理状态等加以具体的研究与分析。由于每个人各有差异，所以影响也就不同，那种笼统而论的做法是不合适的。

综合以上有关媒介对侵犯行为影响的心理机制的理论的探讨，如果我们使用安德森等人（Anderson & Bushman，2002）在《心理学年鉴》（Annual Review of Psychology）上提出的一般侵犯模型（General Aggression Model，GAM）的观点来看暴力电子游戏的话，人们发现，当个体遇到特定事件时（如挑衅），情境输入变量（如玩游戏、受到侮辱、挫折、侵犯性线索、痛苦和不舒适、药物、激励）和个人变量（如侵犯性格、性别、态度、信念、价值观、长期目标、行为图式）时首先影响个体当前内部心理状态（包括认知、情感和生理唤醒），然后个体对该事件进行评估和决策，可能产生深思熟虑的侵犯行为或者冲动性侵犯行为。

GAM认为人的行为的直接原因有两种：人的因素和情境因素（Anderson & Bushman，2002）。人的因素中包括：（1）特质（某些特质的个体本身具有高侵犯性）；（2）信念（那些具有相信自己能成功实施某种侵犯性行为信念的人更容易产生侵犯性行为）；（3）态度（对某些暴力群体有积极态度的人容易有明显的侵犯性行为）；（4）价值观（认为暴力是人际冲突的唯一解决方法的人比较容易产生暴力行为）；（5）长期目标（个体的生理因素，如激素和基因等通过与社会环境相互作用长期影响个体的侵犯行为）。情境因素包括：（1）侵犯性线索（与侵犯行为相对应的侵犯性思维、情感和行为计划等）；（2）挑衅（比如侮辱、轻视、身体侵犯或对达成重要目标的妨碍等）；（3）挫折（挫折增加了侵犯行为的可能）；（4）疼痛和不适（不利的处境，如高温、噪声等都容易增加侵犯行为）；（5）酒精和药物（这些因素也会对侵犯行为产生间接影响）；（6）诱因（个体希望得到的对象）。以上这些变量通过引起个体当时的内在状态而影响最终的侵犯性行为的结果，在认知水平上，个体的认知系统是充满敌意性的，当面对某些情景时，个体自动加工的内容会直接迸发出敌意性反馈。在情感中，个体充满敌意性和不良情绪，生理上进一步唤醒侵犯和侵犯的行为反应。这样在结果中可能产生冲动性侵犯行为，也可能产生深思熟虑的侵犯性行为。那些长期接触暴力媒介的当事人则会进一步改变原有的知识结构，在信念和态度中对侵犯性加以固化，在认知上强化敌意性归因，在大脑的思维反映和自动加工系统中联结侵犯反应，并在长期的侵犯行为中出现麻木的情绪，进而导致侵犯人格的形成或增加。这种人格如果加到特定的情境中，便呈现出了游戏者的侵犯性行为（郑宏明、孙延军，2006）。

（四）A型人格与侵犯行为

侵犯性行为是否与人格有着密切联系呢？20世纪50年代，美国心脏病学家弗瑞德曼（M. Friedman）和罗德曼（R. H. Rosenman）首次发现冠心病人的典型特点，即雄心勃勃、争强好胜、缺乏耐心、怀有敌意和侵犯性、醉心于工作、有时间紧迫感等，并称这类行为为A型行为，而与之相反的则是B型行为。A型行为模式（Type A behavior pattern，TABP）实际上是指由高水平的竞争意识、强烈的时间紧迫感、较强的侵犯性、长期的亢奋状态、强烈的成就努力等行为特征所组成的模式（罗伯特·费尔德曼、黄希庭，2008）。1959年，弗瑞德曼和雷德曼主持了一项非常有影响的研究 WCGS（Westem Collaborative Group Study），从1960年到1968年追踪调查了3524名男性公司职员，发现A型行为者冠心病发病率是B型人的2倍，复发率是B型人的5倍。

A型行为模式是一种社会学或社会经济学造成的特异的活动和情感复合体，弗瑞德曼认为A型人不断挣扎，要在少而又少的时间内完成多而又多的事，容易发生侵犯（aggravation）、激动（irritation）、发怒（anger）和不耐烦（impatient），即AIAI反应。这是一种在工业化、都市化迅速发展，社会生活的各个领域都

第十章　利他与侵犯

出现竞争的历史背景下，人体为了在竞争中取得胜利而形成的一种习惯行为模式。A型行为模式是在个性和环境的交互作用中产生和形成的，其影响因素包括环境的要求、个体对这些要求的知觉和强化了个体的事件紧迫感与侵犯性和敌意倾向。因而，A型行为最主要的特点是竞争性、事件紧迫感、侵犯性和敌意。

（五）侵犯行为的情景性因素

人们已经知道，侵犯行为与本能、激素、人格，甚至很多生化因素有关系，但是侵犯行为在一定程度也与某些情境性因素相关。

1. 侵犯性线索

任何经常反复与侵犯行为相联系的刺激，通过一个标准的条件作用过程，会变成诱发侵犯的线索。因此，情境中与侵犯相关的这些线索，如刀、枪等器械往往会成为侵犯行为产生的起因，伯克维兹（Berkowitz，1965）将这种现象称为武器效应。在这项研究中，一些被试因为实验助手的电击而引发愤怒，另一些被试则没有。然后给他们一个对实验助手施加电击的机会，在他们施加电击活动时，所在房间的桌子上会放置一只枪或一副羽毛球拍。实验结果是，愤怒的被试看到一只枪比看到一副羽毛球拍施放了更多的电击。除了刀、枪等明显的侵犯性线索外，一些有侵犯性色彩的词语，与死亡、邪恶等相联系的黑色等颜色也会引发侵犯性行为的加强。

2. 外在情境

有些社会性情境因素也成为侵犯性的线索。如想象某人正在开车带你去机场，让你能够乘飞机去加拿大和父母一起过圣诞节。开车的人希望出发的时间比你预料得要晚一些，当你稍微表示出一些疑问的时候，他信誓旦旦地告诉你不要紧张，这条线路他很熟悉，提前40分钟到机场没有问题。可是到了半路，交通阻塞，你反复看手表，司机表示不要着急，但是这次他的语气没有那么坚定了。几分钟过去，车子没有任何要走的迹象，你发现自己手心开始出汗，你走出车门，前看后看都是纹丝不动的一排排拥堵车辆，此时你回到车里，恶狠狠地带上车门，眼睛厉害地瞪着司机。此时，你的侵犯性是不是正在被高水平地激发呢？这些人们生活中常常出现的情境。如果思考一下的话，就会发现，其实很多的不高兴的受挫折经历是侵犯的一个主要的线索。

在挫折——侵犯理论（frustration aggression hypothesis）中，多拉德和米勒（Dollard & Miller，1939）提出，人的侵犯行为是因为个体遭受挫折而引起的。也就是说，侵犯是挫折的一种后果，侵犯行为的发生总是以挫折的存在为先决条件。反之，挫折的存在也必然会导致某种形式的侵犯。为此，心理学家巴克尔（Barker，1941）曾经做过一项有趣的实验。他把一群孩子分为对照组和实验组，然后把他们都领到实验室的窗外，孩子们通过窗户可以看到里面放满了诱人的玩具。从一开始，就允许对照组的孩子进去玩。而对于实验组的孩子，开始的时候只允许他们在一旁观看，而不让他们进去玩，直到过了一会儿，才让他们进去玩这些玩具。实验结果表明，实验组的孩子们比对照组的孩子们表现出更多的侵犯行为（Baron & Richardson，2004）。这一实验表明外在的挫折情境使人们容易产生侵犯性行为。

的确，造成侵犯性行为的外在情境可能很多。19世纪末至20世纪初，在美国南方连续发生白人用私刑处死黑人的暴力事件，通过考察1882年到1930年之间美国南方经济与私刑处死黑人次数的关系后发现，当时棉花是南方最主要经济作物，如果把棉花的销售价格当做经济情况好坏的指标的话，当棉花价格低的时候，私刑的次数就多，棉花价格高的时候，私刑的次数就少。棉花价格降低时白人的收入就会减少，经济上的挫折导致侵犯倾向增加，软弱无辜的黑人就成了白人发泄怒气的对象，而且当时白人对白人的私刑次数也和棉花的销售价格有关（Hepworth，Linnoila & West，1988）。

但是，外在的情境一定会导致侵犯性行为吗？比如，军人在战争中杀死素不相识的人，不是因为受到挫折，而是因为执行命令的结果。另外，有人为了权力、财物而加害他人，其侵犯行为乃是为了实现特定目标而采取的一种手段，而不是受到挫折后的反应。另外，如果在个体所处的环境之内不存在给人以引导的认识线索，挫折不一定能导向特定形式的反应。换句话说，个体在遭到挫折之后将做出什么反应，表现怎样的行为，是由环境内在的线索或者说环境提供的刺激来引导的，而反应或行为的强度，则决定于挫折所引发的侵犯唤起程度，即侵犯的准备状态。

这样，米勒（1941）又提出挫折是一种情境刺激，可以引起一系列的不同反应，侵犯反应只是其中一种形式而已。挫折的存在，不一定会导致侵犯行为，但是侵犯行为肯定是挫折的一种结果。伯克维兹（Berkowitz，1989）也认为，挫折情境的存在并不一定会导致个体发生实际的侵犯行为，只能使个体处于一种侵犯行为的唤起状态，侵犯行为最终是否会发生，取决于个体所处的环境是否给他提供一定的侵犯线索。如果个体所处的环境并没有提供这样的线索，那么个体未必会表现出侵犯行为。也就是说，外在环境的侵犯线索是使内在侵犯冲动形成实际表现的必要条件，并且侵犯行为的反应强度取决于其唤起程度。在这一点上，伯克维兹（Berkowitz，1989）用一项实验来加以证明。他要求受试者解决一些谜题。他先把全部被试分为两组，分别接受谜语测验，第一组被试所得到的谜题看起来不难，实际上也好解决。而第二组被试所得到的谜语看起来简单，操作起来却无从解决，用这些方式使该组被试受挫。接着让一部分被试观看拳击武打影片，一部分被试者看非武打的影片。然后，让他们扮演老师的角色，教一个学生（研究助手）学习某种材料，当学生犯错时，可以用电击加以惩处。结果发现，在遭受挫折的受试者中，观看武打影片的被试要比观看中性影片的被试表现出更强的侵犯行为。这项实验的结果可解释为被试者遭到失败以后，进入一种准备行动的唤起状态（arousal state），他将采取怎样的行为，由当时最占优势的反应决定，观看武打片诱发了侵犯倾向，使侵犯成为当时最占优势的反应。

3. 兴奋转移

侵犯行为总是伴随以愤怒等情绪的高度唤起，其他刺激所引发的生理上的唤起状态是否会转移为侵犯性冲动呢？兹尔曼（Zillmann，1977）在一项实验中，让实验助手或者激怒男性被试或者用中性的态度对待他们。然后，有一半被试从事大量的运动，而另一半不锻炼。略微休息一会后，给被试提供一个电击实验助手的机会，结果愤怒而且锻炼的人比愤怒但没有锻炼的人用更高的电压电击实验助手。可见，由于其他刺激所诱发的情绪性激起会转移成更强的侵犯冲动。

4. 去个性化

去个性化指的是处于群体中的个体会由于对群体的认同淹没了个人的身份，使自身的自我控制系统的作用减弱甚至丧失，从而做出摆脱正常社会规范约束的极端行为。津巴多（Zimbardo，1970）着重对去个性化在诸如敌视、侵犯等极端行为中的作用进行了研究。他以女大学生为研究对象，以4人为一组参加对陌生人的电击实验。一组被试彼此以真实姓名相互称呼，每个人胸前挂有写着自己姓名的牌子，另一组被试穿着宽大的衣服，并把头包得很严实。结果匿名组被试电击他人的概率要远远高于实名组被试。津巴多指出诸如盗窃、抢劫、破坏等社会侵犯现象在大城市中的发生概率较高的原因就在于大量人群的聚集导致的以匿名性和责任分散为特征的去个性化。

5. 温度与酒精

很久以来人们就已注意到炎热的天气与暴力相伴而生。我国的成语中就有"火冒三丈"、"怒火中烧"、"心烦气躁"等。在19世纪初，就有人发现天气变化与犯罪行为之间存在着一定的关系。近年来，针对外界环境因素对侵犯行为影响的研究也发现犯罪与温度的关系。巴恩（Baron，1978）研究发现，夏天的城市暴乱与气温有关，而且呈现倒U型曲线，在气温为华氏81~85度的时候暴乱最多，当温度较高或较低时，暴乱发生的数量较少；罗特恩和科恩（Rotton & Cohn, 2000）考察了美国达拉斯市和明尼阿波利斯市两年内的温度和身体侵犯记录，记录取自每天中的三个小时，结果发现侵犯随温度的升高增多，但气温到了一定的点时，即使超过这个温度，侵犯行为也不随温度的升高而增加；瑞弗曼等人（Reifman, Larrick & Fein, 1991）的研究表明在棒球运动中，热天时的侵犯行为比冷天时的侵犯行为要多，甚至在控制一些其他因素后（如走一段路后）也是如此；韦瑞吉等人（Vrij, van der Steen & Koppelaar, 1994）对训练中的警员行为的研究也报告了热对侵犯类似的效应；安德森等人（Anderson et al., 2000）以大学生为被试用自编温度与情绪信念的问卷通过让被试在五点等级量表上评估高温效应和低温效应问卷的问题，考察了温度对侵犯行为的效应，发现人们对高温效应和低温效应的信念是从三个维度进行评估的，警觉和能量水平、敌意和愤怒的感受、侵犯性和暴力行为。人们相信高温提高了对愤怒和敌意的感知，降低了警觉和能量水平，增加了侵犯和暴力行为。

在酒精对侵犯行为的影响作用这一问题上，大多数人认为酒精会使人变得易于激怒和更加好斗。为了验证酒精在侵犯行为中的作用，泰勒等人（Taylor et al., 1975）做了这样一个实验，他们让被试多量饮酒（平均每个被试3～4杯）或少量饮酒（每个被试1杯）。然后允许被试对他人施加电击，饮酒越多的被试所施加的电击量越大。酒精之所以会导致侵犯行为加强的后果，其原因主要有：首先，醉酒的人降低了对行为潜在后果的注意。没有醉酒的被试可以注意到他们以为的和对手实际的行为之间的差异，而醉酒的被试则丧失了对自己和他人的理解力。其次，醉酒也提高了个体对情境具有高侵犯性的注意，并导致其做出相应的反应。酒精更倾向于使人将外部的刺激知觉为威胁、受挫或不怀好意。第三，酒精使人们对社会压力和侵犯更加敏感。泰勒和希尔斯（Taylor & Sears, 1988）使用电击实验发现，当被试根本没有受到袭击和威胁，对手也没有侵犯性，只是有旁观者不同程度地劝说被试去电击对手时，酒精增加了同伴压力下的侵犯。

（六）侵犯行为的性别差异

性别是几乎所有研究者感兴趣的一个重要变量，而侵犯性也许是性格上性别差异最为明显的证据。国外一项对外显侵犯性研究的元分析表明，尽管各项研究的结论不尽一致，但从总体上看，男性比女性更具侵犯性，特别表现在男性的侵犯多给对方带来伤痛或身体伤害，而女性的侵犯多给对方造成心理上的伤害或人际关系上的损失（Eagly & Steffen, 1986）。国内的研究也有相似的结论，这表明外显侵犯性的性别差异有着跨文化一致性。比如说，在对侵犯行为与性别等人口学因素的关系探讨上，多数研究认为，男性更倾向于生理侵犯等直接侵犯，而女性更多采取间接侵犯（Björkqvi, Lagerspetz & Kaukiainen, 1992；Tapper & Boulton, 2004）。国内张文新（2003）等研究显示，儿童侵犯性的性别差异在3~4岁时就已经存在。但沃克尔（Walker, 2000）的研究指出，老年人在间接侵犯上无性别差异；康纳（Connor, 2003）的报告也没有发现侵犯性的性别差异。

从内隐的实验方面，我们也可以了解侵犯性行为的性别差异问题。事实上，自1995年格林沃德（Greenwald, 1998）首次明确提出内隐社会认知概念并于1998年提出一种新的内隐社会认知的研究方法——内隐联想测验（Implicit Association Test，IAT）——以来，内隐社会认知研究领域得到了迅猛发展，IAT更是得到了广泛应用。随着内隐社会认知研究的发展，研究者们发现被试在无意识条件下表现出对侵犯性信息的偏好，证实了人们内隐侵犯性的存在（杨治良等，1997）。内隐侵犯性是相对独立于外显侵犯性的，并且比较一致地认为外显侵犯性男性显著高于女性，而整体的内隐侵犯性则没有显著的性别差异。其中，徐大真、杨治良（2002）采用不同性别人物侵犯与被侵犯相互作用的图片为实验材料，研究侵犯性内隐社会认知的性别差异，结果发现，在内隐社会认知中无论男性女性都明显偏好侵犯性信息，即面对侵犯性信息或图片时普遍都显现出认知上的注意和详细记忆，这一点不存在明显的性别差异。张东宁、王有智（2005）分别采用侵犯与被侵犯性词语和侵犯与被侵犯相互作用的图片为材料，运用内隐联想测验研究被试的侵犯性，结果发现，侵犯性内隐联想测验中男女被试之间无显著差异，且认为外显侵犯性和内隐侵犯性是相互独立的；戴春林、吴明证等（2005）同样运用内隐联想测验研究侵犯性，得到了相同的结论；徐德淼、唐日新和解军（2007）采用问卷法和内隐联想测验方法分别对外显侵犯性和内隐侵犯性进行研究，结果显示，整体外显侵犯性不存在性别差异，但在身体侵犯因素上男性显著高于女性。另外，内隐侵犯性在表现方式上存在性别差异，男性与身体侵犯联系更紧密，女性与言语侵犯联系更紧密。

事实证明，性别侵犯性也不只是先天决定的，它必然受到后天教养的影响，才可能使人们侵犯性的表现方式在内隐层面也出现了显著的性别差异。在人们的日常生活中，都有很多性别角色行为规范，并且按照它们来教育培养孩子。从3岁起儿童开始偏爱同性同伴，他们一般都喜欢从事与性别相符合的活动或中性活动，经常分为男女不同的游戏小组。儿童性别角色社会化的发展就会导致个体形成相应的心理结构或图式，这一心理结构或图式会影响人们对环境的信息加工及行为反应。这种不同的教养方式导致儿童形成相应的性别角色，在侵犯性上也有相应的体现。性别侵犯性是个体在长期的社会生活浸染下逐渐形成的，有相当的稳定性。需要指出的是，人们在实验研究中无法把性别作为单一变量完全控制其他因素，因此，即使是生物因素对侵犯有影响作用，也不能轻易得出"男性比女性更具有侵犯性"的结果，只能说"侵犯性行为存在着性别上的差异"罢了。

三、侵犯行为的预防与控制

瑞文和瑞宾（Raven & Rubin，1983）总结了过去四十多年来关于侵犯性行为的研究，提出了侵犯行为的综合模型，这个综合模型对于侵犯行为的预防和控制有借鉴意义。该模型强调，影响侵犯行为的因素既有挫折，也有环境的刺激，如温度、噪声、拥挤、气味等；挫折刺激不是自动起作用的，而是根据个人对挫折的形成和程度的认识以及对造成挫折的人的特点和意图的理解，个人是否发生反应，发生什么样的反应，依赖于他过去的背景、过去对挫折的反应、人格特点、生物特点和身体状况；个人既可以把挫折刺激解释为严重的，也可以解释为轻微的，甚至可以解释为不是刺激，而理解成对自己的性格的考验，或者是退缩行为的信号；个人可能感受到各种情绪。要是感受到敌对和愤怒情绪，往往会发生侵犯行为或暴力，要是感到自己无能为力，则会产生目标转移，否认挫折刺激、增强自己对他人的善意感或者是退缩；当个人体验到敌对、愤怒情绪时，是否发生侵犯行为，社会情境因素会发生抑制或者促进作用，如果周围的人同情受挫者，并鼓励侵犯行为，则会加强个人的侵犯行为，如果社会以处罚相威胁，不鼓励个人采取侵犯的方式，则会削减个人采取侵犯方式的可能性。

（一）惩罚

惩罚是一种针对个体某种特定行为施以痛苦刺激或剥夺需要，以减少某种行为再次发生或制止某种行为与群体目标不一致的管理手段（Erans & Meyer，1985）。如果错误的行为没有受到惩罚，或者管理者放弃了对违规行为的惩罚，那么惩罚在管理者的威信和作用将会降低，而且如果其他违规者也注意到这种不连贯性的话，那么更多的错误行为就可能发生。因而，惩罚被认为是激发个体良好行为和态度转变的一种有效方式。所以，使用惩罚的手段恐怕是父母控制儿童侵犯行为发生的最常用手段之一了。霍森伯格（Hollenberg & Sperry，1951）通过四个玩布娃娃的游戏发现，那些曾经因为做出侵犯行为而被惩罚的儿童要比那些没受过惩罚的儿童在侵犯性方面要弱得多。布朗等人（Brown & Elliot，1965）也表明，直接惩罚至少能产生一个短暂的抑制效果。但惩罚的效果并非总是如此，它往往会带来一些意想不到的后果（Baron & Richardson, 2004）。例如，按照社会学习理论的观点，父母在惩罚儿童的同时也给儿童提供了模仿侵犯行为的榜样作用。而在社会标签理论看来，受惩罚者可能会根据惩罚者所贴的标签行动，离正常的行为取向越走越远。除此之外，惩罚还可能因为其他原因产生相反的效果。频繁的惩罚也可能加重个体对自己是弱者的认知，并使其产生习惯性的失败体验，从而损害自尊心，造成其情绪上的焦虑和恐惧，甚至有损于心理健康。例如，菲尔森等人（Felson et al., 1988）考察了父母的惩罚与兄弟姐妹之间侵犯行为的关系，结果发现，在兄弟姐妹之间发生冲突时，相对于年轻一点的而言，父母倾向于惩罚年长一些的；相对于女孩而言，父母则倾向于惩罚男孩。父母这种倾向于惩罚冲突中较强大一方、支持较弱一方的做法，导致了较弱一方日后更可能频繁地发动侵犯行为。因此，何时、何地、采用何种形式的惩罚才能达到最佳的效果，还需进一步探讨。

（二）宣泄

宣泄（catharsis）这一概念最早是由古希腊大思想家亚里士多德提出来的，意思是用文学作品中悲剧的手法，使人们的恐惧与忧虑等情感得以释放，以达到净化的目的。后来，这一概念被弗洛伊德引用到其学说之中。弗洛伊德认为，侵犯是一种本能，是人与生俱来的驱动力（Hergenhahn, 2005）。每人都有一个本能侵犯性能量的储存器，应当不断以各种方式使侵犯性能量发泄出来，如球赛、打拳、游泳以及培养人与人之间积极的情感联系等，还可以适当地表现一些侵犯的行为和举动，否则侵犯性能量滞存过多，后果将不堪设想。洛伦兹（Lorenz, 1963）也认为侵犯是人的本能，是人类生活不可避免的组成部分，是需要宣泄出来的。比如战争是人的侵犯本能宣泄的结果，因此他主张以一种不具破坏性的发泄途径来代替战争，如体育比赛、登山、航海等。这里，宣泄的基本假设是，侵犯性的精神能量是一个常数，能量聚集的越多，其发生的侵犯性行为的可能性越大。若这些不良情绪得以合理的宣泄，就可以减少其侵犯性的强度，侵犯行为也会随之减弱。一切实际的侵犯行动或在想象中实施侵犯行为，都可以使侵犯性的精神能量得到释放，从而减少侵犯性冲动，达到减少侵犯行为的目的。

有关侵犯的本能论虽没有被学者们广为接受，但那些考虑到挫折与侵犯行为关系的学者却也设想，对于那些受到挫折、体验到愤怒的人，让其适当地表现一些侵犯性的行为，能产生宣泄的作用。也就是说，当给遭受挫折的人表现愤怒的机会时，他以后将显示出较小程度的侵犯倾向。但是，除了通过直接表现一定的侵犯行为来达到宣泄目的之外，观看他人的行为是否也能使人的愤怒减轻呢？在此存在着分歧的观点。按照宣泄论的观点，答案应该是肯定的。但是，从伯克威茨的侵犯线索理论以及班杜拉的社会学习理论来看，观察他人的侵犯行为不仅不能减轻愤怒，而且还会强化侵犯的倾向和行为。由此看来，观看别人的行为能否达到宣泄的目的，还是一个悬而未决的问题。

应当指出，宣泄的方式是应当认真加以研究的问题，由于社会道德与各种规范的限制，人们不能毫无顾忌地使自己遭受挫折的人施行报复，而且有时使人处于困境的是许多因素构成的环境，并不是由哪个人造成的。因此，寻求社会容许的有效方式来达到宣泄的目的就十分重要了。例如，引导人们去参加文娱、体育活动，学会幽默，广交朋友，谈心，等等。当然，这些具体方式对宣泄能起到怎样的作用，尚需进一步研究和实验验证。

（三）认知干预

20 世纪 80 年代以来，不少学者从信息加工的角度对侵犯性社会认知特点进行了深入研究，其中最有影响的是道格（K. A. Dodge）于 20 世纪 80 年代初提出的信息加工模型。该模型认为，个体从面临某一社会线索到做出侵犯反应的信息加工过程包括 5 个步骤和环节（Dodge，2006）：（1）译码过程，即个体通过感知从环境中获取有关线索、信息的过程；（2）解释过程，即个体把知觉到的环境中的线索与他对过去事件的记忆、目标相整合，然后为这些线索寻找可能的解释，并赋予意义；（3）寻找反应过程，即利用已知线索，形成潜在反应的过程；（4）决定反应过程，即对潜在反应的结果进行评估，并最终决定反应；（5）执行反应过程，即将所选择的反应转化为行为，并对反应的过程做出解释。可见，侵犯性个体在对社会情景做出反应的过程中可能存在若干认知偏差，而这些认知偏差正是造成其侵犯行为频发的重要原因。那么，如何针对侵犯性行为的特点进行有效的认知干预呢？这是近年来心理学工作者的研究重点。

认知行为干预是通过改变侵犯性儿童的信念、态度等认知特点以改变侵犯性行为的方法。近年来，在西方广为采用的几种策略主要包括问题界定训练、出声思维法和愤怒应对训练等。其中，问题界定训练使个体学会较全面的注意社会情境中的线索，尤其是与敌意动机不一致的线索，让个体根据这些线索对问题进行较客观、准确的界定，降低他们对问题情境的敌意归因倾向，从而减少其侵犯性行为的反应。出声思维法由凯姆普和巴什（Camp & Bash，1981）提出，它将问题解决训练与自我指导训练相结合，其主要目的是教冲动性侵犯性个体学会慢下来并运用恰当的自我言语来指导自己的行为，从而用非侵犯性、恰当的方法解决问题。另外，侵犯性个体在激惹性情境甚至模糊情境中倾向对别人做出敌意性归因，这种归因会导致愤怒情绪的唤醒，再加上他们在激惹情

第十章　利他与侵犯

境中相对缺乏控制愤怒的能力，就更容易做出冲动性或侵犯性行为。因此，愤怒应对训练教会个体在激惹性的情境中有效地控制自己的情绪与冲动行为，从而做出非侵犯性的反应。

（四）社会技巧熟练

作为基本的社会技巧，移情能力的培养是预防和控制侵犯行为的基本途径。移情（Empathy）是指在体察他人的情感的基础上，能与他人产生情感共鸣并能共享，能同情并欲相助陷于困境之人（应贤慧等，2008）。发展心理学意义上的移情概念最早可以追溯到苏格兰经济学家和哲学家亚当·斯密（Adam Smith）。在其 1759 年出版的《道德情操论》（*The Theory of Moral Sentiments*）一书中，斯密（Smith，1759）指出移情是由理解他人的观点，并作出相应的情绪反应能力组成的（刘俊升等，2008）。这一观点很快被英国哲学家、社会进化论者赫尔伯特·斯宾塞（Herbert Spencer）引入心理学的研究领域。一个多世纪以来，研究者从不同的角度对移情进行了广泛的研究，取得了大量的研究成果。

移情的定义非常的复杂，它往往是与角色采择（role taking）、情绪匹配（emotional congruence）以及同情（sympathy）等概念联系在一起（Davis，1996；Eisenberg & Strayer，1987；Levenson & Ruef，1992），这些概念都在一定程度上揭示了移情的不同心理过程。关于移情，人们能够确定的是，它与利他行为的培养和侵犯行为的控制有关。米勒和艾森伯格（Miller & Eisenberg，1988）通过元分析提出，侵犯行为应该与移情存在负相关，移情反应可能是侵犯性的一个抑制因素；考基艾宁（Kaukiainen，1999）等对三个年龄组（10 岁、12 岁、14 岁）学童的调查显示，移情与生理侵犯、言语侵犯和间接侵犯等均呈显著负相关；斯特雷耶和罗伯特（Strayer & Roberts，2004）对 5 岁儿童的观察也发现，移情得分越高的儿童其愤怒情绪、生理侵犯和言语侵犯越少，也较少地参与物质争抢；詹科拉（Giancola，2003）通过实验得出，对于高移情情绪的个体，移情能抑制酒精对侵犯行为的激发作用，而低移情个体不但没有这种抑制的能力，其移情反而会推动酒精对侵犯行为的激发作用；劳丁等人（Loudin et al.，2003）考察移情不同成分（认知成分和情感成分）与侵犯行为的关系发现，观点采择技能不足的大学生比同伴有更多的关系侵犯行为，对男生而言，情感关注的缺失，也会增加其侵犯行为。

有关利他行为的社会信息加工研究发现，侵犯性儿童和亲社会儿童除了在社会信息加工各阶段上表现出差异外，在对已经做出的行为进行解释以及情绪反应等方面也有所不同（王沛、胡林成，2003）。侵犯性儿童在挑衅性情境中更容易有不良情绪唤起（Crick & Dodge, 1994），更容易体验到愤怒、激动、暴躁等情绪。利他儿童在遭遇负性事件的时候，不良情绪唤起则比较低（寇彧等，2005）。由于移情具有激发个体利他行为的动机功能和激活、强化道德原则的信息功能，因而以移情为基础的道德教育必定具有现实意义。由上可知，矫正或预防个体的侵犯行为，培养其移情能力是途径之一。

（五）社会公平

在现代社会中，完整的社会公平体系包括权利公平、规则公平、分配公平、社会保障公平等方面。其中分配公平是社会公平中的重要内容，社会财务分配的合理性往往是人们评价一个社会是否公平的核心依据。布鲁斯南和德沃尔（Brosnan & de Waal, 2003）用卷尾猴作一实验，在实验中他们给一对猴子每个一枚代币，它们可以用代币从人类实验员那里换取报酬（黄瓜或者是猴子喜欢的葡萄）。实验条件有四种，第一种是平等条件，两只猴子都得到黄瓜；第二种是不平等的，一只猴子得到葡萄（高价值的报酬），另外一只获得黄瓜（低价值的报酬）；第三种是努力对照条件，一只猴子没有付出努力（没有换代币）就获得葡萄，另一只猴子用代币只能换得黄瓜；第四种是食物对照条件，一只猴子用代币换得黄瓜后，发现在另一只猴子常待着的地方放着葡萄。结果发现，猴子出现了拒绝行为。研究者把猴子的拒绝行为分为两类，一种是拒绝归还代币，一种是拒绝接受提供的低价值报酬。这说明猴子在遭受不平等待遇后的拒绝行为明显增强了。因而，在现代社会，尽可能地建立公平的社会体系有助于减少侵犯性行为的发生。

第十一章　社会影响

日常生活中，人们常常会遭遇他人试图改变自己态度和行为的各种压力，纷繁多样的社会信息影响让人们无处可逃。很多人会感到来自同伴的强大压力，使他们遵守群体的这些不成文的各种规范，并以此为手段来融入群体，避免同伴的嘲弄。那么，个体的行为是如何受其他人以及群体的影响呢？社会心理学家很早就认识到这一问题的重要性，因此社会影响（social influence）成为社会心理学的中心问题之一。所谓社会影响，是指在社会力量的作用下，引起个人的信念、态度、情绪及行为发生变化的现象。这里所说的社会力量是指影响者用以引起他人态度和行为发生变化的各种力量，其来源非常广泛，既可来自个人，也可来自群体；既可是强制性的法律、法规，也可是自发的流言、时尚等。事实上，个体接受社会影响的方式是多种多样的，从众、众从和服从是其中最典型的方式。

第一节　社会影响

社会影响是一种在人们生活中经常发生并发挥作用的心理现象，它规模大、作用力强，触及和影响着生活的各个方面。人是一种社会性动物，时刻会感受到来自他人、群体、社会的影响，他人在场是否会对行为产生影响？如何影响？有时候，他人能让自己更加努力、表现更佳；也有的时候，集体工作会令自己有所松懈，努力程度减少；在群体中，还可能会让个体感到自我身份意识的缺失，导致冲动偏差行为增加。

社会心理学研究发现，在一个人从事某项活动的时候，如果有其他人在场，就会感到有一种刺激，这种刺激会影响他的活动效果，在一些场合会促进活动的完成，在另一些场合反而会干扰活动的完成。这里把这两种情况分别称为社会助长（social facilitation）和社会惰化（social loafing），也有的学者称为社促进和社会抑制,也常常合称为"他人在场"。他人存在对个体绩效会产生积极或消极的影响,拉坦(Latane,1981)提出了社会影响理论(social impact theory)来关注这些影响的大小。该理论认为他人对个体总的影响取决于他人(影响源)的 3 个属性:数量(number)、强度(strength)和直接性(immediacy)。也就是说,当周围人数量增加时,来自他人的社会影响也增大。一个新演员在 50 个观众面前比在 5 个观众面前感受到的舞台恐惧会更强烈。他人的强度也就是他人的重要性和权利,这与他人的年龄、地位、权力、是否为专家及其与个体的关系有关。他人的接近性是指他人在时间和空间上与个体的接近程度。拉坦(Latane,1981)认为,社会影响可以比喻成光照在表面上:光的总能量依赖于灯泡的数量、灯泡的瓦数和与表面的接近程度。社会影响理论能够帮人们解释为什么他人的存在有时会导致社会促进而有时又会导致社会惰化。在促进的情况中,人们往往是他人影响的唯一目标,他人对个体的社会影响也会增加。相反,当很多人一起工作,而只有一名旁观者时,社会惰化往往就会发生。每个个体只是来自群体外的旁观者的目标之一。因此,旁观者的社会影响就分散到每个人身上,随群体规模增加,每个个体感受到的压力随之降低。

一、社会助长

很多人都有这样的体会:工作时,如果和几个人合伙干,干劲就大一些,工作也干得快一些。一些学生也认为,在家里一个人做作业,不如在学校和同学一起做得快,做得准确率高。做作业行为,并没有提出竞赛的要求,仅仅是因为结伴活动,就提高了活动效率。这种现象,被称为"结伴效应"(Together effect)。结伴效应指出,几个人共同从事相同的一项活动时,相互之间会产生一种刺激作用,从而大大提高行为效果。因此,这种情况也称之为"共同行为效果",它们被统称为"社会助长"。具体来说,社会助长(social facilitation)是指人们在有他人旁观的情况下工作表现比自己单独进行时好的现象。最早对此问题进行研究的是特里普特(Triplett,1898),他对社会助长的证明也是最早的社会心理学实验。特里普特注意到在有竞争时人们骑车的速度比单独骑的时候快,因此设计了一项实验,探讨儿童在有他人存在时是否会工作得更勤快。结果证明了他的预期,儿童在拉钓鱼线的实验中,当有他人存在时个体工作更卖力。

其他的心理学家也发现了这一点,奥尔波特(Allport,1924)让被试完成一些任务,如简单乘法、圈字母等,即使被试在这些作业上总是个别工作,但当房间有五个人一起时的工作效率比仅有一个人在房间时高。当时奥尔波特在哈佛大学做了这个实验，他让被试在几种不同的工作方式下工作，工作内容包括把报纸上词的元音字母划掉，这是最简单的工作，较复杂的工作是编排词的联想表，比较困难的是演算乘法算术题，最复杂的是写一篇反驳他人逻辑观点的理论文章。结果发现，除最后一项外，在室内有5个人时，即使大家都在独立工作，其效率总是比个人单独工作时要高，效果更佳。他强调指出，这种作用的产生只是依靠有其他的个体在场，而不是依赖个体之间有意的竞争。

肯德尔曾作过一个实验，让被试分别在三种不同的条件下做一项同样的简单工作：单独个人、与团体内其他人一起、与团体内被蒙着双眼的其他人一起。实验结果发现，被试与团体内其他人一起活动时，比他单独个人活动效果好；被试和团体内被蒙着双眼的其他人一起活动时，其工作效果和他单独个人一样。从而证实，被他人评价意识的产生激发了竞赛动机，从而发生了社会促进作用。事实上，社会促进作用不仅发生在人类身上，陈（Chen，1937）发现在蚂蚁群体中也有此类现象发生，当蚂蚁一起时，每只蚂蚁的平均挖土量是单独挖时的三倍。清华大学一个学者在20世纪30年代做的蚂蚁掘沙土的实验就证明了这个问题。第一天，他把36只蚂蚁分别放入装有半瓶沙土的玻璃瓶中，观察记录蚂蚁掘土做窝虚耗的时间以及蚂蚁掘6小时沙土的沙土量；数日后，又将蚂蚁两只一组放入瓶中，重复上述的观察；又过数日后，将蚂蚁三只一组放入瓶中，最后再将蚂蚁一只一只单独放入瓶中重复最初做的观察也发现社会助长行为。

那么人们不禁会问，为什么会产生社会助长的行为呢？扎荣克（Zajonc，1965）的解释是：他人存在（mere-presence）影响社会助长。比如，当他人出现的时候会使人们的激起增强，而这种生理激起会进一步强化人们的表现。但是，这种激起对作业成绩起什么样的作用还与作业的性质有关，当所完成的任务是人们已经掌握的行为反应时，他人的存在对作业成绩起促进作用；而当从事的工作是新的任务，人们还没有学会时，他人的存在对作业成绩起阻碍作用。也就是说，他人的出现对完成简单工作起促进作用，而对完成复杂工作起损害作用，两方面加在一起统称社会促进。邦德（Bond，1983）和盖瑞恩（Guerin，1986)对300多个研究分别所做的元分析证明了社会促进确实存在于人类行为之中。科特雷尔的解释是：评价恐惧（The evaluation-apprehension）影响社会助长。他认为，在有他人存在的环境中，人们由于担心他人对自己的评价而引发了激起，并进而对工作绩效产生影响。在一项研究中，他设置了三种情境：第一种情境让被试单独从事一项工作；第二种情境是在被试完成工作时实验助手出现，并与被试做同样的工作；第三种情境是一个双盲实验，被试和助手做同样的工作，但他们都不知道实验的目的，实验者告诉他们正在进行一项知觉实验。结果第二种情境中表现出了社会促进作用，他人存在和评价恐惧两者均能对此加以解释。然而双盲这一组没有发现社会促进作用出现，被试的反应与第一组没有差异。由于双盲组中的他人只是生理上的出现，没有对被试的绩效进行评价，所以这一结果支持评价恐惧理论，而与他人存在的解释相矛盾。斯特卢比（Strube，1981）和沃瑞宁汉姆（Worringham，1983）都支持了以上结论。因此，按照评价恐惧理论的观点，如果他人只是出现了，而没有对他人的工作表现加以注意，他们的出现不会产生社会促进的效果。他们认为，分心冲突影响社会助长，并提出了分心冲突理论（distraction-conflict theory）。按照这一理论，当一个人从事一项工作时，他人或新奇刺激的出现会使他分心，这种分心使得个体在注意任务还是注意新奇刺激之间产生了一种冲突，这种冲突使得激起增强，从而导致社会促进效果。该理论也解释了噪声、闪光等刺激对作业成绩的促进或损害作用（Pessin，1993；Sanders，1975）。

二、社会惰化

在日常生活中，当演员表演和运动员比赛时，观众越多，情绪越激烈，演员的劲头就越大，技术发挥得就越好。一些老教师上讲台也是如此，听者越多，他讲得越起劲，思路越开阔，而且越发地兴致勃勃，神采飞扬，论述问题甚至比备课时还深刻。这种情况就是"社会助长"。可是，现实生活中，也有很多演员和运动员遇到很多人来观战的时候就紧张得不行，反而频频出错，这又是为什么呢？譬如，许多学者或科研人员都要求看书、写东西的地方安静，是因为独自在一间安静的书房中工作效率高。也有新教师或新演员，在登台之前的练习时，口齿清楚，表情自然，可是一到台上，面对众人，就心里发慌，手足无措。有人说，这是由于不习惯造成的。这个解释说明不了为什么那些已经习惯自己职业的老教师或老演员，如果台下有自己的朋友，熟人或领导，神情也不同以往，常会汗流浃背，内心紧张，甚至还会出现不应有的失误。这种因他人在场而会干扰个体活动的进行的现象，被称为社会干扰现象，也称为社会惰化或者社会抑制。

社会惰化（social loafing）又称为社会懈怠或社会逍遥，是指群体一起完成一件事情时，个人所付出的努力比单独完成时偏少的现象。林格尔曼（Ringelman，1927）最早发现了社会惰化现象，他发现人们一起拉绳子时的平均力比单独拉时的平均拉力要小。随着人数的增加，每个人付出的个人努力程度会逐步下降。在研究中他让被试用力拉绳子并测拉力，实验包括3种情境：单独、3人组和8人组。结果表明，独自拉时，人均拉力为63千克；3人一起拉时，人均拉力 53 千克；8 人一起拉时，人均拉力只有 31 千克。

斯坦纳（Steiner，1972）将这种随着团队成员数量的增加，个人努力程度下降，个体在团队中的实际表现（actual performance）与潜在表现（potential performance）存在较大差异的现象称为社会惰化。他认为，社会惰化产生的主要原因是过程丧失（process loss），即团队活动中存在着不恰当的互动过程，其中包括两大内容：（1）协调性丧失（coordination loss），即当群体规模扩大时，成员之间的工作联结点增多，工作协调的难度增加，出现相互干扰，导致成员无法尽全力或力量互相抵消，这样合力作用无法实现；（2）动机性丧失（motivation loss），即群体工作中，个体的工作动机水平比单独工作状态下要低，这样个体的努力与贡献程度就会下降。他还认为，个人努力程度的下降也有可能是两种过程协同作用的结果。从此之后，社会惰性的概念得到了普遍接受，相关研究也开展起来。

英格汉姆等人（Ingham et al.，1974）在实验研究中发现，在排除了协调性丧失因素的效应后，仍然观察到了个人的努力程度随着团队成员增加而下降的现象，因此倾向于认为社会惰性主要源于动机性丧失。拉坦（Latane，1979）等人同样用实验证明了社会惰化现象的存在。在一项研究中，他让大学生以欢呼或鼓掌的方式尽可能地制造噪声，每个人分别在独自、2 人、4 人和 6 人一组的情况下做。结果表明，每个人所制造的噪声随群体人数的增加而下降，其他研究显示，在智力任务中也会出现社会惰化。

有关的元分析为社会惰化提供了进一步的证据。杰克逊和威廉姆斯（Jackson & Williams，1985）总结了 49 个有关社会惰化的研究（包含 4000 多个被试）。结果表明，共同完成任务时的群体规模越大，个人的努力程度越低。当群体规模达到 8 人时，个人的努力程度仅为单独工作时的 80%。在一定范围内，群体规模增大，个人努力还在继续下降。皮森（Pisen，1933）也做了一个实验，让一些学生学习那些毫无意义的音节。结果，他们在观众面前学会这些音节花费的时间比他们在单独情况下所花费的时间要多。赫斯本德也发现，一个旁观者在场，能降低记忆工作的效率，干扰对某项内容的学习。奥尔波特在做一系列社会促进实验的同时也发现了社会干扰现象。他观察到一些大学生写批判某一逻辑命题的文章时，集中在一起写不如分开写效果好。他从两个古代哲学家的著作中选几段性质一致的论述，让被试在五分钟的时间内写出一篇批驳短文，要求他们尽量写得长一些，批得深一些。文章写好后，奥尔波特从中选出一些典型，好的、中等的、差的文章进行比较发现集中写与分开写有显著差异。科默（Comer，1995）提出知觉到的惰性（perceived loafing）概念，认为个体是否意识或注意到群体中社会惰性现象的存在会影响个体实际社会惰性行为的产生。如果个体在评估群体成员行为过程中没有注意到社会惰性行为的存在，其努力程度与绩效水平不会受到影响。

那么，为什么会出现社会抑制呢？

社会影响理论（social impact theory）主要强调社会惰性的外部影响因素。在社会环境中，个体的心理与行为会受到外界压力源的影响，压力会随着压力源的数量、直接性、重要性和强度的增强而增加，个体会根据他们所承受的压力大小来决定努力的程度。一般来说，压力越大，努力程度就越大，反之就会减小。但是，同一压力源的影响效应会因为目标个体的数量、直接性、重要性的增加而减弱，即在个体单独状态下，发生社会惰性的可能性较小，但是在群体情境中，个人承受的压力大大减小，出现了责任扩散现象，这时个别成员表现出社会惰性现象的可能性就会增加。团体规模越大，社会惰性产生的可能性就越大。可以看到，社会影响理论过多强调社会惰性形成的外部情境因素，而忽略了社会惰性形成的内在心理过程。

觉醒降低理论（arousal reduction theory）关注社会惰性形成的内部动机因素，认为个体在群体情境下的觉醒水平比平时要低，但是这个过程会受到工作难度的影响，这是导致社会惰性的主要原因。个体在群体情境下从事相对简单任务的时候较容易出现社会惰性行为，但是在从事困难、复杂任务的时候，个人的觉醒水平和努力程度又会增加，这时社会惰性行为产生的可能性会减小。所以这一理论认为社会惰性现象一般发生在任务相对简单的群体工作情境中。

评价的可能性（evaluation potential）是指当群体中个体的绩效不可辨认或被评价的可能性较低时，就会导致动机性丧失，产生"迷失在团体当中"（lost in the crowd）的感觉（王雁飞、朱瑜，2006）。因为在群体中，个体的工作绩效一般很难直接评价，如果个体相信自己的表现无法辨认，不可能被评价或行为与结果的联系不紧密时，就会采取努力极小化策略，继而表现出社会惰性行为。反之，社会惰性产生的可能性就会大大减小。威廉姆斯等人（Williams, Harkins & Latane, 1981）的研究中设置了三种不同的实验情境，让被试单独大喊或在群体中大喊。一种实验情境是，让被试相信他们的表现总是可以被辨别出来；在第二种情境下，让他们相信只有当他们单独一人时才能被辨别出来；第三种情境则让他们的成绩永远不会被鉴别出来。结果显示，当被试觉得他们的努力在群体中不能被辨别出来时，成绩最差。由此证明当个体认为只有群体的成绩可以被识别而个体的贡献不被识别时，社会惰化就会发生。

努力的可缺省性（dispensability of effort）是指在团体性工作中会减少努力，

个体觉得他们的努力对于群体的整体表现并不重要或无足轻重，便会采取搭便车行为（free rider effect）。克尔和布朗（Kerr & Bruun，1983）以及哈金斯（Harkins，1989）认为，在团体中，由于个体认识到自己的努力会迷失在团体中（lost in the crowd），所以对自己行为的责任感会降低，从而不大去努力，致使作业水平下降。从这一点上来看，社会懈怠现象的产生与责任分担有关。他们认为在群体中，由于个体认识到自己的行为不会被单独评价，个人的努力会淹没在人群中，评价焦虑减弱使其对自己行为的责任意识下降，行为动力相应减少，从而导致努力程度的下降。

努力的比较观点（matching of effort）主要考察在群体情境中，当个体发现团体中的同事不努力或工作效率不高时，会认为同事无能或工作动机较低，出于不想过多付出或多做贡献，就会选择降低努力程度而不是帮助他人的行为策略。另外，由于担心别人搭便车而自己的利益受到损害，个体可能会进一步降低其努力水平，而且随着团体规模的扩大，搭便车的效应越明显。因此，这种彼此缺乏信任和归因偏差使个体进行努力比较（effort-matching），最终导致社会惰性行为的出现。卡劳等人（Karau & Williams，1993）对78个研究进行了元分析，提出了群体努力模型（Collective Effort Model，CEM）。他们认为群体任务中个体的努力程度主要取决于两个因素：(1) 个体认为他个人努力对成功完成群体任务的重要性或必要性大小；(2) 个体认为群体成功的价值大小。当个体结合成群体工作时，个体不再是决定群体成绩的唯一因素，其他成员的努力水平也会影响最终绩效，而个体努力工作的成果也可能被均分，个体的贡献最终也被抹杀。在付出和所得由于其他成员的加入变得不确定时，社会惰化便会发生，并且群体规模越大，社会惰化程度越高。

自我注意理论（self-attention）强调自我监控对个人行为的指导作用。当个体产生自我觉知（self-awareness），即个体将自己的某一方面与标准进行比较发现有差距时，自我就会成为注意的焦点，这个时候自我监控行为（self-regulation）就会出现。团体性工作会降低自我觉知水平，导致自我监控水平下降，当个体的自我监控机制失效时，社会惰性就会产生。

报酬论观点认为，对群体绩效的不同报酬也会对社会惰化产生影响。对群体高绩效提供报酬会降低社会惰化。在谢波德等（Shepperd & Wright，1989）的研究中，一些学生被告知如果他们所在的群体针对某一问题能够想出的解决方案越多，就可以越早离开。而要求另一些学生完成同样的任务，但没有可以提早离开的奖励。在这一情形下，对高努力回报的期望抵消了社会惰化效应。当任务有意义、复杂或有趣时，社会惰化也不容易发生。当任务困难或有挑战性时,个体一般也不会松懈下来。

另外,在西方国家的研究表明社会惰化的普遍性,但它并不是个体主义文化的产物,在强调集体主义文化的国家和地区也同样存在这种现象。有些研究用制造声音的任务(鼓掌)发现,在印度、泰国、日本和中国都存在社会惰化。这些研究显示社会惰化可能是跨文化普遍存在的。如前所述,社会惰化出现的一个重要前提是,个体认为自己的贡献将被群体掩盖,那么在强调个人的西方社会,社会惰化作用更可能发生。上述卡劳的研究显示,美国人社会惰化现象比亚洲文化中表现得更明显。一项在美国和中国进行的研究也证明了这一点(Gabrenya, Wang & Latane, 1985)。在该研究中,研究者设计了一个声音定位测验,告诉被试这是一个测量他们听力的测验。研究者预测,来自个体主义文化的美国被试在完成团体任务时会表现出典型的社会惰化模式。而中国被试则会表现出相反的模式。因为中国文化更偏向于群体导向,要求个体为群体的目标而工作,把群体利益放在个体利益之前。因此可以预测中国学生在群体时比单独完成时做得更好。与预期一致,美国和中国初三的学生有很大的差异。在群体条件下,美国被试只能达到他们单独做时的88%。相反,中国被试则达到了单独做的108%。这项研究还有一个有趣的发现,即社会惰化的文化差异只在男孩当中存在,女孩在单独时和在群体中则没有什么差异。有关文化对社会惰化的影响,还需要进一步的研究深入探讨。

现在,哪些因素在影响我们的社会惰化呢?通过分析可以发现,社会惰性产生有其复杂的心理过程,影响这个过程的因素是多方面的,其中既包括个体变量,也包括群体变量、工作变量、团队变量和环境变量。

个体变量。在个体变量中,影响社会惰性的既有个体统计学变量又有心理变量。卡劳和威廉姆斯(Karau & Williams, 1993)发现,女性社会惰性的倾向比男性低,来自东方文化背景个体的社会惰性倾向低于西方文化背景个体;库吉哈瑞(Kugihara, 1999)发现,当工作情境突然由个体转为群体时,男性的社会惰性行为突然增加,而女性的社会惰性倾向则没有太大的变化;阿利(Earley, 1989)发现集体主义倾向、责任感与社会惰性成显著负相关;哈库姆和班杜拉(Harcum & Bandura, 1990)发现自我努力、坚持性、对团体评估的预期与社会惰性成显著负相关;莫利(Mulvey, 1998)发现团体目标承诺与社会惰性成显著负相关;莫利和科雷恩(Mulvey & Klein, 1998)发现自我效能感与社会惰性成显著负相关;李察兹和帕廷(Lichacz & Partington, 1996)发现工作满意感与社会惰性成显著负相关;沓塔(Tata, 2002)发现,合理归因与社会惰性成显著负相关;汉迪(Handy, 1993)发现,能力与社会惰性成显著正相关；威廉姆斯和卡劳（Williams & Karau, 1991）发现责任的分担程度、信任、对同事努力的认知与社会惰性成显著正相关；克罗地亚（Claudia, 1998）和奥丁（Orden, 1998）发现对同事能力的认知、疲劳与社会惰性成显著正相关；斯万（Swain, 1996）发现，成就目标取向与社会惰性成显著正相关；利顿（Liden, 2004）发现对他人社会惰性的感知与社会惰性成显著正相关；帕克斯和希金斯（Plaks & Higgins, 2000）发现社会刻板印象与社会惰性呈显著正相关。

在群体水平上，卡劳等人（Karau et al., 1993）以及米勒（Miller, 2001）发现群体规模影响社会惰性；威廉姆斯（Williams, 1981）和卡劳（Karau, 1997）发现群体凝聚力影响社会惰性；乔治（George, 1995）发现，团体效能感影响社会惰性；拉坦（Latane, 1981）发现团队成员熟悉程度影响社会惰性；诺斯（North, 2000）发现群体成员人际关系影响社会惰性；埃文特等发现性别比例影响社会惰性；米勒（Miller, 2001）发现群体能力、团队业绩的可辨别性影响社会惰性。

工作变量中，与社会惰性成显著负相关的包括：工作难度、工作独特性（Harkins & Szymanski, 1988）、工作的联结性特性（Kerr & Bruun, 1983）、工作的社会意义（Williams & Karau, 1991）、任务可观察性、任务的可辨别性（Brickmer, 1986; Atoum & Farah, 1993）、任务的相互依赖性、任务重要性、任务贡献程度（George, 1992）、任务个别化，公开的个别绩效反馈（Orden, 1998）、合作伙伴与工作情境的配合度（Plaks & Higgins, 2000）、短期工作任务（Anshel, 1995）等。与社会惰性成显著负相关的包括：开会时提出任务的数量（Karau & Williams, 1993）、工作任务的长期性（Anshel, 1995）、目标达成的困难度（Mulvey & Klein, 1998）等。

团队变量中，管理的公平性，下级目标设定（sub-maximal goal setting）、输入输出间关联性（lessened contingency between input and outcome）（Latane, 1979）、不定期奖励（contingent reward）（George & Feltz, 1995）、分配策略、个人极小化策略（Harkins & Szymanski, 1988）、任务评估的可能性、任务替代性、团体替代性、团体层级的比较标准、预期同事合作的绩效、个人选择投入独特性产品（Karau & Williams, 1993）、工作惩罚威胁（Miles & Greenberg, 1996; George, 1995）、领导成员交换（LMX）（Murphy, 2003）等因素与社会惰性呈显著负相关。另外，竞争情境（Latane, 1981）、基于团体的绩效评价（Mulvey & Klein, 1998）、定期的奖励（no-contingent reward）（George & Feltz, 1995）与社会惰性呈显著正相关。

环境变量。其中，工作环境特征（个人或团队工作情境）（Karau & Williams,

1993)、组织文化的类型(Waller,1996)、社会比较标准(Shepherd,1996)都与社会惰性有着密切的关系,塑造良好的工作环境和组织文化是减少社会惰性的较好途径之一。

三、社会助长与社会惰化的解释

社会心理学家从不同角度研究这个问题,提出各种各样的理论,做了许多有趣而又有说服力的实验,将这些实验和理论归纳起来,主要是从主体状态和客体条件两个方面进行了不同程度的探索。

(一)优势反应强化说

对社会促进和社会抑制的科学解释,应当说起自20世纪60年代扎荣克的科学假说。1965年,扎荣克提出了优势反应强化说,总体上概述了社会影响的原理。扎荣克研究发现,有他人在场是产生社会促进作用还是社会干扰作用,取决于个体从事活动的性质。他由学习理论中的动机原则想到,一个人在动机很强烈的时候,他的优势反应能够很轻易地表现出来,而较弱的反应会受到抑制。所谓优势反应,是指那些已经学习和掌握得相当熟练,成为不假思索就可以表现出来的习惯动作。如果一个人从事的活动是相当熟练的,或者是很简单的机械性动作,则他人在场使之动机增强,活动更加出色。相反,如果他所从事的活动是正在学习的、不熟练的,或者需要费脑筋的,他人在场使之动机增强,反而会产生干扰作用。科特雷尔等人让学生学习词汇的实验也证明了这一理论。他们让大学生默记难易不同的两类双音节词,一类是诸如熟练——灵活、荒芜——不结果这样的关联词,另一类是诸如贫困——发脾气、荒芜——最重要这样的不关联词。首先由学生单独默记,然后在有他人在场的条件下默记。结果发现,对第一类词,他人在场时默记效果好;对第二类词,单独默记效果好。很明显,默记关联词比较容易,默记不关联词比较困难。前者属于熟练工作,后者属于非熟练工作。实验者还采用其他内容的活动——走迷津,有简单的迷津与复杂的迷津,让被试在两种不同情况下走简单的与复杂的两种迷津,也获得同样的结果。这个结果与我们看到的许多体育竞赛的情形是一样的,一个技术熟练的运动员,在有人观看比赛的情况下,技术发挥得更好,会取得很好的成绩,而技术欠佳的运动员,其技术水平的发挥还不如练习时的表现。这就是因为强烈的动机会增强熟悉的较易的工作,削弱不熟悉的较难的工作。

为什么工作性质与人的行为效果有关系,它是如何作用于人的心理并影响人的行为的?是如何作用于人的心理,影响行为效果的?扎荣克的内驱力理论回答了这个问题。他根据学习理论中的动机原则推论,一个人在动机强烈的时

第十一章 社会影响

候,优势反应能很好地表现出来,较弱的反应则会受到抑制。这就揭示了社会促进和社会致弱的主观原因,阐明了内驱力唤起的强度对作业结果的影响。1982年有个学者设计了一个实验,通过观测学生掷球命中率,也证明了扎荣克的理论。根据以往掷球的成绩,他把被试分为好的选手和差的选手两类,让他们分别在没有旁观者和有4个旁观者在场的两种情况下掷球。结果发现,好选手在没有旁观者时掷球命中率为71%,在有4个旁观者时命中率为80%;而差的选手在没有旁观者时命中率为36%,在有4个旁观者时命中率为25%。

（二）具体因素说

这里,可以把影响社会促进和社会抑制的因素分为六个方面:作业性质、个体特征、竞争、评价的自我知觉度、外界刺激的干扰、注意的分配和转移。

1. 作业性质

他人在场起促进作用还是抑制作用,取决于受影响者的作业性质。如果所从事的工作是简单的机械操作或手工操作,则有其他成员在场时,会使活动者工作得更出色;如果从事的是正在学习并需要一系列复杂的判断推理的思维活动,则其他成员的在场就会干扰其工作。这就揭示了社会促进和社会致弱的外部原因之一——工作内容的难易。这一点与扎荣克的优势反应强化说是一致的。

2. 个体特征

他人在场对儿童的活动影响比较大。儿童正处于迫切需要了解自己的时期,对外界有一种较强的依赖性,对他人的评价,反应十分敏感。同时,又希望充分地表现出自己的能力,获得他人的好评。而成年人的社会经验比较丰富,各方面的发展已趋稳定,在很多问题上都有自己的成熟看法,受外界的干扰相对较小。性格、气质不同的人,受他人在场的影响也有所不同。内倾、顺应困难、独立性差、易受暗示的人对他人在场的反应更加强烈一些。这些人自信心和自主精神比较差,很重视外界的评价,易受环境的左右。对他们来说,有他人在场往往会产生社会干扰。特里普里特在做儿童转动钓鱼轮绕线的实验中,看到了不同年龄、不同性格的人对他人在场的反应是不同的。参加实验的40个儿童中,有20个儿童在结伴工作时明显超过单干时的效率;有10个很少受到影响,其中大半是年龄大一些的儿童;还有10个儿童工作效率反而不如单干时好,因为他们出现了情绪兴奋的现象,失去了自我控制的能力,这和他们的年龄、性格、气质有关系。

3. 竞争

扎荣克的优势反应强化说虽然提出了他人在场强化了个体的动机,唤起了其内驱力。但是,提高了哪些动机,唤起了什么样的内驱力,则没有予以说明。

后来，许多社会心理学家的研究继承了这些任务，取得了可喜的成果，使扎荣克的理论进一步完善和具体化。他人在场可能提高了多种动机，而不同的具体条件，可能会使某一种动机突出地提高起来。在一般情况下，被提高的动机包括竞争动机、社会赞誉动机、成就动机、归属动机等。应该指出，这些动机的提高是个体几乎意识不到的，因此，它和有意的竞争、竞赛有着明确的区别。比如清晨跑步，由于一种没有明确意识到的归属动机起作用，人会弥补主客观因素造成的减速和暂停，十分自然地追上同伴，和他们"并驾齐驱"。马克思（Marx，1972）提出："在大多数生产劳动中，单是社会接触就能引起竞争心和特有的精神振奋，从而提高每个人的个人工作效率。"这里所讲的竞争，同那种有意识的竞赛有着明确的区别，是个体几乎无意识的行为。譬如，大家一起跑步就比个人单独跑时快，骑自行车也是有伴时比没有伙伴时快，两个人各自做某事就比单独一个人时效率要高，这被称为结伴效应。结伴效应的心理基础就是因结伴而产生的竞争心理。人们都有一种求成动机，希望把自己的才能与潜力发挥出来。这种动机对一个人的活动将会产生巨大的推动作用，求成动机越强烈，其推动的力量也就越大。求成动机在团体情况下作用尤为明显，个人与团体内各成员共同作业时，求成动机表现为竞赛动机，希望自己的作业比其他成员做得更好，这种动力可以激励自己全力以赴，以获得成绩。即使只有两个人在一起工作，不作为竞赛，个人成绩也比在单独情况下要好，因为双方都不甘示弱，都在暗自使劲；而在单独条件下，缺乏较量的对手，劲头自然不足。动机是激励人们活动的一种内在动力，在有人在场的情况下，求成动机非常强烈，希望把自己的才能与潜力发挥出来，超过或至少不落后于别人。造成这种竞争心理的是社会赞誉动机和成就动机，而社会赞誉动机和成就动机又来源于被人评价的意识，或者说具体表现为被人评价的意识。一个人如果单独工作，没有他人在场，就不会想到或很少想到要得到他人的赞誉和表扬，成就感就不那么强烈，而他人在场就会产生被人评价的意识，强化这种动机，努力工作，希望被他人评价为"好"、"有水平"，从而产生社会促进作用。但是，竞争的心理和被人评价的意识如果在外部条件作用下被过分的强化，就会分散人的注意力，处于这种主体状态的人如果面对的是较为熟悉的工作，工作程序已近乎于一种习惯动作，达到"自动化"的水平，那么，注意力的暂时分散不会破坏非常连贯的动作而产生致弱作用，如果面对的是较为复杂的工作，那么，注意力稍微转移就会干扰本来就不熟悉的工作，产生致弱作用。马丁斯（R. Martens）和兰德尔斯（D. M. Landers）做了一个实验。他们让一定数量的男学生用小棍子把一个小球从某装置的下方拨到上方，它要求一定的技巧，是一项比较困难的工作。他们把被试分成三组，在不同的条件下工作。第一种条件，每个被试可以看到自己的得分、其他被试的得分和操作情况，这是"直接评价"条件。第二种条件，每个被试可以看到所有的得分，但看不到彼此的操作情况，这是"间接评价"条件。第三种条件叫做"无评价"条件，被试既看不到操作情况，也看不到别人的得分。实验结果表明，在"直接评价"条件下，被试的作业成绩最差，而"间接评价"和"无评价"条件下的操作，其结果没有什么差别。由此可见，对于困难较大的工作，是否有被人评价的意识，其工作结果不大相同。

4. 评价的自我知觉度

利普林等为考察人对评价的知觉度与个体工作表现的关系做了一项实验。被试是40名女大学生。试验的第一阶段，所有被试在5分钟内抄写同一段瑞典散文，要求她们尽可能快和准确。第二阶段，同样的工作，其中一半人面对镜子而坐，可以看到自己工作，称为"带镜条件"。另一半人不面对镜子，称为"无镜条件"。第三阶段，对带镜条件的一半人（10人）说，她们的操作将受到评价，以反映她们的智力水平，对另一半人（10人）则事先说明，她们的操作不受评价。而对于"无镜条件"的被试，对其中一半人说她们的操作将受到评价，而对另一半人则说，她们的操作不受评价。这样第三阶段的评价就出现了四种条件，即带镜高评价、带镜低评价、无镜高评价、无镜低评价。实验结果表明，带镜高评价的被试由于自我知觉度很高，比带镜低评价条件下的工作成绩要差。无镜条件下的被试，无论是低评价的还是高评价的，比带镜无评价条件下的工作成绩要差，出现的错误更多。这个结果说明，外部有无评价条件和活动者对这种评价的感知程度是影响活动者行为的基本因素，但是，这两个因素的地位和作用是不同的，前者要通过活动者对它的感知发挥作用。因此，只要有他人在场，就可以提高活动者的动机水平，影响他的活动效率。但是，后来的研究发现，并非在任何条件下，他人在场都可以提高动机水平。要提高活动者的动机水平，需要在场的他人对他的活动进行明确的评价，也需要他能够对于这种评价有适度的认知。

首先，要予以明确的评价。科特雷尔在做学生学习关联词和不关联词的实验时，不仅安排学生单独默记和在有他人在场的条件下默记，而且还设计了第三种学习环境，即把在场的"他人"的眼睛蒙起来，让他看不见那些学生的学习情况。实验结果表明，学生单独默记和有蒙着眼睛的"他人"在场条件下默记，其结果没有什么差异。科特雷尔解释说，这是因为不存在评价问题。而马丁斯等所设计的那个托球实验则表明在"间接评价"和"无评价"条件下操作，其结果没有什么区别。这些研究说明，社会促进或社会干扰不是简单的取决于他人在场，而是依赖于被试知觉到他的操作正在被别人评价与否。在场的不同的他人，对于活动者操作的影响是不同的。当活动者对在场的他人了解甚少时，往往产生心理压力，如果对这些人比较熟悉，则容易适应。瓦布纳等人曾以大学生为对象做实验，让他们分别在三种情况下上台表演：第一种情况是只知道有人在观看和倾听他们的表演，却看不到这是些什么人，第二种情况是看到若干老师和同学在台下当观众；第三种情况是看到主试一个人在台下当观众。结果发现，在第一种情况下，表演者受到最大的社会干扰。

第二，活动者对评价要有适度的认知。外因通过内因才能起作用。仅有他人在场，仅有在场的他人予以评价，而没有活动者对这种评价的适度认识，还不能产生社会促进或社会干扰效果。这里说的适度，主要是指活动者对他人评价的认知需要达到一定的强度。活动者不知道有他人在场，不知道有他人评价，当然不存在对评价的认知问题，活动者聚精会神地进行着他的工作，对于他人在场的意识度很低，则社会促进或社会干扰的效果便不显著。另外，活动者对他人评价的认知程度太高，往往只会造成社会干扰的结果。因他人在场而处于高度自我认知状态中的活动者，只会感到紧张和不安，只会产生社会干扰。比如，平时就比较谨小慎微的人，向陌生人介绍情况，往往过分地注意自己：我这么介绍行不行？我这么介绍别人会怎么评价？若发现对方有点漫不经心的样子，就担心人家可能对自己的介绍不会感兴趣，甚至瞧不起自己；若看到对方仔细聆听，则又担心自己的介绍满足不了对方的需要，害怕自己水平太低，让人笑话。这样，他的介绍便结结巴巴，而越结巴，他越焦急，越焦急就越结巴。

5. 外界刺激的干扰

外因是变化的条件。没有外部条件，就不会导致人的心理的变化，产生社会促进和社会懈怠现象。不同状况，不同性质的外部条件，会引起不同的心理反应。有时候，在团体活动时，还会发生外界刺激的干扰作用。一般来说，他人的在场对个人活动也有不利的一面，即干扰活动者的注意。被试的注意由于受到外来刺激的影响而发生了分散，因此对其活动成绩起到抑制作用，尤其是活动的性质越复杂，他人的干扰作用越大。另外，还会发生个人自身机体变化的干扰。因为有人在场观察时，被观察者的汗腺分泌多，呼吸快，血压升高，心跳加快，这些生理变化都成为干扰的刺激，从而影响了活动的效率。当然，个人的注意力受不受干扰，还视当时情境而定。在一些重大场合，如参加考试，他人在场并不会发生很大消极作用；如果在准备功课的场合，他人在场则容易受到影响。另外，干扰作用的大小还会有个别差异，有些人求胜的情绪特别强烈，这种情绪本身对自己的注意也会发生强烈的干扰作用，从而影响了活动成绩。这种情况在考场上、在智力比赛时也是屡见不鲜的，有些人平时的水平较高，一旦参加关键性的考试或重大比赛，看到对手很多，就益发增添了自己的焦虑情绪，从而转移了注意力，影响了自己的成绩。此外，评价者的地位和态度也会对被试发生不同程度的作用。内行、权威和领导者在场，对活动者操作的影响显著。美术学院的学生在室外写生，一些过路人围着他看，他往往习以为常，不会感到有什么特殊的刺激。但是，如果他知道围观的人中有几位他们仰慕很久的知名画家，或者有他们学院的院长，他就感到比较紧张。因为他明白，内行、权威和领导者看他作画，必然有所评价，而这种评价对他来说，有直接的利害关系。再如，一个人进行晋升职称的考试，面对领导和专家讲解自己的观点，因为此举关系到自己的利益和前途，所以会产生强烈的刺激，这种刺激的结果，因工作性质的不同或者产生抑制作用，或者产生促进作用。另外，评价者的态度也会影响被试的工作。如果评价者态度认真，表情严肃，对被试的影响就显著，如果在场的人对他的工作表现没有予以注意，毫不关心，那么被试就不会受到较大的影响，既不会有促进行为，也不会有抑制的结果。可见，扎荣克所说的由于别人在场就会唤起内驱力，是忽视了外部条件的差异。但是，在同样的外部条件下，如果主体的状态不同，也会发生不同的心理现象，产生不同的行为。这里所说的主体状态，主要是指活动者对外部评价的感知和感知的程度。如果一个人在他人在场的情况下由于聚精会神的工作而感知不到他人的评价，那么，他人在场对他就几乎不发生作用，如果对他人在场感知度很高，就会对自己的心理和行为发生强烈的影响。

6. 注意的分配与转移

另外，也有些社会心理学家从注意分配和转移的角度来解释社会促进和社会抑制现象。他们认为，从事生疏的或复杂的工作，必须高度地把注意集中在工作上，否则就会影响工作效率。他人在场，势必造成工作者注意的分散和转移，这样就影响了他的工作的正常进行。这时，他可能非常想把工作干好一些，不使别人认为他无能。但是，恰恰就是这个"非常想"使他分散了注意，反而干不好。从事简单熟练的工作，可以认为工作者已经形成了一定的习惯动作，有的几乎达到近似"自动化"了的程度，注意的短时转移或部分分配到别处，不会影响动作的连惯性。比如有些妇女织毛衣的水平很高，能够一边织毛衣，一边脚踩幼儿摇车哄小孩，还能一边和别人聊天。达到这种水平的人，如果发现有人在欣赏她织毛衣，她的注意会短时转移，或部分分配到考虑怎样对付这种局面。她的这种"走神"，不仅不会使织毛衣的动作中断或发生错误，反而会产生一种促进作用，使动作速度加快，协调完善，提高活动效率。对于简单熟练的思维活动，这种"走神"也不会使之中断或发生错误，而会使思路更加开阔，更加有条理，更加深刻。

总之，对社会促进和社会抑制现象的解释，既不能只分析其客观条件，也不能过分注重人的心理因素，而应当具体地分析外部条件的不同情况和人的心理素质的差异，然后将二者结合起来，进行综合研究和具体分析，才能真正地对某一特定的社会促进和社会抑制现象做出科学的解释。不过，这一因素还必须和活动的性质结合起来。如果活动难度大而复杂，自己虽然怀有被他人评价"好"的动机，但这种动机越强烈，焦虑情绪也越大，心理上的干扰作用也越大，从而发生了抑制作用。

另外，虽然社会惰化普遍存在，但并不意味着它必然发生。人们可以用一些方法来减少社会惰化现象：(1) 单独评价。即不仅公布整个群体的工作成绩，而且公布每个成员的工作成绩，让成员感到自己的努力和成绩是可被单独评价的。如威廉姆斯（Williams，1981）的研究所示，如果让被试相信自己的行为效率和努力程度可以被鉴别出来，即使与群体一起完成一项工作，也不会产生社会惰化现象。(2) 提高认识。帮助群体成员认识他人的工作成绩，使他们了解不仅自己是努力工作的，他人也和自己一样努力。(3) 控制群体规模。群体规模越大，社会作用力越分散，社会惰化就越严重。因此，在群体共同完成一项任务时，要注意控制群体规模不要太大。除了上述方法外，以群体整体成功为目标的奖励导向，增加工作本身的挑战性，增加群体的凝聚力等都能有效地减少社会惰化，提高群体工作效率。

总之，他人在场有时会导致社会促进，有时会导致社会懈怠。有时会刺激人们更加努力工作，有时会使人们努力程度降低。出现哪种效应取决于群体情境是增加了人们对社会评估的关注（因为他人在评估自己的表现）还是降低了这一关注（因为个人的努力在群体中被隐藏）。出现哪种效应还取决于任务的复杂程度以及人们对结果的关注程度。

第二节 从众

一、从众的概念

对于从众（conformity）的概念，不同心理学家的观点不尽相同。戴维·迈尔斯（Myers，2006）认为从众是个体在真实或想象的群体压力下改变行为与信念的倾向；凡兹奥（Franzoi，2002）则把从众定义为对知觉到的群体压力的一种屈服倾向。尽管表达上有差异，但实质相同。这里将从众认为是个体在群体压力下，为了和群体中的大多数人保持一致而采取的改变知觉、判断、信仰或行为的倾向。事实上，在日常生活中，参照群体、群体规范与群体压力是广泛存在的，个体在受到群体的暗示或提示时，会被引导做出群体要求或期待的行为或对情境做出一定反应。当然，从众也有不同的表现形式，可以表现为在临时的特定情境中对占优势的行为方式的采纳，如助人情境中跟随大家旁观、暴乱中跟随大家一起破坏等；也可以表现为长期性的对占优势的观念与行为方式的接受，如顺应风俗、习惯、传统等，如开会形成决议时进行举手表决，少数派由于多数人举手的压力而赞成多数人意见等。

　　从众有许多表现形式，比如顺从（compliance）和接纳（acceptance）。接纳，也叫真从众，这种从众不仅在外显行为上与群体保持一致，内心的看法也认同于群体，也就是人们通常所说的表里如一、心服口服的从众。真从众对于一个群体的关系处理有着积极的作用。在真从众的情况下，群体成员保持着与群体真实的一致性和对群体的真实认同，群体成员在心理上也不存在冲突，这是一种群体与成员之间的理想关系。顺从，也叫权宜从众，是指在某些情况下个人虽然在行为上保持了与群体的一致，但内心却并不认同群体的看法，仍坚持自己的意见，只是迫于群体的压力才暂时屈从于群体的选择。这种从众就是权宜从众。这类从众由于外显行为同内心观点不相一致，常使个体处于认知失调状态。如果群体压力始终存在，而个体又无法脱离群体必须从众时，个体就倾向于改变个人自身的态度与群体取得意见上的一致，这时权宜从众可能会转变为真从众。或者个体会找出新的理由将自己的行为合理化，从而减少观点与行为之间的差距，达到一种新的平衡状态，使认识系统重新协调。不从众，是从众的对立面，是指个体在群体中不被群体意见所左右，而保持自我原有选择的一种行为。不从众的情况有两类：一类是表面上不从众，内心其实是一种接纳状态。这种从众行为往往在比较特定的条件下发生，通常表现为内心倾向虽与群体一致，但由于某种特殊需要，行动上不能表现出与群体的一致。如在群体由于某种原因而群情激奋时，作为群体的领导者，情感上虽认同于群体，但行动上却需要保持理智，不能用自己的行动鼓励群体的破坏性行动而逞一时之快，这是表里不一致的假不从众情况。另一类不从众是内心观点和行动都表现得与群体不一致，这是表里一致的真实不从众情况。通常情况下，只有在群体对个人缺乏吸引力时，或个人在行动中不需要考虑与群体的一致性时才出现。

另外，个体的个性特点也可能会影响不从众行为的产生，对于一个比较自我、主见非常强的人，往往不从众行为的比例会相对高一些。

无论是上面哪种现象都是在没有明确要求的情况下，人们改变自己的信念或行为以与"其他人"的信念或行为保持一致。因此，要对某个人提出的直接而明确的要求说"不"，是一件非常困难的事，尤其是当这一个人以权威的身份出现时。这正是服从的现象。服从（obedience）是指由于外界压力而使个体发生符合外界要求的行为。这里，外界压力主要来自两个方面——他人和规范。很多时候人们会服从地位高的人或权威的命令，父母、老师、警察、上司都是人们服从的对象。除了对权威他人的服从之外，还有对规范的服从。社会靠规范来维持，规范靠服从执行。政策法规、组织纪律、约定俗成的惯例，都是人们必须服从的。即使权威根本不存在时，人们也会遵守法律、规则。

二、从众的经典研究

（一）谢里夫的规范形成研究：规范的接纳

谢里夫（M. Sherif）是美国著名的社会心理学家，他曾于1968年荣获美国心理学会的杰出科学贡献奖，1978年荣获美国实验社会心理学会的杰出社会心理学家奖、社会心理学会杰出贡献奖。他做了许多关于群体形式、冲突和合作方面的自然实验，也做了许多关于社会判断、态度和青少年自然群体形成方面的现场研究。谢里夫的从众研究侧重于社会规范的研究。谢里夫（Sherif, 1936）利用游动错觉研究个体反应如何受其他人反应的影响，这是从众研究中的经典范式。所谓"游动错觉"是指在黑暗的环境中，当人们观察一个固定不变的光点时，由于视错觉的作用，这个光点看起来好像前后左右移动，即产生自主运动现象（autokinetic effect）。实验者让大学生被试坐在暗室里，在其面前呈现一个固定的光点，然后让被试估计光点移动的距离。在单独估计时，被试的判断差异极大。谢里夫把被试分成3人一组，在同一房间里共同观察和判断，但每个人还是报告自己的估计。结果显示，第一次，不同个体通常会给出十分不同的答案。但经过一段时间后，他们就会产生相互影响，彼此的判断趋于一致，趋向大家判断结果的平均数。也就是说，大家对这个问题形成了一个共同的标准，谢里夫认为这个阶段实际上已建立起了群体规范。后来，谢里夫让被试在参加完群体判断后再次单独判断光点移动的距离，他们的回答仍处于群体所建立起来的大致范围内。这说明群体规范一旦为个体所接受，便会有力的左右他的思想和行为。有意思的是，在研究结束时，研究者问被试他们的判断是否受到他人的影响，被试都加以否认。

（二）阿希的群体压力研究：人们如何顺从群众

在谢里夫的实验中，被试对于正确答案是十分不确定的。那么当刺激情境清晰时，人们还会从众吗？为了找出答案，阿希（S. Asch）进行了一系列经典研究。事实上，在谢里夫的实验中，人们会从众是很自然的。因为实验者设置的是一个高度模糊的刺激物，被试只好以他人的判断作为自己判断的参考系。但是，当人们处于一个明确的情境中时，阿希预测他们会理性客观地解决问题，当群体的言行与一些显而易见的事实相违背时，他们会相信自己的知觉从而做出独立的判断。为了验证这一假设，阿希设置了以下的实验情境。当志愿参加一项知觉实验的男大学生来到实验室时，他们看到 6 名与自己一样参加实验的被试已经在等着了。实际上，这 6 人是阿希的实验助手。阿希让真被试和这 6 个人围着桌子坐下，并依次指定为 1 号到 7 号。真被试被安排在倒数第二个回答。实验者一次展现 18 套两张一组的卡片。两张卡片中，一张上面有一条线段（标准线段），另一张卡片上有三条线段，分别标有 A、B、C，其中一条与标准线段长度完全相同，而另外两条线段的长度与标准线段差异非常大。阿希告诉被试他们的任务就是报出 A、B、C 中哪条线段与标准线段一样长。呈现图片之后，7 名被试按座位顺序大声报告自己的判断。显然，这一判断任务极为容易，只要视力正常的人都能看出 B 是正确答案。前两轮实验中，实验助手都选择了正确答案，所有被试反应都一致。然而，在第三次判断时，第一个被试仍像以前那样仔细的观察线段，但却给出了一个明显错误的答案。第二个被试也给出了相同的错误答案，以此类推，所有实验助手都异口同声地选择了错误答案。在这种情况下，真被试会不会从众呢？由于知觉判断本身很容易，控制组实验中，被试单独作判断的准确率超过 98%。因此，阿希预测表现从众的被试不会多。但结果却与其预测相反，从众行为数量相当可观，有些被试从来都不会给出错误答案，而有些被时却总是给出错误答案。总体而言，被试平均在 3 次回答中有一次会附和助手的错误答案，而有些被试却总是给出错误答案。在整个实验过程中，76%的被试至少都发生了一次从众现象。在实验中，被试普遍体验到一种严重的内心冲突和压力。实验结束后，实验者个别访问被试，询问其做出错误选择的原因，从被试的回答中，可以把错误归纳为三种类型。第一，知觉歪曲。被试确实发生了错误的观察，把他人（假被试）的反应作为自己判断的参照点，根据别人的选择辨认"正确"的答案。当刺激物的特性十分鲜明时，发生这种歪曲的极少。第二，判断歪曲。因为对自己的判断缺乏信心，对后果没有十分把握，被试虽然意识到自己看到的与他人不同，但却认为多数人总比个人要正确些，发生错误的肯定是自己，于是，从众以求心安。属这种情况的人最多。第三，行为歪曲。被试确认自己是对的，错的是其他多数人，但是不愿意成为"一匹离群之马"，所以表面上采取了从众行为，跟着多数人做了同样的错误选择，而一旦当群体的压力解除，他就会说出自己真正的意见。

三、从众的基本原因

是什么引起了从众呢？有以下原因可以加以解释。

（一）信息性社会影响

在阿希研究的基础上，道奇和戈尔德（Deutsch & Gerard, 1955）对从众原因进行了说明，根据他们的观点，从众行为的产生有两个原因：一是信息性社会影响，二是规范性社会影响。所谓的"信息性社会影响"（informational social influence），是人们把他人视为指导行为的信息来源从而顺应其行为。谢里夫的实验正是信息性从众的一个经典研究。该观点认为，人们从众是因为人们相信其他人对一个模糊情境的解释比自己的解释更正确，而且可以帮助自己选择一个恰当的行为方式。基于信息影响而产生的从众倾向依赖于情境的两个维度——人们认为群体掌握的信息程度如何和人们对自己独立判断的信心如何。人们越相信群体的信息，越重视群体的观点，就越容易与群体保持一致；而刺激越模棱两可，任务越困难，人们对自己的判断越易失去信心，越容易从众于群体的判断。信息性社会影响的一个重要特点就是它能导致个人接受（private acceptance）而不只是公开顺从（public compliance），对这两者进行区分是十分必要的。前者是真从众，人们真诚地相信其他人言行的正确性，因而顺应他人的行为；后者则是一种权宜从众，一个人虽然在公开场合顺应他人的行为，但私下不一定相信。当从众来源于信息影响时（人们确信群体成员是正确的），人们通常在改变行为的同时也改变了自己的观念。因此，信息影响可被看做是一种公正的理论推理过程。在这种推理过程中，其他人的行为改变了人们的观念或人们对情境的解释。因此使得人们的行为方式从众于群体的行为方式。艾伦和莱维恩（Allen & Levine, 1971）的研究表明，情境模糊不清是信息性社会影响发挥作用的关键变量，它决定着人们在多大程度上会以别人作为信息的来源。当你不确定什么是正确的反应、适当的行为、正确的观点时，你将最容易受到他人的影响。你越是不确定，就越会依赖别人。危机是另一个促使人们以别人作为信息来源的变量，而且常常与模糊情境同时发生。在危急时刻，人们通常没有时间可以停下来思考应该采取什么行动。人们需要立即行动。如果人们感到害怕、恐慌而不知所措，很自然地就会去观察别人的反应，然后照着做。此外，通常一个人拥有越多的专业知识，其在模糊情境下的指导越有价值，越容易产生信息化社会影响。

（二）规范性社会影响

"规范性社会影响"（normative social influence）是由社会规范而引发的从众行为，并不是因为我们以别人作为信息来源，而是为了不引人注目，不被他人嘲笑，不至于陷入困境或遭到排斥，因为群体成员一般都讨厌偏离者。人们有渴望被接受的需要，希望获得其他人的赞同，并避免其他人的反对。人们通常希望别人能够接受自己，喜欢自己，友好地对待自己。当人们为了获得社会接纳而改变自己的行为方式，使其符合群体的规范和标准时，规范性影响便起了作用。弗里德曼（Friedman，1965）通过实验证明群体对偏离者采取惩罚态度。被试是一些互不相识的人，实验者通过操作，首先使被试们相信，小组中有5人意见一致，只有1名被试和大家意见不一致，使之成为大家心中的偏离者。然后，实验者让他们挑选一个人去参加一个有惩罚的痛苦的学习实验，结果大家一致推选了那个被视为偏离者的人。而当实验者要求被试群体选择一人参加另一种有奖励的愉快的学习实验时，大家却尽量避免推选那个偏离者。另外，阿希的实验也可用规范性影响来解释。该研究中，情境十分明确，正确答案显而易见。参与者并不需要从其他人那里获得信息作判断。这里，规范性压力发挥了作用。即使其他的参与者都是陌生人，对成为孤独的异议者的强烈恐惧也会引发人们的从众行为。这种情况下，与信息性社会影响相比，规范性压力常常会导致人们公开的顺从群体的信念和行为，但私下并不一定接纳，也没有必要非得改变自己的个人观念。

三、从众力量强弱因素

（一）群体规模

一般而言，群体规模越大，从众越容易发生。这是因为，在一定范围内，人们的从众随群体规模增大而增大。假想你在一个让你感到寒冷的屋子里，如果屋子里还有另外一个人，他抱怨屋子太热，你可能会认为这个人不是在说胡话就是发了高烧。但是如果屋子里还有另外5个人，而且他们都说屋子太热，你可能会再重新思考一下，怀疑自己是不是什么地方出了毛病。5个人比1个人更倾向于使人相信。一般来说，群体规模越大，引起的从众率也就越高。按照社会影响理论，影响源群体增大，影响力也会相应增大，从而诱发更多的从众。但群体成员的人数是有限度的。在阿希的系列实验中，他通过改变小组成员的数量（在1~15人之间变化），发现随着人数的增加，从众也更易发生。但这个人数有一个极限,即不超过 3~4 人,如果超过这个范围,人数增加并不必然导致从众行为的增加。米尔格拉姆(Milgram,1969)在纽约市的一个热闹的街头,由实验助手站在街边,抬头看一个街对面的办公大楼六层的一个窗户,并测试从这里经过的人的从众行为的发生情况。实验助手的群体规模分别是 1 人、3 人、5 人、10 人和 15 人五种情况。实验结果表明,过路人同样也抬头观望的人数明显随群体规模的增大而增多,5 人内群体规模引起观望人数的增加非常明显,超过 5 人时,从众行为人数增加速度放慢。

(二) 群体的一致性

群体一致性越强,从众越容易发生。这是因为,个体在面对一致性的群体时所面临的从众压力是非常大的。当群体中意见并不完全一致时,从众的数量会明显下降。阿希在进一步的实验中,让一位假被试作出不同于其他多数人的反应,结果被试的从众行为减少了 3/4,因为被试有了一个"同盟者",从中得到了巨大的支持力量。即使这个假被试并没有发表与被试相同的意见,只要他与群体意见相异,就会增强被试的信心,削弱从众行为。艾伦(Allen,1971)的研究则证明,群体不一致意见一旦出现,无论持不一致意见者与真被试在情感和态度上是否相同,都会导致从众率的下降。其中,群体意见不一致导致从众比率下降的原因有三方面:第一,出现不一致的时候,人们对于多数人的信任度就会降低,这给本来就对群体意见有所怀疑的个体找到了支持力量,并提供了可以怀疑的空间,这就削弱了人们将多数意见作为判断参照的依赖性,导致从众率下降;第二,这种来自他人的支持力量同时也能提高个体对自我判断的信心,从而降低从众产生的比例;第三,群体已经不一致的时候会减小人们的偏离焦虑恐惧,降低群体对个人造成的压力,使得人们进行独立判断的倾向增加,从而使从众比例下降。

(三) 群体的凝聚力

群体凝聚力越强,从众越容易发生。这里,群体凝聚力是指群体对其成员的总吸引力水平。群体的凝聚力越高,个体对群体的依附性和依赖心理越强烈,越容易对自己所属群体有强烈的认同感。他们与群体有密切的情感联系,有对群体作出贡献和履行义务的要求。霍格(Hogg,1992)指出,在一般情况下群体的凝聚力越大,从众的压力越大,人们的从众行为越可能发生。道奇(Deutsch,1955)做过一个阿希式的实验,不过在他的实验中改变了小组之间的关系,让几个小组进行竞争比赛,看哪个小组出现的错误更少,并对优胜的一组进行奖励,其成员可获得两张戏票,以此来增加临时性实验小组的凝聚力及其与个人关联的密切程度。结果表明,在竞争的情境中群体成员会努力地、有意识地、自愿地尽量达成一致意见,更容易从众。

(四) 个人在群体的地位

个体在群体中的地位越高,越有权威性,就越不容易屈服于群体的压力。一般来说,地位高的成员经验丰富、能力较强、信息较多,他们的看法和意见能对群体产生较大的影响,并使地位低的成员屈从,而地位低的成员很难影响到他们。老师在学生面前、军官在士兵面前、领导在下属面前都会较少从众,甚至特意通过不从众来显示自己的与众不同。

(五) 时间因素

时间因素也是影响从众行为的情境因素之一。时间因素对从众行为的影响可以从两方面理解:一方面,群体交互作用过程中的不同阶段对从众行为的影响是不同的,交互作用的早期阶段更容易发生从众行为,因为这一阶段双方处在相互适应阶段,双方都试图建立规范。在这样的情况下,双方相互接纳对方的程度较高,比较易于被说服和接受他人观点,而到了交互作用的后期,相互之间会试图巩固自己的地位,从而变得不易接受影响而从众。另外,在早期阶段如果个体自我怀疑,同时又有高群体压力,则易发生从众。这个时候如果在表达自己的意见前,先了解别人的想法并写下来,那么轮到自己表达观点的时候,就会表现出较多的从众,但是如果在听别人说之前先思考过,那么表达的时候就会表现出较少的从众。

(六) 刺激物的性质

刺激物的性质是影响从众行为的情境因素之一。人们更容易对模棱两可的刺激物做出从众反应。在阿希实验中,如果 A、B、C 三条线段长短相差无几,即不容易看出哪两条线段与标准线段 x 有明显差异,那么,被试屈从群体压力、作出错误选择的可能性就大。道奇(Deutsch, 1955)等人在做阿希实验时,先把线段给被试看几秒钟,然后拿开,再让被试进行判断。结果证实,单凭记忆作出判断,被试更容易表现出相符行为,因为这时刺激物在他头脑中的印象已经相对模糊了。另外,如果刺激物对观察者来说是无关紧要、不涉及原则问题的,人们越可能从众。如果涉及伦理、道德、政治等原则问题,人们不太容易丧失立场。对此,前苏联心理学家彼得罗夫斯基曾做过一个实验,实验以一些 4 年级、7 年级和 9 年级的学生为被试,先让他们填写一份问卷,上面有几条关于道德问题的判断,被试可以根据公认的准则做出回答。一段时间之后,再把包括这些问题在内的题目数量更多的问卷发给被试,在他们回答之前予以暗示,指出其他人都赞成错误判断。结果发现,绝大多数人都不改变原来的意见。可见,在伦理道德等原则问题上,人们往往能坚持自己的判断。

（七）文化因素

文化对从众行为有显著的影响。很多跨文化的研究表明，与那些个人主义的国家相比，在中国这样集体主义文化浓厚的国家里，人们更关注别人的反应，因此更容易出现从众行为，并且倾向于在与集体意见有分歧时，保留自己的喜好和意见（Kim，Triandis & Kagit，1994；Kim & Markus，1999）。已有的研究结果也表明，中国儿童比美国儿童更容易接受社会的影响，更依赖别人的判断而不够独立（Chu，1979）。一些跨文化研究也发现某些民族比其他民族更容易产生从众行为。米尔格拉姆（Milgram，1961，1971）对挪威和法国被试进行研究后发现，社会化影响了从众行为，与法国被试相比，挪威被试更多地出现高频率从众行为。他说："我发现挪威社会具有高度的凝聚力，挪威人有一种群体认同的深厚情感，他们强烈的与周围其他人的需要和爱好协调一致，他们的社会责任意识可以在任何地方找到。然而法国人则没有那么一致，他们有更强的独立性。"（Milgram，1992）邦德和史密斯（Band & Smith，1996）在17个国家做了133次实验，发现中国、中东、挪威等集体主义国家比美国和法国这样的个人主义社会更容易出现从众。在我国，王彦和苏彦捷（2004）采用让被试选择玩具图片的方法，考察儿童在自己的喜好与群体发生冲突时的选择情况，发现儿童的一般从众行为是随着年级的增加而减少的，随着年级的升高，儿童的一般从众行为明显减少，但与好朋友的一致性却越来越高。总之，实验室的研究表明，具有以下特征的人们容易表现出最大程度的从众，比如认为不具备较高能力的个体；被群体高度吸引，但在群体中地位较低的个体；感受或体验到并没有被群体所完全接受的个体；期望将来还要与群体打交道的个体等。

（八）个人因素

在性别与年龄方面，人们通常认为男性比女性更不容易从众。但男女在从众行为上表现出的差异在心理学领域还没有一个非常一致的结论。科尔曼（Coleman，1958）表明，问题难度与从众率的相关系数男性为 0.58，女性高达 0.89，亦即问题越困难或缺乏客观标准，从众率也越高。女性在相应的困难程度下比男性更倾向于从众。而希斯特伦克（Sistrunk，1983）在实验中发现，过去的研究之所以得出女性比男性更容易从众的结论，是因为选择的实验材料更为男性熟悉，如政治、球赛、汽车驾驶等，这会使女性表现出较多的从众行为。后来，他在实验中分别选择了男女均适用的材料，结果表明在男性比较熟悉的实验材料上，男性表现了较低的从众，而在女性比较熟悉的实验材料上，如烹调、服装、照料孩子等，则会使男性表现出较多的从众行为。在中性刺激材料面前，男女被试的从众程度没有什么差别。由此研究者认为，两性之间在从众行为方面差异很小。从年龄上看，儿童和青少年比成人更容易从众，因为这个时期的个体处于发展阶段，通常也被称为可塑期。随着年龄的增长，性格的稳定，在从众行为上年龄差异就不再明显。

个性特征与社会行为之间是否存在关联呢？事实上，个人的能力、自信心、自尊心、社会赞许需要等都与从众行为密切相关。能力强、自信心强的人，不容易发生从众。有较高社会赞许需要的人，特别重视他人的评价，往往以他人的要求与期望作为自己的行为标准，所以从众的可能性更大。性格软弱、受暗示性强的人，也容易表现出从众行为。

知识经验会成为影响因素吗？实际上，人们对刺激对象越了解，掌握的信息越多，就越不容易从众，反之则越容易从众。如果一名医生和一群教师讨论教育问题，他往往不会反对教师们的意见，因为他对此问题不甚了解；而如果讨论营养问题，他可能会反对教师们的一致意见，因为他在这方面有丰富的知识经验。

个人在卷入程度上会有影响吗？一种意见一旦被表达出来，人们会更强烈地意识到自己已经选择了某种态度。如果由于群体压力，迫使人们作出与多数人相同而与原来选择不同的态度，人们也会明确知道自己屈服群体压力而作出了态度改变。很显然，这种意识会激发人们的抗拒反应，促使人们保持自己态度的一致，不轻易屈服于他人的压力，从而使人们倾向于做不从众的选择。如果意见是当众表达的，则不仅有上述自我意识更为强烈的问题，还有一个在公众面前是否有独立性、是否能坚持自己意见的自我形象问题。这种意识会使人们选择不从众的倾向更为强烈。道奇（Deutsch，1955）的一个极为巧妙的研究证明了以上推论。研究者设计了四种情境来考察被试从众率的不同。这些情境分别为：（1）实验的刺激呈现后，被试在听到群体其他人表达意见前，完全不表达自己的判断，这一情境与阿希等人的实验情境相类似；（2）被试在听到别人意见之前，先在石墨魔术本上写上自己的判断（魔术本即石墨与玻璃纸做成的写字板，写字时，玻璃纸被石墨吸引，出现字迹，揭开玻璃纸，字迹即消失），听完别人的反应后，再次写出自己的意见，最后抹掉魔术本上写出的内容；（3）在听别人反应前，先在普通的纸张上写下自己的意见，但不用给别人看；（4）预先写下自己的答案，并签上自己的姓名，实验结束时交给研究者。通过这种巧妙的实验安排，四组被试就在四种不同的自我卷入水平下进行实验，并且卷入水平是由低到高逐渐增加的。研究结果表明，随着自我卷入水平的增加，人们保持自己最后行为与原先判断相一致的倾向也越来越强烈，因而从众的比率也越来越小（Deutsch & Gerard，1955）。

四、从众的意义

关于人们如何来抵制从众的社会压力的问题，这里主要谈论了从众的消极性意义。比如，从众行为容易给人和群体带来惰性，抑制创造性，从众行为倾向于"舆论一致"，这种压力容易窒息成员的独创性。因为一个人如果不敢脱离"舆论一致"的束缚，而受其控制，便会人云亦云，埋没创见，创造力就难以发挥。另外，如果从众会造成无形的巨大压力，群体内多数成员的从众容易使决策或决定出现偏差。在做决策或决定时，人们往往由于受到某种压力而不愿发表个人的不同意见，以致出现表现一致的强行通过或仓促做出不正确的结论。如果群体内的个体被迫的从众行为过多，可能会成为大的事故隐患，一旦遇有合适条件，容易引起群体的极端行为，给组织和群体造成重大损失。当然，从众行为过多还可能导致组织内部风气的变坏。

那么，从众行为是不是一无是处呢？显然不是，它也同时具有许多积极性的意义。第一，从众可以促进人们维护社会秩序和发扬良好的道德风尚，抵制不良的社会风气和消除不正确的思想观念。对于社会上产生的一种良好时尚，就要进行大力宣传，造成一种社会舆论，使人们感到有一种无形压力，从而发生从众行为。例如，宣传环境保护，人人不乱丢垃圾，保护城市环境等。第二，从众行为在一定程度上可以帮助领导者实现预定目标。从众行为的实质是通过群体来影响和改变个人的观念和行为，增强了群体行为的相似性和一致性，这样便增加了群体的力量，提高了群体的凝聚力和工作效率，更便于领导目标的实现。第三，从众行为能使个体达到心理平衡。在组织或群体中，当个人意识到自己与大多数人不一样时，往往会产生一种焦虑紧张的情绪，难以适应外部的环境，而从众行为能在一定程度上缓解或消除这种不安的情绪，使个人得到群体中大多数的接纳，满足个人的安全和交往的需要。第四，从众行为有助于领导意图的贯彻和执行，有助于组织规范、秩序的形成，有助于维护权威和制度，使组织内秩序稳定，维护其正常运转。

第三节 服从

如果一个人被命令做违背自己良心的行为，他会怎么办？如果权威的命令是违反伦理道德的，人们还会不会服从呢？为了探讨这一问题，米尔格拉姆（Milgram, 1963）进行了一项关于服从权威的经典实验，取得了令人震惊的结果，并引起了广泛的讨论。在实验中，米尔格拉姆在报刊上刊登广告，公开招聘受试者，结果有40名不同年龄、不同职业的男性市民应招入选。实验者告诉他们将参加一项研究惩罚对学习效果影响的实验，两人一组，抽签决定一人当老师，一人当学生。老师的任务是朗读配对的关联词，学生则需记住这些词，然后在给定的4个词中选择一个正确的，如果选错了，老师就按电钮电击学生以示惩罚。实际上，每组被试中只有一个是真被试，另外一个是实验助手。抽签时，实验者总是巧妙地让真被试抽到做老师，而助手则当学生。"老师"被带到一台巨大的控制台前，那上面有30个电钮，每个按钮都标有电压强度，从15伏依次增强到450伏。按钮4个一组，共分为7组，另外两个是单独的。各组下面分别写着：弱、中、强、特强、剧烈、极剧烈、危险等字样，最后两个按钮用xxx表示。学生被安排在另一间屋的椅子上，让真被试看到"学生"被用带子固定到椅子上，并在其手腕上绑上电极。学生的手旁边有一个键盘，上有四个电键，供"学生"在学习过程中回答问题使用。在教师的房间中，教师可以通过操作电极的机器及时看到学生的相应回答。"老师"看不到"学生"，相互之间通过电讯保持联系。实验开始之前，学生说他患有轻微的心脏衰弱。实验者让教师放心电击并不会带来危险。之后实验者让教师接受了一次45伏的示范电击，目的是让其了解他将要给学生施加的电击是什么样的感觉。虽然实验者说这个电击很轻微，但实际上被试已经感到很难受了。实验开始后，学生故意频频出错。"老师"从15伏开始，按照实验者的指示，每错一次就增强一次电击。从15伏到75伏，"学生"没有表示反应。从90伏开始就自言自语地埋怨，到120伏就发出苦闷的尖叫，315伏发出极度痛苦的悲鸣，已经不能回答问题。实验者要求"老师"在10秒钟以内不见回答就看做误答并施行电击。330伏以后，学生就没有任何反应了。在整个实验过程中，实验者一直督促教师继续进行实验："请继续"、"实验必须进行下去"、"你必须继续进行下去"，并说所有的责任都是实验者的，与教师无关，让其放心。在这种情况下，会不会有人把电压升至450伏呢？米尔格拉姆原先预测，在上述实验情境中，极少被试会服从实验者对学生施加240伏以上的"强电击"。他曾请精神病专家、大学生和一般的白领阶层成人共110人来预测结果，三个群体预测的平均电压为135伏，没有一个人预测会超过300伏。110人中的40名精神病专家预计，在米尔格拉姆的实验情境中，被试对学习者施以最强的450伏电击的可能性，只有0.1%。但研究的实际结果却令人震惊。虽然实验在电压加强到300伏时，特别设定了受电击挣扎、蹬踢墙壁的声音，但在40名被试中，只有5人到300伏时拒绝再提高电压。有4名到315伏时开始不服从实验者的指示。在330伏停下的有两人，345、360、375伏停下的各一人。总共有14名被试，最终都拒绝实验者命令，继续增加电压。但是，更多的被试服从了实验者的指示，将电压加至最高的450伏。这类被试的人数达26人，占总数的65%。服从的被试也并非对"学生"的困境无动于衷，一些被试提出抗议，许多被试有出汗、发抖、口吃以及其他紧张现象，甚至有的被试还会发出神经质的阵阵笑声，但最终他们还是服从了。当然，实验中的"学生"并没有受到任何电击，其所发出的呻吟、叫喊等都是事先排联好并录了音的，实验时只是放出录音而已。实验结束后，实验者把真相告知被试并进行安慰，以消除他们内心的不安。继米尔格拉姆之后，其他许多国家的研究者也证明了这种服从行为的普遍性。在澳大利亚服从的比例是68%（Kilham，1974），约旦为63%（Shanab，1978），德国的服从比例高达85%（Mantell，1971）。

这一研究结果令人震惊，似乎表明如果权威命令普通人去伤害无辜的陌生人，虽然有些不情愿，但他们仍然会去做。这种服从倾向背后的因素是什么？米尔格拉姆例举了几点理由来解释为什么这种特殊的情景会产生如此强力的服从倾向。从被试角度看，原因主要有以下几点：（1）如果这项研究是由耶鲁大学发起的，那它一定是好事，没有谁会怀疑这样的著名学校；（2）实验的目的似乎很重要，因为我是志愿者，所以我会尽力完成我的任务来配合研究者实现这些目标；（3）毕竟"学生"是自愿来这儿的，他对这项工作也负有责任；（4）我是老师，他是学生，这纯属巧合——我们是抽签决定的，其实另一种情况也完全可能，即我是学生，他是老师；（5）他们为这事给我报酬，我要尽力做好；（6）我完全不知道心理学家和被试的权利，所以我将屈从于他们的安排；（7）他们告诉我，电击是痛苦的，但没有危险（Roger & Hock，2004）。

人们为什么会如此服从呢？我们从以下几个方面看出。第一，命令者的权威性。命令者的权威性越大，越容易导致服从。职位高、权力较大、知识丰富、年龄较大、能力突出等，都是构成权威影响的因素。另外，命令者手中如果掌握着奖惩的权力也会使服从行为大大增加。在米尔格拉姆的实验中，发出命令的是耶鲁大学一位很有名望的心理学家，并且宣称该实验研究的是一个重要的科学问题，这种权威身份增加了服从的可能性。如果主持实验的不是一位专家，服从率有可能降低。米尔格拉姆通过进一步的实验验证了这一结论。如果告诉被试，研究发起者是一家公司时，被试绝对服从的比例降到了48%。而在另一个实验中，实验者向被试介绍实验目的及程序，当他还没有来得及告诉他们如何施行电击时，一个事先安排好的电话把他叫走。另一个人（实验者助手）接替了他的角色。接替者像实验者那样命令并督促被试施行电击。在这种情况下，服从到最后的被试比例降至20%。这说明只有高度的权威才能带来高度的服从，任何接替者都无法做到这一点。

第二，他人支持与服从。米尔格拉姆在原有实验的基础上，让三名被试（其中有两名假被试，都是实验助手）在一起进行这个实验，其中依次安排两个假被试在不同电压的时候拒绝服从继续增加电压施加电击。在150伏时，第一名假被试拒绝服从，并且坐在旁边观看其他人，当电压达到210伏时第二名假被试也拒绝进行。实验结果表明，他人的支持极大地降低了权威者的命令效力，大大提高了被试的反抗程度。当有别人的反抗支持时，90%的被试都变得对抗实验者，拒绝服从。有些被试当假被试退出时马上也拒绝继续。另一些则延迟一会儿再做出拒绝反应。很明显，社会支持显著增加了人们对权威的反抗。在原型实验中，被试独自进行实验，没有行为的参照系统。而在群体背景中，人们会转向用同样的行为作为自己行为的参照。当人们发现不必忍受内心巨大的冲突而去伤害别人时，就更倾向于拒绝，而不是服从。

第三，服从者的道德水平和人格特征。在涉及道德、政治等问题时，人们是否服从权威，并不单独取决于服从心理，还与他的世界观、价值观密切相关。米尔格拉姆采用科尔伯格（L. Kohlberg）的道德判断问卷测试了被试，发现处于道德发展水平第五、第六阶段上的被试有75%的人拒绝服从；处于道德发展第三和第四阶段的被试只有12.5%的人拒绝服从。可见，道德发展水平直接与人们的服从行为有关。米尔格拉姆对参加实验的被试进行人格测验，发现服从的被试具有明显的权威主义人格特征。有这种权威人格特征或倾向的人，往往十分重视社会规范和社会价值，主张对于违反社会规范的行为进行严厉惩罚；他们往往追求权力和使用强硬手段，毫不怀疑地接受权威人物的命令，表现出个人迷信和盲目崇拜。同时他们会压抑个人内在的情绪体验，不敢流露出真实的情绪感受。

第四，权威的邻近程度。米尔格拉姆在进一步的实验中，把主试和被试的关系分为三种：第一种，主试与被试面对面地在一起；第二种，主试向被试交待任务后离开现场，通过电话与其联系；第三种，主试不在场，实验要求的指导语全部由录音机播放。结果表明，权威越靠近，完全服从的比例越高；反之，服从率越低。权威的压力由于距离的扩大而减小。在第二、第三种情况下，有的被试还会弄虚作假，欺骗主试，例如他们发出的电击强度低于实验者的要求，而且事后不告诉实验者。如果用责任转移来解释的话发现，实验中的多数被试对自己用伤害性的电击对待别人心存冲突，但大多数人还是服从了权威的命令，这是因为被试在行为归因上将行为的责任转移给了实验者，认为自己仅仅是帮助实验者达到研究目的代理人，不对行为后果负有责任。在这种心态下，人们关心的是如何更忠实地履行自己的义务，而不关心行为的后果。而当实验者不与被试直接在一起时，他们的行为自我责任意识明显增加。在这种情况下，只有22%的被试一直服从到最高电压。在归因上，没有别人在场，更容易将行为责任归于自己本人，从而拒绝服从、停止给别人实施伤害性电击的人数显著增加。

第五，行为后果的反馈。米尔格拉姆的研究的另一个变式是用不同方式来提供行为后果的反馈。结果发现，不同的反馈形式会显著影响服从行为的比例。在实验中，研究者比较了四种反馈情景。（1）间接反馈。在这种情况下，真被试"老师"与充当学生的实验助手不在一间屋子里，因而看不到被电击者的痛苦状态，也听不到声音，只是在电压加到300伏之后，有撞墙壁的声音（录音）。最初的原型实验，使用的就是这种反馈方式。间接反馈中，由于被试并未有真切的感受，所以对对方的共情性减少。（2）声音反馈。这种反馈通过事先准备好的标准录音播放来提供，让被试听到受害者的喊叫、抱怨、愤慨和挣扎。对应于不同的电压水平，声音的痛苦程度也不同。如从75伏到105伏，发出不同声响的"啊！"的声音。120伏时说："啊！真疼！"150伏时，声音变为"啊！实验员！够了。我要出去……"再后来是痛苦的尖叫，声明心脏不好，拒绝再作回答，要求退出实验等喊叫。330伏时的强烈的喊叫变得缓慢，内容为："让我离开，我要走，我的心脏难受……"最后变为歇斯底里式的重复"我要离开！让我走！"声音反馈可以让被试听到对方的反应，使得对方在心理上出现对服从的逃避倾向。（3）身体接近。受害者的反应由专门的实验助手做规范化的逼真表演，显示各种痛苦表现和声音反馈，受害者与被试相隔仅约40厘米。越多的身体接近，被试越增加自我行为的焦虑性。（4）身体接触。这种情况与身体接近情况相似，但作为教师的被试会将受害者的手压放在电击台上，实施电击。结果，行为后果的反馈越直接，越充分，人们服从权威，做出伤害别人行动的可能性就越小。相反，被试对自己行为的后果了解越少，服从权威而对别人施加伤害性电击的可能性就越大。社会心理学家分析，这一发现有着令人不安的现实意义。现代武器技术，已经发展到控制武器发射的人丝毫不接触受害者。这就存在着一种危险，即武器系统操作人员对自己工作的危险性认识越来越缺乏，就好像他们的工作对象就是武器本身，而不是可能造成成千上万人丧生，甚至可以毁灭城市的现代恐怖工具。

第四节 众从

一、众从的概念

众从（minority influence，有时被译为"少数派影响"），是指大多数因受到少数人的影响而改变其信念或行为。当群体中有少数人意见保持一致，并坚持自己观点的情况时，多数人可能会怀疑自己的立场是否正确，在思想上动摇不定，一部分人首先转变态度，倾向于少数人的意见，然后多数派内部思想瓦解，越来越多的人转变立场，开始听从少数派的意见，使少数派在群体中起到了举足轻重的作用。如果说，从众是一个群体中的多数人对少数人的社会影响，那么，众从是就一个群体中的少数人对多数人的社会影响。

事实上，在群体活动中，个人听从多数人意见的从众行为是大量存在的。但在不少场合下会发生众从行为，即群体中由于多数人受到少数人意见的影响而改变原来的态度、立场和信念，转而采取与少数人一致的行为。人们体会到，有时候大多数人的意见未必正确，真理也可能掌握在少数人手里。在少数人意见保持一致，并坚持自己观点的情况下，多数人可能会怀疑自己的立场是否正确，在思想上动摇不定，甚至一部分人首先会转变态度，倾向于少数人所持有的意见，从而使多数派群体内部思想瓦解，有越来越多的人转变立场开始听从少数派的意见。这样少数派在整个群体中就起到了举足轻重的作用。因此，少数人的立场和态度也不可低估。

那么，为什么少数人可以影响多数人呢？莫斯科维奇（S. Moscovici）的经典研究可以说明这一点。莫斯科维奇是罗马尼亚裔法国犹太人，当代国际著名社会心理学家，现定居巴黎。他于1925年出生于罗马尼亚的一个犹太人家庭，父亲是个谷物商人。"二战"期间，罗马尼亚成为纳粹同盟，大量犹太人遭到血腥屠杀。莫斯科维奇也被迫离开中学，接受劳动教养。1948年，随着冷战的开始，他逃到巴黎，在巴黎进入著名的索邦大学（La Sorbonne，巴黎大学前身）学习心理学，1961年，莫斯科维奇获得索邦大学心理学博士学位。20世纪六七十年代，他先后在社会研究新学院（New School for Social Research）等美国和欧洲多所大学与研究所任教。1976年起任欧洲社会心理学实验室（LEPS）主任，并在巴黎社会科学高等研究院任教。鉴于他对社会心理学发展的卓越贡献，2003年莫斯科维奇获得了全球著名的巴尔赞奖（Balzan Prize）。自1961年巴尔赞奖创立以来,在心理学领域,只有皮亚杰(Piaget,1961)、布鲁纳(Bruner,1987)和莫斯科维奇获得过这一大奖。他把高达100万瑞士法郎的奖金拿出一半,设立了莫斯科维奇基金会。1966年,莫斯科维奇就注意到了群体中还存在着少数人对多数人的影响。他观察到,社会影响不仅仅局限于少数人听从多数人意见这一方面,而且还存在着多数人听从少数人意见的另一方面。以此为起点,莫斯科维奇及其同事在20世纪60年代开始了对众从行为的研究,并取得一系列新的研究成果,从而将"众从"这一概念纳入社会心理学研究的重要领域之中。为了证实众从行为的存在,莫斯科维奇着手实施了一项实验。每次实验都有两名假被试代表少数派,由四名第一次参加实验的真被试代表多数派。这个实验的步骤与阿希实验一样,先给包括六名真被试在内的控制组呈现一个清晰的物理刺激,判断的错误率几乎等于零。然后在一个简单的颜色知觉作业中,要求实验组被试判断仅因发光亮度不同而有所差异的蓝色幻灯片的颜色。两个假被试首先回答,每次故意出错,都说幻灯片是"绿色的"。虽然事先测试已证明所有被试的视觉能力均完全正常,可实验结果表明,有8.4%的被试回答幻灯片是"绿色的",32%的被试报告说至少有一次看到了"绿色的"幻灯片;而如果假被试的反应前后不一致的话,就不会对真被试产生任何影响,这一实验证明了在群体中众从行为确实存在。

二、影响众从的因素

在一个少数派和多数派同时并存而且相互抗衡的群体中,少数派能够顶住多数人的压力,非但自身不表现出从众行为,而且还设法使多数人转变态度,依从于少数人的意见或行为。这个问题显然与少数派(有时可能只有一个人)的坚定信念和多数派的动摇不定相关联。

在新近研究中,大量的实验结果揭示出产生众从行为的少数派成员内部的特征是:一致性、独立性和权威性(Moscovici,1969,1976)。这些特征是影响多数派成员,使其发生众从行为的必要条件。

第一,一致性。有关实验表明,少数派群体成员的态度和行为只有保持一致性才具有影响力,如果摇摆不定的话,就不会对多数派产生任何影响(Wolf,1985)。这里的一致性,不但指少数派成员意见的一致,而且还包含少数派成员的行为在时间上的前后一致性,即"坚持到底"。群体的一致性能够体现出成员内部的坚定性和自信心,具有足够的力量促使多数派转变态度采取与少数派相同的行为。莫斯科维奇等人(Moscovici et al.,1976,1980,1985)发现,一个人的少数派没有两个人组成的少数派影响力大,这是因为当少数派只有一个人时，他的不同意见可能被认为是偏离者的特殊原因，如对工作不熟悉、视觉有问题、观点的狭隘性等，当有两个或两个以上人员组成的少数派就不能认为是个人的特殊性，而是一种普遍的原因，形成了一致性的力量，对多数派产生了压力。

第二，独立性。少数派对多数派成员产生影响力，还必须具备行为上的独立性，表现出与众不同，使多数派成员感到压力，促使多数派依从少数派。但这种独立性必须符合时代精神的发展。莫斯科维奇等人（Moscovici et al., 1985）在一项实验研究中讨论了男女平等问题。研究者让被试充当多数派，让他们了解少数派的立场是赞同时代精神（主张男女平等）还是反对时代精神（反对男女平等），观察被试反应如何。结果表明，在赞同时代精神的条件下，少数派影响力显著，使多数派也表示赞同男女平等；而在反对时代精神的条件下，少数派的影响力随着多数派内部的意见分歧而变小了。

第三，权威性。当少数派由权威人物组成，或少数派成员中有权威人物参与时，其影响力大大增强，因为权威人物地位高、威望大，是整个群体中的核心人物。人们一般都乐意接受权威的指导，听从权威的命令。群体中的权威比其他人更具有力量，由于权威占据很大的地位优势，可以左右其他人的行为。因此，当权威人物站在少数派立场上时，由于"名片效应"（name-card effect）的作用，增加了少数派意见的可信度，对多数派产生了更大的心理压力，迫使多数派放弃原有的观点，表现出众从行为。例如，社会上常有小道消息说某商品不久就要涨价，于是社会上的大多数人纷纷抢购。这时如果物价局的一位权威人物在媒体上宣称此商品价格不会上涨，这样就可以消除人们对物价上涨的恐慌心理，权威人物的言论在此起了重要作用。

第四，多数派成员内部的关系。发生众从行为的多数派成员内部的关系包括多数派成员内部意见分歧、缺乏群体凝聚力以及多数派成员对遭遇问题的真实情况不明确。（1）多数派成员内部矛盾重重、意见分歧很大，缺乏统一的指挥，则极易受少数派的影响，导致众从行为的产生。在少数派行为的压力下，多数派成员对事物的信念容易发生动摇，对自己所持立场的正确性产生怀疑。由于失去了行为的参照准则，多数派成员对于自己应该如何行动举棋不定，于是不得不采取现实主义态度，转而倾向于少数派的立场。（2）多数派内部缺乏群体凝聚力，容易产生众从行为。因为缺乏凝聚力或凝聚力不强的群体，其人际关系不佳，群体成员各行其是。这意味着群体本身处于一种动荡的危机状态，一旦其成员受到外界压力影响，就会立即转向少数派一边。社会心理学家杜姆斯（Doms, 1985a, 1985b）等人观察到，松散型群体受外界压力影响发生态度转变，从而接受他人意见的可能性，比凝聚型群体要大得多。(3) 在多数派成员对遭遇问题的真实情况缺乏了解，把握不大的场合下，他们的态度常处于模棱两可的状态，众从行为亦时有发生。人们的思维都具有认同作用，在需要对一件不明确的事物表明态度的时候，常常以其他人的意见作为自己观点的参照系统，如果群体中少数派的立场坚定，那么多数派成员就会认为少数派的观点肯定是正确的，在少数派的影响下发生众从行为。

第五节　去个性化

　　团体对个人行为影响的另一种例证是去个体化（Deindividuation）现象，它是指个体丧失了抵制从事与自己内在准则相矛盾行为的自我认同，从而做出了一些平常自己不会做出的反社会行为，去个体化现象是个体的自我认同被团体认同所取代的直接结果。生活中常见的去个体化现象并不多，但它的危害却十分严重，比如当某一个足球队的球迷因为自己的球队输球而聚集在一起闹事的时候，他们往往做出自己平时想都不敢想的事情：烧汽车、砸商店，甚至杀人放火。

　　对此现象的研究最早源于法国社会学家勒庞（Le Bon, 1989）。他发现激动的群体倾向于有相同的感受和行为，因为个体的情绪可以传染给群体。在这种情况下，即使一个成员做了一件大部分人反对的事情，其他人也会倾向于仿效它。勒庞把这种现象称为"社会感染"（social contagion）。社会心理学家费斯廷格（L. Festinger）、津巴多（P. Zimbardo）用更现代的词命名这种现象为"去个性化"。

　　费斯廷格等人于 1952 年对此进行研究。他们以 23 组男大学生为被试，让他们以组为单位进行讨论，讨论内容是让每个人说说是憎恨自己的父亲，还是憎恨自己的母亲。这是一个敏感的问题，平常大家很少谈及它。一部分小组的讨论在明亮的教室里进行，每个成员都具有高辨认性；另一部分小组的讨论在昏暗的教室里进行，每个成员还穿上布袋装，只露出鼻孔和眼睛，具有低辨认性。研究人员预期具有低辨认性的被试，即去个性化的被试将会更猛烈地抨击自己的父母。实验结果证实了这种预测。研究人员还发现，去个性化的群体对成员具有更大的吸引力。

　　津巴多试图研究去个性化在诸如敌视、盗窃等极端行为中的作用。他以女大学生为研究对象，把她们分为 4 人一组，告诉她们将进行一项关于人类移情的实验,要求她们对隔壁房间的女生实施电击。她们可以从单向镜里看到女生被电击的情形。一些小组的被试被安排在昏暗的房间里,身着布袋装,不佩带名签,具有低辨认性。结果证实,和没有去个性化的被试相比,那些去个性化的被试电击受害者的时间延长了一倍。当然,受害者并未真的被电击,她的哭喊挣扎是假装的,装得非常逼真。津巴多还把受害者的形象作为自变量加以改变,一个受害者看起来是个举止文雅、乐于助人的妇女,另一个受害者看起来是个十分爱挑剔、以自我为中心的妇女。实验表明,在没有去个性化的情况下,被试对那个文雅的妇女电击时间短,对那个尖刻的妇女电击时间长;而在去个性化的条件下,对这两个妇女都进行了更长时间的电击。正如津巴多所说:在这种条件下,那些平时温顺可爱的女学生尽情地电击别人,几乎每个机会都不放过。

一般认为,去个性化的原因主要来自以下几个方面:

(1)匿名性(anonymity)是引起去个性化现象的关键,群体成员身份越隐匿,他们就越会觉得不需要对自我认同与行为负责。津巴多实验中,那些女大学生身着布袋装,不带签名,在昏暗中电击受害者,她们会觉得自己是一个匿名者。丹尼尔(Diener,1976)对儿童偷窃行为的研究也证明了这一点。在研究开始的时候,他们问了有些孩子的名字并记下,对另一些儿童则无这样的处理。研究的情景是当大人不在场时,孩子有机会偷拿额外的糖果,结果支持了匿名的效果,即那些被问及姓名的小朋友不太会去多拿,即使他们知道自己不会被抓住,他们也不会去做。

(2)责任分散(diffused responsibility)。津巴多认为一个人单独活动,往往会考虑这种活动是否合乎道义,是否会遭到谴责,而个人和群体其他成员共同活动,责任会分散在每个人的头上,个体不必承担这一活动所招致的谴责,因此会更加为所欲为。

(3)自我意识下降也是去个性化现象产生的一个原因。丹尼尔(Diener,1980)认为引发去个性化行为的最主要的认知因素是缺乏自我意识,人们的行为通常受道德意识、价值系统以及所习得的社会规范的控制。但在某些情境中,个体的自我意识会失去这些控制功能。比如在群体中,个体认为自己的行为是群体的一部分,这使得人们觉得没有必要对自己的行为负责,也不顾及行为的严重后果,从而做出不道德与反社会的行为。人们大多数的去个性化都是因为自我意识的能动作用丧失而引起的。

第十二章 群体心理

自从人类社会出现以来，人们为了生存和发展，共同参加劳动，组成生产群体。随着社会的发展，人们组成了各种各样、形形色色的群体。群体的存在和活动成了人们最普遍的社会现象。因此，人是不能离开社会群体而存在的。个体在群体中可以获得安全感、责任感、亲情和友谊、关心和支持。群体是个体的价值、态度及生活方式的主要来源。个体在群体中互动，维持了群体的活力，发展了群体的规范，巩固了群体的结构。群体虽由个体集合而产生，但群体心理并非个体心理的简单累加，而是动态的有机构成，它是社会心理学研究的又一层次。因此，有必要对群体性质、群体的各种动力性特征，以及群体决策和群体领导等内容进行详细的考察。

第一节 群体心理的本质

一、群体的概念与分类

社会心理学研究群体，首先要对群体的含义进行探讨，并对各种群体分类作出规定。

（一）群体的含义

在社会心理学中，群体（group）作为一个专门的学术性范畴有其特定的含义，指为了实现特定目标，两个或更多的人互相影响、互相依赖而形成的人群结合体。在这样的一群人中，每个成员之间相互依赖，在心理上彼此意识到对方的存在；各成员间存在面对面的直接接触，在行为上相互作用，彼此影响；各成员在心理上意识到对方，有"我们同属于一群"的感受，彼此间有共同的目标或需求。

第十二章 群体心理

　　许多学科也对群体进行研究，而在社会心理学的研究意义上，简单的统计集合体不能归为群体之列，因为其成员不存在依附关系，不发生互动，在多数情况下，彼此间无丝毫影响。而成员为了共同目标而组合一起的，彼此间不但有面对面的接触，而且有频繁的互动、多方影响的可以视为群体。

　　可见，只有满足一定标准的人群才能称为群体。首先，构成所谓群体的人们之间必须具有频繁的互动，即成员之间有生活、学习和工作上的交往，有信息、思想、感情上的交流。也就是说，群体成员之间存在一定的沟通，这种沟通可以是无限的，也可以是有限的。有某种形式的沟通，是构成群体的必要条件。其次，构成群体的个体之间以某种方式相互依赖，形成有结构的人群联系。在任何一个群体中，每个成员都占有一定的地位，扮演着一定的角色，并由此构成一定的等级体系和人际关系网络。在这样的一个个体有机联系，相互作用构成的整体中，人们进行着交往活动，发生着互动和联系。第三，成员间的关系必须是相对稳定的，持续一段较长的时间。尽管有时由于某种特殊的原因在很短的时间内几个不相识的人组成一个人群，如在街上追逐抢劫歹徒的一群人，但这只是一个松散的群体，不能算做真正意义上的群体。第四，具有共同的目标和利益。目标是人们想要达到的境地和标准，任何群体都有一定的目标，这种目标是群体进行活动的方向和目的。没有目标，群体就没有动力，更谈不上存在和发展。正是因为群体成员有着共同要追求的目标，并且彼此互相依赖各自的绩效来取得群体的成功，才使得群体得以存在。通常，群体的目标是单个个体无法达到的。第五，他们要明确意识到自己是属于某一群体的，以及该群体的界限。同时，群体成员要能在心理上发生共鸣，产生一定的情感和相互依赖的关系，成员间的活动发生相互影响，并能彼此相容，建立起共同的心理意识。最后，他们具有共同的价值和规范。群体价值就是对社会现象的一致的看法和评价，它是在一致的态度的基础上形成的，并由群体在社会关系中的地位和环境所决定。群体的价值和规范是群体成员必须要遵守的，它使群体成员的共同活动得以协调进行。群体成员如果违反了它，就会受到惩罚，被其他成员所孤立，甚至还有可能被驱逐出群体。

　　一切密切结合在一起的家庭是一个群体，有时由于特殊原因短暂结合在一起的几个陌生人也可以形成一个群体，如几个人同乘一辆缆车上山，由于意外事故，车被困在半山腰，在这突如其来的情况下，本来素不相识的人组成暂时性的群体，有的人出主意，有的人修机器，有的人向外呼喊求救。这些本无任何关联的人，为了共同目的，彼此互动起来。他们平安脱险后，互动即告结束，在一个十分短暂的时间内，几位陌生人形成了一个临时群体。群体可以有不同的持续时间，可像家庭那样数代延续下去，也可以在数天或数小时内解体。

规模也是群体的一个重要方面。夫妻两人组成的家庭是最小规模的群体，数百人组成的车间也可归为群体之列。社会心理学研究所关心的主要是 2～50 人组成的群体。数百人集合在一起而形成的大规模群体，其成员不可能熟知每一个人，不可能发生充分的互动，也很难产生群体归属感。

群体是介于个体与组织之间的人群集合体。个体在群体中的活动，巩固了群体的关系，增强了群体的凝聚力，鼓舞了群体的士气。群体精神造就了群体成员，促进了其能力的发展和发挥。群体和个体的关系是互相促进、互相增强的。组织是一种社会内部关系的结构或体系，是权力的表示，是社会秩序的基础，群体和个体是社会组织下同层次的组成部分。

（二）群体心理效应

在现实生活中，一个人单独表现的行为与在群体中表现的行为是不一致的，这是因为群体心理存在的结果。人们在群体中相互作用，相互影响，就产生了群体心理，如群体需要、群体规范、群体价值、群体情感等。他们都对个人的行为发生制约作用，每个群体都有这种心理特征。典型的群体心理，表现在参加群体的成员的"我们"的情感上，也就是用"我们"的共同心理构成区别于其他群体的心理构成。"我们"的情感反映的是群体成员对共同心理的意识。每个成员参加群体，首先都感到自己与共同心理的从属关系，只有接受了这种共同心理后，才能取得群体成员的资格。

群体心理虽然由每个成员的心理构成，但不等同于个体心理，也不是个体心理特征的简单相加，而是每一个成员个人心理特征的综合和概括，是成员间不断相互作用的结果。整体不等于个体之和，但却要由个体表现出来。群体心理来源于个体心理，它是其成员所共有的东西。

归纳起来，群体心理对个体的作用，主要表现在三个方面：

1. 群体归属感

这是个体自觉地归属于所参加群体的一种情感。有了这种情感，个体就会以这个群体为准则，进行自己的活动、认知和评价，自觉地维护这个群体的利益，并与群体内的其他成员在情感上发生共鸣，表现出相同的情感、一致的行为以及所属群体的特点和准则。群体归属感由于群体凝聚力的高低不同，其表现的程度也不同。群体内聚力越高，取得的成绩越大，其成员的归属感也就越强烈，并以自己是这个群体的成员而自豪。所以，先进群体成员的归属感比落后群体成员的归属感要强。另外，一个人在一生中可以同时或先后参加几个不同的群体，他对这些群体都产生归属感，而最强烈的归属感是对他生活、工作和其他方面影响最大的那个群体。一般来说，人们对家庭的归属感要比对工作群体的归属感强烈得多。

2. 群体认同感

群体认同感，即群体中的成员在认知和评价上保持一致的情感。由于群体中的各个成员有着共同的兴趣和目的，有着共同的利益，同属于一个群体，于是在对群体外部的一些重大事件和原则上，都自觉保持一致的看法和情感，自觉地使群体成员的意见统一起来，即使这种看法和评价是错误的，不符合客观事实，群体成员也会保持一致，毫不怀疑。

一般而言，群体中会发生两种情况的认同：一是由于群体内人际关系密切，群体对个人的吸引力大，在群体中能实现个人的价值，使各种需要得到满足，于是成员会主动地与群体发生认同，这种认同是自觉的；另一种认同是被动的，是在群体压力下，为了避免被群体抛弃或受到冷遇而产生的从众行为。这种认同是模仿他人，受到他人的暗示影响而产生的，尤其是在外界情况不明确，是非标准模糊不清，又缺乏必要的信息时，个人与群体的认同会更加容易。

3. 社会支持与抑制

在现实生活中我们常常可以看到，个人不敢单独表现的行为，在群体中则敢于表现；一个人在独处时很少做的事情，在群体中却做了。这是因为由于归属感和认同感使个体将群体看做是强大的后盾，在群体中无形地得到了一种支持力量，从而鼓舞了个人的信心和勇气，唤醒了个人的潜力，作出了独处时不敢做的事情。当群体成员表现出与群体规范的一致行为，作出符合群体期待的事件时，就会受到群体的赞扬，从而使个体感到其行为受到群体的支持。

但是，群体的鼓励作用并非等同地发生在每个成员身上，有的受到的支持力量较大，有的则较小，还有的根本感受不到支持，甚至还会产生干扰作用。因此，一个群体是否能够对其成员产生促进作用，要受到一定条件的制约：一个是群体成员是否服从本群体的规则；二是个人是否与群体认同，并希望得到群体的保护和支持。如果缺乏这两个条件，这种作用就不会发生，有时反而会产生阻碍作用，使个体在群体中降低活动效率。

（三）群体的分类

群体是各种各样的，每一种群体的性质、结构、作用和活动方式都各不相同。为了研究的方便和进一步认识群体的这些现象及其规律性，需要根据一定的标准，把群体分为若干种类。最常见的方法是根据群体提出的目的、相互联系的机制、影响群体成员的方式、群体成员之间的交往特点、相互作用的性质、群体规模以及成员心理认同程度来加以分类。

1. 正式群体和非正式群体

人的社会活动主要通过两个途径进行：一个是正式的，一个是非正式的。正式的社会活动是指人们在群体中按照计划完成公开的、特定的、有目标的活动。非正式的活动主要指人与人之间自发的思想感情交流活动。与此相应，根据构成群体的构成原则和方式的不同，可以把群体划分为正式群体和非正式群体。这种划分最早是由美国心理学家梅约（E. Mayo）在霍桑实验中提出的。

正式群体是指由正式文件明文规定的群体。群体的成员具有稳定、正式的编制，有明确的规章制度，成员地位和角色、权利和义务都很清楚。工厂的车间、班组，机关的科室，学校的班级、教研室和党团组织，行政组织等都是正式群体。正式群体按其存在时间的长短又可分为永久性正式群体和暂时性正式群体。永久性正式群体前面已提到，科室、班组都属之。暂时性群体是指新产品设计组、毕业生分配组等临时组织。

非正式群体是没有正式规定的群体。那些自发产生的，群体成员的人际交往并不是十分有结构或有规则；群体的任务通常没有明确规定，有时甚至不存在特定的任务；无明确规章，成员的地位与角色、权利与义务都不确定的群体，都应该算做非正式群体。非正式群体的成员之间的相互关系带有明显的情绪色彩，以个人之间的好感、喜爱为基础。这种群体的成员也有一定的相互关系结构和规范，不过并未由明文规定。之所以会形成非正式群体，主要是由于人们除了完成工作和学习任务之外，还有交友、娱乐、消遣等各种各样的欲望与需要。因此，非正式群体成员只常常以感情为纽带，以爱好为基础，具体表现为同乡会、集邮爱好者协会、诗社、绘画小组等形式。特别是在正式群体的目标与其成员的需求与愿望不一致，正式群体不能发挥正常的功能，缺乏合理的领导机构时，非正式群体更容易产生。在大学中，由于班级不能充分发挥其功效，同乡会、各种形式的联谊会便可以吸引大量学生。正是基于此，非正式群体往往带有较强的内聚力和较高的行为一致性，对群体成员的吸引力也很强。

非正式群体普遍存在于正式群体中，这是一个客观存在的事实。而非正式群体到底对正式群体具有什么样的作用，也要从两方面考虑，而不能形成非正式群体的结构必然与正式群体的结构相矛盾的判断。非正式群体之所以会存在，就在于它满足了正式群体中的成员的一定的需求。首先，它可以使个体获得心理和精神上的满足；其次，它增强了个体的集体意识，若非正式群体具有集体主义倾向，则有助于正式群体的巩固；第三，有利于群体成员之间相互学习、

第十二章 群体心理

相互促进，促使个性得到和谐发展与完善。但是如果非正式群体的目标与正式群体的目标不一致，尤其是当正式群体的领导人失去在非正式群体成员中的威信时，就不会产生积极的作用，有时甚至会起到相反的破坏作用。例如，一个具有反社会倾向的非正式群体会对正式群体完成任务起破坏作用。非正式群体的极端情况是派别主义，它是与正式群体或其他群体目的相冲突的，在小团体目标基础上产生的非正式的联合，它在社会里起着破坏作用。

2. 成员群体与参照群体

按照成员对群体的心理向往程度，可以将群体分为成员群体及参照群体。成员群体是指个体为其正式成员的群体。但是在现实生活中，常常有人抛弃自己所属群体的观念，而向往其他群体的观念。例如，有些人出身于地主阶级家庭，却投身于革命队伍。对于这种现象，参照群体能给予较好的解释。

参照群体（reference group），也可被称为标准群体或榜样群体，是指这种群体的标准、目标和规范会成为人们行动的指南，成为人们要努力达到的标准。个人会把自己的行为与这种群体的标准进行对照，如果不符合这些标准，就改正自己的行为。用美国社会心理学家米德的话来说，这种群体的标准、目标会成为个人的"内在中心"。通常而言，参照群体包括以下三种情况：第一是作为比较的标准；第二是指望晋升其间的群体；第三是指个体以其他群体的价值和观念为行为准则。总之，参照群体是令其他群体成员向往的一类群体，当群体成员对其所属群感到不满时，往往会寻找其他群体为参照，有时甚至在心目中树立起两个以上的参照群体。参照群体对于群体成员既可能有积极影响，也可能有消极影响。由于参照群体是成员心目中的榜样群体，如果参照群体是积极的、正面的，会对成员起到良好的示范作用；但如果参照群体是消极的、负面的，则对成员起相反的作用，产生不利的影响，甚至有时会起到带头破坏社会规范的作用。

3. 大群体与小群体

根据群体规模的大小，可以把群体划分为大群体和小群体。但是，大与小是相对的。在社会心理学看来，群体的成员之间是否存在直接的、面对面的接触是划分的标准。如果群体成员能知觉到其他成员的存在，但是不能直接地面对面沟通，只能通过间接方式进行沟通，如通过群体的共同目标、通过各层组织机构等建立间接的联系等，这样的群体就属于大群体。大群体还可以进一步分成不同形式、不同层次的群体。如阶级群体、阶层群体、社会职业群体以及观看演出、电视、广播时的观众和听众群体。凡是相对稳定，人数不多，为共同目的而结合起来的、成员直接接触的联合体就是小群体。

小群体是社会心理学家十分关注的一个课题。在群体心理学研究史中，许多心理学家如奥尔波特、勒温、谢里夫和梅约等人的研究都是以小群体研究为起点。谢里夫指出："小群体是一种社会舞台，它由一定数量的人组成，他们彼此之间处于相互作用之中，站在正度不同的某种立场上，扮演着各种角色，并且有一定的价值观和规范系统，而且这种价值观和规范系统至少在对该群体很重要的方面调节着各个成员的行为。"库兹明把小群体的独特性确定为人际关系和责任依从关系的统一，其目的在于解决有社会意义的课题，因此，他侧重作为群体形成的主导因素的社会公益活动，而不是个人间交往的特点。

4. 假设群体和实际群体

按照群体是否真实存在可以把群体划分为假设群体和实际群体。假设群体是指实际上并不存在，只是为了研究和分析的需要，把具有某种特征的人在想象中组织起来，成为群体。假设群体常出现在统计学中，如老年群体、青年群体等。实际群体是实际存在的群体，是成员间有着实在的联系和相互关系，有目的、有任务的联合体。实际群体可以短期存在或长期存在，人数可多可少。它们都为作为共同体而存在并发挥其作用。现实中的大多数群体都是实际群体。

二、群体的形成

在现实生活中，每个人都会从属于多个群体，群体是个体获得各种支持的重要来源，同时由于个体加入群体，使得群体目标得以更有效的实现。因此，群体的形成有其原因和形成发展的规律。

（一）群体形成的原因

群体的功能可分为对个人的功能和对组织的功能。群体若想有成功的表现，不仅要满足成员的各种需求，使成员目标与群体目标一致，还必须有效地完成组织目标。

成员可能有各种各样的需求，有些需求必须通过学习、工作等活动才能得到满足，有些需求则可以从群体中获得。其需求可归结如下：

第一，安全需求。参加群体活动，获得他人的关心和帮助，可以减少孤独和恐惧感，获得心理上的安全感。个体加入到一个群体中后，会感到自己更有力量，自我怀疑会减少，在威胁面前更有韧性。

第二，交往需求。个体在群体中可以与其他群体成员保持各种形式的联系，获得友谊、关心和帮助等。

第三，地位需求。加入到一个被别人认为是很重要的群体中，个体能够体会到别人承认的满足感。

第四，自尊心需求。群体能使其成员感到活得有价值。也就是说，群体成员的身份除了能够使群体外面的人认识到群体成员的地位外，还能够使群体成员感到自己存在的价值。

第五，归属需求。群体可以满足其成员的社交需要。人们往往会在群体成员的交往中感到满足。

第六，权利需求。权利需要是单个人无法实现的，只有在群体活动中才能实现。

（二）群体形成过程

群体的形成并非就是构成群体的成员聚集在一起就可以实现的。相反，群体的发展要经历一段相当长的时间，才能达到比较成熟的阶段，较好地发挥其功能。一般来说，群体形成需要经过以下几个阶段：

第一个阶段为形成阶段，也被称为检测和依赖阶段。所谓检测指的是群体成员试图从其他群体成员的反应探索出什么样的人际行为是能为群体所接受的。依赖指的是群体成员要弄懂和谁在一起才能完成任务。在这个阶段中，群体的目的、结构、领导都不确定。群体成员各自摸索群体可以接受的行为规范，所以这是一个建立群体规则的阶段。当群体成员开始把自己看做是群体的一员时，这个阶段就结束了。

第二个阶段为震荡阶段。群体成员间由于立场、观念、方法、行为等方面的差异而产生各种冲突。一方面，群体成员为争取在群体内有一个良好的位置和所希望的角色而开展启动和竞争；同时，群体成员彼此产生意见分歧和仇视，或者对领导者产生意见和不满的情况也增多，领导所设定的规则很容易受到忽略，对任务要求的抵抗也经常出现。

第三个阶段为规范阶段。一旦动荡阶段的矛盾和冲突得到顺利解决，群体初步安定下来，就进入了下一个阶段，即规范形成阶段。在这个阶段中，群体内部成员之间开始形成亲密的关系，彼此之间保持积极的态度。这时会产生强烈的群体身份感和友谊关系，群体结构稳定，群体成员之间达成了被彼此承诺的一些规范，而且这些规范得到不断地巩固和发展。

第四阶段为执行阶段。群体结构已经开始充分地发挥作用，并已被群体成员完全接受。群体成员的注意力已经从试图相互认识和理解转移到完成手头的任务。这时，群体中的人际结构成为完成任务的工具。群体成员的资源也汇集在一起，致力于任务的完成和目标的实现。

第五阶段为中止阶段。在这个阶段中，群体目标已经实现，群体成员已经没有理由再待在群体之中。群体成员开始放松情绪，群体趋于解散。中止和瓦解特别可能发生在为了特定的目的而建立起来的群体中，例如，暂时性的委员会、团队、任务小组等。如果关键性的成员离开，或如果剧烈的又无法解决的冲突发生了，或如果长期以来在群体的目标方面达不成一致，群体也可能瓦解。

五阶段模型的许多解释者都带有这样的假设：随着群体从第一个阶段发展到第四个阶段，群体会变得越来越有效。虽然这种假设在一般意义上可能是成立的，但使群体有效的因素远比这个模型所涉及的因素复杂。所以，常常会发生这样的情况：群体在第二个阶段的绩效超过第三和第四阶段。同样，群体也并不总是明确地从一个阶段发展到下一个阶段。例如，当完成任务有较强的时间压力或巨大变故时，群体发展过程会出现跳跃现象，也可能当群体进行修整时，会出现回归到前一个阶段的现象。群体在发展过程中还会出现各个阶段的交叉，如在群体发展的前期和后期都可能产生震荡，在前期震荡的原因通常是成员的思想混乱，表现出对调整和规范的需要；而后期则可能是因为对规范约束的抗争。

三、群体的结构性特征

群体作为一个人群集合体，并非是个体的简单叠加，而应该是由人与人之间相互依赖、相互作用，并且还需要具有共同的需要和追求。对群体的这种界定决定了群体具有其特有的结构性特征，也即一个群体内成员之间关系的相对稳定的形式。群体结构有许多维度，如群体的规模、规范、角色、地位等，以下将对构成群体结构的多种维度加以考察。

（一）群体规模

群体的规模即群体内成员的数目，国外针对群体规模的研究主要集中在对大小群体划分标准的确定上。国外社会心理学对于大小群体的界限问题进行了一系列研究，即大小群体最少和最多应为几个人。美国心理学家詹姆斯曾对符合小群体特征的9129个群体进行了分析。他指出，在多数情况下，小群体的人数应该为2~7人，并认为这是小群体规模的最佳人数。

还有一些心理学家认为，小群体的下限应为3人。这样群体就按照规模被划分为2人群体、小群体和大群体。社会学家斯麦尔比较了2人群体和3人群体。他指出在2人群体中，任何一人的退出都可导致群体的解体，这一事实迫使2人群体成员的不断参与，相互依存。2人群体成员间因此产生了特殊的亲密感、责任感、压力感。在3人群体中，即使一个退出，群体仍然存在，彼此间的亲密感、责任感都没有那么强烈。同时，成员间关系不再像2人群体那样面对面和公开，有了一定的匿名性和隐私性。2人群体的另一个特点是，任何人都无法扮演中间人的角色，不存在多数派、少数派问题；而3人群体不仅可以有人居间调停，还会出现少数服从多数的局面。

在群体中，群体成员的多少直接决定着群体内人际关系的数量。2人群体成员之间的关系是简单的面对面的接触，3人群体成员之间的关系就不再是简单的面对面的接触了。群体每增加一个成员，彼此之间的关系复杂很多倍，不仅有两个人关系，还有个人与群内群之间的关系、群内群与群内群之间的关系。沙波特曾提出一个公式，用以计算群体内人际关系的数目：

$$X = (N^2-N)/2$$

X表示群体内人际关系的数目，N表示群体成员的数目。

（二）群体规范

1. 群体规范的定义

群体是众多个体以一定方式组成和维系的，群体一旦形成，就需要有一定的行为准则来统一其成员的信念、价值观和行为，以保障群体目标的实现和群体活动的一致性。这种群体所确立的一套规定成员如何做的行为准则和标准就是群体规范（group norm）。麦格拉斯（McGrath，1964）认为群体规范包括以下四方面内容：看待有关目标对象的参考框架；规定对于这些目标对象的"正确"态度或行为；有关上述这些态度的和有关对容忍偏离规范的情感；积极和消极的约束,凭借这些约束对正当的行为进行奖励和对不正当的行为进行惩罚。可见群体规范规定了群体成员的行为方式，是一种约束性力量，使得群体目标能够得以实现。群体规范规定了成员的行为范围，成员应该具备的态度，让群体成员知道自己在一定的环境下，什么可以做，什么不可以做。从个体的角度看，群体规范意味着在某种情境下群体对一个人的行为方式的期望。当群体规范被群体成员认可并接受后，它们就成为以最少的外部控制影响群体成员行为的手段。

群体规范作为一种标准化的观念，所涉及的对象是非常广泛的，内容也是多种多样的。群体规范，从广义上讲，包括制度、法律、道德、文化、语言、风俗等；从狭义上讲，包括厂规、公约、守则、纪律等，设计的内容非常广泛，其中既有明确规定的准则条文，也有自发形成、无明文规定的行为模式。群体规范作为联结社会和个人行为的媒介因素之一，像棱镜一样折射着社会对个人的一切影响，直接引导和限制着个人的态度和行为。

2. 群体规范的形成

群体规范的形成有一定的心理机制。人们在共同的生活中，对于外界事物的经验，具有一种将经验格式化、规范化的自然倾向，这种规范化的经验被称为定型，它有助于人们在重新遇到此类事物时尽快做出反应。群体规范就其形成过程来说，属于定型。另外，群体规范的形成还受暗示、模仿、从众、服从等因素的影响，是群体成员为着目标的实现而发生相互作用的结果。群体规范是在这两种因素的基础上产生的。

美国社会心理学家谢里夫认为，由于群体中人与人相互作用的结果逐渐形成了成员共同的判断标准或依据原则，从而使各成员的判断趋于稳定，这个过程就是群体规范形成的基本过程。

谢里夫设计了一项实验，用以说明群体规范的形成过程。他让被试单独坐在暗室里，观察在他们面前的一段距离内出现的一个固定光点，光点出现几分钟后就熄灭了，这时让被试判断光点移动的方向。实际上光点并没有动，但在暗室中由于视错觉，人们都觉得光点在移动。这样的实验重复几次后，每个人都建立了个人的反应模式，有人觉得光点向右上方移动，有人觉得向右下方移动，还有人觉得向左下方移动等，各不相同。主试问被试，在他们看来，光点移动了多远。问过几次之后，被试的判断也基本固定了，有人说2英寸，有人说3英寸，等等。然后，被试又重新分组，再做一次实验，这次允许他们听别人的判断，并相互讨论。结果发现，经过几次实验后，被试对光点移动方向和移动距离的判断开始向一个新的群体平均数集中。最后，每个被试又单独施测一次，但他们的估计仍是整个群体的估计数。谢里夫认为，这一结果说明了群体对个人在社会知觉水平上的影响，个人逐渐形成了以团体的眼光来看光点移动的态度。这一实验结果与人类学资料结合起来，说明个人的知觉习惯是对社会文化习惯的适应。从群体规范的角度来看，当一个群体面临模糊不清的事态时，会出现可供了解和把握事态、采取适当方式予以处理的共同判断标准——群体规范，而且各个成员会依据这一规范采取相应的行动。谢里夫的其他实验还表明，在形成群体的初期，成员之间的差异性是明显的，但是随着时间的推移，成员之间的差异性就会逐渐消失，一致性会明显表现出来。

谢里夫的研究结果具有重要意义。后来又有许多人将这一观点应用于群体研究。在对霍桑电厂接线车间的研究中发现，群体工作时，会产生出一种关于群体忠诚的非正式的、非书面的规章。根据这种规章，一个好伙计，既不能干活干得太快，使管理部门增加定额，也不能偷懒耍滑，完不成自己的任务；一起干活的工人违反了厂规，不应告密；不能势利眼，对同伴们表现出高高在上的样子。大家希望一个群体成员都遵守这些规范，如果一个工人违反其中一条规范，就会受到其他成员的排斥和打击。

群体规范在三种作用下产生。第一，群体成员在共同的工作生活中，由于对某些问题确实具有共同的认识、判断和标准，因而发生类化过程，大家彼此接近、趋于一致，从而导致形成某种模式和标准，这样在遇到同类问题时就可以尽快作出反应。第二，群体在运作的过程中，尽管开始对某些问题有不同的看法和做法，但在长期的相互作用和交往过程中，发生相互之间模仿、暗示和顺从等心理行为过程，从而使群体成员的意见趋于同化和统一。第三，规范也可以由群体领导人根据该群体的情况制定。

3. 群体规范的功能

群体规范一旦形成，就要开始对群体成员发生作用，这种作用小到每个人的一言一行，大到成千上万人的一致行为。不仅如此，这种作用还是持久的、深入的，它使成员在社会生活中遵守共同的行为准则，沟通思想，交流感情，共同生活和生产。没有群体规范，共同活动就不可能进行。

一般来说，群体规范有以下功能：第一，群体支柱的功能。群体的存在形式是它的整体性，而这种整体性就表现在群体成员的行为、感情和认知的一致上。群体规模就是这样一种一致性的标准，它统一着群体成员的意见和看法，调节着他们的行为。群体规范是一切社会群体得以维持、巩固和发展的支柱。一个群体的规范越标准化，群体规范越能被群体成员所一致接受，成员的活动就越协调，群体成员之间的关系就越密切，群体也就越整合、越集中，群体也越团结。第二，评价准则的功能。群体规范是群体成员的认知、评价的标准和行动准则，当个体一旦成为群体的一员，就会在判断和评价上产生一致的意见，约束群体成员与规范保持一致。第三，对群体成员的约束功能。群体规范的约束作用主要表现在群体舆论中。这种群体舆论是大多数成员对某种行为的共同评论意见。当某些成员的行为与群体规范相矛盾时，多数成员会根据群体规范对这种行为作出一致的判断或结论。这种带有情绪性的共同意见，对个人行为具有约束作用，使其不至于违反群体规范。第四，行为矫正功能。群体成员如果违反了规范，就会受到群体舆论的压力，迫使他们改变行为，与群体成员保持一致，因而群体规范具有行为矫正功能。

4. 群体规范的分类

群体规范涉及生活的各个领域，内容和形式很多，但大致可分为如下几类。

群体规范可以分为正式规范与非正式规范。正式规范指在正式群体中明文规定的行为准则，如认真学习、工作，服从上级，尊敬师长等。正式规范存在于正式群体中，并且往往用文字形式固定下来。非正式规范是群体成员间相互约定的，自发形成的，大家一致同意却没有明文规定的规范。这种规范虽然没有被正式规定下来,但却能被每个人意识到,并自觉地遵守。人们如果违反了这种规范,往往会受到舆论的指责,或众人的冷眼,这就给人在心理上形成一种压力。非正式规范有时甚至与主体文化规范相矛盾,而它对群体成员行为的制约能力往往还要胜过正式规范。

群体规范还可分为一般的社会规范和反社会的规范。群体内部大多数规范是与社会主体文化规范相一致的。但也有些是不被社会所承认的反社会规范,例如犯罪团伙中的大胆、好斗等。这些犯罪团伙成员的行为准则,在多数情况下是与主体社会文化规范相抵触的。而且由于这种反社会规范不被社会所承认,并遭到社会的反对,所以维护这种规范,要靠比较森严的"纪律",若违反了它,往往要受到团伙成员的制裁。

群体规范是群体成员的行为准则,因此,人们可以依据它对群体成员的言行的影响作出肯定或否定的判断;同时使群体成员明确自身言行的准则,知道在群体内应该怎样行事。群体规范明确了群体成员行为的奖惩标准,保障了群体成员行为的一致性,从而维护了群体的稳定,发挥了群体的正常功能。群体规范对一个有效的群体而言,是不可缺少的。

(三)群体中的地位和角色

1. 地位

任何处于社会中的个体都要属于特定的社会地位,而这一社会地位则赋予了占据这一地位的个体以一定的权利和义务,从而规范个人的行动以及他与占据着社会系统中其他地位的人们之间的互动。在群体中,地位(status)代表了群体对于某一个体所估计的价值,它具体包括弥散身份特征和特定身份特征。弥散性身份特征指诸如年龄、性别、种族、民族和教育水平等间接显示成员完成群体任务能力水平的身份属性。特定身份特征指那些更直接、更精确显示成员完成群体任务能力水平的身份属性。例如身高就是篮球队的明确身份特征。很多情况下,特定身份特征提供了比弥散身份特征更为可靠的推论特征。

在新形成的群体中,身份特征深深地影响着成员间的互动。特别是那些在更广阔的社会大环境中具有较高身份的人更容易在群体中获得高地位。较高地位身份特征的成员会比其他成员获得更多的尊重、具有较高的自尊水平,更有可能被选为群体领导,群体对他们关于群体问题解决的贡献,评价更为积极;他们被赋予更多的机会参与群体协商,并对群体决策施加更多的影响。另一方面,即使个体原来并不具备较高的地位,但是由于他具备行使某一重要职责的能力,并在群体中很成功地行使了该职能,为群体作出了贡献,也会在群体中获得相对较高的地位。

2. 群体角色

角色指的是人们对在某一社会环境中拥有特殊位置的人所期待的一系列的行为模式。每个人在所处情境中都要扮演各种不同的角色。一个女性，在家里她会是女儿、妻子、母亲，在公司的经理面前她是下属，在购物时她又是消费者，等等。群体同样对处于群体中的成员具有各种各样的角色期待，要求群体成员不能都以相同的方式行为。随着时间的推移，会出现这样的现象，有些成员比另一些成员对群体目标的贡献多一些，有些成员在心理上更忠诚于群体，在执行群体功能上有些成员表现出能力上的优势，这样，群体角色便形成和发展起来了。

在绝大多数群体中，首先出现的角色是任务专家或任务领导者。某一成员在完成群体目标方面比其他成员更有优势，人们往往听从他的指导和建议，由于他的独特贡献，他在群体中的地位就上升了。他因此会获得更多的尊重和利益。另外一种领导随着群体的形成也会产生，他们被称为人际关系领导或维持"士气"的专家，他们擅长缓和人际矛盾，调节群体气氛，关心成员的情感。同时，其他成员也在分化。处于不同岗位的个体扮演着不同的角色，为群体做出不同类型的努力。

角色是人们对处于某一地位的人的潜在效绩与贡献的期待，它实际上也可以被称为心理契约（psychological contract）。谢恩（E. H. Schein）认为，在正式群体中，每个成员相互之间存在的没有明文规定的一整套期望就是契约。这些期望可以是人们对物质利益的要求，而对精神上、心理上的期望就构成群体内部的心理契约（psychological contract）。

心理契约的研究多运用在正式群体中。心理契约涉及群体（组织）双方相互关系中必须为对方付出什么，同时对方又必须为自己付出什么的一种主观信念，核心内容是双方相互的责任和义务。

第一，心理契约的内容与书面合同或口头协议相关联，是对客观约定的主观感知；

第二，心理契约还以对方的行为作依据；

第三，契约双方认可的通行做法或惯常做法也是判断心理契约内容的依据。

群体中的心理契约是个体如何在群体中相处的问题。心理契约不仅对群体内部成员之间的发展有影响，同时还影响着群体之间的关系。各种期望总是存在于群体间的合作与竞争之中。如果竞争违反了规则，就可能产生相互不信任感，导致不良竞争的出现。

（四）群体界限

群体界限是群体结构的重要特征之一，没有界限就无所谓群体，就无法辨别成员与非成员。

许多特征都可以成为划分群体的界限，肤色、校服、校徽、共同居住的宿舍楼、共同上班的车间和办公室等。只有以群体界限为标准才能区分内、外，我们、你们、他们。群体规范才能有效地发挥其行为准则的功能，群体凝聚力才有可能形成和发展。

正式群体一般都有明确的界限，其成员资格往往由组织确认的形式固定下来。非正式群体在多数情况下也得到组织的确认，但有时仅依赖于其成员的心理认同。

一些研究认为，与外界的冲突是群体产生与维持其界限的最好方法。此外，群体内部的冲突有时也有助于明确群体的界限。例如，某成员不按群体规范行事，最终受到其他成员的一致排斥，被驱逐出群体，实际上这就是再次明确群体界限的举动。

第二节　群体的动力性特征

一、群体压力

处于群体中的个体由于受群体规范，尤其是群体中其他成员的影响，往往会表现出不同于个体在单独情境下的行为反应。大量事实表明，群体能够给予其成员巨大压力，使他们改变自己的态度和行为，与群体标准保持一致。群体对个体的影响主要是通过群体压力形成的，它是个体借以适应环境的方式。

（一）群体压力的形成过程

所谓群体压力（group pressure）指的是已成型的群体规范对群体成员的行为的约束力，迫使群体成员按照群体目标和准则调节自己的行为。它直接影响着群体成员行为的一致程度，影响着群体效力的发挥。当一个人在群体中与多数人的意见分歧的时候，会感到群体压力。这种在群体情境下，个体由于受到群体压力，从而在知觉、判断与行为上，和群体多数人趋于一致的倾向称为从众。

群体规范形成后，群体成员在行为上会自动地、不加思考地与群体保持一致。所谓自动和不加思考实际上是群体规范内化的结果。群体借助规范的力量形成了一种对其成员心理上的强迫力量，以达到对其行为的约束作用，这种力量就是群体压力。群体压力与权威命令不同，后者是上级发出的，具有强制性，而前者作为多数人的一致意见，虽不具备强制性，但个体在心理上感到难以违抗。个体一旦偏离群体规范，就会受到群体的惩罚，这种惩罚不仅有明文规定的措施，更令人心理上难以忍受的是群体大多数成员对个人的疏远和孤立。这种无所归属、无所依附的失落感是群体压力对偏离群体规范个体施加的最直接、最强悍的威胁，因此群体规范形成的压力对改变个人行为的作用，有时比权威命令更具效力。

莱维特（H. J. Leavitt）分析了群体压力的形成过程，主要包括以下四个阶段：

第一为辩论阶段。群体成员充分发表自己的意见，并尽量耐心听取别人的意见，经过讨论，意见逐渐分为两派：一为多数派，一为少数派。这时，少数派已感到某种压力，但群体还允许他们据理力争，同时他们也抱有争取大多数的期望。

第二为劝解说服阶段。多数派力劝少数派放弃他们的主张，接受多数派的意见，以利于群体的团结。此时，多数派已由听取意见转为劝解说服，少数派感受到越来越大的群体压力，有些人因此而放弃原来的观点，顺从多数人的意见。

第三为攻击阶段。规劝和说服的结果是有相当一部分人归属于多数派，但个别少数派仍然坚持己见，不肯妥协，多数人开始攻击其固执己见。此时，个别少数派已感到压力极大，但为了面子只能硬顶。

第四为心理隔离阶段。对于少数不顾多方劝解和攻击，仍然固执己见的人，大家采取断绝沟通的方法，使其陷于孤立。这时个体会感到已被群体抛弃，处于孤立无援的境地。除非脱离群体，否则将处于一种极为难堪的境地。

（二）群体压力的意义

群体压力约束了群体成员的异端行为，促使群体成员采取一致的行动。群体压力对于群体至少有以下两种积极意义：群体成员的一致行为有助于群体任务的完成及群体组织的存在和发展。群体压力促使群体成员以合作的方式在群体内互动，协调了群体内不同意见及矛盾冲突，增强了群体团结，维护了群体秩序，提高了群体效率。反之，如果群体内部毫无约束力可言，成员各行其事，必将降低群体效率，妨碍群体任务的完成，甚至会引起群体内部的不和与分裂，直至威胁群体的生存。

群体成员的一致行为有助于增加个体的安全感，个人只有在社会生活中才能摆脱孤独和恐惧感,保持安定和平衡的心态。群体压力使个体与他人行为一致,促使个体妥协和退让,增加了个体被群体接受的可能。个体发现自己的观点和意见得到了多数人的赞同与支持,感到得到了多数人的欢迎和接纳,内心才有安全感。

群体压力维护了群体的团结,有助于群体任务的完成,对多数成员内心安全感形成起很大作用,但对群体内固执己见的少数人而言,却是一种威胁,一种强大的心理压力,一种迫使他们选择归顺或独立的力量。个体为了从群体中获得精神上的支持,免于陷入孤立的境地,充分展示自己的才能,就不得不接受群体压力对其行为的约束而在一定程度上抹煞其个性。人既然加入群体,就意味着服从和限制。群体只有在不影响其目标完成的前提下,才帮助成员充分表现其个性。既要依靠易于从众合作的群体成员来推进群体任务的完成,也要允许具有独到见解的人来发挥其创造性,才能最大限度地发挥群体功效。

二、群体凝聚力

(一) 群体凝聚力的概念

群体凝聚力 (group cohesiveness) 也称内聚力,是指群体在其规范的基础上,使全体成员情感共鸣、价值定向相同或行为保持一致的内在聚合力量。群体之所以能够存在和发展,关键就在于群体对所有的成员和群体成员之间有一种吸引力。群体凝聚力是维系群体存在、增强群体功能、实现群体目标的前提条件。

群体凝聚力的定义主要有两类:一是指群体对成员的吸引力。费斯廷格据此将凝聚力定义为,所有使成员留在群体内的力量的总和。二是指群体成员彼此间的吸引力。国外其他学者将凝聚力定义为,一种群体属性,可以由群体成员之间积极态度的数量和强度引申出来。因此,群体凝聚力既包括群体成员与整个群体的内在聚合力,也包括群体成员间的内在聚合力。

凝聚力形成过程由三个基本层次组成,三个层次体现了三种不同的发展水平。第一层次是以群体成员彼此感情依恋为特征的低层或表层。成员间没有密切的交往和更多方面的一致。成员对群体规范的遵守还是不自觉的、被迫的。这个层次凝聚力最低,群体对每个成员的吸引力也非常低,大家对群体规范的态度还只是表面的顺从,被迫接受并约束自己,远没有达到对它的理解和自觉,此时的群体虽然是一个群体,但却是一个凝聚力很弱的松散群体。第二层次是以价值取向的统一为特征的中层。成员间关系较密切、互动频繁,成员比较自觉地接受群体规范,并用它来衡量一切。这个层次凝聚力较强,个体已经被群体规范所同化，自觉地接受它并用它来衡量一切事物。第三层次是以群体活动的目标统一为特征的深层。所有成员自愿为实现群体活动的共同目标而自觉地协调一致、统一行动。群体规范和群体活动的目标已内化为全体成员的行动准则和活动目标。这个层次凝聚力最高。

群体凝聚力是保证群体存在、发展的必要条件。凝聚力强的群体，其成员之间交往频繁，沟通自由，相互之间传递的积极信息多，内部人际关系融洽和谐，具有旺盛的生命力；凝聚力强的群体，其成员为自己在群体中工作而感到骄傲；凝聚力强的群体，其成员对群体的归属感较强，积极参加群体活动，而且他们不愿意离开自己的群体；凝聚力强的群体，其成员有较强的责任感和义务感，他们积极关心群体，努力维护群体的荣誉；凝聚力强的群体，其成员团结一致，同仇敌忾。一个群体失去了凝聚力，也就失去了力量和生命，这个群体也就名存实亡了。一个群体凝聚力的高低强弱，决定着群体自身发展快慢，决定着群体能否较好地发挥自己的功能，顺利地达到群体的目标。

（二）影响群体凝聚力的因素

群体凝聚力的高低受到许多因素的影响，其中主要有以下几个方面。

首先，群体的目标。群体成员对群体目标是否赞同，即个人目标与群体目标是否一致，直接影响着群体的凝聚力。成员赞成群体目标，才会对群体产生认同感，为实现群体目标而共同奋斗，才会大大提高群体凝聚力。反之，成员不赞成群体目标，各成员目标互不关联，各行其是，这就必然大大减弱、降低群体凝聚力。

其次，群体成员的同质性或互补性。同质性是指成员在兴趣、爱好、动机、价值观等方面的相似或类同。在一般情况下，群体成员在某个或某些方面的同质会使他们感到彼此接近，增加人际吸引，相互产生好感，因而能增强凝聚力。互补性是指具有异质性的群体成员在某些方面的互相补充、渗透、交融。在多数情况下，群体成员是异质的，如果具有异质性的群体成员之间感到彼此在某个或若干方面能够取长补短、互相补充时，也会增进他们之间的感情和密切关系，增强凝聚力。

第三，满足群体成员需要的程度。群体成员在物质精神方面都有各种各样的需要。一般说来，群体对成员各种合理需要的满足度越高，成员的凝聚力越强。

第四，群体规模的大小。群体之所以存在，其必然条件之一就是群体成员要相互交往和相互作用。群体规模小，则彼此作用与交往的机会多，容易凝聚。一个非常大的群体，其成员之间彼此若不了解，这个群体就不可能有强的凝聚力。因此，在通常情况下，群体的大小与凝聚力成反比。

第五，群体的成熟程度。群体自身要经历一个发展周期，从不成熟向成熟发展。群体，特别是正式群体，其自身成熟程度如何，将直接影响群体成员完成行为的成功率。在群体成熟过程中，由于出现了失败，必然会影响士气，影响到群体的凝聚力。随着群体的成熟，成功率的不断获得，会不断提高群体的凝聚力。

第六，群体与外部环境的关系。与外界相对比较隔离的群体，由于所有沟通都指向内部，使群体较容易建立起一种稳定的、成员都赞同的活动规则；同时，由于环境上的孤立，对于群体成员区分内外的心理有加强作用。当外界对群体具有威胁，或与其他的群体出现竞争时，也会出现群体凝聚力的加强。这是因为成员对群体的忠诚和向心力增强了，对群体目标的承诺程度也增强了。

除了上述因素之外，领导方式、信息沟通的方式、成员对群体的依赖程度等也对群体凝聚力具有影响作用。

(三) 群体凝聚力的维持

个体在群体内互动的方式对群体的凝聚力具有极大的影响，其中竞争与合作是影响群体凝聚力的重要因素，在这里对此做详细论述。

1. 群体内的社会交换

在社会交换理论看来，群体成员之间的互动就是社会交换（Social Exchange）。蒂博特（J. W. Thibaut）和凯利（H. H. Kelly）对群体中的社会交换行为进行了研究。他们发现，在只有两个人的相互关系中，社会交换可以是一种相互依赖的关系，交换者不再去认真计算每次交换的代价与报酬了，这样的情况在正式群体中也容易出现。在三人或三人以上的群体中，社会交换的关系就要变得复杂起来，因为在群体中有人会试图操纵群体成员之间的互动或变换交换规则从而使自己合法地获得最大利益。

群体中获取不公平利益的具体方法是一些成员结成联盟。群体中联盟现象的出现依赖于三个因素：第一，联盟者想要获得的结果之间一定要有最低限度的一致性或相容性，即他们想要达到的目标起码不是相互对立和排斥的，因此，具有相容或一致目标的人最容易结成联盟；第二，某些资源对于目标的实现会发生重要作用，因此，特殊资源是极具吸引力的，拥有某些特殊资源的人最容易与他人结成联盟；第三，拥有特殊资源的人要尽可能地获得最大比例的利益，因此，在保证能获得成功的结果的前提下，他更可能要与群体中最弱的人结成联盟。

2. 竞争与合作

在群体中，成员可以以彼此以合作的方式互动，他们可以互相帮助，互相沟通，为群体成员的共同利益而协调行动。有些群体，成员间以互相竞争的方式互动，他们将个人的利益放在首位，努力表现自己的超人之处。合作是指至少两个人通过相互提供活动，结果不仅有益于本人，而且也有益于对方。竞争是指每个人都在努力，以求达到自己获得最高报酬而不给其他人任何好处的互动方式。竞争行为在体育比赛中最为常见，在日常生活中也可见到。研究发现，虽然合作似乎给人们带来了更大的收获，但在社会互动中多数人宁愿竞争不愿合作。

运输竞赛是一项说明竞争与合作之间关系的经典研究。这项研究是道奇（M. Deutsch）和克劳斯（R. M. Krauss）于1960年进行的。研究者要求两个被试想想他们正在分别经营一家运输公司（A公司和B公司），并要求每人驾驶一辆货车尽快由一个地点到达另一个地点。两辆货车并非彼此竞争，它们有不同的起点和终点。但两辆货车的捷径是一条单行道，且两辆车是以相反方向行进的。两人走捷径的唯一方式是等一辆车通过后另一辆车再走，每个人在捷径的起点都有一扇控制门，可按按钮使之关闭，以防止对方通过。此外，每辆货车还有一条备用路线，不会与另一辆车发生冲突，但路线要远得多。研究者告诉被试，他们的目标是尽快到达终点，越快得分越高，但并没有提到要比另一被试得分更多。

两名被试无疑都十分清楚，最佳方案是相互合作，轮流使用单行道，两个人都走捷径，但其中一人需稍候片刻，等另一人通过。而研究结果是：两名被试不肯合作，都想抢先通过单行道。在单行道中间碰头后，彼此拒绝让步，最终一辆车退回，关闭控制门，走另一条路。双方都得不到高分。多次实验结果只是偶尔出现合作行为，大部分行为是在竞争。

另一个"囚徒困境"研究也揭示了竞争和合作的关系问题。囚徒困境是由卢斯和瑞发（Luce & Raiffa, 1957）设计的一个情景，用以研究在利益冲突情况下人们的选择。在研究中研究者假定了如下情境：警察局抓住了两个嫌疑犯，地方检查官认为他们二人共同制造了一起重大刑事案件，但苦于没有证据，警察只能把他们分别关押，并告诉他们有两种选择，即认罪或不认罪。如果他们二人均不认罪，法官无法判他们重刑，但因为他们有前科，所以法院依然可以判他们较轻的徒刑（1年）；如果他们两人都认罪，他们会被处以重刑，但检查官会要求法官从宽量刑（10年）；如果这两个人之间一个认罪，另一个不认罪，认罪者将被释放，而不认罪者将被处以严刑（15年）。

在这个模型中，如果某个嫌疑犯认为他的同伙会认罪，则他自己也必须认罪；最好的结果是他们都不要认罪，从而双方都被判较轻的刑期。因此，如果这两个嫌疑犯彼此信任，他们应该不认罪。但是如果其中一名罪犯推测其同伙不会认罪，那么对他自己来说最好的结果就是认罪以求得释放。以此模型为基础的实验表明，在囚犯两难情境中，双方合作的结果最好，但这种合作必须以信任为基础，如果缺乏信任，双方之间的合作不可能发生。

后来，研究者将囚犯所获得的自由换成了分数和金钱，进行了一系列实验。测验时，两人在一起，但不能互相谈话。每个参加者对战略都有两种选择，同时，每个参加者根据自己的选择和他的同伴的选择得到偿付，确切的报酬方法很多。如果 A 选择了 X，他可以比选择 Y 赢得更多的分数，不管 B 选择了什么。如果 B 也选择 X，竞赛者 A 得 4 分。如果 B 选择了 Y，竞赛者 A 得 1 分。这样，根据 B 的选择，A 要么得 4 分，要么得 1 分。相反，如果 A 选择 Y，他所赢得的分数不是 3 就是 0。根据各种情况来看，两者都必须选择合作的策略，那样他们都可以赢得更多的分数。得到的结果是：每次在实验中，被试还是大多宁可积极的投入竞争，而不愿选择合作的策略，从而稳稳地得上 4 分。选择竞争的唯一优点，是一个竞争者能比别人赢得较多的分数，即使他得到的分数要比两人合作时得到的分数少也在所不惜。在这些研究中，被试被问到这样做的理由时，他们中多数人说，是希望战胜其他竞赛者。这种情况的发生是不顾实验者告诉他们竞赛的目的是要求尽可能地多得分这样的事实。很显然，被试并不重视竞赛的刺激是要多挣分。他们宁可去竞争，即使这意味着按实验者的观点来看得分很低。

在社会互动中，人们不愿合作，宁愿竞争，那么在群体内部是展开竞争有利，还是合作有利呢？道奇做了一个简单试验用以说明合作与竞争如何影响群体凝聚力。研究者对某一班级的一半学生说，他将以合作为基础给学生打分，全班学生都是同一分数，关键在于大家在辩论时如何成功地击败其他班级。对另一半学生，研究者告诉他们将以竞争的基础打分，谁对所辩论的问题贡献大，谁的得分就高。研究结果表明，合作解决问题的群体要比竞争解决问题的群体协调，合作群体成员比竞争群体成员更能采纳别人的意见，更能友好相处。而竞争群体成员彼此很少沟通，观点重复，容易产生误解，成员间互相侵犯，心情压抑。研究说明，在一般情况下，竞争影响群体内人际关系的协调，破坏群体凝聚力。

有许多因素影响群体成员的竞争与合作。成员之间的沟通程度是最重要的因素之一。一般而言，沟通的机会越多，合作的可能性越大。在道奇等人的运输竞赛研究中，曾设计了 3 种不同的沟通情况，一组被试要求彼此沟通信息，另一组被试只是提供一些谈话的机会，第三组不允许彼此沟通。结果发现彼此沟通组产生了一些合作行为，不允许沟通组极少合作。沟通起到促进群体成员合作的作用，他们有了相互讨论计划、相互信赖、相互学习的机会，有了合作的前提和可能。

群体规模也能影响群体内的竞争与合作。研究发现，随着群体人数的增加，合作行为会减少。群体成员的增加，使成员对群体的责任心降低，自利行为更具隐蔽性，合作也因此而减少。

最后一个因素是相互性，这是人际关系的一个基本要素。人们行为的基本准则之一是以德报德，以怨报怨。在社会互动中，如果以竞争为开端，将引起更多的竞争行为。增强合作最好的办法是相互妥协，彼此让步。这是人与人之间合作的基础，也是群体成员协调的前提。

三、群体绩效

（一）群体有效性

群体有效性，也即群体效力，这一概念表明，任何一个群体若能同时完成执行任务与满足个人需求两种目标，该群体就是高效力的群体。所以群体的有效性可以从两个方面加以衡量，一是群体任务的完成情况，二是群体成员欲望满足的多寡程度。

一个有效的群体往往具有以下特征：第一，清晰的目标。高效的群体对所要达到的目标有清楚的了解，并坚信这个目标包含着重大的意义和价值。群体成员愿意为群体目标做出承诺，清楚地知道希望他们做什么，以及他们怎样通过共同工作来完成任务。第二，相关的技能。高效的群体是由一群有能力的成员组成。他们具备实现群体目标所必须的技术和能力，而且还具有很强的相互合作能力，从而能够保证任务的有效完成。第三，相互的信任。成员之间的信任是有效群体的显著特征。第四，一致的承诺。在高效群体中，成员对群体表现出高度的忠诚和承诺。成员对群体具有认同感，他们很看重自己属于该群体的身份。群体成员对群体目标具有奉献精神，愿意为实现目标而发挥自己最大的潜能。第五，良好的沟通。群体成员之间具有畅通的交流渠道，保证迅速而准确地了解彼此的想法和情感。第六，人际技能。高效群体中成员的角色具有灵活性，总处于动态变化和调整过程中，这需要成员具有良好的人际技能，保证高度的相互作用和影响。第七，恰当的领导。有效的领导者能为群体建立愿景，指明前途，鼓舞群体成员的信心，帮助他们更充分地挖掘自己的潜能。

通过一系列研究，社会心理学者发现，群体有效性与三类变量有关：一类为独立存在的变量——自变量，主要指群体结构因素、工作环境因素；第二类为中间变量，这些变量既受到自变量的影响，又影响群体有效性的发挥，这类变量是指人与群体的种种心理过程；第三类为因变量，即群体效力。

这里，群体效率（group effect）是表明效力的重要指标，但非唯一指标。群体的功能不仅在于完成任务，还在于满足成员的心理需求。一个车间有很高的生产率，如果它是通过强制手段迫使工人工作，则群体虽然有足够的生产量，但使其成员心理需要满足程度降低了。这样的群体并不是有效的，对于一个群体组织而言，效率和士气是衡量群体成就或功效的最主要指标。

以上提到的群体内效率与士气的矛盾，在莱维特的群体网络结构研究中也曾出现。研究发现，集中化的群体信息传递快，处理信息有效，群体效率高。但集中化群体，由于成员间沟通渠道不畅通，彼此缺乏充分互动，多数成员对自己的地位怀有不满情绪。一般情况下，成员对所在群体不满时，群体凝聚力也将减弱，这样的群体组织肯定存在降低效率的倾向。那么，群体的士气与效率究竟是一种什么样的关系呢？

士气，原意指士兵作战时整个群体的精神状态。在社会心理学中，"士气"被用来说明成员对群体组织的满足感及对群体目标的态度。它代表了成员在群体内需求满足的状态及为群体目标而奋斗的自愿程度。当群体确认个人满足感来自群体时，他会自愿为实现群体目标而努力。群体士气反映的是一个群体的战斗力，直接影响着群体的绩效。

美国心理学家克雷奇（D. Krech）对士气高昂的工作群体进行研究后发现，具有高昂士气的群体往往表现出以下特征：群体成员之间的团结主要是因为群体的内聚力，而不是来自外部的压力；群体内部没有分化出相互敌对的小团体的倾向；群体本身能适应外部变化并有能力处理内部的冲突；群体成员对群体有着强烈的认同感和归属感；群体成员清楚地知道群体的目标；群体成员认同群体的目标，肯定并支持群体的领导；群体成员承认群体的存在价值并努力维护群体的存在与发展。

一个成功的群体组织，不但应该有高水平的工作效率或生产效率，还应有高昂的士气。但这种状态很难达到，因为高昂的士气，只是提高效率的必要条件，而非充分条件。提高效率还需具备许多其他条件，如群体结构是否合乎达到目标的要求，工作方法是否适合完成目标，环境条件是否有利于群体工作等。

（二）群体绩效

群体绩效（group performance）指的是通过群体的活动，群体所能达到目标的成就或最终状态，通常会使用群体生产率来表示群体绩效。群体生产率是群体在单位时间内的产出能力，如产品的数量、质量、产品上市时间快慢等。

对群体绩效的研究主要着重在对影响群体绩效的因素上，影响群体绩效的因素主要有群体的规模、凝聚力、奖励制度和沟通网络等。但是在谈论这些因素之前，必须要先对群体的任务属性有所了解。因为群体所面临的任务会通过限制群体成员完成任务的方式和限制成员人际交往方式，直接影响群体绩效。任务还与其他的群体特点发生交互作用而间接地影响群体绩效。

1. 群体任务的性质

在日常生活中，群体担负着一系列的任务，不同的群体担任不同的任务。要真正地理解群体的能力，绝对不可以忽略群体之间的差异。虽然群体能力的差异依靠几个方面，但是关键还是靠任务本身。而群体任务具有一些特征，这些特征包括难度、规则度、执行的方法、完成的效标等。其中具有特殊重要性的特征是任务的可分工性和联合性程序。

根据任务的可分工性可以将群体任务分为单一任务和分工性任务。单一任务是指不能继续细分的任务，它要求所有的成员担负相同的活动。相反，分工性任务是指群体成员完成不同的但相互补充的任务。无论什么样的任务都给群体提出了很多问题，比如成员的能力、动力、工具以及相应的信息。针对分工性任务，群体必须要针对不同成员的能力赋予不同的任务，使工作与其能力相匹配。

群体任务另一个重要的特征就是将成员的贡献整合一起的程序。根据联合性程序又可进一步对单一性任务进行划分。这样单一性任务又被分成三种不同任务形式：附加性任务、联合性任务和非联合性任务。

附加性任务是指所有的成员担负相同的任务，群体的绩效是各成员绩效之和。如几个朋友一起将一辆在道路上抛锚的汽车推到安全地带，每个人都要竭尽全力地推车，群体的绩效以这几个人最终把车推到安全地带为标准。群体的努力是每个人努力的总和，其中关键性的因素是群体成员是否能有效地协调他们的努力。在这个例子中，每一个人在同一时间往相同的方向用力是很重要的因素。在联合性任务中，群体的能力大小取决于群体内部最弱或者能力最差的成员。在四乘一百米接力比赛中，即使每一个队员都有着一定的经验和能力，但是他们在速度和爆发力上仍存在着差异。比赛的成绩，也即他们的绩效要决定于跑得最慢的运动员。还有一种任务就是非联合性任务，群体能力的大小取决于群体成员中，能力最强的或最快的成员，那个成员的成就相当于整个群体的成就。比如，在数学竞赛中每个成员都在努力思考问题，但很显然，群体中只要有一个成员想出答案，该群体就在这一问题上获得了胜利。群体中最弱和最慢的成员不会影响整个群体的绩效。

分工性任务要求比单一性任务更为复杂。首先，群体成员要分享信息、具有某些特定的能力和一定的动机。也就是说，群体必须使其成员与工作的要求相匹配，将特定的成员安排到特定的工作岗位上。在医院的手术室里，一个外科手术的成功取决于整个专业团队的技能，外科医生、麻醉师、护士等中的任何一方出现错误，都会导致患者面临巨大的危险。群体的绩效不但依赖于最好和最差的成员，也依赖于群体成员之间良好的协调能力。一旦手术室人员不相互配合，即使每一个成员都具有很高的能力，也不能形成合力，使总任务得以顺利完成。因此，协调对于群体完成分工性任务是极为重要的，并随着任务复杂程度的增加，其重要性也越来越突出。

2. 影响群体绩效的群体特征

（1）群体规模

关于群体绩效与群体规模之间的关系，罗伯特·德利提出这样的观点：团体的潜在绩效（potential performance）随着群体规模的扩大而增加。潜在绩效指的是群体在其成员的技术、能力、经验相结合的理想情况下所能达到的最好绩效水平。很显然，随着群体人数的增加，群体成员解决问题的潜在能力应该越来越大。但是实际上，对于群体规模与绩效的关系进行考察必须同时关注两方面的问题，即群体的规模与所面临的任务的特征。

当群体所面临的任务是非联合性任务时，群体的规模越大，群体绩效越有可能增加。因为，当面临非联合性任务时，群体绩效取决于最有能力的那个成员。假定这个群体的组成是随机的，群体的规模越大，与小规模的群体相比，其内部包含的具有较高能力的成员的数目的概率就越大。因此，群体的规模越大，越有可能包含完成任务所需要的技能，群体技能也越有可能得到增进。

当群体面临联合性任务时，群体的绩效要决定于群体中能力最弱的成员。如果我们仍假定群体的组成是随机的，那么，相对于规模较小的群体，群体规模越大，越有可能包含更多个能力弱的成员。这些成员由于能力不强，往往会导致较大规模的群体在完成联合性任务的绩效比小规模群体差。

当群体所面临的是附加性任务时，随着群体规模的扩大，成员解决问题的潜在能力应该越大，群体的潜在绩效也应该随着群体规模的扩大而提高。但是由于群体成员内部的协调变得越来越复杂，小群体意识、人际冲突和成员的离职等影响群体达到其潜在绩效的各种障碍性因素，即过程损失（process losses）

的影响作用使得每个成员的绩效却减少了。最后所导致的结果是随着群体规模的扩大，潜在绩效与实际绩效之间的差距越来越大。

之所以会出现过程损失，可以解释为随着群体规模的增加，出现了社会惰化（social loafing）。所谓社会惰化是指当群体成员对群体行动的贡献没有得到公正评价时减少对工作任务的努力的现象。最早关注社会惰化现象的是法国的农业工程师林格尔曼（M. Ringelmann），他所做的经典性的研究为要求学生志愿者尽其所能地拉重物。参加者有时是单独、有时是在由 7 个或 14 个人为一组的群体中完成这项工作。林格尔曼用计量器测量了成员在绳子上所施加的力。结果表明，当单独拉重物时，每人平均可以拉 85 公斤；在 7 人组成的群体中，每人只用了 65 公斤的力；在 14 人小组中，每人用力为 61 公斤。成员的平均贡献随着群体的规模而减少。后来，许多研究者重复了林格尔曼的研究发现。克劳和威廉姆斯对社会惰化的产生原因进行了分析，指出个体在完成群体任务时的努力程度依赖于两个因素：第一，人们对自己对群体成功所做贡献的重要性和必要性的信念；第二，人们对群体成功的潜在成果的评价程度。而在群体中，每一个成员的努力很难被分离出来并加以辨认，因此，当人们确信自己会迷失在群体中时，就会导致放松努力。当人们确信自己的贡献被群体中的他人所评定，社会惰化就会减少。

从引起社会惰化的原因可以看出，它是引起随群体规模扩大，群体实际绩效水平不断降低的主要原因。为此，研究者提出了一些避免出现社会惰化的措施。首先，对于具有高群体生产力的奖励可以减少社会惰化的发生。第二，创设有意义的、复杂的或有兴趣的任务。当任务是较为困难或挑战性的，个体更少出现懈怠。第三，使每一个成员的努力和贡献能够得到鉴别。第四，让群体成员对自己为群体绩效所做贡献作出评价和让他对自己在群体中的绩效同其他群体成员的绩效进行比较。

(2) 群体凝聚力

群体凝聚力对群体绩效具有重要影响。一般来说，凝聚力强的群体比凝聚力弱的群体更有效率，但是凝聚力与群体绩效之间的关系还受群体目标的影响作用。高文（Gowen，1986）所做的一项研究充分地说明了劳动群体所设置的个体目标和群体目标对群体绩效的影响。实验表明，设置了明确的个体目标能够提高群体生产率的 19%，设置了群体目标能够提高生产率的 12%。个体目标和群体目标的设置结合整整提高了群体生产率的 31%。

设置群体目标之所以能够提高群体的生产率水平，主要因为：第一，设置目标能够加强成员的工作努力程度，有了明确的目标，成员就有了努力的方向，这能提高他们的工作表现，产生较高的生产率；第二，设置明确的目标能够提高群体对计划的需求，群体计划的设定能够引起较高的生产率，从而提高整个群体生产率；第三，明确的目标能够提高群体成员的合作水平。这能够使得他们进行心灵上的沟通，沟通结果是提高他们的工作热情和积极性。最后，群体目标的设定能够减少群体成员对与群体目标无关任务的关注，能够减少无效消耗，导致生产率的提高。

沙赫特等人在严格控制的条件下检验了群体凝聚力和对群体目标的设定对于生产力的影响作用。结果出现四种情况：

第一，如果群体态度对群体目标是支持的，即群体目标与组织目标的一致性程度较高，即使群体的凝聚力较低，也能提高生产力；

第二，如果群体态度对目标是支持的，即群体目标与组织目标的一致性程度高，加上群体的凝聚力也高，群体的生产力会大大提高；

第三，如果群体目标与组织目标的一致性程度很低，而群体凝聚力却很高，生产力反而会下降；

第四，如果群体目标与组织目标的一致性程度很低，但由于群体凝聚力低，因而它不会对生产力产生显著的影响。

可见，凝聚力高并不一定有利于提高生产力。只有在群体目标与组织目标相一致的基础上，即在群体的态度支持组织目标的条件下，增强凝聚力才有利于提高生产力。当群体的态度不支持组织目标时，高凝聚力反而会使生产力下降。所以，群体的态度、群体目标与组织的目标的关系是十分重要的。

（3）报酬与奖励

对群体成员的报酬和奖励能够影响他们的生产积极性和工作的努力程度。在群体中，当群体成员为实现群体目标作出一定的贡献后，群体将给予他一定的报酬，但是有时群体成员往往不会得到相等数量的报酬。在许多群体中，一部分人由于一些因素比其他人获得更多的报酬，这些因素包括对群体贡献的差异，成员在群体中的重要程度，任务依赖水平，等等。

①公平与公平感

如何分配奖励，是所有群体成员都关心的一个问题，群体成员常常对自己应该获得的报酬进行判断，而这是以群体成员对分配的公平性和平等性为标准。

所谓公平是指成员所获奖金与其对群体所作贡献成比例。按照公平理论，群体成员不仅关心自己的绝对收入，即自己的实际收入，而且关心自己的相对收入，即自己收入与其他人收入的比例。每个人都在不自觉地将自己的产出和投入与他人的产出与投入进行社会比较，也会把自己现在的产出和投入同自己

第十二章　群体心理

过去的产出和投入进行比较。当个体发现自己的产出和投入的比例不等于他人的产出和投入的比例，就会产生不公平感。同样，当个体发现自己现在同过去的投入和产出比例不等时也会产生不公平感。

具体而言，不公平有两种形式：一种是奖励不足；一种是奖励过分。对于奖励不足，群体成员往往会采取以下行动来做出反应：第一，采取一定的行为来增加自己的产出，以获得更多的报酬；第二，采取一定的行为减少自己的投入，使自己的投入与现实的报酬相当；第三，采取一定的行为减少他人的产出，以维持自己的公平感；第四，在保证报酬不变的条件下，采取一定的行为增加他人的投入；第五，选择另外的群体成员作为他的参考框架以消除不公平感；第六，通过从该情境中完全退缩或知觉歪曲的方式，达到自我安慰，在心理上重建公平关系。当群体成员面对奖励过度的情况一般会采取以下办法来恢复公平：减少自己的产出；增加自己的投入；增加他人的产出；减少他人的投入。在某些情景下，奖励过分的成员还会牺牲某些奖励来增加他人的奖励。

②工作任务的性质

群体成员对工作任务的依赖性也影响到他们对奖励的公平性的认识。所谓任务依赖性是指工作中所需要的沟通、合作和为了成功完成任务，群体成员相互之间对个体执行情况的监控等。根据任务依赖性不同，群体任务可以分为合作性任务和竞争性任务。

合作性任务的任务依赖性很强，群体成员必须依靠彼此的努力才能完成共同的目标，这就使得只有当其他成员得到奖励时，某个特定的成员才能得到奖励。由于群体成员的利益是相互联系的，个体成员感到他们的工作对于其他成员来说联系得非常密切（其他成员任务的完成有赖于他们任务的完成）。有研究表明，合作性奖励形式引发了更多的信息沟通，更多的互相信任，彼此更可能听取对方的建议，以及更好地协调成员的活动。但是一旦他们获得的报酬与之不相当的话，他们的工作努力程度就会下降，进而影响到整个群体的生产率。竞争性任务的任务依赖性不强，群体成员彼此通过竞争来为自己争取稀有资源。群体成员之间具有较少的功能依赖性，这导致群体成员所获得的奖励有较大差异。这种奖励形式会破坏群体内的协调和合作，有损于群体成员之间的相互信任，因此会降低群体的绩效；但是，另一方面，竞争性奖励形式会提高群体成员的动机，激发成员做更多的努力，以期获得最佳的奖励，这也会导致比合作性奖励更好的绩效。总体而言，合作性奖励形式要优于竞争性奖励，尤其当群体是一个小群体时，以及当群体的任务是分工合作性而非简单的时候。

四、群体决策

（一）群体决策的特点

决策是人们寻求并实现某种优化的预定目标的活动。决策可以由个人来实现，也可以由群体来实现。由个人实现的决策称之为个人决策，由群体成员共同实现的决策称之为群体决策。显然，群体决策就是群体成员的主张和意志对群体行为的作用过程。

群体决策（group decision）是群体成员的主张和意志对群体行为的作用过程。当群体面临问题时，大家出主意，想办法，寻找解决问题的策略与途径，这就是群体决策过程。在当前社会中，越来越多的重要问题正在采用群体决策的方式来解决，个人决策所占的比重在减小。群体决策一般包括这样六个步骤：觉察问题，确定决策目标，分析备选的行动方案和可能结果，选择行动方案，实施决策和提供反馈。其中每一个环节都是由群体成员集体开动脑筋，积极思考，共同讨论。

群体决策同个体决策相比，有许多优点，而且在大多数情况下比个人决策有效。

第一，群体决策的准确性高。群体决策可以通过综合多个个体的资源，汇集更多的信息和更为广泛的知识、经验和创造性，增加观点的多样性，可以对问题进行更精确的诊断并提出更丰富的备选方案，从而使决策更周到、更全面，减少个人独断专行所造成的片面性和偏差，使决策质量更高。

第二，群体决策可以满足成员的自尊心并增强责任感，提高决策效率。由于各个成员参加进决策的讨论中去，拥有发言权和决策权，群体成员的自尊需要在决策过程中得到满足，同时也增强了执行群体决策的责任感，提高了执行决策的效率。

第三，群体决策可以加强成员间信息的沟通，改善群体内人际关系，增进了解和信任，有助于对问题的全面了解，从而有利于群体目标的达到和任务的完成。

第四，一些研究者将群体决策与个人决策相比较，发现群体决策解决复杂问题比个人决策效果好，准确性高，在群体中每个人可分工去解决复杂问题的某一部分，然后统一结果，交换意见。单个人决策则不具备这种能力。

当然，群体决策也存在一些缺陷。比如，由于群体压力的约束，群体成员往往压制自己的意见，在决策中力求统一；群体决策权由少数人控制；决策所用时间会有所增加；群体决策结果的责任不明确；等等。但从整体效果而言，多步骤问题的解决，群体决策效果常高于个人决策。在具体情况下，决策效果将依赖于任务的性质、群体成员的品质、某些人的才能甚至时间等因素。因此，更好地了解群体决策的优缺点，在具体情况下选择适当的决策方式，才能保证决策的有效性和正确性。

（二）群体决策的意义

在第二次世界大战期间，由于战争所造成的经济困难，美国一方面减少了对商业网点的食品供应量，同时为了补充食品的不足，又开始向居民提供大量由屠宰副产品制作的罐头，但却遭到家庭主妇的抵制。为了找到说服家庭主妇的办法，勒温进行了一个实验。他把参加红十字会的妇女组成六个小组，每组13～17人。他对其中的某些组采用传统的宣传形式，请人给她们宣传关于购买罐头的好处，并希望她们去购买；而对另外一些组则采用新的、让她们自己讨论的方式，认识购买罐头的重要性，并在此基础上作出群体的决定。一周后，勒温进行了访问，调查她们对购买罐头的态度有多大转变，结果是听讲座的那些组里有3%的人改变了态度，同意购买罐头；而群体进行讨论的那些组则有32%的人改变了态度，去购买罐头。

参加讨论的群体，对执行购买屠宰副产品罐头的要求之所以高于听宣传的那些群体，是因为前者的成员经过自由的讨论，彼此进行了信息沟通，对购买罐头提出了种种看法，这就增加了成员对新办法的全面了解，同时也使每个成员觉得自己是决策的参加者，从而减弱了对新办法的抵制；而听宣传的群体成员，由于被动地单向地听取宣传，不能发表自己的意见，所以不易改变个人的偏见。同时，参加讨论的群体所作的决策是大多数人的意见。这种意见是全体成员通过的，具有规范性，所以对它的执行是每一个成员的责任。相反，听宣传的群体没有做出任何决定，没有形成群体规范，要求购买罐头只是宣传者的愿望，目的在于劝说听众，效果自然不同于讨论的群体。

从这个研究中可以看出，群体决策具有一定的积极意义。首先，减少偏见。许多研究表明，群体决策时要经过成员的相互讨论，会出现各种不同观点的碰撞和交锋，从而使群体决策的参加人员看到问题的各个方面，减少偏见，从心理上削弱了对新信息的抵制。其次，获得大多数人的支持。群体所作出的决定，是群体讨论的结果，它会得到所有参加者的支持，并变成一种规范力量，对它的遵守变成了每个人的责任，使人们自觉地去执行。第三，增强了成员的责任感。如果在强制命令下改变观点会损伤群体成员的自尊心，而通过讨论和群体决策，让群体成员们自发地发表意见，并进行自我转变，个体的自尊心就得到满足，行为的自觉性也得到提高。第四，提高了执行决策的效率。通过群体决策所形成的最终意见，尽管群体成员对其态度不可能完全一致，但都会比执行一个与他们不相干的决定更自觉，这保证了群体成员执行决策的效率。

（三）影响群体决策的因素

有两种现象影响着群体客观评价各种方案的正确性。一个是群体极化，另一个是群体思维。

1. 群体极化

所谓群体极化（group polarization）是指群体讨论导致更为极端的决策的现象，是群体决策中一个极为重要的方面。对于决策的群体极化现象的一项较为著名的研究为斯托纳（J. Stoner）于1961年所做的实验。

他在研究中使用了这样的例子：假如你是一个管理咨询专家，有一天某个加拿大公司的经理E先生向你咨询。由于他的公司非常兴旺，生产的产品供不应求，所以E先生想扩大生产规模，再建一个分公司。他有两个选择：一个是把分公司建在国内（加拿大），这里社会稳定、易于管理，但缺点是投资回报率一般；另一种选择是把分公司建在国外的某个国家，那里原料和劳动力价格都比较低，所以投资回报率高，但缺陷是从历史上看，那个国家的社会不太稳定，一些少数党派一直想要控制国家政权和外国投资。你要选择的是在这个国家发生政变的可能性为多大时，你建议E先生在该国建分公司。发生政变的概率变化范围从0.1~1.0（数字小代表社会越稳定）。

斯托纳通过对几十名学习管理学的学生的研究，发现实际情况并不像人们所认为的那样，而是恰恰相反：经过群体讨论之后的结果比个人单独觉得的结果更为冒险，后来的心理学家把这种现象称为冒险转移。随着对这个问题研究的深入，许多心理学家发现群体决策中有时也出现与冒险转移相反的保守情况。而这两种情况都被称为群体极化，只不过当个体最初的意见保守时，通过群体讨论的结果将更加保守；而当成员最初的意见倾向于冒险时，群体讨论将使结果更加冒险。一些研究者还发现，与解决一般问题相比，人们在解决重要问题时更容易产生群体极化现象。

对于引起群体极化的原因，有以下几种解释：

第一，说服性论证。在群体讨论中人们通常并不是检查所有可能的争论，也不会把所有的观点都拿出来讨论。大多数的论题倾向于支持每一个成员最初的观点，因此，人们常听到更多支持他们观点的声音，并逐渐确信他们最初观点的正确性。当大多数成员略微倾向于某一个方向时，极大多数证据都用于论证该观点的正确性，从而使这一观点获得越来越多的支持并导致更为极端的观点。作为群体讨论的一部分，个体也会重复地表达自己的观点，这一重复的过

第十二章 群体心理

程实际上也增加了向极端观点的转移。

第二，社会比较和自我展示过程。这一理论认为群体成员关注于自己的观点并与群体中其他人的观点进行比较。在讨论过程中，个体会逐渐了解到谁和自己具有相似的观点，谁具有更极端的观点。由于群体成员具有希望自己的观点在群体中处于主导地位的观念，因此，会在讨论过程中不断使自己的观点越来越极端。

第三，社会认同过程。群体讨论会导致个体关注群体成员的资格并努力保持与群体的认同。这就使个体感受到一种压力，促使其转变自己的观点以便与群体的标准保持一致。但是，群体成员知觉到的并非是群体的真正观点，而是以刻板和极端性的方式知觉群体标准。结果，他们通过将自己的态度向更极端的方向转移的方式遵从于所知觉到的观点。

但是，并非在所有情况下群体讨论都会以极化方式告终，当群体成员之间存在或多或少的分裂性时，讨论常会出现在群体成员之间的不同观点之间的折衷，这是去极化现象。

2. 群体思维

群体思维（group think）也叫小群体意识，是群体的一种特定思维方式，指的是为了维护群体表面上的一致，而阻碍了对问题的所有可能的解决办法和行动方案做出实事求是的和准确的评价，从而导致了错误的决策的现象。群体思维是由美国心理学家杰尼斯（Irving Janis）于1982年发现的。他通过研究美国政府在珍珠港事件、越南战争时的决策资料发现，在处理这些事件的群体决策中，都犯了群体思维的错误。他认为群体往往会在做出决策时不考虑成员对此决策的怀疑，而且处于群体中的个体往往出于遵从群体规范的原因，不会提出自己的不同看法。在群体凝聚力较高，并伴有其他的条件，如有影响力的领导者，复杂的或困难的任务，有时间压力的紧急事件等，群体思维现象更容易产生。

群体思维主要有以下一些特点：

第一，当群体的这种意识形成并发展起来后，群体成员会出现盲目乐观，把自己的群体看做是无所不能的，不可战胜的，根本不会犯错误的。

第二，对与当前群体的观点不一致的意见忽视或不予理睬，将反对意见进行合理化。

第三，那些持有怀疑或不同看法的人往往保持沉默，以示顺从，从而避免受到孤立、嘲笑和排斥。

第四，群体会认为自己的群体不仅是正确的，而且在道义上也是优于其他群体或其他人的。

以上这些特点在许多政府政策和大型决策中随处可见。杰尼斯认为，群体思维比较容易发生在由强有力的领导带领的团体和凝聚力极高的群体中。群体凝聚力使得团队成员对外界的意见保持沉默，领导经常会提出某些问题的解决方案，并且极力主张推行。群体成员不会提出异议，一方面是他们害怕被团体拒绝，另一方面则是他们不想因此打击群体的士气。在这些分析的基础上，杰尼斯进一步提出了群体思维产生的先决条件，包括五个方面：决策群体是高凝聚力群体；群体与外界的影响隔离；群体的领导是指导式的；没有一个有效的程序保证群体对所有选择从正反两方面加以考虑；外界压力太大，要找出一个比领导者所偏好的选择更好的解决方式的机会很小。正是因为这些因素，使得群体成员强烈地希望群体内部保持一致性，而不管是否有群体思维的产生。

群体思维的后果令人担忧，因为其后果往往是有害的，它对于群体决策的不良影响主要有：对行为的其他可能原因调查不完全，使人们不再关注问题的真正原因；对群体目标调查不完全，一部分人的利益代替了群体的目标；对所偏好的方案的危险性缺乏检查，认为它已很完美，不需要深入分析；对已经否决的可能选择未加以重新评估，它里面所包含的合理因素也被抛弃了；未详细探讨有关信息，一部分人所提供的信息不受重视；处理信息时有选择性的偏差；个体因为与处于控制地位的大部分群体成员的观点不一致，而出现从众、退缩或掩盖自己真实的观点和情感。上述这些群体思维的弊端对于群体决策是极为不利的。因此，应该采取措施尽量减少群体思维的出现，提高群体决策的有效性。首先，领导者应该鼓励群体成员公开质询和提出怀疑，领导者应该乐于接受对他的批评。其次，领导者在讨论的最初阶段应该保持公平，避免表现出对某种方案的偏爱，因为这样会限制群体成员对这个问题提出批评性意见，使群体很可能把折中方案作为最终的选择方案。第三，群体应该被分成小组来独立进行讨论，而后将观点合并以作出决定。第四，群体讨论中应该邀请群体外的专家参与，并邀请专家对群体成员的观点提出挑战性意见。第五，在每次会议中，至少应该有一个人被分配作持反对意见者；一旦达成某种决策，应该作第二次讨论，要求成员表达任何对决策的意见。

（四）头脑风暴法

头脑风暴法（brainstorming）是目前较为常用的一种群体决策技术，最早是由奥斯本（A. Osborn）于1957年提出的。它的意思是克服互动群体中产生的妨碍创造性方案形成的从众压力，使个人敞开思想、畅所欲言的一种决策方法。它的具体形式是将有关人员召集在一起，利用产生观念的过程，创造一种进行决策的程序。在这个程序中，每一个群体成员就某一问题无拘无束地发表意见，并且规定在此过程中不许对别人提出的意见进行批评和反驳，即使是对极其荒谬的意见也不容许反驳。在这样的群体会议中也不会就所讨论的问题作出结论，只是鼓励成员大胆自由地思考问题，思路越广越受欢迎，意见提得越多越好。除了自己提出新的看法之外，成员应该对别人的想法是否能完善化，或者对两个或多个建议结合成一个新的观念提出建议。

采用这种方法人数不宜过多，一般以10人左右为好，时间也不可过长，以半小时至一小时为宜。具统计，这种方法每小时可以产生60～150项建议，比一般的方法多70%。在一个典型的头脑风暴法讨论当中，8～12个人围坐在一张桌子旁边，群体领导用清楚明了的方式，尽可能地想出各种解决问题的方案。在这段时间，任何人都不得对发言人加以评价，无论是受到别人启发的观点或稀奇古怪的观点，不许任何人作评价。所有方案都记录在案，直到最后才允许群体成员来分析这些建议和方案。

头脑风暴法一直受到广泛的认同和运用，但是，头脑风暴法也存在着一定的问题，有时，其有效性反而还不如个体单独决策。如在奥斯本最初的研究中，参与者被随机分配为5人一组，或者单独成组。在这两个条件下的被试都要求在12分钟内解决5个问题。参与者被要求尽可能多而且创造性地提供解决办法。结果发现，由5人构成的群体所提出的新解决办法比由5个单独成组的被试所构成的集合体还要少。布朗（Brown，1960）认为在群体中，尽管要求个体无批判性地聆听他人的观点，但是关注自己在群体中的表现会抑制创造性思维；大多数个体倾向于提出相类似的观点；同时，表现较差的群体成员的存在会通过设定一个较低的群体生产力水平标准而降低其他成员的绩效水平。因此，对于头脑风暴法这一群体决策方法，既要了解它的优势，同时还要尽量避免它所存在的不足之处，保证群体决策的效果的最优化。

第三节　群体领导

一、群体领导概述

群体是有结构的，其成员的地位是有秩序的，在群体中占有最高地位的是领导者，他是指引和影响群体成员实现群体目标的人，对群体有着重要的作用。任何一个群体，大到国家、小到一个家庭，都要有领导者，才能维持群体的存在和正常的功能。群体领导这一章所要探讨的正是群体成员对群体行为的影响作用。

（一）群体领导的定义

"领导"（leadership）一词在传统观点上有许多不同的解释，如，乔治·格瑞（George Green）指出领导是影响人们自动地为完成群体目标而努力的一种行为；哈罗德·孔茨（Harold Koontz）认为领导是一门促使其部属充满信心，满怀热情来完成他们任务的艺术；泰瑞认为，领导是影响人们自动为达成群体目标而努力的一种行为。坦宁鲍姆认为领导就是在某种情况下，经意见交流的过程所表现出来的一种为了达成某种目标的影响力。施考特指出："领导是在某种情况下，影响个体或群体达成目标行动的过程。"斯托第尔（R. M. Stogdill）指出领导还可能是一项使人们在选择及达成目标上接受指挥、导向及影响的程序。

以上各种提法大体可以分成两大类：一类把领导看做是组织赋予领导人的职位和权利，它是一种统治形式、一种决策或一种艺术，以带领所属成员完成组织目标，如孔茨等人的提法；另一类把领导看做是一种行为或影响力，领导者借此组织与激励所属成员去完成组织的目标，它是一种实现组织目标的行为过程，如泰瑞、坦宁鲍姆等人的提法。

学者们关于领导含义的提法尽管不一致，但却有以下两个共同点：其一，把领导和领导者这两个概念清楚地区分开来；其二，把领导看做一种行为过程，而且在这个过程中，有许多相关的因素。领导者是一个起主导作用的因素，下属、组织环境等也是影响领导有效性的重要因素。

现代社会心理学对领导的界定是比较一致的：领导被看做是群体或组织中特定的人在一定的环境条件下，为实现既定目标，对所在群体或组织和所属成员进行引导和施加影响的行为过程。这样一个定义包含了这样一些要点：

首先，领导的本质是影响。领导行为的实施，组织或群体成员对领导者的信任和追随，都离不开领导的影响力。领导者影响力的实施包括权利性影响力和非权利性影响力。权利性影响力指的是担任一定领导职务的领导者因掌握权利大小而对被领导者产生的影响力，具体包括奖酬权、强制权和立法权。非权利性影响力是由领导者自身的素质，如知识专长、工作能力、情感因素等产生的影响力，这种影响力具有内在性、非权利性等特点。领导者施加影响的方式主要有以下三种形式：受训控制、说服和诱导。

其次，领导是一个过程，是对人们施加影响的过程，它由领导者、被领导者和环境三个因素所构成。在领导的定义中所指出的起着指导和影响作用的

"某个成员"就是通常意义上的领导者或领导人（leader）。领导者是领导活动的行为主体，在群体中向他人施加影响、带领成员实现群体目标的人。被领导者是指领导者所辖的个人或群体。客观环境指的是领导者与被领导者共同作用的客体。从领导构成要素看，领导活动是一个多因素的综合体。因此，领导行为成功与否，除了依赖于领导者个人的能力外，还要依赖于被领导者以及他们所共同作用的客观环境。

第三，领导的本质反映了一种人与人之间的关系。由于人们在群体或组织中各自处于不同的地位，扮演不同的角色，因而也就产生了一定的相互关系。领导人与下属是群体或组织中人与人之间相互关系的一种形式。领导就是要通过这种特殊的人与人之间的关系，激发起每一个所属成员的积极性，从而努力实现群体或组织的既定目标。

最后，领导是与某种目标相联系的，是一种目的性很强的行为。领导活动的最终目的是实现群体和组织的目标，因此，作为领导者的首要任务就是对群体和组织提出明确的方向和任务，并确定如何实现它们的途径、步骤。同时，在实施目标过程中，由于主客观情况的变化，领导者还要及时检查、发现问题，迅速予以处理。领导者还要运用各种手段，最大限度地调动被领导者的积极性，保证目标的实现。

（二）领导的功能

所谓领导的功能就是指领导者在领导行为过程中对被领导者所施加的影响和所发挥的率领引导作用。

1. 克雷奇的研究

美国的心理学家克雷奇提出了一个较为完整的、具体的领导功能系统，具体如下：（1）负责协调群体内的各项活动，并监督各项决定的实现；（2）根据上级及群体内成员的要求制定出具体政策；（3）决定为实现群体目标所采取的手段和方法；（4）提供为实现群体目标所必需的专门情报与技术；（5）代表群体和外界联系；（6）协调团体内部各部门工作的平衡；（7）对群体成员给予奖励与惩罚；（8）解决群体内成员之间的纠纷；（9）以身作则，成为群体的楷模；（10）成为统一群体的精神支柱；（11）群体内若有人失职、缺勤等，领导者有责任去补缺；（12）向群体成员进行宣传，提供价值、信念等思想；（13）成为群体成员心目中的知心人；（14）群体遇到困难与失败时，领导者应该挺身而出，主动承担一切责任。

对以上功能进行分析后，可以把领导的基本功能概括为两类：组织功能与激励功能。组织功能包括第（1）项到第（7）项所列出的，主要是领导人根据群体内部与外部条件、需要与可能制定群体目标与决策；为实现这一目标与决策，合理地组织、使用人、财、物；建立科学的管理体系。激励功能包括第（8）项至第（14）项所列出的，主要是充分调动所属成员的积极性，协调他们之间的关系，以实现群体目标。激励功能是领导的主要功能，如果领导者不能很好地发挥激励功能的话，即使目标再好，组织再合理，管理再科学，也难以实现群体目标。

2. 海姆菲尔的研究

美国俄亥俄领导研究中心的海姆菲尔（J. Hemphill）和他的同事们提出了领导行为的九个基本维度：主动、会员身份、代表、统筹、组织、支配、信息沟通、认可和生产。这九个维度会聚成两个因素：创立结构（initiating structure）和关怀体谅（Consideration）。创立结构是指那些把重点直接放在完成组织绩效上的领导行为，如关注任务与职责规定的明确性、组织与计划的条理性，以及使用职权与奖惩去监控和实现目标的情况。这是一种注重任务的领导行为倾向。具有高创立结构特征的领导者会向下属分派具体的工作，要求员工保持一定的绩效标准，并强调工作的最后期限。关怀体谅维度指的是一个人具有的关心和尊重下属，并愿意建立一种相互信任的工作关系的程度。高关怀的领导者友善而平易近人，关怀下属的福利和需要，公平对待每一个下属，愿意与下属沟通，重视友谊与授权。这是一种注重下属及人际关系的领导行为。

3. 贝尔斯的研究

美国社会心理学家贝尔斯（R. Bales）分析了领导的功能，得出了两个主要维度工作取向和人情取向。工作取向的领导更关注群体目标的实现；人情取向的领导行为偏重对群体成员的士气和凝聚力的维持。贝尔斯将这两个取向比喻成为家庭中的严父和慈母。工作取向的领导具有计划性、要求下属严格遵守规则和要求、认真严格；而人情取向的领导者关心下级的福利、平易近人、以平等的方式对待群体成员。

4. 我国对领导功能的界定

我国的社会心理学和管理学界一致认为领导具有以下五项功能。第一，制定目标计划。作为领导，首要的任务是对自己所领导的事业提出明确的方向和任务，并确定如何实现它的途径、步骤。第二，选人用人。建立起合理而有效的组织结构，作好选人用人工作，充分调动群体成员的积极性。第三，监督和控制。领导者要善于及时发现问题，迅速解决，以保证领导的有效性。第四，激励作用。领导者要善于把群体和组织目标与成员的需要结合起来，提高被领导者接受和执行目标的自觉程度。第五，领导者应该善于创设有利于提高行为效率的心理气氛和群体环境，促使下属为实现群体目标作出最大的努力。

（三）领导者的产生

1. 关于领导者产生的理论

关于领导者的产生，历来就有两种看法：一种是领导的伟人理论（The great person theory of leadership），也即通常意义上的英雄造时势；一种是情境理论，它提倡时势造英雄的观点。前者强调个人的特殊人格品质及天赋才能，后者则强调客观环境的重要性，认为英雄只不过是时势的产物。这两种看法也是社会心理学研究关于领导产生的主要基点。

第一种观点认为，凡是能够成为领导别人的人都具有一些不同寻常的人格或其他特征。这些理论集中研究领导者的先天品质和个人特征，根本不顾及社会因素。为了寻找这种先天的领导者，研究者对社会上许多成功的和不成功的领导者进行了深入的调查研究，企图找出优秀领导者所具有的人格特征。如吉普认为，天才的领导者应该具备以下品质：支配他人的倾向、智力过人、有自信心、心理健康、善良、英俊潇洒。领导者倾向于具有帮助群体实现其目标的能力，肖曾提出，领导者在以下几个方面超过一般人：一是能力方面，包括智慧、学识、洞察力、运用语言的能力、适应力、解决问题的能力等；二是社交方面，包括可靠性、合作性、人际敏感性等；三是动机方面，包括主动性、毅力等。领导者应该是更有雄心的、成就取向、乐于负责的。虽然具备上述特征的个体倾向于成为领导者，但是必须指出的是拥有这些特征并不能保证一定会成为领导者。

第二种观点强调情境因素的作用，认为领导者是造就出来的，不是天生的。各种不同的具体情境需要具有不同品质特征的人来领导。当一个人的特点正好适合于其情景要求，该成员便会成为这个群体的领导者，而当另一种情境需要另一种特征时，另一个人就会成为那一情境的领导者。领导的产生依赖于以下各种因素：群体的性质和目标、个体成员的能力和人格、群体所处的特定环境。也就是说，一个人在适当的时间，碰巧又有适当的环境，就可能成为领导者。在第二次世界大战中，美国海军上将威廉·哈塞（William Halsey）曾经说过：这个世界上没有伟人，只有环境所迫使普通人要面对的各种挑战。威胁群体目标的危机会导致一个新领导人的出现。当前，大量的研究者认为，要想成为一个领导者，更大程度上依赖于个人的特征与群体所面临的情境的需要之间的匹配关系。很显然，不同的情境需要不同品质的领导。

2. 对于领导者产生原因的研究

领导者到底是怎样产生的呢？社会心理学研究表明，领导者的出现受到多重因素的影响。领导者的产生首先是由于某个人或某些人在群体活动中表现出较高的才能和智慧、良好的人际关系、个人品质以及对他人的强烈的影响力，这些条件使得他在群体中引人注目，成为成员情感、思想寄托的对象，才能享有比一般人高的威信，才能更容易成为领导者。而那些即使被上级所任命的领导者，如果没有在群体中建立自己的威信，不能得到群体成员的好感，也会被赶下台。雷文（B. Raven）等人的一项研究表明，领导者可以由一个外在的机构任命也可以由群体选举，选出的领导者比任命的领导者更有影响力和权威性。

其次，要成为领导者，必须代表群体成员的利益。一个群体的积极分子的活动，必须是符合群体成员的要求，与他们保持一致；而且，要为群体目标的实现而努力，做群体利益的维护者。沙赫特的实验说明了这一点。他让被试组成几个群体来讨论问题，并让他的助手参与到实验中扮演假被试。在群体中，有的助手扮演偏离者的角色，有的扮演偏离——赞同者的角色，有的扮演赞同者的角色。讨论开始时，"偏离者"在每一个问题上均采取与群体不同的立场，不赞同群体的意见；"偏离——赞同者"则在开始时采取与群体对立的立场，而后逐渐改变态度，终于与群体的意见完全一致；"赞同者"则始终与群体的意见保持一致，并高度评价和赞扬群体的意见。讨论结束后，让各群体选举代表参加执行委员会，也就是形成领导机构。选举的结果是，偏离者不受群体成员的欢迎，没有被选上，而赞同者与偏离——赞同者受到欢迎，被选入执行委员会。可见，群体愿意接受与他们一致的人作为领导者。而不愿意接受与他们对立的人作为领导者。如果一个人违背群体的决定，与群体离心离德。就永远不会成为群体的领导者。

第三，交流信息的数量。一般来说，在群体中交流信息最活跃的成员，能发出和接受大量信息，总是在沟通渠道上占据有利的位置，最容易成为群体的领导者。因为与他人沟通频繁，说明这个人是群体活动的活跃分子，易引人注目。他通过交流信息以表达自己对社会现象的评价，增进对其他人的了解，通过提问知道人们的相互作用，得到最多的回答，作出最多的建议，并制定出最多的规定。无论群体正在进行什么工作，他都是中心角色。

巴威拉斯（A. Bavelas）、哈斯道夫等人的一项实验证明了这一点。他们把大学生召集在一起，然后分成若干小组进行讨论。第一次让小组对一个问题讨论十分钟。实验者通过单向镜观察被试，并记录每个被试谈话的时间和次数。讨论结束后，让被试填写问卷，评价各个成员的领导能力。在第二次讨论时，在每个被试面前装一个带红绿灯的小盒子，被试只能看见自己面前的红绿灯光，并通过它接收自己行为的反馈，如果红灯亮，表示他说的话阻碍或干涉了这个讨论；如果绿灯亮，表示他讲的话是有益的，然后实验者从每个组中挑出一个人，这个人在第一次讨论时说得最少，并且在问卷中他的有关领导资格的评价得分最低。在下面的讨论中，无论这个挑出来的人说什么，他面前的绿灯都亮起来，而小组其他成员几乎说一次就得到一次负强化，即亮红灯。这样，鼓励这个地位低的人讲话，而其他成员则受到挫折，在控制群体中，成员没有获得任何强化。最后，小组第三次进行与第一次内容相同的讨论，在讨论中，成员们没有受到任何一次强化。结果表明，原先最不健谈的、地位最低的，而后来受到绿灯强化的成员虽然在这次讨论中根本没有受到任何强化作用，但是他对这次讨论贡献较大，他讲的话最多，同时其他成员对他的态度也发生了变化，给了他很高的领导地位资格的评定。

第四，信息交流的内容。群体领导者与群体成员的区别不仅在于交流信息的数量多少，还在于他所交流信息的内容。只有那些更多地谈及群体存在和发展大事的，顺应群体要求的人，才能成为领导人。其中情感型的领导者谈话内容多涉及情感、人际关系等方面，他们随和、体贴人，关心成员身体和情绪；工作型领导者谈话内容多涉及工作任务，坚定的、发号施令的、效率高的。这两种领导是相互依赖、彼此合作的。因此，多数群体中有两种领导者，他们各自地位的相对重要性取决于群体的性质、宗旨、工作的专门化程度以及完成一项工作对专业技能的依赖程度。

第五，对信息的控制。一个领导人，不仅交流信息多，所交流的信息内容关系到群体的存亡，他还应该处于信息交流的中心，控制着信息的交流。莱维特（Leavitt，1951）的一项研究说明了对信息交流的控制对领导产生所起的关键性作用。当全部群体成员被询问是否存在一个群体领袖时，各种不同的群体的答案显然不同。从环型到轮型，在领袖的提名次数和成员们同意谁是领袖的一致性上，有着明显的变化。只有环型群体中的成员对领导者提名很少一致性，所有轮型群体成员都提名中间那个人当领袖。其他两种结构介于这两极之间。这表明，处于控制交流信息的位置容易使人成为领导者。

二、领导者特质

著名的历史学家卡尔耶（T. Carlye）曾经说过："世界的历史就是伟人的历史。"受这种观点的影响，早期的心理学家从特质论的角度入手，对领导问题进行研究。而且，长期以来，针对领导的研究将领导者的各种人格特质和特征作为描述和预测领导有效性的标准。这种研究试图区分领导者和一般人的不同特点，并以此来解释他们成为领导者的原因。

为了寻求区分领导者和非领导者的特质或特征,特质论的研究者在20世纪30年代开始就进行了大量研究,希望从个性、社会、生理或智力方面发现领导者与非领导者的差异。这在早期的领导研究中占统治地位。已经有研究发现领导者有6项特质不同于非领导者,即进取心、领导愿望、正直与诚实、自信、智慧和与工作相关的知识。美国心理学家吉赛利(E. Ghiselli)认为有八种人格特征和激励特征与领导有效性有关,其中人格特征分别是才智、首创精神、督察能力、自信心、适应性、决断能力、性别和成熟程度;激励特征则包括对工作稳定的需求、对金钱奖励的需求、对指挥别人的权利需求、对自我实现的需求、对事业成就的需求。在此基础上他指出这些人格特点的相对重要性,如他认为督察能力、才智、自我实现、自信和决断能力对成功的领导最为重要;对工作稳定的需求、适应性、成熟程度和对金钱奖励的需求处于中等重要程度,性别特征最不重要。吉布(Gibb, 1969)认为,要成为卓越的领导者,就必须具备以下特质:身强力壮;聪明但不能过分聪明;外向有支配欲;有良好的调适能力;自信。与吉布的思路相类似,斯托迪尔(Stogdill, 1974)进一步扩大了特质的范围,认为领导者应该具有以下特质:对所完成的工作有责任感;在追求目标的过程中热情并能持之以恒;解决问题时勇于冒险并有创新精神;勇于实践、自信;能很好地处理人际紧张并忍受挫折等。他的研究还发现与领导绩效有密切关系的特质是智力、了解任务、主动、关心他人的需要、坚毅、自信、渴望承担责任、渴望占据支配和控制的职位。

随着人们对领导特质研究的深入,心理学家开始意识到这种思路的局限性,杭特(Hunt, 1991)在总结这方面的研究时指出,决定一个人可以成为卓越领导的特质少得可怜。尽管这样,特质理论的支持者并没有放弃过自己的探讨,伯恩斯(Burns, 1984)提出的改变型领导就是这种理论的新发展,豪斯(House, 1971, 1993)把改变型礼貌感到者称为有魅力的领导者,这种领导能依据自身的影响力改变下属的行为,如印度的甘地,美国的罗斯福总统,南非的曼德拉,他们都在极大程度上改变着自己所生活的时代的人们的行为。巴斯、哈特尔通过调查提出了有魅力领导的四个特征,它们是魅力、激发动机、智力激发和个人化的考虑。所谓魅力是那些被下属信任、看做楷模加以认同并模仿的特征;激发动机是领导利用各种手段激发下级热情和对预期目标的理解;智力激发主要指领导鼓励下属重新检查自己的信念和价值观,并构想发展自己的创造性方法;个人化的考虑是领导者具有引起他人注意的能力,要可以用不同的方式公平地对待下级,经常给下属提供学习和提高的机会的能力。但是,必须看到的是改变型领导者理论仅仅只能解释一小部分领导者的行为特征,而这些人也只有在社会发生变革或危机时才能出现。

麦克利兰德通过多年研究提出作为优秀的领导者应该具备的能力。首先，成就和行为。领导者应该有高的成就动机和抱负。对环境的变化有较强的自我监控能力，能够创新并且不断地寻求新的信息和机会。其次，服务意识。领导者应该能够满足他人的需要，使自己适应他人的兴趣和要求，包括有较强的人际理解力，有为他人服务的意识，有较强的组织意识，能够与他人建立起亲密而又牢固的关系，并且对他人有较大的影响力。第三，管理才能。能够为他人创造条件，以使他人有成长的机会，包括团队式的领导、与团队的合作、对他人提供指导等。第四，认知能力。包括分析与抽象性的思维方式、知识深度等。第五，个人效能。包括对自我的控制、自信和工作中的灵活性，具有较高的组织承诺。此外，领导者还需要有职业献身精神，有远见，有准确的自我评价，有较高的社会亲和力，注意细节，有较强的沟通能力。

在麦克利兰德的基础上，心理学家威尔逊（C. Wilson）进一步将领导者的特征简化为三个方面：预测变化，即有远见、有想象力、富于冒险、有创新精神，坚忍不拔、有耐心；寻求支持，即组织意识强，鼓励参与，有团队精神，与他人同甘共苦；驱力水平，即为自己定的目标高，有活力且能够承受压力和挫折。

总之，关于领导特质的大量研究可以得到这样的结论：某些特质是领导者成功的必要条件，但还不是充分条件。

领导特质理论存在一定的缺陷。首先，它忽视了下属的作用。而如果没有下属的支持，领导者将无所作为。其次，它忽视了情境因素的作用。一个领导者能否发挥作用，会因为被领导者以及环境的改变而改变。实际上，从20世纪40年代开始，有关领导的研究已经转向对领导者的行为风格的关注。

三、领导方式与有效性

领导方式又称领导风格，是领导者从事领导活动时所采纳的行为方式和所表现的行为特征。领导才能作用的发挥和下属追随领导者的意愿都是以领导方式为基础的，因此作为外在行为风格的领导行为方式的研究逐渐成为领导研究的热点问题。

（一）领导方式的分类

1. 专制、民主、自由放任的领导方式

领导者对群体成员所采取的控制方式不同，将导致群体内士气的差异。勒温等人以上述观点为指导，将群体领导方式分为如下三类。

（1）专制型领导。在群体内所有的方针由领导者决定。工作的方法程序由领导者一步步指示，群体成员无从了解群体活动的最终目标。群体成员不能选择工作的方式及伙伴。领导者凭个人好恶来评价成员工作成果。领导者和小组成员保持一定的距离，缺乏人情味。

（2）民主型领导。群体成员共同讨论决定群体方针，领导者在旁给予鼓励及支持。领导者平易近人，以事实为依据评价群体成员。领导者尽力避免干涉或指挥。表扬和批评尽量做到客观公正，力求把自己作为小组中的普通一员。

（3）放任型领导。领导者除了一些被动的管理工作外，对群体方针的决定、任务的分担、人员的安排、工作的评价等不作任何主动干预。基本上是放弃领导，放任自流。

研究者设置了几个指标，对各组进行比较。结果表明：放任组的工作做的很少，质量很差，但人际关系较好。民主组的成员能很好地团结在一起，高质量地完成工作任务，并表现出很好的自觉性。当领导者借故离开现场，他们仍然能够认真工作，在工作中表现出创造性的思维活动。专制组虽然也完成了指标，但工作质量不如民主组。当领导者借故离开时，成员马上停止工作，并表现出攻击行为和冷漠行为。他们对领导人有很大的依赖性，缺乏独创性。

日本广岛大学的几位学者在一家服装厂研究了领导方式与生产量、士气之间的关系。他们先调查了不同群体的士气，然后用社会测量法了解领导者在群体组织中受欢迎或排斥的情况，最后辅以客观观察法。研究发现：第一，民主型的领导与生产率有相当高的正相关，领导方式越民主，生产率越高，同时群体士气也高，领导者受到大家欢迎。第二，放任型领导与生产率负相关，放任程度越高，生产率越低，士气也低，领导者得不到大家的尊重。第三，专制型群体士气低，生产率受到一定程度的影响。不难看出，民主型领导是一种较为理想的领导方式。

2. 李克特的研究

美国密执安大学社会研究中心的利克特（R. Likert）等人将领导方式归为以下四种。

（1）剥削式的集权领导。权利集中在领导者身上，领导者单独作出决定，而后下达给下属，并在必要时以强制的方式让下属执行，下属无任何发言权。领导者与所属成员之间存在一种互不信任的气氛，使得组织目标难以实现。

（2）慈善式的集权领导。权利控制在领导者手中，但授予下属部分权利，领导者对下属有一种比较和气的态度。领导者与所属成员之间存在一些沟通，但这些沟通仍然是表面的、肤浅的。领导人对所属成员并没有限制，所属成员对领导人也心存畏惧，所以工作的主动性不太高。

（3）协商式的民主领导。权利控制在领导者身上，下属被授予部分权利，领导者对下属有一定的信任。在这种领导方式中，决策权虽然在领导者身上，但须在充分听取下属意见，并在取得下属同意后才能作出决定。领导人与所属成员沟通程度比较深，彼此都有一定的信任，在执行决策时，能获得一定的相互支持。

（4）参与式的民主领导。在这种领导方式中，下属参与管理和领导，上下级处于平等的地位，领导和下属双方有比较充分的信任，并建立了一定的友谊。有问题时双方协商讨论，由最高领导人作最后决策。下属在一定范围内有自行决策权，领导者可以根据组织目标向下级提出具体目标，但不过多干涉下属如何实现目标的方法，而是给予实现目标的支持。

李克特认为，参与式的民主领导的效果最好，剥削式的集权领导的效果最差。大多数具有较好组织绩效的组织大多采用参与式民主领导，而低组织绩效的组织则更多为剥削式集权领导风格。

3. 俄亥俄州立大学的双维领导理论

第二次世界大战之后，在俄亥俄州立大学进行的对领导效能的研究中发现，领导行为可以用两种因素加以描述："创立结构"和"关怀体谅"。一个在创立结构和关怀方面均高的领导者常常比其他三种类型的领导者（高创立结构—低关怀体谅，低创立结构—高关怀体谅或两者均低）更能达到高绩效和高满意度。但是有研究也表明高—高型风格有时反而会导致高抱怨率、高缺勤率和高离职率，工作满意度水平也较低。原因可能在于该模型中假定的两个维度涵盖的内容比较广泛，它们各自还包含许多因素。

4. 注重任务的领导方式和注重关系的领导方式

注重任务的领导者比较独裁，只对完成特定的工作任务感兴趣，喜欢发号施令，不喜欢征求意见、接受批评。注重关系的领导者，注重群体成员的团结一致，对下属很体贴、很友好，乐于助人和鼓舞人心，喜欢听取其他成员的意见，善于调解成员间的纠纷。

布雷克（R. R. Black）和莫顿（J. S. Mauton）对俄亥俄州立大学的双维模型进行了发展，将"关心生产"和"关心人"这两个维度分别划分为9等份，组成了81个单元。横坐标表示领导人对生产（工作）的关心程度，纵坐标表示领导人对人的关心程度。评价领导人时，就按照这两个方面的行为寻找交叉点。这个交叉点就是他的领导行为类型。例如，某个领导人关心人的程度高达9，而关心工作的程度很低，只有1，这样两者交叉点就是（1，9），他就是（1，

9)型的领导人。

布雷克和莫顿认为领导者可以自由选择任何一种两维度不同的组合的领导风格,而且列举了下列五种风格并分别命名以显示它们的特征。

(1,1)型为无能型领导。领导者既不关心群体成员,也不顾及工作任务,只是维持现状。

(1,9)型为乡村俱乐部型领导。领导者高度关心群体成员的需要、友谊、人际关系等,不注重工作效率。

(9,1)型为任务型领导。领导者只关心工作成绩,不关心群体成员。

(9,9)型为连队领导。领导者既关心成员间的关系,又注重工作成绩。

(5,5)型为中间路线领导。领导者对群体成员的需要及工作任务的完成力求平稳,维持一定的满足程度。

以上领导方式显然分别适用于不同类型的群体组织,比较理想的是(9,9)型。而乡村俱乐部性质的群体,由于不存在明显的群体目标,(1,9)型领导方式不会对群体功能有太大作用。对车间班组等工作群体,(1,9)型领导方式将导致惨败的结果。

(二)领导有效性

领导者是领导行为的执行者,其作用在于影响被领导者的行为。但领导的效果不能由领导者一人决定,它要受到各种情境因素的影响,其中包括工作的结构化程度、领导者的直接主管风格、下属角色的清晰度、群体规范、控制范围、外部的威胁与压力以及组织文化等。因此,探讨领导有效性问题,不但要关注领导者特质和领导方式因素,还要考虑领导行为所处的内外情境。因此,单纯对领导方式加以区分,并简单地将领导方式与领导有效性之间建立线形关系的做法就显得不能很好地说明领导有效性问题。在这种背景下,研究领导行为与有关情境的匹配以揭示领导有效性的理论——权变理论应运而生。所谓权变就是权宜应变,因此权变理论主要关注的是根据内外环境的变化,采用适宜的领导方式以达到最好的群体和组织绩效。

1. 有效领导的权变模型

有效领导的权变模型也称"领导效率的相依模型",是由菲德勒(F. E. Fiedler)所提出的。这种理论认为任何领导类型都不可能十全十美,也不会一无是处,要达到有效领导,关键是要将领导者的风格与环境的良好适应。有效的群体绩效取决于与下属相互作用的领导者的风格和情境对领导者的控制和影响程度。

菲德勒首先假定有两种类型的领导:一种是首先关心群体成员的领导,另一种为首先关心工作任务的领导。前者可称为"面向人的领导",后者可称为"面向任务的领导"。菲德勒开发出了最难共事者问卷(Least Preferred Co-worker questionnaire,LPC),方法是让领导者按友好、肯帮助人、举止文雅等品质去评价群体中最不称职的成员。通过16个评价的得分来确定领导者的类型,测验结果是用"LPC"(Least Preferred Co-worker)得分表示。LPC得分高的人是对那些不称职者较为宽厚的人,LPC得分低的人是竭力贬低不称职者的人。LPC高的领导是容忍的、为人着想的,对下属比较宽松、友好和体贴,成员愿意接受这类领导者,因此是面向人的领导。LPC低的领导者是好支配的、严厉的、古板的,往往只对完成任务感兴趣,而不关心群体成员,是面向任务的领导。这样,高LPC者被称为人际关系取向的(relationship-motivated),低LPC者被称为工作取向的(task-motivated)。不论高或低LPC,都没有好坏之分,只是风格不同,在不同的条件下各有其适应性,而且一个人的领导风格是固定不变的,不能改变个人的领导风格去适应变化的情景。这样,就需要在对个体的基本领导风格进行评估后对情境进行评估,并将领导者与情境进行匹配。

菲德勒列出了三个权变因素用以保证领导有效性:第一,领导与群体成员的感情关系。主要指的是下属对其领导人的信任、喜爱、忠诚和希望追随的程度,以及领导者对下属的吸引力。可通过群体士气的测定、成员对领导的评价、社会测量等方法衡量。第二,群体赋予领导者的权力。这是指与领导者职位相关联的正式职权,以及领导者从上级和整个群体各个方面所获得的支持的程度,它主要靠核对群体管理制度等来确定。第三,所要完成工作的性质。主要指工作任务的程序化程度,测定内容包括:群体工作目标的明确性、工作的困难程度、工作的入轨程度。

菲德勒将领导者对所处情境的控制性分为高、中、低三种情况,并将它与三种权变因素结合在一起,得到了8种不同的情境或类型,每个领导者都可以从中找到自己的位置。经过对1200个工作群体的研究后,菲德勒得出以下结论:任务取向的领导者在控制程度极低和极高时,工作有效性较高。而关系取向的领导者在中等控制程度下工作有效性更高;要提高领导的有效性可以通过替换领导者以适应情境和改变情境以适应领导两种方式来实现。

2. 领导生命周期理论

这一理论是赫西(P. Hersey)与布兰查德(K. B. lanchard)提出来的,也被称为动态情境领导理论。它注意到时间或下属所处的职业生涯发展阶段对领导风格的影响,并为此引进了"下属成熟度"的概念。所谓下属成熟度是指个体完成某一具体任务的能力和意愿的程度。之所以要重视下属,是因为无论领导做什么,其效果都取决于下属接纳或拒绝的程度。

这一模型使用的两个领导维度与菲德勒的划分相同:任务取向和关系取向。他们进一步认为每一个维度都有高有低,组成了4种具体的领导风格:指导、推销、参与和授权。指导(高任务—低关系)型,这种领导者定义角色,告诉下属干什么、怎么干以及何时何地去干;推销(高任务—高关系)型,领导者同时提供指导性行为与支持性行为;参与型(低任务—高关系),领导者与下属共同决策,领导者的主要角色是提供便利条件与沟通;授权型(低任务—低关系),领导者提供极少的指导或支持。赫西和布兰查德还定义了下属成熟度的4个阶段,它们分别是:

R1 下属对执行某任务既无能力又不情愿。他们既不胜任工作又不能被信任。在这个阶段,下属需要得到明确而具体的指导。

R2 下属缺乏能力,但却愿意从事必要的工作任务。他们有积极性,但目前尚缺乏足够的技能。在这个阶段,领导者需要采取高任务—高关系行为。高任务行为能够弥补下属能力的欠缺,高关系行为则试图使下属在心理上"领会"领导的意图。

R3 下属有能力却不愿意干领导者希望他们做的工作。运用支持性、非指导性的参与风格可获得最佳解决。

R4 下属既有能力又愿意干领导让他们做的工作。这时,领导者不需做太多事情,因为下属既愿意又有能力承担责任。

这个理论之所以被称为领导生命周期理论,主要是因为在下属所处不同的职业生涯阶段,领导者的指导和帮助会有所不同。当个体处于职业生涯的早期阶段,需要的是领导者的指导和帮助,随着职业能力的成长,纯粹指导型的领导方式就不再能够令其满意,此时,任务与关怀并重的领导方式更适合他;当个体进入职业生涯的鼎盛期时,领导自然已不需要对他给予过多的监督与指导,此时采用参与型的方式最为合适;最后,个体进入职业生涯的晚期,在各方面都可以自主自律,领导只需授权就可以了。这一理论强调领导行为的情境性和灵活性,特别强调下属条件的动态性是最关键性的情境因素,所以极具应用价值。

3. 领导者——成员交换理论

前面所提及的各种领导理论都基于这样一个假设:即领导者以同样的方式对待所有下属。但在现实生活中,许多领导者在对待不同的下属时其对待方式有明显不同。领导者—成员交换理论(leader-member exchange theory)的提出者格里奥(G. Graeo)指出,由于时间上的压力,领导者只能与下属中的少部分人建立特殊关系。这些个体成为圈内人士，能够得到领导更多的信任与关照，也更可能享有特权；而其他下属则成为圈外人，他们占用领导的时间较少，获得奖励的机会也较少，他们与领导的关系是在正式的权利系统基础上形成的。

这一理论指出，当领导者与某一下属进行相互作用的初期，领导者就暗自将这一下属划入圈内或圈外，并且这种关系是相对固定不变的。领导者到底如何将某人划入圈内或圈外，有证据表明主要依赖于下属的个人特点（如年龄、性别、态度）与领导者是否相似、是否有能力、是否具有外向的个性特点等。交换理论还指出圈内地位的下属得到的绩效评估等级更高，离职率更低，对主管更满意。

四、领导者的影响力

领导本质上是一种影响力，即对一个群体或组织指定目标和实现目标所进行的活动施加影响的过程。

（一）领导者影响力

领导者的影响力是指领导者在人际交往和领导活动过程中影响与改变他人心理与行为的能力。一个群体或组织的领导者要实现有效的领导，必须具有影响力。领导者影响力通常表现为被领导者对其命令、指示、劝告、建议的心理和行为上的反应。

领导者的影响力一般由强制性影响力和自然性影响力构成。

1. 强制性影响力

强制性影响力也被称为权利性影响力。它具有如下特点，对别人的影响带有强迫性、不可抗拒性，以外部压力的形式发挥作用。在它的作用下，被影响者的心理与行为主要表现为被动和服从。这种影响力并不是人人都有的，只有群体或组织的领导者采用，通常使用奖励或惩罚的方式来实现。

强制性影响力主要有以下三个成分构成：传统因素、职位因素和资历因素。

传统因素。几千年的社会生活使人们形成了这样一种传统观念，认为领导人不同于一般人，他们有权、有才干，比普通人强一些。这些传统观念渗透到每个人的头脑力，根深蒂固，逐步成为某种形式的社会规范，从而使下属产生对领导者的服从感，人们认为服从领导是每一个下属的职责。

职位因素。居于领导地位的人，由于组织赋予了他一定的职权，可以发布命令，实施奖惩手段，领导者在一定程度上可以左右下属的行为、处境以及一切利害关系，从而使下属对领导人产生敬畏感。领导者的职位越高，权利越大，别人对他的敬畏感也越深，他的影响力也越大。但这种情况也不是绝对的。领导人职位因素的影响力表现在影响的强度与范围两个方面。职位因素造成的影响力与领导者本人的素质没有直接关系，纯粹是社会组织赋予领导人的力量。

资历因素。资历因素包括领导人的资格和经历两个方面。资历是一种历史的产物，它反映了一个人的生活阅历与经验。人们对于一位资历较深的领导人容易产生敬重感。资历因素因此就能在一定条件下影响领导的有效性。一个能得到下属敬重的领导者，他的言行容易在下属的心中占有重要位置。资历主要与领导人过去所任职务有关，它存在于领导人实现领导行为之前。当然资历因素并非都能引起下属的敬重感，还要联系领导人的实际表现。

2. 自然性影响力

也被称为非权利性影响力。它具有如下特点，没有正式的规范和上级授予形式，接受权利的雇员不会在规定的制度上受到领导人的奖惩，表面上无明显的约束力，但在实际上却具有权利的性质，而且常常能发挥强制性影响力所不能发挥的约束作用。在它的作用下，被影响者的心理与行为主要表现为顺从和依赖。领导人除了社会赋予他强制性影响力外，更需要具有内在的号召力。

自然性影响力主要由以下四种成分构成：品格因素、能力因素、知识因素、感情因素。

品格因素包括领导人的道德、品行、人格、作风等。它反映在领导人的一切言行之中。优秀的品格会使人产生敬爱感，而且能吸引人，促使人去模仿。无论职位多高的领导者，如在品格上出了问题，那他的影响力就会荡然无存。下属对领导人缺乏能力、知识、经验等因素是可以原谅的，但如果领导人缺乏某些品格因素，则是不可原谅的。

能力因素。一个有才能的领导人会给群体或组织到来成功的希望，使人们对他产生一种敬佩感，吸引人们自觉地去接受其影响。领导人的才能不仅限于有关领导方面，领导人如果能在其他的方面施展一下才华，则更能增加人们对他们的敬佩感。通常，人的才能应与他的职务相称，但生活中也确实存在着一些位高才低的无能领导者。

知识因素。知识是一个人极为宝贵的财富，它往往是与这个人的才能密切联系在一起的。一个领导人如果具有某种知识专长，他便会对下属产生巨大的影响力。有知识的领导人由于经验丰富、见多识广，容易得到人们对他的信任，并且产生信赖感。领导人的这种影响力是超出职权之外的。领导人在合法权利之外，充分发挥专长的作用，可以大大增强工作效果。

感情因素。人际之间建立良好的感情关系，能产生亲密感。在具有亲密感的人际关系中，人们相互的吸引力大，彼此的影响力也大。一个领导者若平易近人,和蔼可亲,作风民主,关心群众生活疾苦,人们便会对他产生一种亲密的感情。

(二)影响领导者影响力的因素

领导者的影响力在现实中能否产生效用受到各种因素的影响,下面就对几种主要影响因素加以讨论。

1. 强制性影响力与自然影响力大小的比例与整合

一般而言,领导人的职位越高,权力越大,强制性影响力就越大;相反,领导人的职位越低,权力越小,强制性影响力越小。自然性影响力在整个领导人的影响力中占主导地位,起决定作用。强制性影响力只占次要地位,而且其强度受自然影响力的制约。一个领导人如果他的自然性影响力越大,那么他的强制性影响力也会随之提高。如果他的自然性影响力较小,那么他的强制性影响力也会随之降低。

2. 领导人影响力的力距

这里的"力距"概念指领导人与所属成员之间交往关系的层次多少与远近。中层领导人与基层领导人相比,对所属成员的影响力的力距大一些。一般说,力距越大,影响力越小;力距越小,影响力越大。

3. 领导人的信息传递方式

领导人传递信息的方法不同,对所属成员的影响也往往有所不同。比如,直接地面对面地说明意图、布置任务与经由中介环节传达,对下属的影响力不同。

4. 下属的需要等心理状态

下属并不是消极被动地接受领导人的影响,他们的需要、愿望等当时的心理状态会参与并左右他们接受领导人的影响。他们常常根据自己的需要与愿望,对领导人的行为与发出的信号作出选择,这种选择性反应也就是领导人影响力的实际效果。

参考文献

M. Argyle 著. 陆洛译（1994）. 日常生活社会心理学. 台北：巨流图书公司.

T. Good，J. Brophy 著. 陶志琼等译（2002）. 透视课堂. 北京：中国轻工业出版社.

Roger R. Hock 著. 白学军等译（2004）. 改变心理学的 40 项研究. 北京：中国轻工业出版社.

K. F. Pawlik，M. R. Rosenzweig 主编. 张厚粲主译（2002）. 国际心理学手册. 上海：华东师范大学出版社.

J. P. Robinson，L. S. Shaver，L. S. Wrightsman 主编. 杨宜音等译，杨中芳总审校（1997）. 性格与社会心理测量总览. 台北：远流出版社.

J. A. L. Singh 著. 陈苏新，李青编译（1982）. 狼孩：卡玛拉和阿玛拉的抚养日记. 长春：吉林人民出版社.

N. O. Wilson 著. 方展画等译（1978）. 论人性. 杭州：浙江教育出版社.

E. 阿伦森等著. 侯玉波等译（2007）. 社会心理学（第 5 版）. 北京：中国轻工业出版社.

安德列耶娃著（1984）. 社会心理学. 天津：南开大学出版社.

安德列耶娃著. 李翼鹏译（1987）. 西方现代社会心理学. 北京：人民教育出版社.

R. A. 巴伦，D. 伯恩著. 黄敏儿，王飞雪等译（2004）. 社会心理学. 华东师范大学出版社.

乔纳森·布朗著. 陈浩莺等译（2004）. 自我（社会心理学精品译丛）. 北京：人民邮电出版社.

莎伦·布雷姆，丹尼尔·泊尔曼，罗兰·米勒，苏珊·坎贝尔著. 郭辉，肖斌译（2005）. 亲密关系（第 3 版）. 北京：人民邮电出版社.

埃托奥·布里奇斯著. 苏彦捷等译（2004）. 女性心理学. 北京：北京大学

出版社.

陈会昌，李伯黍（1982）．关于儿童对公私财物损坏的道德判断研究．心理学报，3：318～325．

陈俊，贺晓玲，林静远（2008）．结果的接近性和不同等级分界线对反事实思维的影响．心理科学，31（5）：1058～1062．

陈俊，贺晓玲，张积家（2007）．反事实思维两大理论—范例说和目标—指向说．心理科学进展，15（3）：416～422．

陈琦（1988）．认知结构理论与教育．北京师范大学学报，1：73～79．

陈元晖（1990）．论孺化．社会心理研究，1：4～9．

戴春林，杨治良，吴明证（2005）．内隐攻击性的实验研究．心理科学，28（1）：96～98．

方文（2002）．学科制度精英、符号霸权和社会遗忘——社会心理学主流历史话语的建构和再生产．社会学研究，5：62～70．

罗伯特·费尔德曼，黄希庭著．黄希庭等译（2008）．心理学与我们．北京：人民邮电出版社．

费孝通（1985）．乡土中国．北京：三联书店，25～33．

威廉·C.格莱尔著．计文莹等译（1999）．儿童心理发展的理论．长沙：湖南教育出版社．

D. 赫尔雷格尔，J. W. 斯洛克姆，R. W. 伍德曼著．俞文钊译（2001）．组织行为学（第9版）．上海：华东师范大学出版社．

桑德拉·黑贝尔斯，理查德·威沃尔二世（2005）．有效沟通．北京：华夏出版社，80．

胡寄南（1995）．胡寄南心理学论文选．北京：学林出版社．

黄光国（2004）．面子：中国人的权力游戏．北京：中国人民大学出版社．

霍兰德著．冯文吕等译（1988）．社会心理学：原理和方法．广州：广东高等教育出版社，187～188．

纪林芹，张文新（2007）．儿童攻击发展研究的新进展．心理发展与教育，2：122~128．

金盛华（2005）．社会心理学．北京：高等教育出版社．

荆其诚（2006）．当代国际心理科学进展．上海：华东师范大学出版社．

寇彧，徐华女（2005）．移情对亲社会行为决策的两种功能．心理学探新，25（3）：73～78．

E.C. 库兹明，B.E. 谢苗诺夫著．卢盛忠译（1984）．社会心理学．杭州：

杭州大学出版社.

乐国安（2004）. 20世纪80年代以来西方社会心理学新进展. 广州：暨南大学出版社.

乐国安（2004）. 图式理论对社会心理学研究的影响. 江西师范大学学报（哲学社会科学版），37（1）：19～26。

乐国安（2004）. 中国社会心理学研究进展. 天津：天津人民出版社.

乐国安（2006）. 社会心理学. 广东：广东高等教育出版社.

乐国安（2008）. 社会心理学. 北京：中国人民大学出版社.

李伯黍，岑国桢，叶慧珍，卢家楣，邵渭溟（1985）. 小学儿童集体观念发展研究. 心理科学通讯，1：11～15.

李陈，陈午晴（2006）. 基本归因错误的文化局限性. 心理科学进展，14（6）：938～943.

李伟民（1988）. 青少年法制观念发展过程的研究. 广州师范学院研究生硕士学位论文集，26～49

李沂（1988）. 社会心理学的研究对象. 北京：科学出版社.

利瓦伊著. 卢文格译（1989）. 自我的发展. 沈阳：辽宁人民出版社.

梁漱溟（1988）. 中国文化要义——论中国传统文化. 北京：生活.读书.新知三联书店.

林艳艳，李朝旭（2009）. 心理学领域中的爱情理论述要. 赣南师范学院学报，1：40～44.

刘嘉庆，区永东，吕晓薇，蒋毅（2005）. 华人人际关系的概念化——针对中国香港地区大学生的实证研究. 心理学报，37（1）：122～135.

刘俊升，周颖（2008）. 移情的心理机制及其影响因素概述. 心理科学，31（4）：917～921.

刘敏，张庆林（2004）. 推理的启发式再认新模式. 心理科学，27（2）：493～495.

刘淑雯（1996）. 溶解刻板印象：两性角色课程对国小学生性别刻板印的影响. 国立台北师范学院国民教育研究所硕士论文.

刘永芳，哥德·吉戈伦尔，彼得·托德（2004）. 理性观的革命：从无限理性到快速节俭启发式. 陕西师范大学学报，33（4）：112～116。

刘永芳（1998）. 归因理论及其运用. 济南：山东人民出版社.

陆昌勤，凌文辁，方俐洛（2006）. 管理自我效能感与管理者工作态度和绩效的关系. 北京大学学报（自然科学版），42（2）：275～279.

罗毅（1992）. 关于中国人道德感情社会化的一些历史资料. 社会心理研究，3：53～58.

马芳，梁宁建（2008）. 数学性别刻板印象的内隐联想测验研究. 心理科学，31（1）：39～40.

马修·麦凯，玛莎·戴维斯，帕特里克·范宁著（2005）. 人际沟通技巧. 上海：上海社会科学院出版社，38.

戴维·迈尔斯著. 侯玉波等译（2006）. 社会心理学（第8版）. 中国轻工业出版社；29～40.

明恩溥著. 陈午晴译（2006）. 中国乡村生活. 北京：中华书局.

G. 墨菲，J. 柯瓦奇著. 林方，王景和译（1982）. 近代心理学历史导引. 北京：商务印书馆.

潘菽（1959）. 关于心理学性质的意见. 心理学报，（3）：133～136.

钱铭怡，王易平，章晓云，朱松（2003）. 15年来中国女性择偶标准的变化. 北京大学学报（哲学社会科学版），40（5）：121～128.

沈德灿（2005）. 论个体的社会化. 北京教育学院学报，19（2）：1～4.

石伟，黄希庭（2004）. 自我设限及其研究范型和影响因素. 心理科学进展，12（1）：72～78.

时蓉华（1984）. 社会心理学. 上海：上海人民出版社，66～76.

时蓉华（1996）. 社会心理学. 杭州：浙江教育出版社，361～365.

时蓉华（1997）. 透视中国社会的社会心理学. 香港：中华书局.

宋官东，杨志天，崔淼（2008）. 服从行为的心理学研究. 心理科学，31（1）：249～252.

宋官东（2004）. 遵从行为的调查研究. 心理科学，27（3）：657～661.

宋官东（2005）. 从众新论. 心理科学，28（5）：1174～1178.

苏彦捷，高鹏（2004）. 亲密关系中的日常冲突及其解决. 应用心理学，2（10）：37～42.

苏彦捷，高鹏（2005）. 亲密关系伴侣在冲突中的行为及其归因. 北京大学学报（哲学社会科学版），4：122～130.

S. E. 泰勒等著. 谢晓非等译（2004）. 社会心理学（第10版）. 北京：北京大学出版社.

王蕾（1999）. 教师期望效应最优化的策略. 宁波大学学报（教育科学版），4：12～16.

王玲宁，张国良（2005）. 媒介暴力对青少年的影响. 青年研究，（3）：32～

41.

王沛，胡林成（2003）．儿童社会信息加工情绪认知整合模型．心理科学进展，11（4）：411～416.

王沛（2002）．实验社会心理学——理论方法实践．兰州：甘肃教育出版社．

王沛，张国礼（2008）．刻板印象的心理表征：范畴还是样例？——来自ERP的证据．心理科学，31（2）：340～345.

王彦，苏彦捷（2004）．从文化角度重新审视儿童从众行为的发展．应用心理学，10（4）：44～48.

B．维纳著．张爱卿等译（2004）．责任推断：社会行为的理论基础．上海：华东师范大学出版社．

吴江霖（1982）．马克思主义社会心理学的展望．广州师院学报（社会科学版），（2）：3～4.

肖白芳（1988）．中小学生道德判断发展的研究．广州师范学院硕士研究生学位论文集，40～68.

谢晓非（2005）．成就动机、冒险倾向与控制源．北京大学学报（自然科学版），38（3），413～420.

徐大真，杨治良（2001）．内隐社会认知中攻击性行为的性别差异研究．河南大学学报（社会科学版），41（4）：100～103.

徐德淼，唐日新，解军（2007）．外显和内隐攻击性表现方式的性别差异实验研究．心理科学，30（6）：1342～1344.

许烺光（2005）．跨文化的自我透视．载杨宜音主编（2005）．中国社会心理学评论（第一辑）．北京：社会科学文献出版社．

许烺光著．薛刚译（1990）．宗族·种姓·俱乐部．北京：华夏出版社，1～5.

杨国枢，文崇一，吴聪贤，李亦园（2005）．社会及行为科学研究法．博雅华人本土心理学丛书，重庆：重庆大学出版社．

杨治良，刘素珍，钟毅平，高桦，唐永明（1997）．内隐社会认知的初步实验研究．心理学报，29（1）：17～21.

杨中芳（1991）．试论中国人的自己理论与研究方向．载杨中芳，高尚仁（1991）．中国人中国心——社会与人格篇．台北：远流出版公司．

杨中芳（1993）．试论如何研究中国人的性格：从西方社会性格心理学及文化—性格研究中汲取经验与启发．中国人的心理与行为．台北：桂冠图书公司．

杨中芳（1999）．人际关系与人际情感的构念化．本土心理学研究．台北：

桂冠图书公司．

应贤慧，戴春林（2008）．中学生移情与攻击行为：攻击情绪与认知的中介作用．心理发展与教育，2：73～79．

于泳红（2003）．大学生内隐职业偏见和内隐职业性别刻板印象研究．心理科学，26（4）：672～675．

张爱卿，刘华山（2003），责任、情感及帮助行为的归因结构模型．心理学报，35（4），535～540．

张德（1990）．关于性别偏见的调查报告．社会心理研究，311．

张东宁，王有智（2005）．IAT测验对攻击性内隐社会认知的应用研究．心理科学，25（4），74～77．

张积家，王惠萍（1996）．青少年法律意识发展的研究．心理科学，4：237．

张文新，纪林芹，宫秀丽，张茜，王益文，陈欣银（2003）．3～4岁儿童攻击行为发展的追踪研究．心理科学，49～53．

张野，张涣（2008）．初中生英语自我效能感与知觉到的教师期望、英语成绩的关系．心理科学，31（1）：230～233．

章志光（1990）．试论品德的心理结构．北京师范大学学报，1：7～17．

郑晨（1996）．社会变迁中的当代中国道德观念考察．浙江学刊，4：85～98．

郑海燕，张敏强（2008）．初中生教师期望知觉评定量表的编制．心理发展与教育（3）：118～112．

郑宏明，孙延军（2006）．暴力电子游戏对攻击行为及相关变量的影响．心理科学进展，14（2）：266～272．

周国梅，荆其诚（2003）．心理学家Daniel Kahneman获2002年诺贝尔经济学奖．心理科学进展，11（1）：1～5．

周晓虹（1994）．面向社会：现代社会心理学的转折——对美国和欧洲的考察．杭州大学学报，97～105．

周晓虹（1991）．现代社会心理学：社会学、心理学和文化人类学的综合探索．南京：江苏人民出版社．

周治金，赵晓川，刘昌（2005）．直觉研究述评．心理科学进展，13（6）：745～751．

佐斌（2006）．基于IAT和SEB的内隐性别刻板印象研究．心理发展与教育，(4)：57～64．

Abel-Cooper, T. B. (2001). The association between video game playing, religiosity, parental guidance and aggression. In: Sixth through eighth grade students attending Seventh-Day Adventist Schools. Dissertation Abstracts International Section A: Humanities & Social Sciences, 61(10-A): 391.

Adler, N. J., & Izraeli, D. N. (1995). Women managers: moving up and across borders. In: Shenkar, O. (Eds.). *Global Perspectives of Human Resource Management*. Prentice-Hall, Englewood Cliffs, N. J., pp. 159-163.

Ajzen, I. (1991). The theory of planned behavior. Organizational Behavior and considerations. http: //www-unix.oit.umass.edu/~aizen/pdf/tpb.measurement.pdf.

Ajzen, I. (2001). Constructing a TpB questionnaire: conceptual and methodological. *Human Decision Processes*, 50: 179-211. *Journal of Abnormal and Social Psychology*, 58: 203-210.

Allen, V. L., & Levine, J. M. (1971). Social support and conformity: the role of independent assessment of reality. *Journal of Experimental Social Psychology*, 7: 48-58.

Alloy, L. B., & Abramson, L. Y. (1979). Judgment of contingency in depressed and non-depressed students: Sadder but wiser? *Journal of Experimental Psychology: General*, 108(4): 441-485.

Allport, F. H. (1924). *Social psychology*, Boston, Mass.: Houghton Mifflin.

Allport, G. W. (1967). The historical background of modern social psychology. In: Lindzey, G., & Aronson, E. (Eds.). *The Handbook of Social Psychology*. (2nd edition) Reading, MA: Addison-Wesley, pp. 1-80.

Allport, G. W. (1935). Attitudes. In: Murchison, C. M. (Ed.). *Handbook of Social Psychology*. Winchester, MA: Clark University Press, pp. 796-834.

Allport, G. W., & Postam, L. (1947). *The Psychology of Rumor*. New York: Holt, Rinehart & Winston.

Altman, I., & Taylor, D., (1973). *Social Penetration: The Development of Interpersonal Relationships*. New York: Holt, Rinehart and Winston.

Amato, P. R. (1983). Helping behavior in urban and rural environments: Field studies based on a taxonomic organization of helping episodes. *Journal of Personality and Social Psychology*, 45(3): 571-586.

Anderson, C. A., Anderson, K. B., Dorr, N., DeNeve, K. M., & Flanagan, M. (2000). Temperature and aggression. In: Zanna, M. (Ed.). *Advances in Experimental Social Psychology*. New York: Academic, pp. 63-133.

Anderson, C. A. & Anderson, D. C. (1984). Ambient temperature and violent crime: tests of the linear and curvilinear hypothesis. *Journal of Personality and Social Psychology*, 46: 91-97.

Anderson, C. A. & Bushman, B. J. (2002). Human Aggression. *Annual Review of Psychology*, 53: 27-51.

Anderson, N. H. (1965). Averaging versus adding as a stimulus-combination rule in impression formation. *Journal of Experimental Psychology*, 70(4): 394-400.

Anshel, M. H. (1995). Examining social loafing among elite female rowers as a function of task duration and mood. *Journal of Sport Behavior*, 18: 39-49.

Argyle, M., & Henderson, M. (1985). *The Anatomy of Relationships: And the Rules and Skills Needed to Mange them Successfully*. London: Heinemann.

Aronoff, J., & Stevenson, L. A. (1988). The recognition of threatening facial stimuli. *Journal of Personality and Social Psychology*, 54: 647-655.

Aronson, E. (1980). *The Social Animal*. New York: Freeman.

Aronson, E., & Mills, J. (1959). The effect of severity of initiation on liking for a group. *Journal of Abnormal and Social Psychology*, 59: 177-181.

Arseneault, L., Tremblay, R. E., Boulerice, B. et al. (2000). Minor physical anomalies and family adversity as risk factors for violent delinquency in adolescence. *American Journal of Psychiatry*, 157: 917-923.

Asch, S. E. (1946). Forming impressions of personality. *The Journal of Abnormal and Social Psychology*, 41(3): 258-290.

Atkinson, J. W., & Feather, N. T. (1966). *A Theory of Achievement Motivation*. New York: Wiley.

Atkinson, J. W., & Liwin, G. H. (1957). Achievement motive and test anxiety as motive to approach success and motive to avoid failure. *Psychological Review*, 64(6): 359-372.

Atoum, A. O., & Farah, A. M. (1993). Social loafing and personal involvement among Jordanian college students. *The Journal of Social Psychology*, 133(6): 785-790.

Babad, E. (1993). Pygmalion-25 years after interpersonal expectations in the class. In: Blanck, P. D. (Ed.). *Interpersonal Expectations: Theory Research and Applications*. New York: Cambridge University Press, pp. 125-175.

Babbie, E. (2001). *The Practice of Social Research* (9th Ed.). Wadsworth

Publishing Company.

Baldwin, M. W., Carrell, S. E., & Lopez, D. F. (1990). Priming relationship schemas: My advisor and the Pope are watching me from the back of my mind. *Journal of Experimental Social Psychology*, 26: 435-434.

Bales, R. F. (1950). *Interaction Process Analysis: A Model for the Study of Small Groups*. Chicago: The University of Chicago Press.

Bandura, A. (1973). *Aggression: A Social Learning Analysis*. Eaglewood Cliffs, NJ: Prentice Hall.

Bandura, A. (1977). Self-efficacy: Toward a unifying theory of behavioral change. *Psychological Review*, 84: 191-215.

Bandura, A. (1997). *Self-Efficacy: The Exercise of Control*. New York: W. H. Freeman.

Barker, L. L., & Kibler, R. J. (1971). *Speech Communication Behavior: Perspectives and Principles*. Englewook Cliffs, NJ: Prentice-Hall, Inc, pp. 167-181.

Barker, R., Dembo, T., & Lewin, K. (1941). Frustration and aggression: An experiment with young children. *University of Iowa Studies in Child Welfare*, 18: 1-314.

Baron, R. A. (1978). Aggression and heat: The "long hot summer" revisited. In: Baum, A., Valins S., & Singer J. (Eds.). *Advances in Environmental Psychology*. Mahwah, NJ: Lawrence Erlbaum Associates, pp. 57-84.

Baron, R. A., & Richardson, D. R. (2004). *Human Aggression*. Springer.

Batson, C. D. (1987). Prosocial motivation: Is it ever truly altruistic. *Advances in Experimental Social Psychology*, 20: 65-122.

Batson, C. D., Thompson, E. R., Seuferling, G., Whitney, H., & Strongman, J. (1999). Moral hypocrisy: Appearing moral to oneself without being so. *Journal of Personality and Social Psychology*, 77: 525-537.

Batson, C. D., Kobrynowicz, D., Dinnerstein, J. L., Kampf, H. C., & Wilson, A. D. (1997). In a very different voice: Unmasking moral hypocrisy. *Journal of Personality and Social Psychology*, 72: 1335-1348.

Bem, D. J. (1967). Self-perception: An alternative interpretation of cognitive dissonance phenomena. *Psychological Review*, 74: 183-200.

Bem, D. J. (1971). The importance of expressive behavior, involvement, sex, and need-approval in inducing liking. *Journal of Experimental Social Psychology*, 7:

534-544.

Benson, P. L. (1976). Pretty pleases: The effects of physical attractiveness, race, and sex on receiving help. *Journal of Experimental Social Psychology*, 12: 409-415.

Berkowitz, L. (1965). Some aspects of observed aggression. *Journal of Personality and Social Psychology*, 2(3): 359-369.

Berkowitz, L. (1989). The frustration-aggression hypothesis: An examination and reformation. *Psychology Bulletin*, 106: 59-73.

Berkowitz, L. (2003). Affect, aggression, and behavior. In: Davidson, R. J., Scherer, K. R., Goldsmith, H. H. (Eds.). *Handbook of Affective Science*. New York: Oxford University Press, pp. 804-823.

Betz, N. E., & Hackett, G. (1981).The relationship of career-related self-efficacy expectations to perceived career options in college women and men. *Journal of Counseling Psychology*, 28: 399-410.

Billig, M. (1996). *Arguing and Thinking: A Rhetorical Approach to Social Psychology* (2nd Ed.). Cambridge: Cambridge University Press.

Björkqvist, K., Lagerspetz, K. M. J., & Kaukiainen A. (1992). Do girls manipulate and boys fight? Developmental trends in regard to direct and indirect aggression. *Aggressive Behavior*, 18: 117-127.

Black, S. L., & Bevan, S. (1992). At the movies with Buss and Durkee: A natural experiment on film violence. *Aggressive Behavior*, 18: 37-45.

Blair, R. J., & Cipolotti, L. (2000). Impaired social response reversal: A case of 'acquired sociopathy'. *Brain*, 123(6): 1122-1141.

Blumer, H., & Hauser, P. (1933). *Movies, Delinquency and Crime*. New York: Macmillan.

Bodenhausen, G. V., Gabriel, S., & Lineberger, M. (2000). Sadness and susceptibility to judgmental bias: The case of anchoring. *Psychological Science*, 11(4): 320-323.

Bond, M. H., & Hwang, K. K. (1986). *The Psychology of the Chinese People*. Hong Kong: Oxford University Press.

Bond, M. H., & Leung, K. (1984). The impact of cultural collectivism on reward allocation. *Journal of Personality and Social Psychology*, 47(4): 793-804.

Bowers, K. S., Regehr, G., & Blthazard, C. (1990). Intuition in context of discovery. *Cognitive Psychology*, 22: 72-110.

Brennan, K. A., Clark, C. L., & Shaver, P. R. (1998). Self-report measurement of adult romantic attachment: An integrative overview. In: Simpson, J. A., &Rholes, W. S. (Eds.). *Attachment Theory and Close Relationships*. New York: Guilford Press, pp. 46-76.

Brennan, P. A., Grekin, E. R., & Mednick, S. A. (1999). Maternal smoking during pregnancy and adult male criminal outcomes. *Archives of General Psychiatry*, 56: 215-219

Brickmer, M. A., Ostrom, T. M., & Harkins, S. G. (1986). Effects of personal involvement: Thought-provoking implications for social loafing. *Journal of Personality and Social Psychology*, 51(4): 763-769.

Briggs, I., & McCaulley, M. H. (1986). *Manual: A Guide to the Development and Use of the MBTI*. Paloalto, CA: Consulting Psychologists Press.

Brophy, J. (1998). Introductions. In: Brophy, J. (Ed.). *Advances in research on teaching. Vol, 7: Expectations in the Classroom*. Greenwich CT: JAI.

Brosnan, S. F., & de Waal, F. B. M. (2003). Monkeys reject unequal pay. *Nature*, 425: 297-299.

Brown, R. (2000). Social Identity Theory-past achievements, current problems and future challenges. *Eurpean Journal social psychology*, 30: 745-778.

Burns, J. M., Baghurst, P. A., & Sawyer, M. G. et al. (1999). Life time low-level exposure to environmental lead and children's emotional and behavioral development at ages 11-13 years. The Port Pirie Cohort Study. *American Journal of Epidemiology*, 149: 740-749

Buss, A. H. (1961). *The Psychology of Aggression*. New York: Wiley, p. 307.

Buss, D. M., & Schmitt, D. P. (1993). Sexual strategies theory: An evolutionary perspective on human mating. *Psychological Review*, 100: 204-232.

Buss, D.M. et al. (1990). International preferences in selecting mates: A study of 37 cultures. *Journal of Cross-Cultural Psychology*, 21: 5-47.

Buunk, B. P., VanYperen, N. W., Taylor, S. E., & Collins, R. L. (1991). Social comparison and the drive upward revisited: Affiliation as a response to marital stress. *European Journal of Social Psychology*, 21: 529-546.

Byrne, Donn E. (1971). *The Attraction Paradigm*. New York: Academic Press.

Cacioppo, J. T., & Petty, R. E. (1987). Stalking rudimentary processes of social influence: A psychophysiological approach. In: Zanna, M. P., Olson, J. M., &

Herman, C. P. (Eds.). *Social Influence: The Ontario Symposium*. Hillsdale, NJ: Erlbaum, 5: 47-71.

Cacioppo, J. T., Gardner W. L., & Berntson, G. G. (1997). Beyond bipolar conceptualizations and measure: The case of attitudes and evaluative space, *Personality and Social Psychology Review*, 1: 3-25.

Cai, H., Brown, J. D., Deng, C., & Oakes, M. A. (2007). Self-esteem and culture: Differences in cognitive self-evaluations or affective self-regard? *Asian Journal of Social Psychology*, 10: 162-170.

Cairns, R. B. (1986). An evolutionary and development perspective on aggressive patterns. In: Zahn-Waxler, C., Cummings, E. M., & Lannotti, R. (Eds.). *Altruism and Aggression*: *Biological and Social Origins*. Cambridge: Cambridge University Press, pp. 58-77.

Camp, B., & Bash, M. A. S. (1981). *Think Aloud: Increasing Social and Cognitive Skills*. A problem-solving approach. Champaign, IL: Research Press.

Campbell, D. (1986). Similarity and uniqueness: The effects of attribute type, relevance, and individual differences in self-esteem and depression. *Journal of personality and Social Psychology*, 50: 281-294.

Carey, M. (1978). Does civil inattention exist in pedestrian passing? *Journal of Personality and Social Psychology*, 36: 1185-1193.

Chaiken, A., Sigler, E., & Derlega, V. (1974). Nonverbal mediators of teacher expectancy effects. *Journal of personality and social psychology*, 30: 144-149.

Chaiken, S., & Baldwin, M. W. (1981). Affective-cognitive consistency and the effect of salient behavioral information on the self-perception of attitudes. *Journal of Personality & Social Psychology*, 41: 1-12.

Chaikin, A. L., Gillen, B., Derlega, V. J., Heinen, J. R. K., & Wilson, M. (1978). Students' reactions to teachers' physical attractiveness and nonverbal behavior: Two explanatory studies. *Psychology in the Schools*, 15: 588-595.

Chan, D. K.-S., & Cheng, G. H.-L. (2004). A comparison of online and offline friendship qualities at different stages of relationship development. *Journal of Social and Personal Relationships*, 21(3): 305-320.

Chu, L. (1979). The sensitivity of Chinese and American children to social influence. *The Journal of Social Psychology*, 109(2): 175-186.

Claudia, Y. D., Hoekwima, V. O., & Anthony, W. G. (1998). Social loafing under fatigue. *Journal of Personality and Social Psychology*, 75(5): 1179-1190

Clifford, M. M., & Walster, E. (1973). The effect of physical attractiveness on teacher expectations. *Sociology of Education*, 46: 248-258.

Cohen, S. (1978). Environmental load and the allocation of attention. In: Baum, A., Singer, J.S., & Valins, S. (Eds.). *Advances in Environmental Psychology*. Hillsdale, NJ: Erlbaum, 1: 1-29.

Comer, D. R. (1995). A model of social loafing in real work groups. *Human Relations*, 48(6): 647-665.

Connor, D. F., Steingard, R. J., & Anderson, J. J. (2003). Gender differences in reactive and proactive aggression. *Child Psychiatry and Human Development*, 33(4): 279-294.

Cooley, C. H. (1902). *Human Nature and the Social Order*. New York: Schocken Books.

Cooper, W. (2002). *The Unity of William James's Thought*. Vanderbilt University Press.

Crick, N. R., & Dodge, K. A. (1994). A Review and Reformulation of Social Information-Processing Mechanisms in Children's Social Adjustment. *Psychological Bulletin*, 115(1): 74-101.

Cunningham, M. R., Barbee, A. P., & Pike, C. L. (1990). What do women want? Facial-metric assessment of multiple motives in the perception of male facial physical attractiveness. *Journal of Personality & Social Psychology*, 59: 61-72.

Dabbs, J. M., Carr, T. S., Frady, R. L., & Riad, J. K. (1995). Testosterone, crime, and misbehavior among 692 male prison inmate. *Personality and Individual Differences*, 18: 627-633.

Daly, M., & Wilson, M. (1989). Homicide and cultural evolution, *Ethnology and Sociobiology*, 10: 99-110.

Daniel, K. D., Hirshleifer, D., & Subrahmanyam, A. (2001). Overconfidence, arbitrage, and equilibrium asset pricing. *Journal of Finance LVI,* (3): 921-960.

David, Sistrunk M. (1983). Sex-Relevance of Content and Influenceability. *Personality and Social Psychology Bulletin*, 2(9): 243-252.

Davidson, A. R., & Jaccard, J. J. (1979). Variables that moderate the attitude–behavior relation: Results of a longitudinal survey. *Journal of Personality and Social Psychology*, 37: 1364-1376.

Davis, C. G., Leman, D. R., & Wortman, C. B. et al. (1995). The undoing of traumatic life events. *Personality and Social Psychology Bulletin*, 21: 109-124.

Davis, M. H. (1996). *Empathy: A Social Psychological Approach*. Boulder: Westview Press.

Depaulo, B. M., & Stone, J. A. (1982). Attentional determinants of success at detecting deception or truth. *Personality and social psychology Bulletin*, 8: 273-279.

Derlega, V. J. (1984), "Self disclosure and intimate relationships". In: Derlega, V. J. (Eds.). *Intimacy and Close Relationships*. Orlando, FL: Academic Press, pp. 1-9.

Derlega, V., & Grzelak, J. (1979). Appropriateness of self-disclosure. In: Chelune, G. J. (Ed.). *Self-disclosure: Origins, Patterns and Implications of Openness in Interpersonal Relationships*. San Francisco, CA: Jossey-Bass, pp. 151-176.

Deutsch, M., & Gerard, H. B. (1955). A study of normative and informational social influences upon individual judgment. *Journal of Abnormal and Social Psychology*, 51(3): 629-636.

Diener, E. (1980). Deindividuation: the absence of self-awareness and self-regulation in group members. In: Paulus, P. B. (Ed.). *The Psychology of Group Influences*. Lawrence Erlbaum, Hillsdale, NJ. pp. 209-242.

Diener, E., Fraser, S., Beaman, A., & Kelem, R. (1976). Effects of deindividuation variables among Halloween trick-or-treaters. *Journal of Personality and Social Psychology*, 33: 178-183.

Dion, K. L., & Dion, K. K. (1993). Individualistic and collectivistic perspectives on gender and the cultural concept of love and intimacy. *Journal of Social Issues*, 49: 53-69.

Dion, K., Berscheid, E., & Walster, E. (1972). What is beautiful is good. *Journal of Personality and Social Psychology*, 24: 285-290.

Dodge, K. A., Coie, J. D., & Lynam, D. (2006). Aggression and antisocial behavior in youth. In: Damon, W., & Eisenberg, N. (2006). *Handbook of Child Psychology: Social, Emotional, and Personality Development.* Toronto: Wiley, pp. 719-788.

Doise, W. (1986). *Levels of Explanation in Social Psychology*. Cambridge: Cambridge University Press.

Doise, W. (1982). Report on the European Association of Experimental Social Psychology. *European Journal of Social Psychology*, 12: 105-111.

Dollard, J. L., Doob, W. N., & Miller, N. E. (1939). *Frustration and Aggression*. New Haven: Yale University Freer.

Doms, M., & van Avermaet, E. (1985a). The conformity effect: a timeless phenomenon. *Bulletin of the British Psychological Society*, 35: 383-385.

Doms, M., & van Avermaet, E. (1985b). Social support and minority influence: the innovation effect reconsidered. In: Moscovici, S., Mugny, G., & van Avermaet, E. (Eds.). *Perspectives on Minority Influence*. (S. 53-74). Cambridge: Cambridge University Press.

Dovidio, J. F., & Gaermer, S. L. (1996). Affirmative action, unintentional racial biases, and inter-group relations. *Journal of Social Issues*, 52(4): 51-75.

Duck, S. W. (1982). A topography of relationship disengagement and dissolution. In: Duck, S. W. (Ed.). *Personal Relationships 4: Dissolving Personal Relationships*. London: Academic Press, pp. 1-30.

Eagly, A. H., & Steffen, V. J. (1986). Gender and leadership style: A meta-analytic review of the social psychological literature. *Psychological Bulletin*, 100: 309-330.

Earley, P. C. (1989). Social loafing and collectivism: a comparison of the United States and the People's Repulic of China. *Administrative Science Quarterly*, 34(1): 565-581.

Eisenberg, N., & Strayer, J. (1987). Critical issues in the study of empathy. In: Eisenberg N., & Strayer, J. (Eds.). *Empathy and its Development*. New York: Cambridge University Press, pp. 3-13.

Ekman, P. (1982). *Emotion in the Human Face*. New York: Cambridge University Press.

Epstein, S., Pacini, R., Denes-Raj, V., & Heier, H. (1996). Individual difference in intuitive-experiential and analytic-rational thinking styles. *Journal of personality and social psychology*, 71(2): 390-405.

Erans, I. M., & Meyer, L. H. (1985). *An Educative Approach to Behavior Problem: A Practical Decision Model for Interventions with Severely Handicapped Learners*. Baltimone, D: Brookes, p. 135.

Everett, C. J., Smith, R. E., & Williams, K. D. (1992). Effects of team cohesion and identifiably on social loafing in relay swimming performance. *Inter-national Journal of Sport Psychology*, 23: 311-324.

Farr, R. M. (1978). On the varieties of social psychology: An essay on the relationships between psychology and other social sciences. *Social Science Information*, 17: 503-525.

Farr, R. M., & Moscovici, S. (1984). *Social Representations*. Cambridge: Cambridge University Press.

Fehr, B. A. (1996). *Friendship Processes*. Thousand Oaks, CA: Sage.

Felson, R. B., & Russo, N. (1988). Parental Punishment and Sibling Aggression. *Social Psychology Quarterly*, 51: 11-18.

Fenz, W. D., & Arkoff, A. (1962). Comparative need patterns of five ancestry groups in Hawaii. *Journal of Social Psychology*, 58: 67-89.

Feshbach, S. (1955). The Drive-Reducing Function of Fantasy Behaviour. *Journal of Abnormal and Social Psychology*, 50: 3-11.

Feshbach, S. (1971). Dynamics and morality of violence and aggression: Some psychological considerations. *American Psychologist*, 26: 281-292.

Festinger, L. (1954). A theory of social comparison processes. *Human Relations*, 7: 117-140.

Festinger, L., Riecken, H. W., & Schachter, S. (1956). *When Prophecy Fails: A Social and Psychological Study of a Modern Group that Predicted the Destruction of the World*. New York.: Harper Torchbooks.

Festinger, L. (1957). *A Theory of Cognitive Dissonance*. Stanford, CA: Stanford University Press.

Festinger, L., & Carlsmith, J. (1959). Cognitive consequences of forced compliance. *Human Decision Processes*, 50: 179-211.

Festinger, L., Riecken, H., & Schachter, S. (1964). *When Prophecy Fails: A Social and Psychological Study of A Modern Group that Predicted the Destruction of the World*. New York: Harper & Row.

Figley, C. R. (1973). Child density and the marital relationship. *Journal of Marriage and the Family*, 35: 272-282.

Finch, J. F., & Cialdini, R. B. (1989). Another indirect tactic of (self-)image management. *Personality and Social Psychology Bulletin*, 15: 222-232.

Fishbein, M., & Ajzen, I. (1975). *Belief, Attitude, Intention, and Behavior: An*

Introduction to Theory and Research. Reading, MA: Addison-Wesley.

Fiske, S. T., & Depret, E. (1996). Control, interdependence and power: Understanding social cognition in its context. *European Review of Social Psychology*, 7: 31-62.

Fiske, S. T., Cuddy, A. J. C., Glick, P., & Xu, J. (2002). A Model of (Often Mixed) Stereotype Content: Competence and Warmth Respectively Follow From Perceived Status and Competition. *Journal of Personality and Social Psychology*, 82, 878-902.

Fodor, J. A. (1975). *The Language of Thought*. Cambridge, MA: Harvard University Press.

Franke, R., & Leary, M. R. (1991). Disclosure of sexual orientation by lesbians and gay men : acomparison of private and public processes. *Journal of Social and Clinical Psychology*, 10(3): 262-269.

Freedman, J. F., & Sears, D. O. (1965). Selective Exposure. In: Berkowitz, L. (ed.). *Advances in Experimental Social Psychology*. New York: Academic Press, 2: 58-97.

Freedman, J. L., & Fraser, S. C. (1966). Compliance without pressure: The foot in the door technique. *Journal of Personality and Social Psychology*, 4: 195-202.

Freedman, J. L. (1985). *Social Psychology*. New York: Prentice-Hall, p. 230.

Fromm, E. (1949). *Psychoanalytic Characterology and Its Application to the Understanding of Culture*, Edited by S. Stansfeld Sargent, Marian W. Smith. Culture and Personality, Viking Fund, pp. 1-10.

Funk, J. B., Buchman, D. D., Jenks, J., & Bechtoldt, H. (2003). Playing violent video games, desensitization, and moral evaluation in children. *Applied Developmental Psychology*, 24: 413-436.

Gabrenya, W. K., Wang, Y.-E., & Latane, B. (1985). Social loafing on an optimizing task: cross-cultural differences among Chinese and Americans. *Journal of Cross-Cultural Psychology*, 16: 223-242

Gentile, D. A., Lynch, P. J., Linder, J. R., & Walsh, D. A. (2004). The effects of violent video game habits on adolescent hostility, aggressive behaviors, and school performance. *Journal of Adolescence*, 27: 5-22

George, J. M. (1992). Extrinsic and intrinsic origins of perceived social loafing in organizations. *Academy of Management Journal*, 35(1): 191-202.

George, J. M. (1995). Asymmetrical effects of rewards and punishments: The case of social loafing. *Journal of Occupational and Organizational Psychology*, 68(1): 327-338.

George, T. R., & Feltz, D. L. (1995). Motivation in sport from a collective efficacy perspective. *International Journal of Sport Psychology*, 26: 98-116.

Giancola, P. R. (2003). The moderating effects of dispositional empathy on alcohol-related aggression in men and women. *Journal of Abnormal Psychology*, 112(2): 275-281.

Goffman, E. (1959). *The Presentation of Self in Everyday Life*. New York: Doubleday.

Goffman, E. (1963). *Behaviour in Public Places: Notes on the Social Organization of Gatherings*. New York: Free Press.

Goldstein, D. G., & Gigerenzer, G. (1999). The recognition heuristic: How ignorance makes us smart. In: Gigerenzer, G., Todd, P. M., & The ABC Research Group (Eds.). *Simple Heuristics That Make us Smart*. New York: Oxford University Press, pp. 37-58.

Grafman, J., Schwab, K., & Warden, D., et al. (1996). Frontal lobe injustice, violence, and aggression: a report of the Vietnam Head In jury Study. *Neurology*, 46(5): 1231-1238.

Greenwald, A. G. (1980). The totalitarian ego: Fabrication and revision of personal history. *American Psychologist*, 35: 603-618.

Greenwald, A. G., & Banaji, M. R. (1995). Implicit social cognition: Attitudes, self-esteem, and stereotypes. *Psychological Review*, 102: 4-27

Greenwald, A. G., McGhee, D. E., & Schwartz, J. K. L. (1998). Measuring individual differences in implicit cognition: The implicit association test. *Journal of Personality and Social Psychology*, 74: 1464-1480.

Greenwald, A. G., & Farham, S., D., et al. (2000). Using the Implicit Association Test to Measure Self-Esteem and Self-concept. *Journal of Personality and Social Psychology*, 79(6): 1022-1038.

Greitemeyer, T. (2007). What do men and women want in a partner? Are educated partners always more desirable? *Journal of Experimental Social Psychology*, 43: 180-194.

Gustave Le Bon (1896). *The Crowd: a Study of the Popular Mind*. London:

Ernest Benn, pp. 129-131.

Hamilton, D. L., & Gilfford, R. K. (1976). Illusory correlation in interpersonal perception: A cognitive basis of stereotypic judgments. *Journal of Experimental Social Psychology*, 12: 392-407.

Hamilton, D. L. (1981). Stereotyping and inter-group behavior: Some thoughts on the cognitive approach. In: Hamilton, D. L. (Ed.). *Cognitive Processes in Stereotyping and Inter-Group Behavior*. Hillsdale, NJ: Erllaum, pp. 333-353.

Hamilton, D. L., Stroessner, S., & Macked, D. M. (1993). The influence of affect on stereotyping: The case of illusory correlations. In: Macjed, D.M., & Hamilton, D. L. (Eds.). *Affect, Cognition, and Stereotyping: Interactive Processes in Group Perception*. San Diego, CA: Academic Press, pp. 39-610.

Handy, C. (1993). *Inside Organizations: 21 Ideas for Managers*. Massachusetts: Addison-Wesley.

Haney, C., & Zimbardo, P. G. (1998). The past and future of U.S. prison policy: Twenty-five years after the Stanford Prison Experiment. *American Psychologist*, 53: 709-727.

Harcum, E. R., & Bandura, L. L. (1990). Social loafing as response to an appraisal of appropriate effort. *The Journal of Psychology*, 124(6): 629-637.

Harkins, S. G., & Szymanski, K. (1988). Social loafing and self-evaluation with an objective standard. *Journal of Experimental Social Psychology*, 24: 354-365.

Harris, J. R. (1995). Where is the child's environment? A group socialization theory of development. *Psychological Review*, 10: 458-489.

Hartup, W. W. (1974). Aggression in childhood: Developmental perspectives. *American Psychologist*, 29: 336-341.

Heider, F. (1958). *The Psychology of Interpersonal Relations*. New York: Wiley.

Helmreich, R., & Stapp, J. (1974). Short forms of the Texas Social Behavior Inventory (TSBI), an objective measure of self-esteem. *Bulletin of Psychonomic Society*, 4: 473-475.

Hendrick, C., & Hendrick, S. (1986). A Theory and method of love. *Journal of Social and Personal Relationship*, 50: 392-402.

Hepworth, J. D., Linnoila, M., & West, S. G. (1988). Lychings and economy: a time-series reanalysis of Hovland and Sears. *Journal of Personality and Social*

Psychology, 55: 239-247.

Hergenhahn, B. R. (2005). *An Introduction to the History of Psychology*. Belmont, CA, USA: Thomson Wadsworth, p. 475.

Heron, W. (1957). Perception as a function of retinal locus and attention. *American Journal of Psychology*, 70(1): 38-48.

Hess, R., & Torney, J. (1967). *The Development of Political Attitudes in Children*. Aldine, Amsterdam.

Hetherington, E. M., Cox, M., & Cox, R. (1982). Effects of divorce on parents and children. In: Lamb, M. (Ed.). *Nontraditional Families*, Hillsdale, NJ: Erlbaum.

Hewstone, M., & Stroebe, W. (2001). *Introduction to Social Psychology: A Edropean Perspective* (3rd Ed.). Oxford: Blackwell.

Higgins, E. T. (1987). Self-discrepancy: A theory relating self and affect. *Psychological Review*, 94: 319-340.

Ho, D., & Y. F. (1998). Interpersonal relationships and relationships dominance: Analysis based on methodological relationalism. *Asian Journal of Social Psychology*, 1: 1-16.

Hogg, M. A. (1992). *The Social Psychology of Group Cohesiveness: From Attraction to Social Identity*. New York University Press.

Hogg, M. A. (1998). *Social Psychology*. London: Prentice Hall Europe.

Hogg, M. A., & Tindale, S. (2001). *Blackwell Handbook of Social Psychology: Group Processes*. Oxford: Blackwell.

Hollander, E. P. (1976). *Principles and Methods of Social Psychology*. New York: Oxford.

Hollenberg, E. H., & Sperry, M. S. (1951). Some antecedents of aggression and effects of frustration in doll play. *Personality*, 1: 32-43.

Hong, Y.-y., Ip, G., Chiu, C.-y., Morris, M. W., & Menon, T. (2001). Cultural identity and dynamic construction of the self: Collective duties and individual rights in Chinese and American cultures. *Social Cognition*, 19: 251-268.

Hwang, K. K. (1987). Face and favor: the Chinese power game. *American Journal of Sociology*, 92(4): 35-41.

Isreal, J. & Tajfel, H. (1972). *The Context of Social Psychology: A Critical Assessment*. London: Academic Press.

Jackson, J. M. & Williams, K. D. (1985). Social loafing on difficult tasks:

Working collectively can improve performance. *Journal of Personality and Social Psychology*, 49: 937-942.

James, W. (1950). *The Principles of Psychology*. Dover Publication.

James, D. Laird & Charles Bresler. (1990). William James and the mechanisms of emotional experience. *Personality and social psychology Bulletin*, 16(4): 636-651.

Janis, I. L., & Mann, I. (1965). Effectiveness of emotional role playing in modifying smoking habits and attitudes. *Journal of Experimental Research on Personality*, 1: 84-90.

Janis, I. L. (1972). *Victims of Groupthink*. Boston: Houghton Mifflin.

Janis, I. L. (1982). *Victims of Groupthink* (2nd Ed.). Boston: Houghton Mifflin.

Jaspars, J. (1980). The Coming of Age of social Psychology in Europe. *European Journal of Social Psychology*, 10: 421-428.

Jaspars, J. (1986). Forum and Focus: A Personal View of European Social Psychology. *European Journal of Social Psychology*, 16: 3-15.

Jones, E. E., & Davis, K. E. (1965). From acts to dispositions: The attribution process in person perception. In: Berkowitz, L. (Ed.). *Advances in Experimental Social Psychology*. New York: Academic Press, 2: 219-266.

Jones, E. E., & Harris, V. A. (1967). The attribution of attitudes. *Journal of Experimental Social Psychology*, 3: 1-24.

Jones, E. E., & Sigall, H. (1971). The bogus pipeline: A new paradigm for measuring affect and attitude. *Psychological Bulletin*, 76: 349-364.

Jussim, L., Smith, A., & Madon, S. P. et al. (1998). Teacher expectations. In: Brophy, J. (Ed.). *Advances in Research on Teaching, Expectations in the Classroom*. Greenwich CT: JAI, 7, 1998, pp. 1-48.

Kahneman, D., Tversky, A. (1982). On the psychology of prediction. In: Kahneman, D., Slovic, P., & Tversky, A. (Eds.). *Judgment under Uncertainty: Heuristics and Biases*. Cambridge: Cambridge University Press, pp. 48-68.

Kahneman, D., & Tversky, A. (1982). The simulation heuristic. In: Kahneman, D., Slovic, P., & Tversky, A. (Ed.). *Judgment of Uncertainty: Heuristics and Biases*. New York: Cambridge University Press, pp. 201-208.

Kahneman, D., & Miller, D. T. (1986). Norm theory: Comparing reality to its alternatives. *Psychology Review*, 93: 136-153.

Kahneman, D., & Varey, C. A. (1990). Propensities and counterfactuals: The loser that almost won. *Journal of Personality and Social Psychology*, 59: 1101-1110.

Kameda, T., & Sugimori, S. (1993). Psychological entrapment in group decision making: An assigned decision rule and a groupthink phenomenon. *Journal of Personality and Social Psychology*, 65: 282-292.

Kaplan, J. R., Muldoon, M. F., & Manuck, S. B. *et al.* (1997). Assessing the observed relationship between low cholesterol and violence-related mortality. Implications for suicide risk. *Annals of the New York Academy of Sciences*, 836: 57-80.

Karau, S. J., & Williams, K. D. (1993). Social loafing: A meta-analytic review and theoretical integration. *Journal of Personality and Social Psychology*, 65(4): 681-706.

Karau, S. J., & Williams, K. D. (1997). The effects of group cohesion on social loafing and social compensation. *Group Dynamics: Theory, Research, and Practice*, 1: 156-168.

Katz, D., & Braly, K. W. (1935). Racial prejudice and racial stereotypes. *Journal of Abnormal and Social Psychology*, 30: 175-193.

Kaukiainen, A., Björkqvist, K., & Lagerspetz, K. *et al.* (1999). The relationships between social intelligence, empathy, and three types of aggression. *Aggressive Behavior*, 25(2): 81-89.

Kelley, H. (1967). Attribution theory in social psychology. In: Levine, D. (Ed.). *Nebraska Symposium on Motivation*. Lincoln, NB: University of Nebraska Press, 15: 129-238.

Kenrick, T. D., Groth, G. E., Trost, M. R., & Sadalla, E. K. (1993). Integrating evolutionary and social exchange perspectives on relationships: Effects of gender, self-appraisal, and involvement level on mate selection criteria. *Journal of Personality and Social Psychology*, 64: 951-969.

Kerr, N. L., & Bruun, S. E. (1981). Dispensability of member effort and group motivation losses: free-rider effects. *American Psychologist*, 36: 343-356.

Kerr, N. L., & Bruun, S. E. (1983). Dispensability of member effort and group motivation losses: Free-rider effects. *Journal of Personality and Social Psychology*, 44: 78-94.

Kilham, W., & Mann, L. (1974). Level of destructive obedience as a function of transmitter and executant roles in the Milgram obedience paradigm. *Journal of Personality and Social Psychology*, 29: 696-702.

Kim, H., & Markus, H. R. (1999). Deviance or uniqueness, harmony or conformity? A cultural analysis. *Journal of Personality and Social Psychology*, 77(4): 785-800.

Kim, U., Triandis, H. C., & Kagitibasi, C. et al. (1994). *Individualism and Collectivism: Theory, Method, and Application*. Thousand Oaks, California: Sage Publications, pp. 179-180.

Kingdon, John W. (1967). Politicians' beliefs about voters. *American Political Science Review*, 61: 137-145.

Koole, S. K., Dijksterhuis, A., & van Knippenberg, A. (2001). What's in a name: Implicit self-esteem. *Journal of Personality and Social Psychology*, 80: 614-627.

Kugihara, N. (1999). Gender and social loafing in Japan. *Journal of Social Psychology*, 139(4): 516-527.

Kulik, J. A. & Mahler, H. I. M. (1989). Social support and recovery from surgery. *Health Psychology*, 8, 221-238.

Landman, J. (1987). Regret and elation following action and inaction: affective responses to positive versus negative outcomes. *Personality and Social Psychology Bulletin*, 13: 524-526.

LaPiere, R. T. (1934). Attitudes vs. actions. *Social Forces*, 13: 230-237.

Larson, R., Csikszentmihalyi, M., & Graef, G. (1982). Time alone in daily experience: Loneliness or renewal? In: Peolau, L. A., & Perlman, D. (Eds.). *Loneliness: A Sourcebook of Current Theory*. New York: Wiley-Interscience, pp. 44-53.

Latane, B., Williams, K. D., & Harkins, S. G. (1979). Many hands make light the work: the causes and consequences of social loafing. *Journal of Personality and Social Psychology*, 37: 822-832.

Latane, B. (1981). The psychology of social impact. *American Psychologist*, 36: 343-356.

Latane, B., & Wolf, S. (1981). The social impact of majorities and minorities. *Psychological Review*, 1981: 34-44.

Lau, R. R., & Russell, D. (1980). Attributions in the sports pages. *Journal of Personality and Social Psychology*, 39: 29-38.

Leary, M. R., & Kowalski, R. M. (1990). Impression management: A literature review and two-component model. *Psychology Bulletin*, 107: 34-47.

Leavitt, H. J. (1964). Applied organization change in industry: Structural, technical and human approaches. In: Cooper, W. W., Leavitt, H. J., & Shelley, M. W. (Eds.). *New Perspectives in Organizational Research*. New York: Wiley.

Lee, J. A. (1977). A typology of styles of loving. *Personality and Social Psychology Bulletin*, 3: 173-182.

Lee, J. A. (1988). Love styles. In: Sternberg, R. J., & Barnes, M. L. (Ed.). *The psychology of Love*. Yale University Press, New Haven, CT, pp. 38-67.

Lee, Y. T., Jussim, L., McMcauley, C. (1995). Accuracy of stereotypes: towards appreciating group differences. Washing, DC: The American Psychological Association, 30-32.

Lerner, J. S., Small, D. A., & Loewenstein, G. (2004). Heart strings and purse strings: Carryover effects of emotion on economic transactions. *Psychological Science*, 15(5): 337-341.

Leung, Kwok, & Bond, Michael H. (1984). The impact of cultural collectivism on reward allocation. *Journal of Personality and Social Psychology*, 47(4): 793-804.

Levenson, R. W., & Ruef, A. M. (1992). Empathy: A physiological substrate. *Journal of Personality and Social Psychology*, 63: 234-246.

Levinger, G., & Snoek, J. D. (1972). *Attraction in Relationship: A New Look at Interpersonal Attraction*. Morristown, NJ: General Learning Press.

Lewicki, J., Goyette, A., & Marr, K. (1996). Family camp: A multimodal treatment strategy for linking process and content. *Journal of Child and Youth Care*, 10(4): 51-66.

Lewin, K. (1939). Field Theory and Experiment in Social Psychology: Concepts and Methods. *American Journal of Sociology*, 44(6): 868-897.

Leyens, J. P., & Picus, S. (1973). Identification with the winner of a fight and name mediation: Their differential effects upon subsequent aggressive behavior. *British Journal of Social and Clinical Psychology*, 12: 374-377.

Lichacz, F. M., & Partington, J. T. (1996). Collective efficacy and true group performance. *International Journal of Sport Psychology*, 27: 146-158.

Liden, R. C., Wayne, S. J., Jaworski, R., & Bennett, N. (2004). Social loafing: a field investigation. *Journal of Management*, 30(2): 285-304.

Liebert, R. M., & Baron, R. A. (1972). Some Immediate Effects of Televised Violence on Children's Behavior. *Developmental Psychology*, 6: 469-475.

Lin, M. H., Kwan, V. S. Y., Cheung, A., & Fiske, S. T. (2005). Stereotype content mode explains prejudice for an envied outgroup: Scale of anti-Asian American stereotypes. *Personality and Social Psychology Bulletin*, 31(1): 34-47.

Lippmann, W. (1922). *Public Opinion*. New York: The Free Press.

Lorenz, K. (1963). *On Aggression*. New York: Harcourt.

Loudin, J. L., Loukas, A., & Robinson S. (2003). Relational aggression in college students: Examining the roles of social anxiety and empathy. *Aggressive Behavior*, 29(5): 430-439.

Lubek I. (2000). Understanding and Using the History of Social Psychology. *Journal of the History of the Behavioral Sciences*, 36(4): 319-328.

Maehr, M. I., & Midgley, C. (1991). Enhancing student motivation: A schoolwide approach. *Educational Psychologist*, 26: 399-427.

Manstead, A. S. R., & Semin, G. R. (2001). Methodology in social psychology: Tools to test theories. In: Hewstone, M., & Stroebe, W. (Eds.). *Introduction to Social psychology: A European Perspective*. Oxford: Blackwell, pp.73-114.

Mantell, D. M. (1971). The Potential for Violence in Germany. *Journal of Social Issues*, 27: 101-112.

Markman, K. D., & Gavanski, I. *et al*. (1993). The mental simulation of better and worse possible worlds. *Journal of Experimental Social Psychology*, 29: 87-109.

Markus, H. (1977). Self-schemata and processing information about the self. *Journal of Personality and Social Psychology*, 35: 63-78.

Markus, H., & Kitayama, S. (1991). Culture and the self Implications for cognition, emotion, and motivation. *Psychological Review*, 98: 224-253.

Mattew, T. C., & Sean, M. M. (2004). When mutations meet motivations: Attitude biases in counterfactual thought. *Journal of Experimental Social Psychology*, 40: 65-74.

Mayer, D. G. (1993). *Social Psychology*. 4th Ed., New York: McGraw-Hill.

Mayo, E. (1933). *The Human Problems of an Industrial Civilization*. New York: MacMillan.

McArthur, L. A. (1972). The how and what of why: Some determinants and consequences of causal attribution. *Journal of Personality & Social Psychology*, 22: 171-193.

McDougall, W. (1908). *An Introduction to Social Psychology*. London: Metheun.

McNeil, E. B. (1959). Psychology and Aggression. *The Journal of Conflict Resolution*, (3): 195-293.

Mead, G. H. (1934). *Mind, Self, and Society*. Chicago: University of Chicago Press.

Medvec, V. H., & Madey, S. F. et al. (1995). When less is more: Counterfactual thinking and Satisfactions among Olympic medalists. *Journal of Personality and Social Psychology*, 69(4): 603.

Mehrabian, A. (1971). *Silent Messages*. Belmort, CA, Wadsworth.

Miles, J. A., & Greenberg, J. (1996). Using punishment threat to attenuate social loafing effects among swimmers. *Organizational Behavior and Human Decision Process*, 56(1): 246-265.

Milgram, S. (1963). Behavioral study of obedience. *Journal of Abnormal and Social Psychology*, 67: 371-378.

Milgram, S. (1967). The Small World problem. *Psychology Today*, 67(1): 60-67.

Milgram, S., Bickman, L., & Berkowitz, L. (1969). Note on the drawing power of crowds of different size. *Journal of Personality and Social Psychology*, 13(2): 79-82.

Milgram, S. (1974). *Obedience to Authority: An Experimental View*. New York: Harper & Row Press.

Milgram, S. (1992). *The Individual in a Social World: Essays and Experiments*. Readings, MA: Addison Wesley.

Miller, A. I. (1997). Cultures and Creativity Mathematics and Physics. *Diogenes*, 45(1): 54-72.

Miller, J. A. (2001). Individual motivation loss in group setting: an exploratory study of the social loafing phenomenon. A dissertation presents to the faculty the graduate school of University of Southern California.

Miller, J. G. (1984). Culture and the development of everyday social explanation. *Journal of Personality and Social Psychology*, 46: 961-978.

Miller, N. E. (1941). The frustration-aggression hypothesis. *Psychological Review*, 48: 337-342.

Miller, P. A., & Eisenberg, N. (1988). The relation of empathy to aggressive and externalizing/antisocial behavior. *Psychological Bulletin*, 103(3): 324-344.

Moreland, R. L., & Beach, S. (1992). Exposure effects in the classroom: The development of affinity among students. *Journal of Experimental Social Psychology*, 28: 255-276.

Morris, M. W., & Peng, K. (1994). Culture and cause: American and Chinese attributions for social and physical events. *Journal of Personality and Social Psychology*, 67: 949-971.

Moscovici, S., Lage, E., & Naffrechoux, M. (1969). Influence of a consistent minority on the responses of a majority in a colour perception task. *Sociometry*, 32: 365-380.

Moscovici, S. (1976). *Social Influence and Social Change*. London: Academic Press.

Moscovici, S., & Lage, E. (1976). Studies in social influence. Majority versus minority influence in a group. *European Journal of Social Psychology*, 6: 149-174.

Moscovici, S. (1980). Toward a theory of conversion behavior. In: Berkowitz, L. (Ed.). *Advances in Experimental Psychology*, Vol. 13. (S. 209-239). New York: Academic Press.

Moscovici, S., Mugny, G., & van Avermaet, E. (Eds.).(1985). *Perspectives on Minority Influence*. Cambridge: Cambridge University Press.

Moscovici, S. (1996). Just Remembering. *British Journal of Social Psychology*, 35: 5-14.

Moscovici, S. (2000). *Social Representations: Explorations in Social Psychology*. Cambridge: Polity.

Mulvey, P. W., & Klein, H. J. (1998). The impact of perceived loafing and collective efficacy on group goal processes and group performance. *Organization Behavior and Human Decision Processes*, 74(1): 62-87.

Murphy, S. M., Wayne, S. J., Liden, R. C., & Erdogan, B. (2003). Understanding social loafing: The role of justice perceptions and exchange relationships. *Human Relations*, 56(1): 61-84.

Neugebauer, R., Hoek, H. W., & Susser, E. (1999). Prenatal exposure to wartime famine and development of antisocial personality disorder in early adulthood. *Journal of the American Medical Association*, 4: 479-481.

Newell, A., & Simon, H. A. (1972). *Human Problem Solving*. Englewood Gliffs. HJ: Prentice-Hall.

Nie, N. H., Hull, C. N., Jenkins, J. G., & Bent, D. H. (1975). *Statistical Package for the Social Sciences*. New York: McGraw-Hill.

Niedenthal, P. M., Tangney, J. P., & Gavanski, L. (1994). "If only weren't" versus "If only I hadn't": Distinguishing shame and guilt in counterfactual thinking. *Journal of Personality and Social Psychology*, 67: 585-595.

Nisbett, R. E., Peng, K., Choi, I., & Norenzayan, A. (2001). Culture and systems of thought: Holistic versus analytic cognition. *Psychological Review*, 108: 291-310.

North, A. C., Linley, P. A., Hargreaves, D. J. (2000). Social loafing in a co-operative classroom task. *Educational Psychology*, 20(4): 389-341.

Oerter, R., Oerter, R., Agostiani, H., Kim, H.-O., & Wibowo, S. (1996). The concept of human nature in East Asia: Etic and emic characteristics. *Culture and Psychology*, 2: 9-51.

Omarzu, J. (2000). A disclosure decision model: Determining how and when individuals will self-disclose. *Personality and Social Psychology Review*, 4: 174-185.

Orden, H., Claudia, Y. D., Gaillard, A. W. K., & Buunk, B. P. (1998). Social loafing under fatigue. *Journal of Personality & Social Psychology*, 75(5): 1179-1191.

Osgood, C. E., Suci, G. J., & Tannenbaum, P. H. (1957). *The Measurement of Meaning*. Urbana: University of Illinois Press.

Osgood, C. E. (1977). Objective cross-national indicators of subjective culture. In: Poortinga, Y. H. (Ed.). *Basic Problems in Cross-Cultural Psychology*. Amsterdam: Swets & Zeitlinger.

Panee, C. D., & Ballard, M. E. (2002). High versus low aggressive priming during video-game training: Effects on violent action during game play, hostility, heart rate, and blood pressure. *Journal of Applied Social Psychology*, 32(12): 2458-2474.

Patricia, H. H., Todd, D. L., & Rodkin, P. C. (2007). *Aggression and Adaptation: The Bright Side to Bad Behavior*. Routledge.

Perlman, D., & Peplau, L. A. (1998). Loneliness. In: Friedman, H. (Ed.). *Encyclopedia of mental*. Health (Vol. 2), pp. 571-581.

Pettigrew, T. F. (1969). The ultimate attribution error: Extending Allport's cognitive analysis of prejudice. *Personality and Social Psychology Bulletin*, 5: 461-476.

Pfungst, O. (1911). *Clever Hans (The horse of Mr. von Osten): A Contribution to Experimental, Animal, and Human Psychology*. New York: Holt, Rinehart and Winston.

Pinquart, M., & Sorensen, S. (2001). Influences on loneliness in older adults: A meta-analysis. *Basic and Applied Social Psychology*, 23: 245-266.

Plaks, J. E., & Higgins, E. T. (2000). Pragmatic use of stereo-typing in teamwork: social loafing and compensation as a function of inferred partner-situation fit. *Journal of Personality and Social Psychology*, 79(6): 962-975.

Policastro, E. (1995). Creative intuition: An integrative review. *Creativity Research Journal*, 8: 99-113.

Raid, M. H., & Lubart, T. I. (2001). An empirical study of intuition and creativity. *Imagination, Cognitive and Personality*, 20(3): 217-230.

Raven, B. H., Rubin, J. Z. (1983). *Social Psychology*, 2nd Ed., New York, N. Y.: Riley.

Reifman, A. S., Larrick, R. P., & Fein, S. (1991). Temper and temperature on the diamond: The heat-aggression relationship in major league baseball. *Personality and Social Psychology Bulletin*, 17: 580-585.

Reinisch, J. M., (1981). Prenatal exposure to synthetic progestins increases potential for aggression in humans. *Science*, 13.

Rhodes, G., & Tremewan, T. (1996). Averageness, exaggeration, and facial attractiveness. *Psychological Science*, 7: 105-110.

Roese, N. J., & Olson, J. M. (1993). The structure of counterfactual thought. *Personality and Social Psychological Bulletin*, 19: 312-319.

Roese, N. J. (1994). The Functional Basis of Counterfactual Thinking. *Journal of Personality and Social Psychology*, 66: 805- 818

Rosenberg, M. (1965). *Society and the Adolescent Self-Image*. Princeton, NJ:

Princeton University Press.

Rosenblatt, A. D., & Thickstun, J. T. (1994). Intuition and Consciousness. *Psychoanalytic Quarterly*, 63: 696-714.

Rosenthal, R., & Fode, K. (1963). The effect of experimenter bias on the performance of the albino rat. *Behavioral Science*, 8: 183-189.

Rosenthal, R., & Jacobson, L. (1966). Teachers' expectancies: Determinates of pupils' IQ gains. *Psychological Reports*, 19: 115-118.

Rosenthal, R., & Jacobaon, L. (1968). *Pygmalion in the Classroom: Teacher Expectations and Pupils' Intellectual Development*. New York: Holt, Rinehart and Winson.

Rosenthal, R. (1994). Critiquing Pygmalion: A 25-year perspective. *Current Directions in Psychological Science*, 4(6): 171-172.

Ross, E. A. (1908). *Social Psychology*. New York: Macmillan.

Ross, M., & Sicoly, F. (1979). Egocentric biases in availability and attribution. *Journal of Personality and Social Psychology*, 37: 322-336.

Ross, M. (1989). Relation of implicit theories to the construction of personal histories. *Psychological Review*, 96: 341-357.

Rotter, J. B. (1966). Generalized expectancies for internal versus external control of reinforcement. *Psychological Monographs*, 80: 1-28.

Rotton, J., & Cohn, E. G. (2000). Violence is a curvilinear function of temperature in Dallas: A replication. *Journal of Personality and Social Psychology*, 78: 1074-1081.

Rusbult, C. E., Zembrodt, I. M., & Gunn, L. K. (1982). Exit, voice, loyalty, and neglect: Responses to dissatisfaction in romantic involvements. *Journal of Personality and Social Psychology*, 43: 1230-1242.

Rusbult, C. E. (1983). A longitudinal test of the investment model: The development (and deterioration) of satisfaction and commitment in heterosexual involvements. *Journal of Personality and Social Psychology*, 45: 101-117.

Rusbult, C. E., Arriaga, X. B., & Agnew, C. R. (2001). Interdependence in close relationships. In: Fletcher, G. J. O., & Clark, M. S. (Eds.). *Blackwell Handbook of Social Psychology: Interpersonal Processes*. Oxford: Blackwell, pp. 359-387.

Rusbult, C. E., Coolsen, M. K., Kirchner, J. L., & Clarke, J. (2006).

Commitment. In: Vangelisti, A., & Perlman, D. (Eds.). *Handbook of Personal Relationships*. New York: Cambridge, pp. 615-653.

Russell, D., Peplau, L. A., & Ferguson, M. I. (1978). Developing a measure of loneliness. *Journal of Personality Assessment*, 42: 290-294.

Salancik, G. R., & Conway, M. (1975). Attitude inferences from salient and relevant cognitive content about behavior. *Journal of Personality and Social Psychology*, 32: 829-840.

Sapir, E. (1921). *Language: An Introduction to Study of Speech*. NewYork: Harhcount, Brance & Company.

Sarbin, T. R. (1954). Role theory. In: Lindzey, G. (Ed.). *Handbook of Social Psycholog*. Mass: Addison-Wesley, pp. 223-258.

Sarnoff, I., & Zimbardo, P. G. (1961). Anxiety, fear, and social affiliation. *Journal of Abnormal and Social Psychology*, 62: 597-605.

Schachter, S. (1959). *The Psychology of Affiliation*. Stanford: Stanford University Press.

Schachter, S. (1959). *The Psychology of Affiliation: Experimental Studies of the Sources of Gregariousness*. Stanford, CA: Stanford University Press.

Schmitt, D. P., & Allik, J. (2005). Simultaneous administration of the Rosenberg Self-Esteem Scale in 53 nations: Exploring the universal and culture-specific features of global self-esteem. *Journal of Personality and Social Psychology*, 89: 623-642.

Schultz, P. W., & Oskamp, S. (2000). *Social Psychology: An Applied Perspective*. Upper Saddle River, NJ: Prentice-Hall.

Schutz. W. C. (1958). *A Three-Dimensional Theory of Interpersonal Behavior*. New York: Rinehart & Company.

Schwarzwald, J., Bizman, A., & Raz, M. (1983). The foot-in-the-door paradigm: Effects of second request size on donation probability and donor generosity. *Personality and Social Psychology Bulletin*, 9: 443-450.

Sears, R. R. (1961). Relation of early socialization experiences to aggression in middle childhood. *Journal of Abnormal and Social Psychology*, 63: 466-492.

Sedikides, C., Oliver, M. B., & Campbell, W. K. (1994). Perceived benefits and costs of romantic relationships for women and men: Implications for exchange theory. *Personal Relationships*, 1: 5-21.

Seligman, M. E. P., & Maier, S. F. (1967). Failure to escape traumatic shock. *Journal of Experimental Psychology*, 74: 1-9.

Shanab, M. E., & Yahya, K. A. (1978). A cross-cultural study of obedience. Bulletin of the. *Psychonomic Society*, 11: 267-269.

Shaw, M. E. (1981). *Group Dynamics: The Psychology of Small Group Behavior*. New York: McGraw-Hill.

Shepherd, M. M., Briggs, R. O., Reinig, B. A., Yen, J., Jay, F., & Nunamaker, J. R. (1996). Invoking social comparison to improve electronic brainstorming: Beyond anonymity. *Journal of Management Information Systems*, 12(3): 155-170.

Shepperd, J. A., & Wright, R. A. (1989). Individual contribution to a collective effort. *Personality and Social Psychology Bulletin*, 15: 141-149.

Sherif, M. (1936). *The Psychology of Social Norms*. NY: Harper and Brothers.

Sherif, M., Harvey, O. J., White, B. J., Hood, W. R., & Sherif, C. W. (1961). Intergroup conflict and cooperation: the Robbers' Cave experiment. Norman Institute of Group Relations, University of Oklahoma.

Singlis, T. M. (1994). The measurement of independent and interdependent self-construals. *Personality and Social Psychology Bulletin*. 20: 580-591.

Snyder, M., & Uranowitz, S. W. (1978). Reconstructing the past: Some cognitive consequences of person perception. *Journal of Personality and Social Psychology*, 36: 941-950.

Stein, A. H., & Friedrich, L. K. (1972). Television content and young children's behavior. In: Murray, J. P., Rubinstein, E. A., & Comstock, G. A. (Eds.). *Television and Social Behavior. Television and Social Learning*. Washington, D.C.: U.S. Government Printing Office.

Stephen, L. Franzoi (2002). *Social Psychology*. Oversea Publishing House.

Sternberg, R. J. (1986). A triangular theory of love. *Psychologist Review*, 93: 119-135.

Sternberg, R. J. (1988). *The Triangle of Love*. New York: Basic Books.

Strayer, J., & Roberts W. (2004). Empathy and observed anger and aggression in five-year-olds. *Social Development*, 13(1): 1-13.

Sue, D. W., & Kirk, B. A. (1972). Psychological characteristics of Chinese-American students. *Journal of Counseling Psychology*, 19: 471-478.

Swain A. (1996). Social loafing and identifiably: the mediating role of achievement goal orientation. *Research Quarterly for Exercise and Sport*, 67: 337-344.

Tajfel, H. (1972). Experiments in Vacuum. In: Isreal, J., & Tijfel, H. (Ed.). *The Context of Social Psychology: A Critical Assessment*. London: Academic Press.

Tajfel, H. (1982). Social Psychology of Inter-group Relations. *Annual Review of Psychology*, 33: 1-30.

Tajfel, H. (1984). *Social Dimension: European Developments in Social Psychology*. Cambridge: Cambridge Universtiy Press.

Tapper, K., & Boulton, M. J. (2004). Sex differences in levels of physical, verbal, and indirect aggression amongst primary school children and their associations with beliefs about aggression. *Aggressive Behavior*, 30(2): 123-145.

Tata, J. (2002). The influence of accounts on perceived social loafing in work teams. *The International Journal of Conflicts Management*, 13(3): 292-308.

Taylor, D. M., & Jaggi, V. (1974). Ethnocentrism and causal attribution in a South Indian context. *Journal of Cross-Cultural Psychology*, 5: 162-171.

Taylor, S. E., & Crocker, J. (1981). Schematic bases of social information processing. In: Higgins, E. T., Herman, C. P., & Zanna, M. P. (Eds.). *Social cognition: The Ontario Symposium*. Hillsdale, NJ: Erlbaum, pp. 89-134.

Taylor, S. E., & Brown, J. D. (1994). Positive illusions and well-being revisited: Separating fact from fiction. *Psychological Bulletin*, 116: 21-27.

Taylor, S. E., Peplau, L. A., & Sears., D. O. (2006). *Social psychology* (12th Ed.). Upper Saddle River, NJ: Prentice-Hall.

Tesser, A., & Schwarz, N. (2001). *Blackwell Handbook of Social Psychology: Intra-individual Processes*. Oxford: Blackwell.

Tetlock, P. E., Peterson, R. S., McGuire, C., Change, S., & Feld, P. (1992). Assessing political group dynamics: A test of the groupthink model. *Journal of Personality and Social Psychology*, 63: 403-425.

Thomas, W. I., & Znaniecki Florian. (1920). *The Polish Peasant in Europe and America* (5 Voles). Chicago: University of Chicago Press.

Thomas, William, & Znaniecki, Florian. (1996). *The Polish Peasant in Europe and America: A Classic Work in Immigration History*. Urbana: University of Illinois Press.

Triplett, N. (1898). The dynamogenic factors in pace-making and competition.

American Journal of Psychology, 9: 507-533.

Turner, J. C. (1897). *Rediscoverying the social group: Self-categorization theory.* Oxford, UK: B. Blackwell, pp. 44-45.

Tversky, A., & Kahneman, D. (1974). Judgment under uncertainty: Heuristics and biases. *Science*, 185: 1124-1130.

Uji, M., Shono, M., Shikai, N., Hiramura, H., & Kitamura, T. (2006). Egalitarian sex role attitudes among Japanese human service professionals: Confirmatory factor analytic study. *Psychiatry & Clinical Neurosciences*, 60: 296-302.

van Elst, L. T., Woermann, F. G., Lemieux, L. et al. (2000). Affective aggression in patients with temporal lobe epilepsy: a quantitative MRI study of the amygdala. *Brain*, 123(2): 234-243.

Vrij. A., van-der-Steen, J., Koppelaar, L. (1994). Aggression of police officers as a function of temperature: An experiment with the Fire Arms Training System. *Journal of Community and Applied Social Psychology*, 4: 365-370.

Walker, S., Richardson, D. S., & Green, L. R. (2000). Aggression among older adults: The relationship of interaction networks and gender role to direct and indirect responses. *Aggressive Behavior*, 26: 145-154.

Walller, J. E. (1996). Social loafing and group evaluation effect of dissimilarity in social comparison standard. *Psychological Reports*, 78(1): 177-178.

Weber, S. J., & Cook, T. D. (1972). Subject effects in laboratory research: An examination of subject roles, demand characteristics, and valid inference. *Psychological Bulletin*, 77: 273-295.

Weiner, B. (1986). *An Attributional Theory of Motivation and Emotion.* New York: Springer-Verlag.

Weinstein, R. S. (1989). Perceptions of classroom processes and student motivation: Children's views of self-fulfilling prophecies. In: Ames, C., & Ames, R. (Eds.). *Research on motivation in education, Goals and Cognitions.* San Diego: Academic Press, 3: 187-221.

Weinstein, R. S. (2002). *Reaching Higher: The Power of Expectations in School.* Cambridge: Harvard University press, pp. 444-460.

Westcott, M. R. (1961). On the measurement of intuitive leaps. *Psychological Reports*, 9: 267-274.

Wicker, A. W. (1969). Attitudes versus actions: The relationship of verbal and overt behavioral responses to attitude objects. *Journal of Social Issues*, 25(4): 41-78.

Williams, K. D. (1981). The effects of group cohesiveness on social loafing. Paper presented at the annual meeting of the Midwestern Psychological Association, Detroit, Michigan.

Williams, K. D., & Karau, S. J. (1991). Social loafing and social compensation: The effects of expectations of co-worker performance. *Journal of Personality and Social Psychology*, 61(4): 570-581.

Williams, K., Harkins, S., & Latané, B. (1981). Identifiability as a Deterrent to Social Loafing: Two Cheering Experiments. *Journal of Personality and Social Psychology*, 40(2): 303-311

Wilson, T. D., Lindsey, S., & Schooler, T. Y. (2000). A model of dual attitudes. *Psychological Review*, 107: 101-126.

Wolf, S. (1985). The manifest and latent influence of majorities and minorities. *Journal of Personality and Social Psychology*, 48: 899-908.

Wolman, J., Campeau, P., Dubois, P., Mithaug, D., & Stolarski, V. (1994). *AIR Self-Determination Scale and User Guide*. Palo Alto, CA: American Institute for Research.

Wright, P. (1998). Towards an Expanded Orientation to the Study of Sex Differences Friendship. In: Canary, D., & Dindia, K. (Eds.). *Sex Differences and Similarities in Communication*. Bright: Lawrence Earlbaum Associates.

Wrightsman. (1977). *Social Psychology* (2nd, Ed). Monterey Brooks/cole publishing Company, p. 450.

Yan, Y. Y. (2004). Seasonality of property crime in Hong Kong. *British Journal of Criminology*, 44: 276-283.

Yang, C. F. (1995). Psychocultural foundation of informal groups: The issues of loyalty, sincerity, and trust. Paper presented at the 47th annual meeting of the *Association of Asian Studies*, 1995: 6-9.

Yu Hong-Sik. (2003). Effects of success and failure in interpersonal competition in violent and nonviolent video games on players' affect and self-ascribed toughness. Dissertation Abstracts International Section A: Humanities & Social Sciences, 63(10-A): 3411.

Zajonc, R. B. (1968). Attitudinal Effects of Mere Exposure. *Journal of Personality and Social Psychology*, 9: 1-27.

Ziimann, D. C., Howland, E. W., Nichols, S. N., & Cleeland, C. S. (1991). The effects of induced mood on laboratory pain. *Pain*, 46: 105-111.

Zillmann, D., & Weaver, J. B. (2007). Aggressive personality traits in the effects of violent imagery on unprovoked impulsive aggression. *Journal of Research in Personality*, 41: 753-771.

Zillmann, D., & Weaver, J. B., III (1999). Effects of prolonged exposure to gratuitous media violence on provoked and unprovoked hostile behavior. *Journal of Applied Social Psychology*, 29: 145-165.

Zimbardo, P. G. (1970): The human choice: Individuation, reason, and order versus deindividuation, impulse, and chaos. In: Arnold, W. J., & Levine, D. (Eds.). *Nebraska Symposium on Motivation*. Lincoln, NE: University of Nebraska Press, pp. 237-307

Zimbardo, P. G. (1971). The Stanford Prison Experiment: A Simulation Study of Imprisonment. Slide presentation at Stanford University.

后 记

在引导国际社会心理学的走向方面,美国心理学协会(American Psychological Association)一直处于前沿位置,其中社会心理学被划分在"人格与社会心理学分会"(Society for Personality and Social Psychology)之中,这一组织旨在推动人格和社会心理学领域的基础理论研究和应用研究的进步与实践。

从1908年罗斯和麦独孤创立社会心理学以来,一个多世纪的发展促使社会心理学日益与现实生活紧密相关。以美国学派为代表的社会心理学,主要研究社会背景中的个人、个人的社会心理与行为;它以个人为基点,考察人与人之间的交互作用,考察宏观的社会背景对人的影响作用。欧洲社会心理学学派则更多关注人际过程、群体过程和群际过程。事实上,所选择的道路并无优劣之分,只在于是否切合所研究的情境、文化与价值观。在我国,早在建国之初,著名心理学家潘菽就明确指出,社会心理学作为心理学的重要分支,其目的是研究一切和社会有关的心理学问题。社会心理学无论在美洲,还是欧洲,抑或是刚刚崭露头角的亚洲,都秉持了描述、阐释、控制、预测的道路前行,在理论视角和应用领域不断发挥学科的独特影响力。

我国的社会心理学开启繁荣发展的篇章,肇始于20世纪80年代初期,在截至目前的三十多年时间中,社会心理学以其旺盛的生命力日益受到关注,并展示出强大的影响力。作为中国心理学发展最快的领域之一,相关著作的出版非常活跃。这既是新的机遇,也是前所未有的挑战。每一项新的研究总是需要站在前人的肩膀上才能看得更高,看得更远。这不仅需要热情和坚持,更需要新的创意和突破。

本书是南开大学社会心理学团队的又一次努力尝试,它秉承了以往社会心理学建构体系中的一脉相承,同时补充了许多新的国内和国外的最新研究成果,以帮助读者更好地了解学科的发展和各个领域的新近研究。从内容上看,本书包括了十二章,包括社会心理学的历史与发展、社会心理学研究方法、社会化与社会角色、自我、态度与行为、印象与归因、社会认知、人际沟通、人际关系、利他与侵犯、社会影响和群体过程。其中不仅阐述社会心理学各个领域的基本概念、基本原理和基本理论，而且还阐述了社会心理学应用的内容；不仅阐述了社会心理学的传统主题，而且还反映了最近的研究成果，指出了这些传统主题的新的发展趋势。

笔者在过去的两年中断断续续为香港公开大学撰写《社会心理学》的内部教程，在这一过程中，自己也深有体会。香港社会心理学的编写体制和对教程的要求与大陆有着很多差异，他们更加注重内容的可读性，注重学生的互动性，这一编撰经历无形中对我产生了影响。与此同时，一位资深的教程出版界的高级编辑曾在某次讨论中对我谈及，什么是最受读者欢迎的教程，首先不是超强的学术性，而是言简意赅的表述。本书正在进行这样一次努力的革新和尝试，但是囿于时间和精力的有限，这次浅尝辄止的实验能否得到读者的认可仍然令作者殚精竭虑，所以恳请读者和同行专家不吝指正。

同时，感谢南开大学出版社的编辑们，作为南开大学社会心理学团队的幕后助力，许多年来他们一直默默支持，辛苦付出。

和许多其他著作不同的是，社会心理学的研究和撰写本身是一种乐趣，虽然蕴含了艰苦的努力，但此行中的乐趣也是激励社会心理学工作者不断前进的动力。

管健

南开大学

2011 年 10 月 3 日